ATÉ O FIM
DO MUNDO

ATÉ O FIM DO MUNDO
Viagens de **Paul Theroux**

Tradução
Paulo Afonso

© Paul Theroux, 1990, 1991
Todos os direitos reservados

Todos os direitos desta edição reservados à
EDITORA OBJETIVA LTDA.
Rua Cosme Velho, 103
Rio de Janeiro – RJ – CEP: 22241-090
Tel.: (21) 2199-7824 – Fax: (21) 2199-7825
www.objetiva.com.br

EMI MUSIC PUBLISHING AND CAREERS – BMG MUSIC PUBLISHING, INC. : trecho de "Oh, Carol" de Neil Sedaka e Howard Greenfield. Copyright©1959, 1960 by Screen Gems – EMI music, Inc. Renovação do copyright 1987, 1988 por Screen Gems – EMI Music, Inc./ Careers – BMG Music Publishing, Inc. Todos os direitos reservado. Reimpresso com permissão.

HARCOURT BRACE JOVANOVICH, INC., AND FABER AND FABER, LIMITED: trecho de "East Coker" de Four Quartets de T. S. Eliot. Copyright 1943 by T. S. Eliot. Renovação do copyright 1971 por Esme Valerie Eliot. Todos os direitos mundiais, excluindo os Estados Unidos, são controlados por Faber and Faber Limited. Reimpresso com permissão.

Título original
To the Ends of the Earth

Capa
Rodrigo Rodrigues

Revisão
Ana Kronemberger
Raquel Correa
Marina Vargas Couto

Diagramação
Trio Studio

CIP-BRASIL. CATALOGAÇÃO-NA-FONTE
SINDICATO NACIONAL DOS EDITORES DE LIVROS, RJ

T358a

Theroux, Paul

    Até o fim do mundo / Paul Theroux ; tradução Paulo Afonso. - Rio de Janeiro : Objetiva, 2010.

    Tradução de: *To the ends of the earth*
    421p.   ISBN 978-85-390-0053-1

    1. Theroux, Paul - Viagens. I. Título.

10-0822.   CDD: 910.4
                         CDD: 910.4

Para Anne Theroux,
que me possibilitou
fazer estas viagens.

"Meu pai era cheio de Provérbios", disse o havaiano. "Uma vez, ele me disse: 'Kaniela, lembre-se disto: não importa para onde você for, é lá que você estará.'"

Sumário

Introdução   13

1   O grande bazar ferroviário   21

O misterioso sr. Duffill   23
Olhando pela janela na Iugoslávia   36
Anoitecer na Turquia Central   39
Sadik   42
Peshawar   46
O vilarejo na estação ferroviária   49
O sr. Bhardwaj no trem para Simla   51
Em Jaipur com o sr. Gopal   58
A grande ferrovia indiana   61
"Eu encontro para você garota inglesa" – Madras   69
Sr. Wong, o mecânico de dentes   76
A Calcutá do sr. Chatterjee   79
O saltador   82
Lembranças do Raj – O sr. Bernard na Birmânia   83
O viaduto de Gokteik   87
O trem de passageiros de Hué a Danang – Vietnã, 1973   90
O Expresso Transiberiano   103

2   O velho expresso da Patagônia   113

Viajar é um ato de desaparecimento   115
Na fronteira   119
Amor perdido em Veracruz   123

Nomes mágicos	132
Terremotos na Guatemala	133
A bela cidade de Santa Ana	135
Futebol em São Salvador	137
Santa Missa em São Vicente	144
Até Limón com o sr. Thornberry	148
Na Zona do Canal	156
Seguindo uma índia	160
Nos altiplanos	162
Buenos Aires	165
Borges	168
Na Patagônia	182

3 O reino à beira-mar   185

Características inglesas	187
A andarilha	189
Notícias das Falklands	190
John Bratby	192
"Chalés"	194
Bognor	197
Capitão triste	199
(1) *Bed & breakfast*: Hospedaria Victory	202
(2) *Bed & breakfast*: Os Puttock	203
(3) *Bed & breakfast*: O Touro	207
(4) *Bed & breakfast*: Allerford	209
Colônia de férias	211
A pequena e feliz Llanelli	217
Tenby	219
Dama nua	220
Jan Morris	225
O fã de ferrovias	232
Llandudno	234

SUMÁRIO

Olhando para o mar	237
Inglaterra insultada	238
Sra. Wheeney, a hospedeira	240
Belfast	242
Giant's Causeway	243
O futuro em Enniskillen	246
Mooney's Hotel	249
Cape Wrath	252
Visita Real	255
Turistas	259
Típico	265

4   Viajando no galo de ferro   269

Belles du Jour	271
Mongóis	277
Invenções chinesas	279
Casa de banho pública	282
Xangai	283
Os Guardas Vermelhos e o violinista	286
Animais amestrados	290
A extremidade do mundo	294
Cidades perdidas	296
Medo de voar	304
Paisagem feita a mão	306
Os guerreiros de terracota	307
Banquete com espécies ameaçadas	309
Shaoshan: "Onde o sol nasce"	315
A Grande Muralha	321
O sr. Tian	323
Flor de Cerejeira	335
Dirigindo até o Tibete	343
Lassa	366

5   Descendo o Yang-tsé　　　　　　　　　　　371

Rebocadores　　　　　　　　　　　　　　　　373
Os desfiladeiros do Yang-tsé　　　　　　　　　376

6   Alvorada com monstros marinhos　　　381

A extremidade do Vale do Rift　　　　　　　383
Toque de recolher　　　　　　　　　　　　　386
Ratos em Rangum　　　　　　　　　　　　　389
Escrevendo nos trópicos　　　　　　　　　　391
Nativos e expatriados　　　　　　　　　　　393
Sua Alteza　　　　　　　　　　　　　　　　395
O hotel na terra de ninguém　　　　　　　　397
O acampamento *pathan*　　　　　　　　　　401
Dingle　　　　　　　　　　　　　　　　　　403
Nudistas na Córsega　　　　　　　　　　　　406
O metrô de Nova York　　　　　　　　　　　409
Remando ao redor do Cape　　　　　　　　414

Introdução

Eu viajava havia mais de dez anos – pela Europa, Ásia e África – e nunca me ocorrera escrever um livro de viagem. De certa forma, eu não gostava de livros de viagem: pareciam autocomplacentes, sem graça e bastante seletivos. Eu tinha a impressão de que os autores desses livros sempre deixavam as coisas interessantes de fora e escolhiam falar das coisas erradas. Eu detestava turismo, e a maior parte dos livros de viagem descrevia pontos turísticos: as pirâmides, o Taj Mahal, o Vaticano, pinturas aqui, mosaicos ali. Em uma época de turismo em massa, todos viajavam para ver as mesmas coisas, e parecia que um livro de viagem tinha de ser sobre isso. Estou falando dos anos 1960 e do início dos 1970.

Um livro de viagem era uma coisa chata, escrita por um chato e lida por outro chato – eu podia imaginar um sujeito de chinelos umedecendo os dedos para virar as páginas, usando o cartão da biblioteca como marcador e chamando a si mesmo de "viajante de poltrona". Quanto ao escritor, o fato de que um viajante omitisse seus momentos de desespero, medo ou luxúria me deixava aborrecido. Ou o momento em que chamava um táxi, encontrava uma pessoa interessante, dormia até o meio-dia. O que comia, que livros lia para passar o tempo, como eram os banheiros? Eu já viajara o bastante para saber que atrasos e aborrecimentos constituíam metade de qualquer viagem – ônibus enguiçados, recepcionistas de hotel mal-educados e comerciantes gananciosos. A essência de uma viagem era inesperada e fora de tom – e poucas pessoas escreviam sobre ela.

De vez em quando, encontramos essa essência em algum livro – Evelyn Waugh sendo confundido com seu irmão Alec em *Labels* (Rótulos); boas intenções e mau humor em partes de *An Area of Darkness* (Área de trevas), de Naipaul, livro soberbamente estruturado, profundamente pessoal, imaginativo e informativo, embora lhe falte uniformidade.

Encontrei-a também no humor e nos diálogos de *The West Indies and the Spanish Main* (As Antilhas e a América Espanhola).

Uma fonte improvável, *Laughter in the Dark* (Risos no escuro), de Nabokov, ilustra vividamente esse tipo de livro de viagem. A certa altura, um dos personagens diz: "Um escritor, por exemplo, fala sobre a Índia, que eu conheço, e tagarela sobre dançarinas, caça ao tigre, faquires, bételes, serpentes: o Glamour do Oriente Misterioso. Para que serve isso? Para nada. Em vez de visualizar a Índia, fiquei enjoado com tantas delícias orientais. Mas existe outra abordagem, como, por exemplo, a da pessoa que escreve: 'Antes de ir para a cama, coloquei minhas botas molhadas para secar e, de manhã, descobri que uma densa floresta azul tinha crescido nelas ("Fungos, madame", explicou ele.) [...]' Imediatamente a Índia ganha vida para mim. O resto é perfumaria."

Quando alguma experiência humana é registrada, surge um bom texto sobre viagens.

O itinerário também era essencial; muitos livros de viagem se desdobram em torno de uma cidade ou de um pequeno país. *Descobrindo Portugal*, coisas assim. Isto não é viagem, de jeito nenhum, mas uma permanência prolongada, coisa que eu conhecia bem, já tendo vivido no Malaui, em Uganda, em Cingapura e na Inglaterra. Descansei nesses lugares, trabalhei neles, tinha carteira de motorista, fazia compras todos os sábados. Nunca me ocorreu escrever um livro de viagem sobre tais coisas. Viagens têm a ver com movimento e verdade, com experimentar de tudo, para depois relatar as experiências. Eu sentia que a televisão tirara o prazer de visitar pontos turísticos.

A escolha do itinerário certo – a melhor rota, o modo correto de viajar – era o método mais seguro, a meu ver, de ganhar experiência, na qual eu queria imergir totalmente. Para isso, teria de atravessar as áreas rurais de forma lenta e deliberada em vez de voar de cidade em cidade, coisa que eu não considerava uma viagem. Os livros de viagem que eu apreciava constituíam exceções – não só as obras de Trollope e Naipaul, mas também *Pesadelo Refrigerado*, de Henry Miller, uma travessia dos Estados Unidos de costa a costa, num automóvel, e *Following the Equator* (Seguindo a linha do equador), de Mark Twain, um circuito de

INTRODUÇÃO

palestras ao redor do mundo. Eu queria que meu livro relatasse uma série de longas viagens de trem, mas para onde eu iria?

Essas especulações foram feitas durante o outono de 1972, quando ministrei um curso de um semestre na Universidade da Virgínia. Eu estava trabalhando em um romance, *The Black House* (A casa negra), e esperava a publicação de outro, *Saint Jack* (São Jack). Naquela época, eu começava um novo livro assim que terminava outro. Minha mulher, Anne, estava em Londres com nossos dois filhos. Ela trabalhava – e ganhava muito bem –, mas eu achava que tinha de prover o sustento da família e não estava ganhando o suficiente. O adiantamento que recebera por *Saint Jack* fora de quinhentos dólares. Presumi que não obteria muito mais do que isso por *The Black House*. E não parava de pensar: "E agora?"

Dinheiro era um assunto constrangedor, mas foi um fator crucial na minha decisão de escrever meu primeiro livro de viagem – eu simplesmente precisava de dinheiro. Quando mencionei a possibilidade de um livro assim para minha editora americana, ela ficou encantada. Disse: "Vamos lhe dar um adiantamento." Nunca nenhum editor me adiantara dinheiro nessa fase. Eu normalmente escrevia um livro, entregava o trabalho e recebia o pagamento. Jamais pedira e ninguém me oferecera um adiantamento ou um contrato por um livro ainda não escrito.

Muitas vezes acontece de só pensarmos com clareza a respeito de nossas intenções quando alguém nos faz perguntas específicas. Na minha cabeça, o livro de viagem teria de ter algo a ver com trens, mas eu não tinha ideia de para onde iria – apenas que seria uma viagem longa. Imaginava um livro grosso, com montes de pessoas, montes de diálogos e nenhum ponto turístico. Mas as perguntas feitas por minha editora me fizeram refletir muito sobre o assunto. Então pensei: "Trens através da Ásia." Decidi iniciar o trajeto em Londres, tomando o Expresso do Oriente. Quando examinei a rota, percebi que poderia prolongar o percurso através da Turquia e do Irã. Após uma curta viagem de ônibus no Baluquistão, tomaria um trem em Zahedan, seguiria até o Paquistão e praticamente atravessaria a Ásia por estradas de ferro.

Minha primeira ideia era ir até o Vietnã, tomando o trem para Hanói. Depois, atravessaria a China, a Mongólia e a União Soviética.

A maior parte desse projeto, após um exame mais cuidadoso, mostrou-se impraticável ou impossível. Em 1972, o funcionário da embaixada chinesa desligou o telefone quando eu disse que desejava um visto para viajar de trem pela China. Tive de esperar 14 anos antes de poder realizar a viagem relatada em *Riding the Iron Rooster* (Viajando no galo de ferro). Descobri também que havia uma guerra no Baluquistão. Refiz então minha rota pelo Afeganistão. Decidi incluir o Japão e a ferrovia Transiberiana. Eu não me importava com os lugares de destino, contanto que fossem na Ásia, fossem conectados por ferrovias e me concedessem vistos. Já me imaginava a mil por hora, mudando de país ao mudar de trem.

Enquanto isso, eu estava finalizando *The Black House*. Era um romance ambientado na Inglaterra rural, bastante sombrio e fantasmagórico – eu queria que meu próximo livro fosse ensolarado. Já tinha mais ou menos decidido qual seria o itinerário de minha viagem quando entreguei *The Black House* ao meu editor britânico. Ele me convidou para almoçar. Mal começamos a comer, ele me disse que detestara o romance. "Vai estragar sua reputação", disse ele. "Mas eu gostaria de publicar seu livro de viagem." Eu lhe disse que já tinha assinado um contrato para este livro com minha editora americana. Mas se ele publicasse meu romance, poderia ficar com o livro de viagem. "Se você me obrigar, eu publico o romance", respondeu ele. Decidi deixar a editora naquele instante.

Por me tirar de sua lista de escritores – afinal de contas, o que eu estava lhe custando? – ele se tornou motivo de risos. Mas isso foi mais tarde. Neste momento, estou apenas rememorando as circunstâncias que cercaram meu primeiro livro de viagem, *O Grande Bazar Ferroviário*. Penso mais nelas do que na viagem propriamente dita. Eu jamais fizera uma viagem tão deliberadamente. Detestava ter de deixar minha família em Londres e me sentia pressionado pelo adiantamento de royalties, por mais modesto que tivesse sido. Quase todos os meus amigos escritores, autores ingleses conservadores, zombavam da minha ideia. Eu não cheguei a me preocupar realmente com a viagem em si, mas era assaltado por uma sensação de que poderia morrer durante ela, o que me provocava uma dor obscura, tanto mental quanto física.

INTRODUÇÃO

Sempre tive o pressentimento, e ainda o tenho, de que minha partida será através de um encontro marcado em Samarra: percorrerei enormes distâncias, passarei por muitas dificuldades e farei grandes despesas para encontrar minha morte. Se ficar em casa, comendo e bebendo no seio de minha família, isso jamais acontecerá – viverei cem anos. Mas, é claro, viajarei para um lugar distante, onde logo encontrarei algum canto de uma terra estrangeira que se tornará para sempre Medford, Massachusetts.* Eu também achava que minha morte resultaria de algum erro bobo, como a morte de Thomas Merton, monge místico que deixou seu mosteiro no Kentucky, depois de 25 anos de uma vida estável, e apareceu em Cingapura (enquanto eu estava lá). Uma semana mais tarde foi para Bangcoc, onde acidentalmente morreu eletrocutado ao tocar no fio desencapado de um ventilador. Toda aquela distância, todo aquele trabalho, só para puxar um fio defeituoso em um hotel de quinta categoria!

Deixei Londres no dia 19 de setembro de 1973. Era um dia cinzento. Eu estava resfriado. Minha mulher me deu adeus. Quase imediatamente, comecei a achar que tomara uma decisão absurda. Não tinha a menor ideia do que estava fazendo. Fiquei bastante deprimido. Para me animar e dar a mim mesmo a impressão de que estava trabalhando para valer, comecei a fazer anotações. Todos os dias, desde o momento em que parti até retornar à Inglaterra, quatro meses depois, anotei tudo o que via e ouvia, preenchendo um caderno após outro. Registrei conversas, descrições de pessoas e lugares, detalhes de trens, trivialidades interessantes e até críticas dos romances que li. Ainda tenho alguns desses romances: *Exiles* (Exilados), de Joyce, contos de Tchekhov, *Silence* (O silêncio), de Endo, e outros. Nas páginas em branco no final dos volumes, escrevi anotações em letra miúda, que ampliei quando as transferi para cadernos grandes. Escrevia os verbos sempre no passado.

A viagem registrada em *O Grande Bazar Ferroviário* foi realmente a viagem que fiz. O estilo adotado e meu enfoque sobre ela se tornaram um método, seguido em todos os meus outros livros de viagem. Mudei os nomes de algumas pessoas que desejava proteger, mas outros foram mantidos. Meu problema, ao escrever o livro, foi encontrar uma forma para ele

---

* Medford – cidade natal do autor. (N. do T.)

– uma estrutura. No final, simplesmente o dividi em uma série de trajetos ferroviários. Eu nunca lera um livro como o que estava escrevendo. Isso me preocupava, ao mesmo tempo que me deixava esperançoso. Redigir o livro levou o mesmo tempo da viagem, quatro meses.

Isso foi há mais de 17 anos. O livro ainda é publicado e vende bem. Algumas pessoas pensam que só escrevi esse (o que me desagrada), ou que é o melhor de todos (o que está errado). Acho *The Old Patagonian Express* (O velho expresso da Patagônia) mais fluente, *The Kingdom by the Sea* (O reino à beira-mar) mais divertido e informativo, e *Riding the Iron Rooster* mais presciente. Na viagem narrada em *O Grande Bazar Ferroviário*, por exemplo, meu trem passou por Nis, na Iugoslávia. Mencionei o fato, mas nunca me dei ao trabalho de pesquisar qualquer coisa a respeito de Nis. Um guia de viagens da Iugoslávia acabou de me cair nas mãos, e descobri que Nis foi onde nasceu o imperador Constantino. Continuando a ler, deparei-me com a seguinte informação: "Embora não seja um lugar agradável em si mesmo, Nis tem diversos monumentos interessantes." Talvez tenha sido por isso que não permaneci na cidade.

Foi uma satisfação descobrir que o "Bazar Ferroviário" (tirei o título do nome de uma rua em Kanpur, na Índia) e meus outros livros de viagens vendiam bem. Eu não havia pensado, ao escrever o primeiro, que cada viagem é única. Meu livro de viagem é sobre a minha viagem, não a sua ou a de outra pessoa. Mesmo que alguém tivesse me acompanhado e escrito um livro sobre a mesma viagem, escreveria um relato diferente. Isto se aplica à vida em geral. Perturba-me, assim como perturba Ireneo Funes, personagem de Borges, o fato de que "o cão às três e quatorze (visto de lado) tenha o mesmo nome que o cão às três e quinze (visto de frente)".

Outra coisa que eu não sabia era que cada viagem tem uma dimensão histórica. Pouco depois de eu ter atravessado aqueles países, ocorreram mudanças políticas. (Parece que acontecem o tempo todo.) O xá foi deposto e o Irã se tornou perigoso para o viajante. O Afeganistão entrou em guerra consigo mesmo. A Índia e o Paquistão restabeleceram sua ligação ferroviária. O Laos fechou as fronteiras para os estrangeiros e exilou sua realeza. O Vietnã consertou sua ferrovia; agora, pode-se viajar de

INTRODUÇÃO

trem desde a cidade de Ho Chi Minh (Saigon) até Hanói. Muitos trens foram desativados, notadamente o Expresso do Oriente. O trem com esse nome que vai de Londres a Veneza atende a pessoas ricas e ociosas, que alimentam fantasias de luxo sobre a viagem, sem nenhuma relação com a realidade. Embora meu velho Expresso do Oriente fosse horrível, posso dizer que todos os tipos de pessoas viajavam nele – ricos e pobres, velhos e jovens, chacoalhando para lá e para cá entre o Oriente e o Ocidente. Era um transporte barato e agradável – e, como todos os grandes trens, era como se fosse o mundo sobre rodas.

Ao escrever sobre minhas experiências de viagem pela primeira vez, eu tateei no escuro – embora tivesse o cuidado de disfarçar o fato. Já me disseram que muitas vezes pareço autoconfiante demais quando escrevo sobre viagens; mas esse é apenas um modo de animar a mim mesmo. Sei que me apropriei de um gênero venerável, um livro sobre uma grande viagem, e que o transformei para adequá-lo a mim, ao meu temperamento e às características particulares de minhas viagens. Escrever sobre uma viagem, independente do que mais possa ser, é diferente de escrever um romance: a ficção requer intensa concentração e muita imaginação, é um ato de fé, quase mágico. Mas um livro de viagem, conforme descobri, é uma ação deliberada – como a própria viagem. Exige saúde, força e confiança.

Quando eu terminava um romance, nunca sabia se conseguiria escrever outro. Mas quando terminei meu primeiro livro de viagens, sabia que conseguiria repetir o feito.

Espero algum dia encher uma prateleira com livros de viagem que englobarão o mundo. Enquanto isso, a presente seleção, retirada de seis dos meus livros, poderá servir como amostra das experiências de um viajante.

– Paul Theroux,
*East Sandwich,
maio de 1991*

O Grande Bazar Ferroviário

O Misterioso
sr. Duffill

Eu me lembro do sr. Duffill porque seu nome se tornou um verbo – usado inicialmente por Molesworth, e mais tarde por mim. Ele estava bem à minha frente, na fila da Plataforma 7 da estação Victoria, onde eram feitos os "Embarques para o Continente". Era velho e usava roupas grandes demais para ele; talvez tivesse saído de casa às pressas e vestido as roupas erradas. Ou talvez tivesse acabado de deixar o hospital. Ao caminhar, pisava sobre as bainhas das calças, que roçavam o chão, transformando-as em farrapos. Carregava vários pacotes de formato estranho, embrulhados em papel pardo e amarrados com barbante – eram mais parecidos com a bagagem de um terrorista descuidado do que com a de um intrépido viajante. As etiquetas dos pacotes tremulavam na corrente de ar da plataforma e todas informavam seu nome, *R. Duffill*, e seu endereço, *Splendid Palas Hotel, Istambul*. Iríamos viajar juntos. Uma viúva rica, coberta por um véu recatado, do tipo que é satirizado nas comédias de costumes, teria sido mais bem-vinda – sobretudo se sua bolsa estivesse recheada de gim e alguma herança. Mas não havia nenhuma viúva; havia apenas excursionistas, alguns europeus do continente voltando para casa com sacolas da Harrods, vendedores, garotas francesas com amigas carrancudas e grisalhos casais ingleses, que aparentemente estavam embarcando, pois tinham os braços cheios de romances, em luxuosos adultérios literários. Nenhum deles iria além de Liubliana. Duffill iria para Istambul – perguntei-me qual seria o motivo. Eu estava partindo sem chamar atenção. Não tinha emprego – ninguém notou que, de repente, parei de falar, beijei minha esposa e embarquei sozinho no trem das 15h30.

Com o trem roncando através de Clapham, ocorreu-me que viajar era em parte uma fuga, em parte uma perseguição. Deixamos para trás os terraços de tijolos, os depósitos de carvão e os exíguos jardins dos subúrbios ao sul de Londres, e passamos pelas áreas esportivas do

Dulwich College – onde garotos de gravata se exercitavam preguiçosamente. Embalado pelo movimento do trem, eu já nem me lembrava das manchetes dos jornais que lera durante a manhã: BEBÊ KRISTEN: MULHER SERÁ ACUSADA e PLANO PARA LIBERTAR ASSASSINA DE NOVE ANOS. Nenhuma delas estampava: ROMANCISTA DESAPARECE, o que era bom. Passamos por uma fileira de casas geminadas e entramos em um túnel. Depois de um minuto em completa escuridão, entramos em um novo cenário – campos abertos onde vacas pastavam e homens de blusões azuis empilhavam feno. Tínhamos emergido de Londres, a cidade cinzenta e úmida que ocupava o subsolo. Em Sevenoaks, atravessamos mais um túnel, outra cena pastoral, cavalos escavando a terra, algumas ovelhas ajoelhadas, corvos pousados em secadores de lúpulo e, por uma das janelas, o rápido vislumbre de um conjunto de casas pré-fabricadas. Por outra janela, uma fazenda jacobita e mais vacas. Assim é a Inglaterra: os subúrbios se sobrepõem às fazendas. Em diversas passagens de nível, as estradas rurais estavam entulhadas de automóveis, que formavam filas de 100 metros. Os passageiros do trem olhavam com uma maligna satisfação para os carros enfileirados e pareciam murmurar: "Abram alas, babacas!"

O céu estava escurecendo. Estudantes de blazers azul-escuros, com as meias arriadas, carregando tacos de críquete e malas escolares, sorriam de modo presunçoso na plataforma de Tonbridge. Passamos velozmente por eles, apagando aqueles sorrisos. Não parávamos nem mesmo nas estações maiores, que eu contemplava do vagão-restaurante, tomando chá em uma xícara descartável. O sr. Duffill, também recurvado, vigiava seus pacotes e mexia o chá com uma espátula, dessas que os médicos usam para comprimir a língua e examinar a garganta. Tinha o olhar ansioso de um homem que esqueceu a bagagem em algum lugar, o olhar de um homem que pensa estar sendo seguido. Suas roupas largas faziam com que parecesse frágil. Um sobretudo de gabardine pardo pendia de seus ombros – com mangas tão compridas que chegavam às pontas de seus dedos, combinando com as bainhas pisoteadas das calças. Ele cheirava a crosta de pão. Ainda usava o boné de tweed e, assim como eu, lutava contra um resfriado. Seus sapatos eram interessantes, do tipo resistente usado pelas pessoas do campo. Embora eu não conseguisse identificar seu sotaque – enquanto ele pedia sidra ao garçom –, havia algo de provinciano nele, uma teimosa sobriedade nas roupas práticas, que seriam consideradas andrajosas em um londrino. Ele certamente saberia dizer onde comprara o boné e o casaco, quanto pagara por eles e havia quanto tempo comprara os sapatos. Alguns minutos mais tarde, passei perto dele e vi que ele abrira um dos pacotes. Uma faca, um pedaço de pão francês, um tubo de mostarda e fatias de salame de um vermelho vivo estavam à sua frente. Perdido em seus pensamentos, sem pressa, ele mastigava um sanduíche.

Na Gare du Nord, nosso vagão foi acoplado a outra locomotiva. Duffill e eu, da plataforma, observamos a operação. Depois embarcamos. Ele demorou bastante tempo para subir no vagão, e o esforço o deixou resfolegante no corredor. Ainda estava lá, ofegando, quando o trem saiu da estação para fazer o trajeto de vinte minutos até a Gare de Lyon, onde nos juntaríamos ao resto do Expresso do Oriente. Passava das 11 da noite e a maioria dos prédios ao redor estava às escuras. Ao embarcar no Expresso do Oriente, Duffill usava óculos com aro de metal com tanta fita adesiva nas lentes, que ele não conseguiria enxergar a Mesquita Azul. Resmungando, juntou aos seus pacotes uma mala amarrada com várias correias de couro e lona – uma garantia adicional para que o fecho não estourasse. Encontramo-nos de novo alguns vagões à frente, para ler a placa ao lado do vagão-leito: EXPRESSO DO ORIENTE e seu itinerário: PARIS – LAUSANNE – MILÃO – TRIESTE – ZAGREB – BELGRADO – SÓFIA – ISTAMBUL. Permanecemos ali, olhando para a placa; Duffil usava os óculos como binóculos. Finalmente, disse:

– Viajei neste trem em 1929.

Isso parecia pedir uma resposta. Mas, quando ela me ocorreu ("A julgar pelas aparências, deve ter sido o mesmo trem!"), Duffill já havia recolhido seus pacotes e a mala com as correias e se afastado. Era um ótimo trem em 1929 e nem é preciso dizer que o Expresso do Oriente é o trem mais famoso do mundo. Assim como o Transiberiano, liga a Europa à Ásia, o que em parte explica seu romantismo. Mas também foi consagrado pela ficção: a irrequieta Lady Chatterley andou nele; Hercule Poirot e James Bond também; alguns dos céticos personagens de Graham Greene viajaram nele, antes mesmo que ele o fizesse ("Como não podia tomar o trem para Istambul, o máximo que eu podia fazer era comprar o disco *Pacific 231*,* de Honegger, escreve Greene na introdução de *Trem de Istambul*). A fonte ficcional do romance é *La Madone des Sleepings* (Sedutora internacional, 1925) do escritor francês Maurice Dekobra. Lady Diana, a heroína de Dekobra ("o tipo de mulher que teria levado John Ruskin às lágrimas"), está completamente encantada com o Expresso do Oriente: "Eu tenho uma passagem para Constantinopla. Mas posso descer em Viena ou Budapeste. Vai depender do acaso ou da cor dos olhos do meu vizinho de cabine."

Minha cabine era um compartimento minúsculo com beliche e uma escada grande demais. Coloquei a mala no chão e não sobrou espaço para mim no compartimento. O condutor me mostrou como enfiá-la embaixo da cama. Depois ficou parado por ali, à espera de uma gorjeta.

– Alguém mais vai viajar nesta cabine?

Até aquele momento, não me passara pela cabeça que eu pudesse ter companhia; o viajante que percorre longas distâncias parte do princípio que – como está indo para tão longe – vá viajar sozinho. Acha inconcebível que alguém mais tenha tido a mesma boa ideia.

O condutor deu de ombros, talvez sim, talvez não. Diante da resposta vaga, não lhe dei gorjeta. Fui dar uma caminhada pelo corredor: vi um casal japonês em um leito duplo – foi a primeira e última vez que os vi; um casal de americanos idosos na cabine ao lado; uma francesa gorda vigiando a linda filha; uma garota belga de estatura extraordinária – tinha bem mais de um metro e oitenta e calçava sapatos enormes – que viajava com uma francesa chique; e (a porta já estava se fechando) uma freira ou uma satanista gorducha. No final do carro, um homem com uma blusa de gola rulê, boné de marinheiro e monóculo estava colocando garrafas no peitoril da janela: três de vinho, uma de água Perrier e uma bojuda de gim – era óbvio que pretendia percorrer uma boa distância.

---

* *Pacific 231* é uma música do compositor suíço Arthur Honegger (1892-1955) associada ao andamento de uma locomotiva a vapor, assim como o nosso *Trenzinho Caipira*, de Villa-Lobos. (N. do T.)

Vi Duffill parado em frente à minha cabine. Estava ofegante; tivera dificuldade para encontrar o vagão certo, disse ele, pois seu francês estava muito enferrujado. Respirou fundo, tirou o sobretudo de gabardine e o pendurou no gancho ao lado do meu, juntamente com o boné.

– Vou deitar nesta – disse ele, dando umas palmadinhas na cama de cima. Notei que, embora fosse um homem pequeno, parecia preencher toda a cabine.

– Até onde você vai? – perguntei corajosamente. Ainda que soubesse a resposta que ele daria, contraí o rosto quando a escutei. Eu planejara estudá-lo a certa distância; contava ter a cabine só para mim. A companhia dele era má notícia. Ele percebeu meu desagrado. Disse:

– Não vou incomodar você. – Seus embrulhos estavam no chão. – Só preciso achar um lugar para isso.

Saí para dar uma volta. Meia hora mais tarde, retornei à cabine. As luzes estavam acesas. Duffill dormia no leito de cima, com o paletó do pijama abotoado até o pescoço e o rosto voltado para a luz. Parecia um cadáver. Tinha uma expressão de angústia nos traços retesados. Sua cabeça trepidava no ritmo do trem. Apaguei a luz e me enfiei na cama. Mas não consegui dormir de imediato; o resfriado, tudo o que bebera e o cansaço me mantiveram acordado. Então, alguma coisa me alarmou: um círculo luminoso. Era o relógio de Duffill, cujo braço escorregara da cama e balançava para lá e para cá, acompanhando os movimentos do trem – fazendo com que o mostrador esverdeado passasse diante de meus olhos como se fosse um pêndulo.

De repente, o mostrador desapareceu. Ouvi Duffill descendo a escada, gemendo a cada degrau. O mostrador se moveu para o lado, em direção à pia, e a luz foi acesa. Virei-me para o lado da parede, ao perceber que Duffill retirava o penico do armário embaixo da pia. Esperei. Depois de alguns infindáveis momentos, ouvi um suave borbulhar que mudava de tom à medida que o penico enchia, seguido por um som sibilante como um suspiro. Então a luz se apagou e a escada rangeu. Duffill soltou um último gemido, e eu dormi.

De manhã, Duffill havia saído. Permaneci no leito e empurrei a cortina da janela com a ponta do pé; depois de alguns centímetros, a cortina se enrolou para cima, revelando uma montanha ensolarada; eram os Alpes, que passavam resplandecentes pela minha janela. Naquela manhã, pela primeira vez, vi o sol brilhar depois de muitos dias. E acho que esta é a melhor ocasião para dizer que continuou brilhando nos dois meses seguintes. Viajei sob céu claro até o sul da Índia. Só então voltei a ver chuva, durante as últimas monções de Madras.

Em Vevey, tratei-me com um copo de sal de fruta; em Montreux, senti-me bem o bastante para fazer a barba. Duffill chegou a tempo de admirar meu barbeador elétrico recarregável. Disse que usava lâminas e, nos trens, sempre se cortava. Mostrou um cortezinho na garganta e então me disse seu nome. Iria passar dois meses na Turquia, mas não me contou o que faria lá. À luz do sol, parecia muito mais velho do que na cinzenta estação Victoria. Presumi que tivesse uns 70 anos. Não demonstrava nenhuma vivacidade. Eu não conseguia imaginar o que levaria alguém a passar dois meses na Turquia, a não ser que fosse um vigarista em fuga.

Ele olhou para os Alpes e disse:

— Dizem que se os suíços tivessem projetado essas montanhas, hum, elas seriam mais planas.

Então, começou a comer o resto de seu salame. Ofereceu-me um pouco, mas eu disse que pretendia tomar meu café da manhã em alguma estação italiana. Ele levou à boca o pedaço de salame, mas, quando ia dar uma mordida, entramos em um túnel e tudo escureceu.

— Acenda as luzes — disse ele. — Não consigo comer no escuro. Não sinto o gosto das coisas.

Tateei em busca do interruptor e o liguei, mas continuamos no escuro.

— Talvez eles estejam querendo economizar eletricidade — sugeriu ele.

Na escuridão, sua voz soava muito próxima do meu rosto. Fui até a janela e tentei enxergar as paredes do túnel, mas só vi escuridão. O matraquear das rodas do trem parecia mais alto no escuro. O trem estava ganhando velocidade. O movimento e a escuridão provocaram em mim uma sufocante sensação de claustrofobia e uma aguda percepção dos odores da cabine — o salame, as roupas de Duffill, as crostas de pão.

Alguns minutos se passaram, e continuávamos no túnel; parecia que estávamos nos precipitando em um poço, um grande escoadouro nos Alpes que iria nos atirar nas entranhas mecânicas da Suíça, em meio a engrenagens glaciais e cucos congelados. Duffill disse:

— Este túnel deve ser o Simplon.

— Eu gostaria que eles acendessem as luzes — comentei.

Ouvi Duffill embrulhando o resto do salame e enfiando o pacote em algum canto.

— O que você vai fazer na Turquia? — perguntei.

— Eu? — respondeu Duffill, como se a cabine estivesse lotada de idosos viajando para a Turquia, prontos para declarar o motivo da viagem. Depois de uma pausa, disse: — Vou ficar em Istambul uns dias. Depois vou dar uma volta pelo país.

— A trabalho ou lazer?

Eu estava morrendo de curiosidade e, abrigado pela escuridão, não me sentia muito mal em coagir o velho; ele não podia ver a ansiedade em meu rosto. Mas sentia em suas respostas uma trêmula hesitação.

— Um pouco de cada coisa.

Isso não ajudava muito. Esperei que ele dissesse mais alguma coisa. Como não acrescentou mais nada, perguntei:

— O que você faz exatamente, sr. Duffill?

— Eu? — repetiu ele. Mas antes que eu pudesse fazer o comentário sarcástico que ele estava merecendo, o trem saiu do túnel e a cabine se encheu de luz. Ele disse: — Já deve ser a Itália.

Então, colocou o boné de tweed. Quando viu que eu estava olhando para ele, comentou:

— Tenho este boné há anos, 11 anos. Deve ser lavado a seco. Comprei em Barrow-on-Humber. — Então, pegou o pacote com o salame e reiniciou a refeição que o Simplon interrompera.

Às 9h35, paramos na estação italiana de Domodossola, onde um homem servia café de um jarro e vendia a comida que lotava seu carrinho. Havia frutas, pães diversos, vários tipos de salame e sacolas de comida que, segundo ele, continham *tante belle cose*. Ele também tinha garrafas de vinho. Um inglês, que se apresentou como Molesworth, comprou um Bardolino e ("para prevenir") três garrafas de Chianti. Eu comprei um Orvieto e um Chianti. Duffill apanhou uma garrafa de clarete.

Molesworth disse:

– Vou levar as garrafas para a minha cabine. Você pode me comprar uma dessas sacolas de comida?

Comprei duas sacolas de comida e algumas maçãs.

– Dinheiro inglês, eu só tenho dinheiro inglês – disse Duffill.

O italiano pegou a nota de uma libra da mão do velho e lhe deu o troco em liras.

Molesworth retornou e disse:

– Essas maçãs precisam ser lavadas. Está havendo uma epidemia de cólera aqui. – Olhou para o carrinho e acrescentou: – Acho que vou levar *duas* sacolas, só como medida de precaução.

Enquanto Molesworth comprava mais comida e outra garrafa de Bardolino, Duffill disse:

– Viajei neste trem em 1929.

– Naquela época valia a pena andar nele – respondeu Molesworth. – Sim, era um ótimo trem.

– Quanto tempo vamos ficar aqui? – perguntei.

Ninguém sabia. Molesworth chamou um guarda da estação:

– Muito bem, amigo, quanto tempo vamos ficar parados aqui?

O guarda deu de ombros. Nesse momento, o trem começou a recuar.

– Você acha que devemos embarcar? – perguntei.

– Está andando para trás – disse Molesworth. – Espero que estejam manobrando.

O guarda chamou:

– *Andiamo*.

– Os italianos adoram usar uniformes – disse Molesworth. – Olhe só para ele. E os uniformes são sempre horrorosos. Os italianos parecem crianças grandes. Você está falando com a gente, amigo?

– Acho que ele quer que a gente suba – disse eu. O trem tinha parado de andar para trás. Pulei a bordo e olhei para baixo. Molesworth e Duffill estavam ao pé da escada.

– Você está carregando embrulhos – observou Duffill. – Suba primeiro.

— Estou bem – disse Molesworth. – Pode subir.

— Mas você está com embrulhos – disse Duffill. Tirou um cachimbo do casaco e começou a sugar a piteira. – Vá lá. – E recuou para dar passagem a Molesworth.

Molesworth insistiu:

— Tem certeza?

Duffill tirou o cachimbo da boca.

— Eu não fiz o percurso todo em 1929. Só fiz isso depois da Segunda Guerra – disse ele. Recolocou o cachimbo na boca e sorriu.

Molesworth subiu a bordo – lentamente, pois estava carregando uma garrafa de vinho e a segunda sacola de comida. Duffill segurou os balaústres ao lado da porta para subir. Nesse momento, o trem começou a se mover. Ele soltou os balaústres e abaixou os braços. Dois guardas que estavam na plataforma se aproximaram e tentaram empurrá-lo até as escadas do Vagão 99. Duffill resistiu ao abraço dos italianos e começou a recuar. Depois, deu um sorriso melancólico em direção às escadas que se afastavam. Enquanto olhava o trem que passava rapidamente diante dele, parecia ter 100 anos.

Nunca mais vi o sr. Duffill. Quando estávamos comprando alimentos, na plataforma de Milão, Molesworth disse:

— É melhor a gente subir. Não quero ser duffillado.

Deixei a mala e os pacotes dele em Veneza, com um bilhete. Muitas vezes me perguntei se ele havia encontrado seus pertences e seguido para Istambul.

Uma das poucas coisas que o sr. Duffill me dissera fora que vivia em Barrow-on-Humber, em Lincolnshire.

Era uma localidade pequena – uma igreja, uma estreita rua principal, um solar e algumas lojas. Tinha um ar de monotonia rural que era como o zumbido de uma abelha voando lentamente de flor em flor. Ninguém nunca ia lá; as pessoas simplesmente deixavam o lugar e jamais regressavam.

Andei pela rua e avistei um homem.

— Com licença, você conhece um sr. Duffill?

Ele assentiu.

— A loja da esquina.

A loja da esquina tinha um pequeno letreiro que dizia: FERRAGENS DUFFILL. Mas estava fechada. Um retângulo de cartolina na janela informava: DE FÉRIAS. Falei em voz alta:

– Que droga!

Uma senhora estava passando. Percebeu que eu estava irritado e me perguntou se eu precisava de alguma orientação. Eu disse que estava procurando pelo sr. Duffill.

– Ele só volta daqui a uma semana – disse ela.

– Aonde ele foi desta vez? – perguntei. – Espero que não tenha ido para Istambul.

Ela disse:

– Você está procurando por *Richard* Duffill?

– Sim – respondi.

Ela levou as mãos ao rosto e, antes que falasse, eu sabia que ele estava morto.

– O nome dele era Richard Cuthbert Duffill. Ele era um homem bem incomum – disse sua cunhada, a sra. Jack Duffill.

Ela vivia em Glyndbourne, um bangalô logo depois da igreja. Não me perguntara quem eu era. Para ela, parecia muito natural que alguém inquirisse sobre a vida daquele homem estranho, que morrera havia dois anos, aos 79 anos. Ele tinha a idade do século – estava com 73 anos quando descera do Expresso do Oriente em Domodossola. A sra. Jack perguntou:

– Você conhece a vida aventurosa dele?

– Não sei nada a respeito dele – disse eu. Tudo o que eu sabia era o nome dele e o de sua cidade.

– Ele nasceu aqui mesmo, em Barrow, numa das casas do solar do sr. Uppleby. Os Duffill eram empregados dele. Naquela época havia empregados. O pai de Richard era o jardineiro e a mãe dele, uma das criadas. Eles eram muito pobres...

Mas Richard Duffill era brilhante. Com 11 anos foi encorajado pelo diretor da escola local a ingressar na Escola Técnica de Hull. Ele era excelente em matemática, mas também tinha talento para línguas. Aprendeu francês, latim, alemão, russo e espanhol em Hull, enquanto ainda era adolescente. Quando tinha 12 anos, seu pai morreu e ele se tornou um tanto introspectivo. O sr. Uppleby se interessou por ele, mas o garoto permanecia trancado em casa, lendo ou fazendo as lições. Ou então dava longas caminhadas sozinho.

Sua principal diversão era nadar – e sua habilidade no esporte fez com que se tornasse herói local. Certo dia de verão, em 1917, ele fora nadar com alguns amigos numa lagoa perto de uma pedreira chamada Brick Pits, próxima a Humber Bank. Um dos garotos, um tal de Howson, começou a se debater. Ele gritou e, então, desapareceu nas águas turvas. Duffill mergulhou várias vezes para procurá-lo e, finalmente, subiu à tona com Howson e o levou até a margem, salvando a vida do garoto. Alguns dias depois, o jornal de Hull relatou a história, com a manchete: UM CORAJOSO GAROTO DE BARROW.

Pela façanha, Duffill, que era escoteiro, recebeu a Cruz de Prata por Bravura. Foi a primeira vez que tal honra foi concedida a um escoteiro de Lincolnshire. Alguns meses mais tarde, o Fundo Carnegie presenteou Duffill com um relógio de prata "por bravura" e lhe entregou uma soma em dinheiro "para ajudá-lo em sua educação e futura carreira".

Em 1919, fluente em meia dúzia de línguas e ainda jovem, Duffill foi enviado a Allenstein, no que era então a Prússia Oriental, para trabalhar na Comissão Interaliada, organizada no final de Primeira Guerra Mundial. Ele ajudava a identificar prisioneiros e fazia trabalhos burocráticos na Corte Especial de Justiça. Nos anos seguintes, fez a mesma coisa em Klagenfurt (Áustria) e Oppeln (Opole, na Alta Silésia – hoje território polonês). Berlim foi o próximo destino. Duffill ingressou na Price Waterhouse, a célebre firma de auditoria. Passou dez anos em Berlim. De repente, em 1935, pediu demissão do emprego e saiu do país – fugiu, segundo algumas pessoas –, retornando à Inglaterra.

Politicamente, ele estava à esquerda. Seus amigos em Berlim achavam que poderia estar coletando informações para o serviço secreto britânico. ("Nós sentíamos que ele tinha o perfil do agente ideal", disse-me um velho amigo de Duffill.) De qualquer forma, ele deixou a Alemanha tão subitamente que muitos acharam que ele estivesse sendo perseguido por agentes nazistas ou por integrantes da Sturm Abteilung. Ele voltou para casa a salvo e também conseguiu retirar da Alemanha todo o dinheiro que tinha ("uma façanha extremamente ousada e inteligente", disse-me outro amigo. "A fortuna dele era considerável.").

Segundo algumas especulações, ele pode ter sofrido um colapso nervoso na época. O fato é que desapareceu durante um ano. Reapareceu em 1936, como contador-chefe de uma companhia cinematográfica americana. Dois anos mais tarde, uma carta de referência dizia que Duffill tinha "profundo conhecimento de diversos aspectos da indústria do cinema". Em 1939 houve outra lacuna, que durou até 1945: a guerra, com certeza – mas onde esteve Duffill? Ninguém conseguiu me explicar. Seu irmão disse: "Richard nunca conversava conosco sobre sua vida profissional ou sobre as viagens que fazia pelo mundo."

No final dos anos 1940, aparentemente, ele reingressou na Price Waterhouse e viajou por toda a Europa. Esteve no Egito e na Turquia; retornou à Alemanha; foi à Suécia e à Rússia – "ele tinha enorme admiração pelos líderes desses países".

Depois que se aposentou, continuou a viajar. Nunca se casou. Estava sempre sozinho. Mas as fotos que guardava mostravam que ele se vestia com muita elegância – colete, calças de golfista, casaco de caxemira, chapéu *homburg*, alfinete de gravata. Uma das características dos janotas é que usam muitas roupas. As fotos de Duffill mostram isso; e ele sempre usava chapéu.

Também usava peruca, segundo me contaram. "Era grudada na parte de trás." Ele fizera uma cirurgia no cérebro. "Costumava jogar tênis no Cairo." Frequentara encontros socialistas na Europa Oriental. Odiava Hitler. Era muito "espiritualizado", disse-me um de seus velhos amigos. Interessou-se pela filosofia de George Ivanovich Gurdjieff, era amigo íntimo de John Godolphin Bennett, especialista em Gurdjieff. "Depois de algum tempo, Richard se entusiasmou assustadoramente com os dervixes", disse-me a viúva de Bennett. Era por isto que Duffill estava indo para Istambul, disse ela – para retomar seus contatos com alguns daqueles dervixes que não param de rodopiar!

Mas o que eu queria mesmo saber era o que acontecera com ele depois que o Expresso do Oriente saiu de Domodossola.

A sra. Jack disse:

— Ele saltou em uma estação. Não me disse onde. Tinha deixado a bagagem no trem. O trem partiu. Ele perguntou o horário de chegada do próximo trem, e disseram a ele: cinco horas. Ele pensou: só faltam algumas horas. Mas ele se confundiu. Achou que eles estavam dizendo cinco horas da tarde. Mas eles queriam dizer cinco horas da manhã seguinte. Ele dormiu muito mal. No dia seguinte, ele foi até... até onde? Veneza? Ah, sim, foi lá que ele recolheu sua bagagem. – Era a bagagem que eu deixara com o *controllore*. – Depois, acabou chegando a Istambul.

Então ele tinha conseguido!

Contei à sra. Jack quem eu era e como tinha me encontrado com o sr. Duffill. Ela disse:

— Ah, sim, eu li seu livro! O filho do meu vizinho é um leitor voraz. Ele nos falou do livro. Ele disse: "Acho que vocês devem ver isso; acho que é o nosso sr. Duffill." Então, todo mundo em Barrow leu o livro.

Eu estava ansioso para saber se o próprio sr. Duffill tinha lido o livro.

— Eu queria que ele desse uma olhada – disse a sra. Jack. – Até guardei um exemplar para ele. Mas, quando ele chegou, não estava se sentindo bem. Nem viu o livro. Quando apareceu de novo, eu me esqueci de falar do livro. E foi a última oportunidade, realmente. Ele teve aquele derrame e foi decaindo. E morreu. Então, ele nunca viu o livro...

"Graças a Deus", pensei.

Como aquele estranho era interessante! Parecia fraco, idoso, um pouco maluco e meio suspeito no Expresso do Oriente. Típico, foi o que eu pensei. Mas agora eu sabia como ele fora incomum – bravo, bom, reservado, diligente, solitário, brilhante. Tinha dormido e roncado no beliche em minha cabine. Eu não o conhecera; mas, quanto mais coisas descobria sobre ele, mais sentia sua falta. Teria sido um privilégio conhecê-lo pessoalmente. Entretanto, mesmo se ficássemos amigos, ele jamais confirmaria minha forte suspeita: a de que, com certeza, fora um espião.

Olhando pela Janela
na Iugoslávia

Havia mulheres, mas eram velhas, usavam xales para se proteger do sol e atravessavam milharais pisoteados carregando latões verdes com água. Nas terras baixas e esburacadas, viam-se alguns animais de fazenda, talvez umas cinco vacas imóveis. Um pastor as observava morrerem de fome, apoiado em um cajado, assim como os espantalhos – duas sacolas de plástico penduradas em uma cruz raquítica – observavam as devastadas plantações de repolho e pimentão. Além das fileiras de repolhos azulados, um porco cor-de-rosa fuçava a cerca desmantelada de sua pequena pocilga, e uma vaca descansava sob as traves de um campo de futebol abandonado. Pimentões vermelhos, carmesins e pontiagudos como bicos-de-papagaio, secavam ao sol nas fazendas, onde as atividades agrícolas se resumiam a tropeçar atrás de bois que arrastavam arados de madeira, ou, ocasionalmente, andar em bicicletas carregadas de feno. Os pastores não eram apenas pastores, eram sentinelas que protegiam seus pequenos rebanhos dos saqueadores: quatro vacas vigiadas por uma mulher; três porcos cinzentos conduzidos por um homem com um cassetete; galinhas esqueléticas guardadas por crianças esqueléticas. "Na Iugoslávia, nós temos três coisas", alguém me disse, "liberdade, mulheres e bebida". Uma mulher em um milharal levou aos lábios uma garrafa de água; depois de beber, inclinou-se para a frente e continuou a amarrar espigas de milho. Grandes abóboras ocre cresciam em campos onde também havia vinhedos murchos. Pessoas bombeavam água de um poço para dentro de baldes, que transportavam em longas estacas sobre os ombros. As pilhas de feno eram altas e estreitas. Os pimentões estavam em estágios tão diferentes de amadurecimento que, à primeira vista, pensei que fossem jardins floridos. Por breves momentos, o trem invade a quietude e o isolamento rural. A paisagem permanece imutável durante horas na tarde iugoslava. De repente, todo mundo desaparece e o efeito é assustador: estradas sem carros ou bicicletas; casebres de janelas fechadas,

OLHANDO PELA JANELA NA IUGOSLÁVIA

à beira de campos vazios; árvores carregadas de maçãs, e ninguém para colhê-las. Talvez seja a hora – três e meia da tarde. Talvez esteja muito calor. Mas onde estão as pessoas que empilharam o feno e, com tanto cuidado, colocaram os pimentões para secar? O trem segue em frente – esta é a beleza de um trem: seu movimento despreocupado –, mas continua a passar por cenários semelhantes. Seis colmeias bem organizadas, uma locomotiva a vapor abandonada, com flores silvestres subindo por sua chaminé, um boi parado em uma passagem de nível. A poeira invade minha cabine em meio ao intenso calor da tarde. Turcos dormem de boca aberta nos vagões dianteiros, com crianças acordadas no colo. Em cada rio e em cada ponte erguem-se torres de tijolos, esburacadas por bombas – versões croatas das torres Martello.* Então vi um homem, sem cabeça, curvado em um milharal, camuflado por pés de milho mais altos que ele. Perguntei-me se o motivo de eu não ter avistado outras pessoas era porque suas plantações as deixavam pequeninas demais.

Nas cercanias de Nis ocorreu um drama. Em uma estrada perto da ferrovia, uma multidão se acotovelava para olhar um cavalo morto, ainda preso pelos arreios a uma carroça sobrecarregada, caído de lado em um lamaçal, onde, obviamente, ficara atolado. Imaginei que o coração do animal tivesse estourado enquanto ele tentava desatolar a carroça. Aquilo acabara de acontecer: crianças chamavam os amigos, um homem largou a bicicleta e foi dar uma olhada e, mais adiante, outro homem, que mijava em uma cerca, esticava o pescoço para ver o cavalo. A cena era composta como em uma pintura flamenga – que a janela do trem emoldurou e, por alguns instantes, transformou em um quadro –, na qual o homem mijando era um vívido detalhe. O homem na cerca sacudiu as últimas gotas e, guardando o pênis nas calças largas, começou a correr. E o quadro ficou completo.

– Detesto fazer turismo – disse Molesworth.

Estávamos em uma janela do corredor. Um policial iugoslavo acabara de me repreender porque eu fotografara uma locomotiva a vapor envolta

---

* Torres Martello são pequenos fortes circulares construídos pelo Império Britânico, em várias partes do mundo, durante o século XIX. (N. do T.)

em uma nuvem rodopiante de poeira azulada, onde dançavam enxames de mosquitos dourados. Sob o sol poente, milhares de pessoas atravessavam os trilhos em direção às suas casas. Estávamos em um desfiladeiro pedregoso na periferia de Nis, a caminho de Dimitrovgrad. Penhascos se erguiam ao nosso lado, às vezes em simetria, como remanescentes das belas muralhas de um castelo em ruínas. O cenário parecia aborrecer Molesworth, que se sentiu obrigado a explicar seu desagrado.

– Essas andanças de um lado para outro carregando guias de turismo – disse ele, após alguns momentos. – Essas filas horrorosas de turistas entrando e saindo de igrejas, museus e mesquitas. Eu gosto é de encontrar uma cadeira confortável e ficar quieto, absorvendo o país.

Anoitecer na Turquia Central

É A HORA DO CREPÚSCULO, A PARTE DO DIA MAIS TRANQUILA NA TURQUIA Central: algumas estrelas brilhantes surgem no céu de veludo azul, as montanhas já estão obscurecidas pelo crepúsculo. Junto aos poços dos vilarejos, acumula-se água derramada, cujos reflexos tremulantes e formato indefinido lembram poças de mercúrio. A noite cai rapidamente e tudo escurece. Apenas o cheiro de poeira ainda assentando nos lembra do dia cansativo.

– Senhor! – É o condutor do trem, um turco de olhos verdes, prestes a trancar a porta do vagão-leito para defendê-lo dos assaltantes que, segundo imagina, podem estar no restante do trem.

– Pois não?
– Turquia boa ou ruim?
– Boa – disse eu.
– Obrigado, senhor.

Hippies estavam estirados nos assentos, ocupando metade da cabine. Alguns transavam sob os olhares atônitos de mulheres turcas em *yashmaks** escuros, que mantinham as mãos cruzadas entre os joelhos. De vez em quando, eu avistava um casal deixar a cabine para copular no banheiro.

Muitos estavam a caminho da Índia e do Nepal porque

Os sonhos mais loucos de Kew são banais em Katmandu,
*E os crimes de Clapham são virtudes em Martaban.***

Mas, em sua maioria, estavam fazendo aquele trajeto pela primeira vez e tinham aquele olhar de apreensão petrificada que recobre o rosto de um fugitivo. Eu não tinha a menor dúvida de que as adolescentes

---

* *Yashmak* – espécie de xador usado pelas mulheres na Turquia. (N. do T.)
** *The wildest dreams of Kew are the facts of Khatmandhu./ And the crimes of Clapham chaste in Martaban* – versos do poema "In the Neolitic Age" (Na Era Neolítica), de Rudyard Kipling. (N. do T.)

que compunham a maioria daqueles confusos grupos tribais acabariam aparecendo no quadro de aviso dos consulados americanos na Ásia, em instantâneos desfocados ou fotos retocadas da formatura do segundo grau. PESSOA DESAPARECIDA e ALGUÉM VIU ESTA MENINA? Aqueles iniciados tinham líderes, identificáveis pelo modo como se vestiam: túnica de dervixe desbotada, bolsa esfarrapada e adornos – brincos, amuletos, pulseiras e colares. A liderança decorria apenas da experiência. Pelos ornamentos – que faziam estrépito no corredor –, era possível perceber que tipo de experiência tornara determinado sujeito líder de determinado grupo. No geral, existia entre eles uma organização social semelhante à das tribos massais.

    Tentei descobrir para onde estavam indo. Não foi fácil. Eles raramente comiam no vagão-restaurante; dormiam a maior parte do tempo; e não eram autorizados a entrar na fortaleza do vagão-leito. Alguns permaneciam em pé diante das janelas do corredor, no estado de transe que a paisagem turca induz nos viajantes. Aproximei-me e lhes perguntei quais eram seus planos. Um deles nem ao menos se virou. Era um homem de seus 35 anos, com cabelo empoeirado. Vestia uma camiseta com a inscrição MOTO GUZZI* e usava um pequeno brinco de ouro no lobo da orelha. Presumi que tivesse vendido a moto para adquirir uma passagem para a Índia. Ele segurava o peitoril da janela e olhava para as desertas planícies amarelo-avermelhadas. Em resposta à minha pergunta, disse mansamente:

— Pondicherry.

— Vai para o *ashram*? — O *ashram* (uma espécie de retiro espiritual) a que eu me referia era a comunidade mística de Auroville, próxima à cidade de Pondicherry, no sul da Índia. Era dedicada à memória de Sri Aurobindo e governada por sua ex-amante francesa (a "Mãe"), então com 90 anos.

— Sim, quero ficar lá o máximo que puder.

— Quanto tempo?

— Anos. — Observou um vilarejo que passava e assentiu com a cabeça. — Se permitirem.

---

* Moto Guzzi é uma marca italiana de motocicletas. (N. do T.)

Falava com a entonação, entre piedosa e arrogante, de um homem que diz que tem uma vocação. Mas Moto Guzzi tinha mulher e filhos na Califórnia. Interessante: enquanto ele havia deixado seus filhos, algumas garotas de seu grupo haviam deixado seus pais.

Outro sujeito estava sentado nos degraus do vagão, balançando os pés ao vento e comendo uma maçã. Perguntei-lhe para onde ele ia.

– Talvez para o Nepal – disse ele. Deu uma mordida na maçã. – Talvez para o Ceilão, se as coisas estiverem acontecendo lá. – Deu outra dentada. Era como se a maçã fosse o globo terrestre, que ele estava percorrendo tão à vontade, pequeno, brilhante e acessível. Exibindo seus dentes muito brancos, mordeu novamente. – Talvez Bali. – Ele falava mastigando. – Talvez a Austrália. – Deu uma última mordida e jogou o resto da maçã na poeira. – Quem é você? Está escrevendo um livro?

Sadik

Mais uma vez, mostrei minha passagem ao condutor.

– Bilhete de primeira classe – disse eu. – Quero um vagão-leito de primeira classe.

– Não vagão-leito – respondeu ele. Apontou para um leito na cabine de segunda classe, onde estavam três australianos.

– Não – disse eu. E apontei para uma cabine vazia. – Eu quero esta aqui.

– Não. – Ele deu um sorriso doentio.

Sorria para a minha mão. Eu estava segurando trinta liras turcas (cerca de dois dólares). Sua mão surgiu perto da minha. Baixei a voz e sussurrei a palavra que todos conhecem no Oriente:

– *Bakshish*.

Ele embolsou o dinheiro. Tirou minha mala da cabine dos australianos e a levou até outra cabine, onde havia uma mala surrada e uma caixa de biscoitos. Colocou a mala no bagageiro e deu umas palmadinhas na cama. Perguntou se eu queria lençóis e cobertores. Eu disse que sim. Ele trouxe a roupa de cama e também um travesseiro. Fechou as cortinas, bloqueando a entrada do sol. Fez uma mesura e me trouxe ainda um jarro com água gelada, sorrindo como se dissesse: "Você poderia ter tido tudo isso ontem."

A mala e os biscoitos pertenciam a um turco corpulento e careca chamado Sadik, que usava calças largas de lã e um suéter apertado. Vinha de uma das regiões mais primitivas da Turquia, o vale do Alto Zab. Havia embarcado em Van e estava indo para a Austrália.

Ao entrar, esfregou o braço no rosto suado. Disse:

– Você vai ficar nesta cabine?

– Vou.

– Quanto você pagou a ele?

Eu lhe disse o valor. Ele me disse quanto havia pagado.

– Eu dei 15 riales. Ele é muito desonesto, mas agora está do nosso lado. Não vai colocar mais ninguém aqui. Vamos ter esse quarto grande só para nós dois.

Ele sorriu. Tinha dentes irregulares. As pessoas gordas costumam parecer mais famintas que as magras, e Sadik aparentava estar faminto.

– Acho que devo lhe informar – disse eu, pensando como iria terminar a frase – que eu não sou, hum, bicha. Bom, quero dizer, não gosto de homem e...

– Eu também não – atalhou Sadik, e foi dormir.

Ele tinha o dom de pegar no sono. Bastava estar na horizontal para dormir profundamente, sempre com o mesmo suéter e as mesmas calças. Nunca tirava aquela roupa e, durante a viagem até Teerã, não fez a barba nem tomou banho.

Era um magnata diferente. Ele reconhecia que se comportava como um porco, mas tinha montes de dinheiro e sua carreira era um exemplo de engenhosidade bem-sucedida. Ele começara exportando antiguidades turcas para a França. Ao que parece, foi pioneiro no ramo, monopolizando a exportação de bijuterias turcas e panelas de cobre para a Europa, muito antes que qualquer outra pessoa pensasse nesse tipo de negócio. Não pagava taxas de exportação na Turquia, nem taxas de importação na França. Conseguia isso levando artigos sem valor para a fronteira francesa e armazenando-os lá. Então, levava amostras para os atacadistas franceses, recebia as encomendas e deixava que os atacadistas se virassem para importar as mercadorias. Fazia isso havia três anos e guardava o dinheiro na Suíça.

– Quando eu juntei bastante dinheiro – disse Sadik, que não falava um inglês perfeito –, comecei uma agência de viagem. Aonde você quer ir? Budapeste? Praga? Romênia? Bulgária? Todos esses lugares bons, rapaz! Turcos gostam de viajar. Mas são muito bobos. Eles não falam inglês. Eles dizem para mim: "Senhor Sadik, eu quero um café." Isto foi em Praga. Eu digo: "Pede ao garçom." Eles ficam com medo. Eles fecham os olhos. Mas eles têm dinheiro na bolsa. Eu falo para o garçom: "Café", e ele me entende. Todo mundo entende café, mas os turcos não falam nenhuma língua, então eu sou sempre tradutor. Isso me deixa maluco. As pessoas, elas me seguem. "Senhor Sadik, me leve a uma boate"; "Senhor Sadik, me arranje uma garota". Elas me seguem até no banheiro. Às vezes, eu quero escapar, então sou esperto e uso o elevador de serviço.

"Eu desisto de ir a Budapeste, Belgrado. Eu decido levar peregrinos a Meca. Eles me pagam 5 mil liras e eu cuido de tudo. Eu pago as vacinas de varíola e carimbo a caderneta. Às vezes, eu carimbo a caderneta e não pago as vacinas! Eu tenho um amigo médico. Ha! Mas eu cuido bem deles, compro colchões de ar para eles, um colchão para cada pessoa, encho os colchões para eles não dormirem no chão. Eu levo eles para Meca, Medina, Jidá, e deixo eles. 'Eu tenho negócios em Jidá', eu digo. Mas vou para Beirute. Você conhece Beirute? Lugar ótimo – boates, garotas, muita diversão. Então eu volto para Jidá, pego os hadjis e levo eles de volta para Istambul. Lucro bom."

Perguntei a Sadik, sendo ele muçulmano e indo sempre a Meca, por que ele mesmo nunca fizera a peregrinação.

– Para ir a Meca, você tem de fazer promessa, não pode beber, não pode falar palavrão, não pode andar com mulheres, tem de dar dinheiro para pobres. – Ele riu. – Isso é para velhos. Eu ainda não estou preparado!

Agora estava indo para a Austrália, que ele pronunciava "Ostrália". Tivera outra ideia, que lhe ocorrera na Arábia Saudita, num dia em que estava se sentindo entediado (disse que, assim que começava a ganhar dinheiro em um negócio, se desinteressava). Sua nova ideia era exportar turcos para a Austrália. Havia escassez de mão de obra naquele país. Ele iria até lá e, assim como vendera alianças turcas para os franceses, visitaria os industriais australianos para saber de que tipo de trabalhadores eles estavam precisando. Faria uma lista. Seu sócio em Istambul reuniria um grande grupo de pessoas dispostas a emigrar e cuidaria da papelada, obteria passaportes, carteiras de vacinação e referências. Então, enviaria os turcos em um voo fretado organizado por Sadik, que cobraria uma taxa dos turcos e outra dos australianos. Ele piscou.

– Lucro bom.

Foi Sadik quem me chamou a atenção para o fato de que os hippies não seriam bem-sucedidos. Eles se vestem como índios, disse ele, mas eram basicamente americanos de classe média. Não entendiam o *bakshish*. Como seguravam muito o dinheiro e esperavam que os outros lhes dessem comida e hospitalidade, sairiam sempre perdendo. Ele se ressentia ao ver os chefes hippies cercados de garotas tão bonitas.

— Esses caras são feios e eu também sou feio, então por que essas garotas não gostam de mim?

Ele se divertia contando casos engraçados dele mesmo. A melhor história era sobre uma loura que ele pegara em um bar de Istambul. Era meia-noite; ele estava bêbado e cheio de tesão. Levou a loura para casa e fez amor com ela duas vezes. Depois, dormiu algumas horas, acordou, e fez amor com ela de novo. No dia seguinte, arrastando-se para fora da cama, percebeu que a loura precisava fazer a barba. Então viu a peruca e o enorme pênis do homem.

— "Só mesmo Sadik", meus amigos dizem. "Só mesmo Sadik pode fazer amor com um homem três vezes e pensar que é uma mulher!" Mas eu estava muito bêbado.

Peshawar

Peshawar é uma cidade bonita. Eu me mudaria para lá de bom grado, sentaria em uma varanda e envelheceria observando o sol se pôr no desfiladeiro de Khyber. As amplas mansões de Peshawar, excelentes exemplos do estilo anglo-muçulmano gótico, espalham-se por avenidas largas e sonolentas, sob árvores frondosas: o lugar ideal para me recuperar de uma experiência horrível que tivera em Cabul. Você pode chamar uma *tonga** na estação, ir até o hotel e sentar na varanda, onde as cadeiras têm extensões para apoiar as pernas, fazendo com que o sangue circule melhor. Um garçom diligente lhe traz uma grande garrafa de cerveja Murree Export Lager. O hotel está vazio; os outros hóspedes se arriscaram a fazer uma cansativa excursão até Swat, na esperança de serem recebidos por Sua Alteza, o Uale. Você dorme profundamente sob um mosquiteiro e acorda com o trinar de passarinhos, para tomar um café da manhã à inglesa, que começa com um mingau de aveia e termina com rim. Depois, uma *tonga* até o museu.

Bem perto do museu, enquanto eu comprava fósforos em uma loja, o vendedor me ofereceu morfina. Perguntei-me se tinha ouvido bem e pedi para ver a mercadoria. O homem abriu uma caixa de fósforos (será que "fósforos" era um código?). Vi um pequeno frasco com uma etiqueta, onde estava escrito: SULFATO DE MORFINA. No frasco, havia dez tabletes brancos. O homem me disse que era para injetar no braço e que eu poderia levar tudo por vinte dólares. Eu lhe ofereci cinco dólares e ri, mas ele percebeu que eu estava zombando dele. Ficou carrancudo e me mandou embora.

Eu gostaria de ter permanecido mais tempo em Peshawar. Era agradável ficar à toa na varanda, folheando o jornal, olhando a circulação das *tongas* e ouvindo os paquistaneses discutirem a iminente guerra contra o Afeganistão. Mostravam-se preocupados e irritados,

---

* *Tonga* – espécie de charrete. (N. do T.)

mas eu os encorajei, dizendo que teriam meu apoio entusiasmado se algum dia se dessem ao trabalho de invadir aquele país bárbaro. Minha súbita declaração os surpreendeu, mas eles perceberam minha sinceridade.

– Contamos com a sua ajuda – disse um deles.

Expliquei que não era um soldado muito qualificado. Ele replicou:

– Não estou me referindo a você, mas aos Estados Unidos em geral.

Eu disse que não poderia prometer apoio nacional, mas teria muito prazer em falar a favor deles.

Tudo é fácil em Peshawar, exceto comprar uma passagem de trem. Você leva a manhã inteira e fica exausto. Você consulta o quadro de horários da Ferrovia Ocidental do Paquistão e descobre que o trem-correio para Khyber parte às quatro horas. Você vai até o guichê de informações. O funcionário lhe diz que o trem só sai às nove e meia da noite e o encaminha ao setor de reservas. O funcionário das reservas não está, mas um faxineiro diz que ele já vai voltar. Ele retorna depois de uma hora e o ajuda a decidir em que classe deseja viajar. Escreve seu nome em um livro e lhe dá um recibo. Você leva o recibo até o guichê de vendas, onde, por 108 rúpias (cerca de dez dólares), recebe dois bilhetes e um recibo rubricado. Você volta até o setor de reservas e espera pelo homem mais uma vez. Ele regressa, rubrica os bilhetes, examina o recibo e escreve os detalhes em um livro de quase 2 metros quadrados.

Não foi a única dificuldade. O funcionário das reservas me disse que já não havia roupa de cama disponível no trem para Khyber. Achei que ele estivesse querendo *bakshish* e lhe dei seis rúpias para providenciar roupa de cama. Depois de vinte minutos, ele reapareceu e disse que tudo o que tinham já estava reservado. Pedi o dinheiro de volta.

– Como quiser – respondeu ele.

Mais tarde, encontrei a solução perfeita. Eu estava hospedado no Hotel Dean, pertencente a uma cadeia que inclui o Faletti, em Lahore. Importunei sem parar o gerente, até que ele concordou em me emprestar a roupa de cama de que eu precisava. Eu lhe daria sessenta rúpias, e ele me daria um recibo. No Faletti, eu devolveria tudo, apresentaria o recibo e teria de volta minhas sessenta rúpias. Eis o texto do recibo:

Favor reembolsar este homem com 60 rúpias (SOMENTE SESSENTA), se ele apresentar este recibo e Um Cobertor, Um Lençol e Um Travesseiro. Debitar o dinheiro na conta do Hotel Dean, em Peshawar.

O Vilarejo na Estação Ferroviária

Os letreiros da estação de Amritsar (saída – terceira classe; sala de espera/senhoras – segunda classe; toalete – primeira classe; somente faxineiros) me deram uma ideia formal da sociedade indiana. Entrei em contato com a realidade menos formal às sete da manhã no terminal da Ferrovia Norte, na Velha Délhi. Para entender a verdadeira Índia, dizem os indianos, devemos conhecer os vilarejos. Mas esta afirmativa não é estritamente verdadeira, pois os indianos levaram seus vilarejos para as estações de trem. Durante o dia, isso não se nota – podemos confundir aquelas pessoas com mendigos, viajantes sem passagem (letreiro: VIAJAR SEM PASSAGEM É UM MAL SOCIAL) ou camelôs. À noite e de madrugada, porém, o vilarejo da estação está em plena atividade, uma comunidade tão voltada para si mesma que os milhares de passageiros que chegam e partem não a incomodam: passam ao largo. Os moradores da estação são seus donos, mas apenas o recém-chegado percebe o fato. Ele sente que há algo errado, pois desconhece o hábito indiano de ignorar o óbvio para manter a calma. O recém-chegado não consegue acreditar que mergulhou tão rapidamente em tanta intimidade. Em outro país, tudo estaria oculto; nem mesmo uma visita a um vilarejo revelaria os costumes locais com tanta clareza. Um vilarejo na Índia rural revela pouca coisa ao visitante, exceto que deve manter as distâncias e limitar sua experiência do lugar a uma xícara de chá ou a uma refeição em um salão malventilado. A vida íntima do vilarejo é vedada a ele.

O vilarejo da estação, no entanto, é pura intimidade. O choque de uma exposição como aquela fez com que eu me afastasse às pressas. Sentia que não tinha o direito de olhar aquelas pessoas tomando banho sob uma torneira baixa – nuas em meio aos funcionários dos escritórios, que não paravam de chegar; homens dormindo até tarde em seus *charpoys** ou enrolando os turbantes; mulheres com anéis no nariz e rachaduras

---

* *Charpoy* – espécie de cama feita de cordas entrelaçadas, suspensas em um estrado. (N. do T.)

nos pés, cozinhando os legumes mendigados em fogueiras fumacentas, segurando crianças de colo e dobrando as esteiras de dormir; crianças mijando nos próprios pés; meninas em túnicas grandes demais, que escorregavam de seus ombros, dirigindo-se até o banheiro da terceira classe para recolher água em latões; e, próximo a um vendedor de jornais, um homem deitado de costas admirando um bebê e brincando com ele. Trabalho duro, prazeres escassos e luta por comida. O vilarejo não tinha paredes.

O sr. Bhardwaj no Trem para Simla

Às sete e quinze, o maquinista do trem inseriu uma longa manivela na locomotiva e girou-a. A máquina tremeu, tossiu e, ainda chacoalhando e fumegando, começou a gemer. Em alguns minutos, já subíamos a colina, olhando para os telhados da estação de Kalka, na qual dois homens manobravam uma enorme locomotiva a vapor. A velocidade do trem era de aproximadamente 15 quilômetros por hora, ziguezagueando em torno da colina íngreme, passando por plantações em terraços e revoadas de borboletas brancas. Atravessamos diversos túneis, antes que eu notasse que eram numerados. Um grande número 4 estava pintado sobre a entrada do túnel seguinte. O homem sentado ao meu lado, que me informou ser funcionário público em Simla, disse que havia 103 túneis ao todo. Tentei não reparar mais na numeração. Do lado de fora, havia um precipício de centenas de metros. A ferrovia, inaugurada em 1904, fora entalhada na montanha como uma pista de tobogã no gelo, circundando as colinas.

Depois de trinta minutos, todos dormiam no vagão, exceto o funcionário público e eu. Quando passávamos pelas pequenas estações, o carteiro no assento de trás despertava de seu cochilo e atirava um saco de correspondências pela janela para um portador que ficava a postos na plataforma. Tentei tirar fotos, mas a paisagem me escapava: um cenário se transformava em outro, durante apenas alguns segundos, em uma vertiginosa sucessão de colinas, vazios, neblina e todas as nuances matinais de verde. O ruído das engrenagens embaixo do trem lembrava o tique-taque de um relógio antigo e me deixava sonolento. Enchi meu travesseiro inflável, deitei sobre ele e dormi tranquilamente no dia claro, até que fui despertado pelo ruído de freios e de batidas de portas.

– Dez minutos – disse o maquinista.

Estávamos sob uma estrutura de madeira, uma casa de bonecas, em cujas janelas havia jardineiras recobertas de musgo e repletas de flores vermelhas. Era a estação de Bangu. Tinha uma varanda ampla e trabalhada, na qual um garçom estava de pé com um menu embaixo do braço. Os passageiros subiram até lá. Senti cheiro de ovos e café, e ouvi os bengalis discutindo em inglês com os garçons.

Andei pelos caminhos de cascalho, admirando os canteiros bem-cuidados de flores e o gramado bem-aparado ao lado dos trilhos. Abaixo da estação, gorgolejava um riacho. Cartazes próximos aos canteiros diziam: PROIBIDO COLHER FLORES. Um garçom correu até onde eu estava, à beira do riacho, e me ofereceu:

— Temos sucos! O senhor gosta de suco de manga? Um mingau? Café, chá?

Continuamos a subida. Dormi novamente e, quando acordei, as montanhas eram mais altas, mais pedregosas e tinham menos árvores. As cabanas se penduravam nos abismos de forma mais precária. A neblina desaparecera e as encostas resplandeciam; mas o ar estava frio e uma brisa suave soprava nas janelas do trem. Nos túneis, o maquinista acendia faróis alaranjados e as rodas ecoavam com mais força. Depois de Solon, só restaram no trem uma família de peregrinos bengalis (todos profundamente adormecidos, roncando com os rostos virados para cima), o funcionário público, o carteiro e eu. A parada seguinte foi na Cervejaria Solon, onde o ar cheirava a fermento e lúpulo. Depois disso, passamos por bosques de pinheiros e cedros. A certa altura, um babuíno do tamanho de uma criança de 6 anos saiu correndo dos trilhos para nos deixar passar. Fiz um comentário sobre o tamanho da criatura.

O funcionário público resolveu contar uma história:

— Era uma vez um *saddhu*, um homem santo, que vivia perto de Simla. Ele podia conversar com os macacos. Os macacos podem ser muito destrutivos e viviam depredando os jardins de um certo inglês. O inglês contou o problema ao *saddhu*. O *saddhu* disse: "Vou ver o que posso fazer." O *saddhu* entrou na floresta e reuniu todos os macacos. Ele disse: "Eu soube que vocês estão perturbando o inglês. Isso é ruim. Vocês têm de parar; deixem o jardim dele em paz. Se eu souber que vocês continuam dando prejuízo, vou dar um jeito em vocês." Desse dia em diante, os macacos nunca mais entraram no jardim do inglês.

— Você acredita nessa história?

— Ah, claro. Mas o homem já morreu, o *saddhu*. Não sei o que aconteceu com o inglês. Talvez ele tenha ido embora, como os outros.

Um pouco mais adiante, ele perguntou:

— O que você acha da Índia?

— É uma pergunta difícil – respondi.

Senti vontade de lhe falar a respeito das crianças que eu vira naquela manhã, atirando-se pateticamente sobre os restos do meu café da manhã. E de perguntar se ele achava que havia alguma verdade no comentário de Mark Twain sobre os indianos: "É um povo curioso. Para eles, todas as formas de vida são sagradas, com exceção da vida humana." Mas, em vez disso, apenas acrescentei:

— Eu não estou aqui há muito tempo.

— Eu vou lhe dizer o que acho – disse ele. – Se todos esses indivíduos que estão falando sobre honestidade, justiça, socialismo e assim por diante... se esses indivíduos começarem a praticar o que falam, a Índia vai ficar bem. Do contrário, vai haver uma revolução.

Era um homem sisudo, de 50 e poucos anos, com os traços severos de um brâmane. Não bebia nem fumava. Antes de ingressar no serviço público, fora professor de sânscrito em uma universidade indiana. Levantava-se às cinco da manhã, comia uma maçã, algumas amêndoas e tomava um copo de leite; fazia as abluções, rezava e dava uma longa caminhada. Depois ia para o escritório. Para dar exemplo aos funcionários mais jovens, ia sempre a pé para o trabalho, mobiliara o escritório de forma despojada e não exigia que seu contínuo usasse uniforme cáqui. Mas reconhecia que seu exemplo não era imitado. Seus subordinados tinham carros no estacionamento, móveis luxuosos e contínuos uniformizados.

— Pergunto a eles por que gastam tanto dinheiro em coisas inúteis. Eles me respondem que é muito importante causar uma boa primeira impressão. Então, pergunto aos calhordas: "E o que me dizem da *segunda* impressão?"

"Calhordas" era uma palavra recorrente em seu vocabulário. Lorde Clive era um calhorda, como a maioria dos vice-reis. Calhordas pediam propinas; calhordas tentavam fraudar o Departamento de Contabilidade; calhordas viviam no luxo e falavam sobre socialismo. Nunca ter oferecido nem aceitado *bakshish* era motivo de orgulho para aquele funcionário público.

– Nem um *paisa*.*

Mas alguns de seus funcionários haviam aceitado suborno. Em 18 anos de serviço público, ele demitira, pessoalmente, 32 pessoas. Achava que poderia ser um recorde. Perguntei o que eles haviam feito de errado.

– Extrema incompetência – respondeu ele. – Furtos, trapaças. Mas nunca despedi ninguém sem antes ter uma conversa séria com os pais. Tinha um cretino no Departamento de Auditoria que estava sempre beliscando o bumbum das moças. Moças indianas de boas famílias! Eu o adverti a respeito disso, mas ele não parou. Então eu lhe disse que queria falar com seus pais. O calhorda disse que os pais viviam a 80 quilômetros de distância. Eu lhe dei dinheiro para as passagens de ônibus deles. Eles eram pobres e estavam muito preocupados com o cretino. Eu disse a eles: "Eu quero que vocês entendam que seu filho está numa tremenda enrascada. Ele está perturbando as funcionárias deste departamento. Por favor, falem com ele e façam com que entenda que, se continuar, não vou ter outra opção a não ser demiti-lo." Os pais foram embora, o calhorda voltou ao trabalho e, dez dias depois, ele começou com aquilo de novo. Eu o suspendi na hora, e depois o demiti por justa causa.

Eu quis saber se alguns daqueles indivíduos já tinham tentado se vingar dele.

– Sim, teve um. Ele se embriagou uma noite e veio até minha casa com uma faca. "Venha aqui fora que eu vou te matar!" Esse tipo de coisa. Minha mulher ficou perturbada. Mas eu fiquei furioso. Eu não conseguia me controlar. Saí correndo e dei um chute no cretino. Ele largou a faca e começou a chorar. "Não chame a polícia", ele disse. "Eu tenho mulher e filhos." Como você vê, ele era um tremendo covarde. Eu o deixei ir embora e todo mundo me criticou; achavam que eu deveria denunciar o cretino. Mas eu disse que ele nunca mais iria incomodar ninguém.

---

* *Paisa* – centavo de rúpia. (N. do T.)

"E houve outra vez. Eu trabalhava para a Heavy Electricals e estava em Bengala, fazendo auditoria das atividades de uns trapaceiros. Construções de má qualidade, contabilidade fraudada, orçamentos superfaturados em cinco vezes o valor. E também havia imoralidade. Um sujeito – filho do empreiteiro, muito rico – mantinha quatro prostitutas. Uma vez, ele deu uísque a elas, mandou elas tirarem a roupa e correrem peladas no meio de mulheres e crianças que estavam fazendo o *puja*.* Uma desgraça! Bem, eles não gostavam de mim, de jeito nenhum. No dia em que fui embora, havia quatro *dacoits*** com facas esperando por mim na rua que ia direto até a estação. Mas eu, que já estava esperando aquilo, fui por outro caminho e os calhordas nunca me pegaram. Um mês depois, dois auditores foram assassinados pelos *dacoits*."

O trem chacoalhava na beira de um penhasco. Na colina em frente, na extremidade oposta de um vale profundo, estava Simla. A maior parte da cidade se acomoda no topo, como uma sela feita de telhados enferrujados. Mas, à medida que nos aproximávamos, a periferia da cidade parecia se estender até o vale. Simla é inconfundível – como descreve o *Guia Murray* –, com "sua silhueta insolitamente dominada por uma igreja gótica, um castelo baronial e uma mansão vitoriana". Acima desses marcos, ergue-se o pontiagudo pico de Jakhu (2.400 metros). Abaixo, as fachadas das casas. A face sul da cidade é tão íngreme que escadas de cimento substituem as ruas. Vista do trem, parecia um lugar atraente, uma cidade de esplendor decadente, com montanhas nevadas ao fundo.

— Meu escritório fica naquele castelo – informou o funcionário público.

— Gorton Castle – disse eu, consultando meu guia. – Você trabalha para a Contadoria Geral do Punjab?

— Bem, eu sou a C.G. – replicou ele. Mas não tinha intenção de se gabar, estava apenas me fornecendo uma informação.

---

* *Puja* – ritual religioso hindu. (N. do T.)
** *Dacoit* – membro de uma classe de bandidos, na Índia, que costuma atacar em bandos. (N. do T.)

Na estação de Simla, o carregador colocou minha mala sobre os ombros (ele viera da Caxemira, para trabalhar durante a temporada). O funcionário público se apresentou como Vishnu Bhardwaj e me convidou para tomar chá naquela mesma tarde.

O Mall* estava repleto de turistas indianos dando sua caminhada matinal, crianças bem agasalhadas e mulheres com cardigás sobre os sáris. Homens em ternos de tweed seguravam o guia de Simla em uma das mãos e uma bengala na outra. Os passeios obedeciam aos inflexíveis horários das refeições e do funcionamento das lojas: das nove ao meio-dia, de manhã, e das quatro às oito, à tarde. Esses horários tinham sido estabelecidos havia cem anos, quando Simla era a capital de verão do Império Indiano – e não se modificaram desde então. A arquitetura da cidade também não se modificara: estilo vitoriano, com os toques vulgarmente grandiosos permitidos pela mão de obra barata; pórticos e calhas de chuva extravagantes; pilares e reforços de aço, para impedir que tudo deslizasse morro abaixo. O Gaiety Theatre (1887) é ainda o Gaiety Theatre (embora durante minha estadia abrigasse uma "Mostra Espiritual" que não tive o privilégio de ver); advogados chicaneiros continuam a atuar no Gorton Castle, assim como serviços religiosos continuam a ser realizados na Christ Church (1857), a catedral anglicana; a residência do vice-rei (Rastrapati Nivas), uma mansão baronial, é agora o Instituto Indiano de Estudos Avançados, mas os acadêmicos visitantes se esgueiram por seus corredores como se fossem zeladores mantendo a magnificência sepulcral do lugar. Dispersos entre esses grandes prédios estão os bangalôs – Holly Lodge, Romney Castle, The Bricks, Forest View, Sevenoaks, Fernside. Mas seus ocupantes são agora indianos, do tipo que insiste em usar bengala e gravata plastrom, em tomar o chá das quatro e em dar um passeio noturno até Scandal Point.** É o Império com tez escura, um posto avançado preservado pelos turistas que imitam os costumes dos colonizadores. Já não é o palco de vibrantes intri-

---

* Mall – principal avenida e centro comercial de Simla. (N. do T.)
** Scandal Point – trata-se de um largo localizado na parte mais alta do Mall. Seu nome, que significa "Ponto do Escândalo", tem origem em um incidente histórico: apaixonado pela filha do vice-rei da Índia, o rei do distrito de Patiala – que incluía Simla – raptou a moça quando esta passeava pelo local. (N. do T.)

gas descrito em *Kim*.* A cidade, com certeza, está mais tranquila do que há um século. Embora Simla seja o lugar onde Lola Montez,** a *grande horizontale*, iniciou sua carreira de prostituta, as únicas mulheres desacompanhadas que vi na cidade eram atarracadas operárias tibetanas, de bochechas vermelhas e casacos acolchoados, que andavam pelo Mall carregando pesadas pedras em tipoias amarradas às costas.

Tomei chá com a família Bhardwaj. Não foi a refeição ligeira que eu esperava. Havia oito ou nove pratos: *pakora*, legumes fritos em manteiga; *poha*, arroz com ervilhas, coentro e cúrcuma; *khira*, um pudim cremoso de arroz, leite e açúcar; *chaat*, uma espécie de salada de frutas, com pepino e limão; *murak*, um quitute tâmil, semelhante a um grande *pretzel*; *tikkiya*, tortinhas de batata; *malai*, bolinhos açucarados cobertos de creme; e *pinnis*, docinhos com gosto de amêndoas. Comi o que pude. No dia seguinte, visitei o escritório do sr. Bhardwaj, no Gorton Castle. Era tão despojado como ele dissera no trem. Sobre sua escrivaninha, havia uma placa com os dizeres:

NÃO ESTOU INTERESSADO EM DESCULPAS POR ATRASOS; SÓ ESTOU INTERESSADO EM QUE AS COISAS SEJAM FEITAS.

– Jawaharlal Nehru

---

* *Kim* (1901) – romance de Rudyard Kipling. (N. do T.)
** Lola Montez (1821-1861) – dançarina e atriz irlandesa que se celebrizou como amante do rei Luís I da Baviera, que a sagrou condessa. (N. do T.)

Em Jaipur com o sr. Gopal

— O que é aquilo? — perguntei ao sr. Gopal, o relações-públicas da embaixada, apontando para uma espécie de fortaleza.

— É uma espécie de fortaleza.

Ele tinha ridicularizado o guia que eu levava comigo:

— Você está com esse livrão, mas vou lhe dizer uma coisa: feche isso e deixe no hotel, porque Jaipur é um livro aberto para mim.

Imprudentemente, segui seu conselho. Estávamos a 10 quilômetros de Jaipur, enterrados até os tornozelos em dunas de areia, caminhando em direção às ruínas de Galta. Tínhamos acabado de passar por um bando de uns duzentos babuínos.

— Aja com naturalidade — disse o sr. Gopal, enquanto os bichos pulavam, tagarelavam e exibiam os dentes, com uma curiosidade que beirava a ameaça. A paisagem era rochosa, muito seca. Uma fortaleza desmoronada encimava cada colina irregular.

— De quem é?

— Do marajá.

— Não, quero saber quem construiu.

— Você não conhece o nome.

— *Você* conhece?

O sr. Gopal continuou a caminhar. Era o final da tarde e as sombras começavam a alcançar as construções que se apinhavam no desfiladeiro de Galta. Um macaco pulou para um galho de figueira, bem acima da cabeça do sr. Gopal, onde ficou tagarelando e pulando. Entramos pelo portão, atravessamos um pátio e fomos até uns prédios em ruínas, cujas fachadas eram recobertas por afrescos que representavam árvores e pessoas. Alguns tinham sido rabiscados com grafites indecifráveis e depois repintados; painéis inteiros haviam sido arrancados.

— O que é isso? — perguntei. Eu estava começando a odiá-lo por ter me convencido a deixar o guia no hotel.

— Ah – disse o sr. Gopal.

Estávamos no claustro de um templo. Alguns homens cochilavam sob as arcadas; outros estavam de cócoras. Do lado de fora, havia algumas barracas que vendiam chá e legumes, cujos proprietários se esfregavam nos afrescos, onde estavam encostados, contribuindo para o desgaste das imagens. Fiquei impressionado com a solidão do lugar – poucas pessoas ao sol poente, todas caladas. O silêncio era tão grande que eu podia ouvir os cascos das cabras martelando as pedras e os macacos murmurando a distância.

– Um templo?

O sr. Gopal pensou por alguns momentos.

– Sim – disse finalmente. – É uma espécie de templo.

Nas paredes ornamentadas do templo – cobertas de cartazes, desfiguradas por cinzéis, sujas de urina, com enormes caracteres devanágari anunciando lojas em Jaipur –, havia uma placa esmaltada de azul avisando os visitantes, em híndi e inglês, que era "proibido profanar, desfigurar, marcar ou danificar as construções de qualquer forma". A própria placa estava parcialmente danificada: o esmalte estava lascado.

Mais adiante, o calçamento de pedras se transformava em um caminho estreito e, depois, em uma escadaria íngreme talhada nas paredes rochosas do desfiladeiro. No alto, havia um templo em frente a um tanque de água negra e imóvel. Insetos nadavam em círculos na superfície da água, formando pequenas ondulações. Pequenas e vibrantes nuvens de mosquitos pairavam acima do tanque. O templo era um nicho despretensioso cavado na rocha, uma caverna rasa, iluminada por lamparinas e longas velas. Em cada lado de seus portais havia uma placa de mármore com 2 metros de altura, no formato daquelas que foram entregues a Moisés no Sinai, mas com um peso que teria provocado hérnia no mais musculoso dos profetas. As placas continham instruções gravadas em duas línguas. Na parca iluminação, copiei o texto em inglês.

1. A utilização de sabão e a lavagem de roupas no templo são rigorosamente proibidas.
2. É favor retirar os sapatos ao se aproximar do tanque.
3. Não é conveniente que as mulheres se banhem junto com os homens.

4. Cuspir ao nadar é um hábito muito ruim.
5. Não molhe as roupas dos outros aspirando água ao nadar.
6. Não entre no templo com roupas molhadas.
7. Não cuspa onde possa sujar os lugares.

– *Aspirando?* – perguntei ao sr. Gopal. – Como assim, aspirando?
– Aí não está dizendo isso.
– Dê uma olhada no número cinco.
– Diz espirrando.
– Diz aspirando.
– Diz...

Fomos até a placa. As letras, de 5 centímetros de altura, estavam profundamente entalhadas no mármore.

– ... aspirando – disse o sr. Gopal. – Nunca tinha reparado nisso. Deve ser algum tipo de espirro.

A Grande Ferrovia Indiana

O nome da ferrovia que atravessa a Índia por mais de 2.200 quilômetros, desde Délhi até Madras, no sul, é Grand Trunk Railway. O nome tem origem em sua importância e na distância percorrida. Mas poderia facilmente derivar do tipo de bagagem que os carregadores estavam colocando a bordo. Por toda a plataforma, havia enormes baús.* Eu jamais vira tanta bagagem empilhada, nem tantas pessoas carregando coisas; era como se fossem refugiados que tivessem feito as malas tranquilamente, para fugir sem pressa de uma catástrofe duvidosa. Mesmo nos melhores dias, embarcar em um trem não é tarefa simples para um indiano. Mas as pessoas que estavam subindo no expresso da Grand Trunk, ao que parecia, estavam pretendendo morar lá – tinham o aspecto e o tipo de bagagem de pessoas que estão de mudança. Em poucos minutos, as cabines foram ocupadas e os baús, esvaziados; cestos de comida, garrafas de água, mantas de viagem e malas foram devidamente arrumados. Antes mesmo de partir, o trem mudou de aspecto – ainda na estação de Délhi, os homens despiram as calças largas e os paletós de sarja e vestiram a roupa tradicional do sul da Índia: camiseta sem manga e o sarongue que eles chamam de *lungi*. As roupas ainda estavam vincadas pelo acondicionamento nas malas. Era como se, de repente – apenas esperando o apito do trem –, todos tivessem abandonado o disfarce que usavam em Délhi, pois o expresso para Madras lhes permitiria reassumir sua verdadeira identidade. O trem estava cheio de tâmeis; e eles o haviam ocupado de tal forma que eu me sentia um estranho entre os residentes locais. Isso era curioso, já que eu chegara antes de qualquer um.

Os tâmeis são negros e ossudos; têm cabelos grossos e lisos. Costumam esfregar raminhos verdes nos dentes proeminentes e brilhantes, o que explica seu brilho. Observe um tâmil passando um ramo de 20 cen-

---

* O nome Grand Trunk Railway pode ser traduzido como Grande Ferrovia, Ferrovia Principal ou, mais literalmente, Grande Linha-Tronco. *Trunk*, em inglês, significa tanto "tronco" quanto "baú". (N. do T.)

tímetros nos dentes e você terá a impressão de que ele está tentando extrair um galho inteiro do estômago. Uma das atrações do Grand Trunk Railway é que o expresso atravessa as florestas de Madhya Pradesh, onde se encontram os melhores raminhos para os dentes; são amarrados como charutos e vendidos em lotes nas estações das províncias. Os tâmeis também são recatados. Antes de trocar de roupa, formam uma toga com um lençol e, saltitando e remexendo os cotovelos, tiram os sapatos e as calças, enquanto tagarelam naquele matraquear que lembra alguém cantando no chuveiro. Falam o tempo todo – só se calam quando estão escovando os dentes. O maior prazer para um tâmil é discutir um assunto importante (a vida, a verdade, a beleza, princípios) durante uma copiosa refeição (legumes aguados acompanhados por vários tipos de pimenta, *puri** e duas porções de arroz grudento). Os tâmeis estavam à vontade no expresso da Grand Trunk: sua língua era falada; sua comida era servida; seus pertences estavam empilhados de qualquer maneira, o que recriava no trem a habitual desordem de uma casa tâmil.

Iniciei a viagem dividindo a cabine com três tâmeis. Depois que trocaram de roupa, abriram as malas, desenrolaram as mantas de viagem e comeram (um deles zombou delicadamente da minha colher: "Comer com a mão é melhor, a colher deixa um gosto metálico na comida"), gastaram uma enorme quantidade de tempo apresentando-se uns aos outros. Entre as rajadas de palavras tâmeis, apareciam palavras em inglês, como "postagem", "licença remunerada" e "auditoria anual". Tão logo me juntei à conversa, eles começaram a falar em inglês, o que considerei uma grande demonstração de tato e coragem. Todos concordavam em um ponto: Délhi era uma cidade selvagem.

— Eu fico no hotel Lodi. Faço reserva com antecedência. Todo mundo em Trich me diz que é um bom hotel. Ha! Eu não posso usar telefone. Você usa telefone?

— Eu não posso usar telefone, não.

— Problema não é hotel Lodi – interpôs o terceiro tâmil. – É Délhi.

---

* *Puri* ou *poori* – pão consumido na Índia, semelhante ao pão árabe. (N. do T.)

— Sim, meu amigo, você tem razão – concordou o segundo.

— Eu falo com recepcionista: "Por favor, pare de falar comigo em híndi. Ninguém fala inglês nesse lugar? Fale comigo em inglês, por favor!"

— É situação realmente terrível.

— Híndi, híndi, híndi. *Tcha!*

Eu disse que tivera experiências parecidas. Eles abanaram as cabeças e relataram outros contratempos. Éramos quatro fugitivos da barbárie, lamentando a generalizada ignorância do inglês. E foi um dos tâmeis – não eu – quem afirmou que um falante de híndi ficaria perdido em Londres.

— Ele se perderia em Madras? – perguntei.

— O inglês é muito falado em Madras. Nós também usamos o tâmil, mas muito pouco o híndi. Não é a nossa língua.

— No sul, todo mundo tem matric.

Eles tinham facilidade para fazer abreviações. "Matric" era "matrícula". Ele queria dizer que todos estudavam. "Trich" era a cidade de Tiruchchirappalli.

O condutor enfiou a cabeça pela porta da cabine. Parecia atarefado. Tinha as insígnias e o equipamento da autoridade indiana: um perfurador de metal, uma caneta vingativa, uma prancheta com listas de passageiros meio úmidas, um distintivo de bronze e um quepe cáqui. Deu uma batidinha no meu ombro.

— Pegue sua mala.

Eu tinha pedido a cabine de dois leitos pela qual pagara. Ele respondera que todas estavam reservadas. Pedi a devolução do dinheiro. Ele disse que eu teria de preencher um formulário no local de desembarque. Eu o acusei de ineficiência. Ele se retirou. Agora, havia encontrado uma cabine no vagão seguinte.

— Isso vai custar mais alguma coisa? – perguntei, colocando minha mala no compartimento. Eu não gostava da conotação extorsiva da palavra *bakshish*.

— O que você quiser – disse ele.

— Então não vai custar nada.

— Eu não estou dizendo que vai, nem que não vai. Não estou pedindo nada.

Gostei da abordagem dele. Disse:
— O que eu devo fazer?
— Dar ou não dar. — Olhou para a lista de passageiros, franzindo a testa. — Você é quem decide.

Dei a ele cinco rúpias.

A cabine era desconfortável. Não havia pia e a mesa dobrável tinha se desprendido. O chacoalhar da janela se tornava ensurdecedor quando outro trem passava — às vezes era uma velha locomotiva, com a caldeira fervendo, o apito tocando e os pistões sibilando, com o som alarmante de uma válvula prestes a explodir. Por volta de seis da manhã, nas cercanias de Bhopal, ouvi uma leve batida na porta. Não era o chá matinal, mas o homem que iria ocupar a cama de cima.

— Com licença — disse ele, e entrou.

As florestas de Madhya Pradesh, onde nascem todas as escovas de dentes, lembravam as florestas de New Hampshire, sem a última e azulada cadeia de montanhas. Era uma região verdejante, não cultivada, repleta de escarpas frondosas e riachos sombreados. Mas, no final do segundo dia, a paisagem tornou-se mais empoeirada. New Hampshire deu lugar ao calor e à atmosfera da Índia. Poeira se acumulava na vidraça e se infiltrava pelas frestas, cobrindo meu mapa, meu cachimbo, meus óculos, meu caderno de anotações e meu novo estoque de livros de bolso (*Exilados*, de Joyce; poemas de Browning; *Um Drama na Malásia*, de Somerset Maugham). Uma fina camada de pó cobria meu rosto; poeira forrava o espelho, tornava arenoso o abrasivo plástico e fazia o chão estalar. Tínhamos de deixar a janela entreaberta, por causa do calor, mas o preço da brisa era um turbilhão de poeira sufocante das planícies da Índia Central.

Ao chegarmos a Nagpur, durante a tarde, meu companheiro de viagem (um engenheiro com uma enorme cicatriz no peito) disse:

— Aqui vive um povo primitivo chamado gonde. É um povo muito estranho. Uma mulher pode ter quatro ou cinco maridos, e vice-versa.

Comprei quatro laranjas na estação, fiz uma anotação a respeito de um cartaz que anunciava horóscopos, onde se lia CASE SUAS FILHAS POR APENAS 12 RÚPIAS, gritei com um homenzinho que estava ameaçando um mendigo e li o que meu guia dizia sobre Nagpur (assim chamada por estar às margens do rio Nag):

> *Entre seus habitantes, encontram-se os aborígenes conhecidos como gondes. Os que vivem nas colinas têm pele escura, narizes achatados e lábios grossos. Um pedaço de pano enrolado na cintura constitui sua principal indumentária. As crenças religiosas variam, dependendo da aldeia. Quase todos adoram as divindades da varíola e do cólera, e há indícios de adoração de serpentes.*

Para meu alívio, o apito tocou e partimos. O engenheiro lia o jornal de Nagpur. Comi as laranjas e fiz uma sesta. Acordei com uma visão inusitada: as primeiras nuvens de chuva desde que saíra da Inglaterra. No final da tarde, perto da fronteira da província sul-indiana de Andhra Pradesh, grandes nuvens azul-acinzentadas, de bordas escuras, pairavam no horizonte. Seguíamos em direção a elas, em meio a uma paisagem recentemente molhada pela chuva. Agora, as pequenas estações estavam enlameadas, com poças barrentas nas passagens de nível. A terra estava avermelhada pelas últimas monções. Mas só entramos embaixo das nuvens quando chegamos a Chandrapur, uma estação tão pequena e fuliginosa que nem está no mapa. Ali, a chuva caía em torrentes, e sinaleiros pulavam pelos trilhos sacudindo bandeirolas encharcadas. Na plataforma, algumas pessoas olhavam o trem, abrigadas sob grandes guarda-chuvas negros, reluzentes de umidade. Alguns ambulantes corriam sob o aguaceiro para vender bananas aos passageiros do trem.

Uma mulher deixou o abrigo da plataforma e se arrastou até o trem. Parecia machucada: estava de quatro e se movia lentamente em nossa direção; na minha direção. Percebi que sua coluna estava deformada pela meningite. Ela amarrara trapos nos joelhos e protegia as mãos com pedaços de madeira. Avançou pelos trilhos com penosa lentidão. Quando chegou perto da porta, levantou o rosto. Tinha um sorriso adorável – o rosto radiante de uma garota em um corpo aleijado. Ela equilibrou o corpo, estendeu uma das mãos para mim e aguardou, com a água escorrendo pelo rosto e as roupas encharcadas. Enquanto eu estava revirando os bolsos em busca de algum dinheiro, o trem partiu. Em um gesto inútil, atirei um punhado de rúpias sobre a linha inundada.

Na estação seguinte, fui abordado por outro mendigo. Era um garoto com cerca de 10 anos, vestindo uma camisa limpa e shorts. Com o olhar suplicante, ele disse rapidamente:

– Senhor, por favor, me dê um trocado. Meu pai e minha mãe estão na plataforma da estação há dois dias. Eles estão sem dinheiro. Eles estão sem comida. Meu pai não tem emprego e as roupas da minha mãe estão rasgadas. Temos de chegar a Délhi logo. Se o senhor me der uma ou duas rúpias, nós vamos conseguir.

– O trem vai partir. É melhor você saltar.

Ele respondeu:

– Senhor, por favor, por favor, me dê um trocado. Meu pai e minha mãe...

E repetiu a história mecanicamente. Insisti com ele para que descesse do trem, mas estava claro que, além daquela ladainha, ele não falava inglês. Então me afastei.

Havia escurecido e a chuva estava diminuindo. Comecei a ler o jornal do engenheiro. O noticiário era principalmente sobre conferências, um incrível número de reuniões. Eu quase conseguia ouvir o estrépito das vozes, o farfalhar das folhas mimeografadas, o rangido das cadeiras dobráveis e o imutável prólogo indiano: "Devemos fazer uma pergunta a nós mesmos..." Uma conferência em Nagpur iria passar uma semana discutindo: "O futuro do zoroastrismo estará ameaçado?" A mesma página trazia a informação de que duzentos indianos haviam comparecido ao "Congresso dos Países Amantes da Paz". "Hinduísmo: estaremos em uma encruzilhada?" ocupava outra coluna. Na última página, havia um anúncio da Alfaiataria Raymond's (slogan: "Com um terno da Raymond's, você terá alguma coisa a dizer..."). Na foto ilustrativa, um homem usando um Raymond's fazia um discurso para uma plateia. Tinha os olhos semicerrados e fazia um gesto de convocação. Tinha alguma coisa a dizer. Suas palavras eram: "Comunicação é percepção. Comunicação é esperança. Comunicação é envolvimento."

A mão descarnada de um mendigo surgiu na porta da minha cabine, seguida por um braço machucado e uma camisa em farrapos. Depois, o grito trágico:

– *Sahib!*

Em Sirpur, logo após a fronteira de Andhra Pradesh, o trem parou. Vinte minutos mais tarde, ainda estávamos lá. Sirpur é insignificante: a plataforma é descoberta, a estação só tem duas salas, e vacas passeiam pela varanda. Tufos de mato crescem em frente ao guichê de reservas. O lugar cheirava a chuva, madeira queimada e esterco de vaca. Era pouco mais que uma cabana, enobrecida pelas placas ferroviárias habituais, das quais a mais otimista dizia: TRENS ATRASADOS PODEM COMPENSAR O ATRASO. Alguns passageiros desceram. Na plataforma, começaram a passear em pequenos grupos, arrotando, gratos pela oportunidade de fazer um pouco de exercício.

— O motor quebrou — explicou um homem. — Eles mandaram buscar outro. Atraso de duas horas.

Outro homem disse:

— Se houvesse um ministro no trem, eles arranjariam um motor em dez minutos.

Os tâmeis estavam enfurecidos na plataforma. Um nativo de Sirpur apareceu com um saco de grãos-de-bico torrados. Os tâmeis o cercaram, compraram tudo o que tinha e pediram mais. Alguns tâmeis se reuniram em frente à janela de uma das salas para gritar com o chefe da estação, que estava enviando uma mensagem em código Morse.

Resolvi sair em busca de uma cerveja, mas a escuridão era tão profunda fora da estação que pensei duas vezes. A vegetação molhada pela chuva enchia o ar com uma fragrância intensa, quase doce. Vacas brancas estavam deitadas nos trilhos. Orientando-me por elas, segui a linha até que vi uma pequena luz alaranjada a cerca de 50 metros. Caminhei em sua direção e cheguei a uma pequena cabana, uma choça miserável, com paredes de argila e teto de lona. Uma lamparina a querosene pendia acima da porta; no interior da cabana, outra lamparina iluminava os rostos surpresos de meia dúzia de homens que bebiam chá. Dois deles me reconheceram do trem.

— O que você quer? — disse um deles. — Eu peço para você.

— Posso comprar uma cerveja aqui?

A pergunta foi traduzida. Todos riram. Eu já sabia a resposta.

— A uns 2 quilômetros seguindo a estrada — o homem apontou para as trevas — há um bar. Você pode comprar cerveja lá.

— Como eu encontro esse bar?

— Carro – disse ele. Ele falou com o homem que estava servindo o chá. — Mas não há nenhum carro por aqui. Tome um chá.

Permanecemos na cabana bebendo chá com leite em copos rachados. Alguém acendeu um bastão de incenso. Ninguém disse uma palavra. Os passageiros do trem observavam os moradores locais, que desviavam os olhos. O teto de lona estava frouxo; as mesas estavam ensebadas; o bastão de incenso enchia o ar com um cheiro enjoativo. Os passageiros do trem começaram a se sentir pouco à vontade e, constrangidos, olhavam com interesse exagerado as imagens de Shiva e Ganpati em um calendário desbotado. As lanternas bruxuleavam no silêncio lúgubre, projetando nossas sombras nas paredes.

O indiano que traduzira minha pergunta murmurou baixinho:

— Esta é a verdadeira Índia!

"Eu Encontro para Você Garota Inglesa" – Madras

Era como eu imaginara: em algum lugar além das mansões de tijolos e reboco de Madras, que se alinhavam ao longo da Mount Road como bolos de casamento amarelados, estava a baía de Bengala, onde eu encontraria um restaurante à beira-mar, com toalhas de mesa esvoaçantes, acariciado pela brisa do mar e ornamentado por palmeiras. Sentado de frente para o mar, eu jantaria um prato de peixe e tomaria umas cinco cervejas, enquanto observava as luzes ondulantes dos pequenos veleiros de pesca. Depois iria dormir, pois pretendia acordar cedo para tomar o trem para Rameswaram, um vilarejo na extremidade da península indiana.

— Me leve até a praia — disse eu ao taxista.

Era um tâmil de cabelos desgrenhados e barba por fazer. Sua camisa estava desabotoada e rasgada. Tinha o aspecto dessas crianças selvagens que são descritas nos manuais de psicologia. Crianças selvagens – Moglis mutilados e dementes são comuns no sul da Índia. Dizem que são criados por lobos.

— A rua da praia?

— Acho que deve ser essa.

Expliquei que queria comer peixe.

— Vinte rúpias.

— Cinco.

— Quinze, então. Entre.

Depois de percorrermos uns 200 metros, percebi que estava com muita fome: a dieta vegetariana confundira meu estômago com um substituto imperfeito da comida de verdade. Os legumes acalmavam meu apetite, mas a voracidade – uma emoção carnívora – ainda permanecia.

— Você gosta de garotas inglesas?

O taxista rodava o volante com os punhos, como faria um lobo se lhe dessem oportunidade de dirigir um táxi.

— Gosto muito – disse eu.
— Eu encontro para você garota inglesa.
— É mesmo?

Madras parecia um lugar pouco provável para se encontrar uma prostituta inglesa – uma cidade sem nenhuma prosperidade aparente. Se fosse em Bombaim, eu teria acreditado. Negociantes indianos endinheirados, entrando e saindo do Hotel Taj Mahal, transpirando riqueza e dirigindo em disparada em meio às pessoas que dormiam nas calçadas – esses eram prováveis candidatos. Ou em Délhi, cidade de conferencistas e representantes. Tinham me dito que, em Délhi, montes de prostitutas europeias passeavam nos saguões dos hotéis de luxo, prometendo prazer com alegres rebolados. Mas em Madras?

O motorista olhou para trás e bateu no peito, com gestos rápidos.
— Garota *inglesa*.
— Olhe para a frente!
— Vinte e cinco rúpias.

Três dólares e 25 centavos.
— Garota bonita?
— Garota *inglesa* – replicou ele. – Você quer?

Pensei no assunto. O que me interessava não era a garota, mas a situação. Uma garota inglesa em Madras se prostituindo por uma miséria. Conjeturei sobre onde moraria, como e havia quanto tempo; o que a trouxera para aquele fim de mundo? Imaginei que fosse uma degredada, uma fugitiva, como a Lena do romance *Victory* (Vitória), de Conrad, que fugira de uma desafinada orquestra ambulante em Surabaya. Certa vez, encontrei uma prostituta inglesa em Cingapura. Contou-me que estava juntando uma fortuna. Mas não estava na cidade somente pelo dinheiro: ela preferia os chineses e os indianos aos ingleses, que não eram tão rápidos e – pior ainda – geralmente gostavam de bater nela.

O motorista notou meu silêncio e diminuiu a velocidade. Em meio ao tráfego intenso, virou-se para trás novamente. Seus dentes quebrados, manchados pelo suco de bétel, estavam vermelhos e brilhavam à luz dos faróis atrás de nós.
— Praia ou garota? – perguntou.
— Praia – respondi.

Ele dirigiu por mais alguns minutos. A moça devia ser anglo-indiana – "inglesa" era eufemismo.

– Garota – disse eu.

– Praia ou garota?

– Garota, *garota*, é claro!

Era como se ele estivesse tentando me fazer confessar um impulso sexual particularmente depravado.

Ele girou o carro perigosamente e disparou na direção oposta, murmurando:

– Bom... moças boas... você gosta... casa pequena... 3 quilômetros... cinco garotas...

– Garotas inglesas?

– Garotas *inglesas*.

A certeza veemente havia desaparecido de sua voz, mas ele ainda meneava a cabeça, talvez tentando me acalmar.

Dirigimos por vinte minutos. Percorremos ruas onde lamparinas a querosene brilhavam em barraquinhas. Nas lojas de tecidos, funcionários de pijamas listrados desempacotavam rolos de tecido amarelo e sáris ornamentados. Acomodado no banco traseiro, observei Madras passar – dentes e olhos nas ruelas tenebrosas, pessoas com cestos abarrotados fazendo compras noturnas, infindáveis pórticos, que se distinguiam uns dos outros por cartazes inesquecíveis: LANCHES SANGADA, HOSPITAL DOS CALÇADOS VISHNU e o escuro, lúgubre, RESTAURANTE DAS MIL LUZES.

O taxista dobrava as esquinas, sempre escolhendo as ruas mais estreitas e mal iluminadas. Entramos em ruas de terra. Desconfiei que ele pretendesse me assaltar. Quando chegamos à parte mais escura de uma trilha esburacada – estávamos em uma área rural –, ele encostou o carro e apagou os faróis. Então tive certeza de que ele era bandido; seu próximo passo seria enfiar uma faca nas minhas costelas. Como eu fora idiota de acreditar naquela história ridícula de prostituta inglesa por 25 rúpias! Estávamos longe de Madras, em uma estrada deserta. No pântano ao lado, que emitia uma fraca luz, algumas rãs coaxavam e assobiavam. O motorista sacudiu a cabeça. Dei um pulo. Ele assoou o nariz com os dedos e jogou o catarro pela janela.

Comecei a sair do carro.

– Você fica sentado.

Fiquei sentado. Ele bateu no próprio peito.

– Já volto.

Saiu do carro, bateu a porta e desapareceu por um caminho à esquerda.

Esperei até que ele se fosse, até não ouvir mais o farfalhar de suas pernas no capinzal e, cautelosamente, abri a porta. No lado de fora estava frio. O cheiro de águas pantanosas se misturava ao de jasmim. Ouvi vozes na estrada, homens falando; assim como eu, estavam no escuro. Eu conseguia enxergar a uma distância de poucos metros, mas era só. Calculei que deveria estar a uns 2 quilômetros da estrada principal. Iria procurá-la e tomar um ônibus.

Comecei a correr, mas havia poças no chão e atolei em uma delas. Tentando sair, afundei mais ainda. A poça transformou minha corrida em um andar trôpego.

– Senhor! *Sahib!*

Continuei a caminhar, mas ele me viu e se aproximou. Eu fora apanhado.

– *Senta*, senhor! – Percebi que ele estava sozinho. – Aonde senhor vai?

– Aonde *você* foi?

– Verificando.

– Garota inglesa?

– Nenhuma garota inglesa.

– Como assim, nenhuma garota inglesa? – Eu estava assustado e, agora, isso me pareceu mais claro do que nunca.

Ele pensou que eu estivesse zangado. Disse:

– Garota inglesa, quarenta, cinquenta. Assim.

Chegou mais perto para que eu pudesse vê-lo. Então, encheu as bochechas de ar, cerrou os punhos e curvou os ombros. Entendi a mensagem: uma inglesa gorda.

– Garota *indiana*... pequena, bonita. Senta, nós vamos.

Eu não tinha escolha. Uma corrida desesperada pela estrada não me levaria a lugar nenhum – e ele me alcançaria. Voltamos para o táxi.

Ele deu a partida irritadamente, e seguimos aos solavancos pelo caminho que fizéramos a pé. Passando pelos buracos, o táxi chacoalhava de um lado para outro. Estávamos realmente no campo. Em meio às trevas, surgiu uma cabana iluminada. Um garotinho estava agachado na porta, segurando uma estrelinha acesa, como se estivesse antecipando o Diwali – o festival das luzes: o fogo de artifício iluminava seu rosto e seu braço esquelético, fazendo seus olhos brilharem. Mais adiante havia outra cabana, um pouco maior, com telhado plano e duas janelas quadradas, por onde se viam cabeças escuras. Estava isolada, como uma loja em uma floresta.

– Você vem – disse o motorista, estacionando em frente à porta.

Ouvi risinhos e, nas janelas, avistei rostos redondos, escuros, e cabelos lustrosos. Um homem de turbante branco estava encostado na parede, um pouco afastado da luz.

Entramos em uma sala suja. Encontrei uma cadeira e me sentei. Uma lâmpada elétrica pendia do teto, iluminando fracamente o local. Eu ocupava a única cadeira em bom estado – as outras estavam quebradas ou tinham o estofamento rasgado. Sentadas em um comprido banco de madeira, algumas garotas olhavam para mim. Outras me rodearam, beliscando meu braço e rindo. Eram muito pequenas, desajeitadas e um tanto cômicas, jovens demais para usar batom, joias no nariz, brincos e pulseiras, que escorregavam de seus braços. Ramos de jasmim branco, trançados em seus cabelos, davam-lhes um ar adequadamente infantil, acentuado pelo batom borrado e por grandes bijuterias, que exageravam sua juventude. Uma garota gorducha, de ar amuado, segurava um rádio de pilha no ouvido enquanto me examinava. Davam a impressão de colegiais usando as roupas das mães. Nenhuma delas poderia ter mais de 15 anos.

– De qual delas você gostou?

Era o homem do turbante. Era robusto e parecia durão, apesar do cabelo grisalho. O turbante era uma toalha de banho amarrada em sua cabeça.

– Desculpe – disse eu.

Um homem magro entrou na sala. Tinha um rosto malicioso e ossudo; suas mãos estavam enfiadas dentro do *lungi*. Com um meneio de cabeça, indicou uma das garotas.

— Pegue ela, ela boa.
— Cem rúpias toda a noite – informou o homem de turbante. – Cinquenta por uma bimbada.
— Ele disse que custava 25.
— Cinquenta – replicou o homem grisalho, imperturbável.
— Então deixe para lá – disse eu. – Eu só vim tomar uma bebida.
— Nada de bebida – disse o homem magro.
— Ele disse que aqui tinha uma garota inglesa.
— Que garota inglesa? – perguntou o homem magro, retorcendo o nó de seu *lungi*. – Essa menina de Kerala. Nova, pequena, da costa de Malabar.

O homem de turbante agarrou uma delas pelo braço e a empurrou contra mim. Com um gritinho de satisfação, ela pulou para trás.

— Você olha quarto – sugeriu ele.

O quarto ficava ao lado da sala. Ele acendeu a luz. Tinha o mesmo tamanho da sala, mas era mais sujo e desarrumado. E exalava um cheiro horrível. No centro do quarto, havia uma cama de madeira, com uma esteira de bambu, manchada, estendida por cima. Seis prateleiras estavam fixadas na parede, cada uma delas com uma maleta de metal, trancada com cadeado. Sobre uma mesa desmantelada, a um canto, viam-se vidros de remédio, grandes e pequenos, e uma bacia de água. O teto de madeira estava chamuscado. Jornais se espalhavam pelo chão. Na parede acima da cama, viam-se desenhos a carvão, retratando corpos desmembrados, seios e órgãos genitais.

— Olhe!

Com um sorriso entusiasmado, o homem correu até a parede mais distante e ligou um interruptor.

— Ventilador!

O ventilador começou a ranger lentamente sobre o leito imundo, agitando o ar com suas pás rachadas, tornando o quarto ainda mais fedorento.

Duas garotas entraram no quarto e sentaram-se na cama. Rindo, começaram a desenrolar os sáris. Corri até a entrada e encontrei o taxista.

— Vamos embora.

— Você não gosta garota indiana? Garota indiana *bonita*?

O magricela gritou alguma coisa em tâmil para o taxista, que já estava com tanta pressa de ir embora quanto eu; fora ele quem levara um cliente imprestável. A culpa era dele, não minha. As meninas ainda estavam rindo e me chamando, e o magricela ainda estava gritando quando nos afastamos da cabana e entramos no capinzal, em direção à estrada esburacada.

Sr. Wong, o Mecânico de Dentes

O TREM DE GALLE PARA COLOMBO MARGEIA A COSTA NORTE, TÃO PRÓximo ao litoral que a espuma das enormes ondas que vêm da África alcança as janelas quebradas dos desmantelados vagões de madeira. Eu estava viajando na terceira classe e, no início do percurso, sentei-me em uma cabine escura, entupida de gente. Tão logo me mostrei amistoso, as pessoas me pediram dinheiro. Não pediam com muita insistência; na verdade, não pareciam estar precisando de dinheiro. Sua posição parecia ser a de que qualquer quantia que conseguissem extrair de mim poderia ser útil algum dia. Isso aconteceu muitas vezes. No meio de uma conversa, alguém me perguntava gentilmente se eu teria alguma coisa que pudesse lhe dar. "Que tipo de coisa?" "Lâminas de barbear." Eu respondia que não, e a conversa prosseguia.

Depois de uma hora nesse jogo, esgueirei-me para fora da cabine e fiquei de pé junto à porta, observando a chuva que caía de uma escura camada de nuvens que se elevavam ao largo da costa – uma chuva distante, que lembrava majestosos pilares de granito. À direita, o sol estava se pondo, banhando com sua luz avermelhada as crianças que brincavam na areia. Esse era o lado oceânico do trem. No lado da selva, já estava chovendo copiosamente. Em cada estação, o sinaleiro se cobria com as bandeirolas, colocando a vermelha sobre a cabeça e enrolando a verde no corpo. Quando o trem se aproximava, agitava a bandeirola verde, que tornava a enrolar no corpo para se proteger da chuva quando o trem terminava de passar.

Um chinês e sua esposa cingalesa subiram a bordo em Galle, com seu bebê gorducho e de pele escura. Eram os Wong, seguindo para Colombo, onde iriam passar umas curtas férias. O sr. Wong disse que era dentista; aprendera o ofício com o pai, que chegara ao Ceilão em 1937, proveniente de Xangai. O sr. Wong não gostava do trem. Explicou que normalmente iria até Colombo em sua motocicleta, exceto durante o período das monções. Tinha também capacete e óculos, cujo preço me informou. Se algum dia eu retornasse a Galle, ele os mostraria para mim.

— Você fala chinês?

— *Humbwa*, vá; e *mingwa*, venha. Só isso. Eu falo cingalês e inglês. Chinês muito difícil. — E apertou as têmporas com os nós dos dedos.

Simla era cheia de dentistas chineses, cujos cartazes, colocados sobre as portas, mostravam horríveis imagens de bocas humanas. Nas vitrines, eram exibidas bandejas com dentes postiços. Perguntei a ele por que havia tantos dentistas chineses.

— Chineses são dentistas muito bons! — disse ele. Seu hálito cheirava a coco. — Eu sou bom!

— Você pode me obturar um dente?

— Não, não faço obturações.

— Pode clarear meus dentes?

— Não.

— Você extrai dentes?

— Você quer extrair um dente? Eu posso lhe dar o nome de um bom cirurgião-dentista.

— Que tipo de dentista é você, sr. Wong?

— Sou mecânico de dentes — disse ele. — Os chineses são os melhores mecânicos de dentes.

A mecânica de dentes consiste no seguinte: você tem uma loja e um estoque de massa de modelar, de cor rosada; suas gavetas estão cheias de dentes postiços, de vários tamanhos. Uma pessoa procura sua loja. Perdeu os dois dentes da frente quando participava de uma passeata reivindicando comida. Ou quando brigava por um coco. Você enche a boca do cliente com a massa rosada e faz um molde de suas gengivas. Com o molde, faz uma placa. Depois de polir a placa, implanta nela dois dentes postiços, fabricados no Japão.

Infelizmente, essas dentaduras de plástico não servem para mastigar; é preciso retirá-las durante as refeições. O sr. Wong disse que os negócios estavam indo muito bem e que faturava entre mil e 1.400 rúpias por mês, mais do que ganhava um professor na Universidade de Colombo.

Por causa da chuva, os passageiros do trem fecharam as janelas. O fulgor do sol poente tingia as nuvens carregadas. Os pilares de chuva que as sustentavam estavam muito próximos. Os pescadores lutavam para chegar à praia com seus catamarãs, por entre as ondas altas. O trem começou a cheirar mal; o sr. Wong se desculpou pelo fedor. As pessoas enchiam as cabines e se espremiam nos corredores. Eu estava junto à porta e pude perceber que os mais ágeis viajavam agarrados às escadas de aço, ou se equilibravam nos ganchos de engate. Quando a chuva aumentou – e agora chovia a cântaros –, eles abriram caminho até os vagões, fecharam as portas e permaneceram no escuro, enquanto a chuva martelava as portas de metal como se fosse granizo.

Minha porta ainda estava aberta. Encostado à parede do corredor, eu observava as violentas rajadas de chuva que caíam diante de mim.

A Calcutá do sr. Chatterjee

Vista de fora, a estação de Howrah parece uma repartição pública, com suas torres mais ou menos quadradas, muitos relógios – cada qual com um horário diferente – e grossas paredes de tijolos. Os prédios ingleses na Índia parecem ter sido construídos para resistir a um cerco – há muralhas, canhoneiras e torres de vigia nos lugares mais insólitos. A estação de Howrah tinha o aspecto de uma versão fortificada de um gigantesco prédio de escritórios, uma impressão que a simples intenção de comprar uma passagem só faz confirmar. No interior, as salas são altas e enfumaçadas, por conta das fogueiras acesas por seus ocupantes. O teto está enegrecido e o chão é úmido e imundo. A estação é escura, pois a poeira rouba a luminosidade dos raios de sol que entram pelas janelas mais altas.

– Está muito melhor do que era – disse o sr. Chatterjee, ao me ver esticar o pescoço. – Você devia ter visto a estação *antes* de limparem.

A observação era irrespondível. Mas, perto de cada pilastra, os invasores se amontoavam em meio ao lixo que produziam: cacos de vidro, pedaços de madeira, papel, palha e latas velhas. Algumas crianças dormiam agarradas aos pais; outras dormiam sozinhas em cantos empoeirados. Famílias procuravam refúgio ao lado dos pilares, embaixo dos balcões e em meio aos carrinhos de bagagem. A imensidão do lugar as intimidava e elas se abrigavam nos cantos. As crianças perambulavam pelos espaços abertos, combinando o trabalho de catar lixo com as brincadeiras. São os filhos pequeninos de pais pequeninos. É incrível como, na Índia, é possível observar a coexistência de dois tipos de pessoas: um deles, de gente alta e dinâmica; outro, de gente pequena, amedrontada e servil. Duas raças, cujo território comum são as estações de trem. Mas embora estejam próximas fisicamente (um moleque deitado de costas, perto do guichê de passagens, olhava as pernas das pessoas na fila), jamais se encontram.

Saí da estação pelo lado oeste da Ponte de Howrah, em pleno caos do meio-dia. Em Simla, os riquixás eram preservados por seu aspecto pitoresco; as pessoas posavam para fotos dentro deles. Em Calcutá, puxados por homens magricelos e apressados em roupas maltrapilhas, os riquixás são um meio de transporte essencial – barato e fácil de manobrar nas vielas estreitas. Constituem um símbolo brutal da sociedade indiana; mas na Índia todos os símbolos são brutais: o desabrigado dormindo na soleira de uma mansão; o sujeito correndo para pegar o trem e pisando acidentalmente em um sem-teto deitado no chão; o *wallah* esquelético transportando passageiros bem-nutridos. Pôneis arrastam charretes por ruas calçadas com pedras. Homens empurram bicicletas carregadas com lenha e fardos de feno. Eu nunca tinha visto tantos meios de transporte diferentes: carroções, motonetas, carros velhos, carroças, carrinhos de mão e veículos puxados por cavalos, muito antigos, que em outros tempos poderiam ter sido carruagens. Tartarugas marinhas mortas, com as nadadeiras brancas pendendo flacidamente, estavam empilhadas em uma carroça; outra carregava um búfalo morto; uma terceira transportava uma família inteira, com todos os seus pertences – crianças, gaiola de papagaio, panelas e frigideiras. Em meio a todos esses veículos, uma infinidade de pedestres. De repente, um momento de pânico. As pessoas se dispersavam para dar passagem a um bonde com o letreiro TOLLYGUNGE, que vinha oscilando pela ponte.

– Gente demais – disse o sr. Chatterjee.

O sr. Chatterjee atravessou a ponte junto comigo. Ele era um bengali, e os bengalis foram os indivíduos mais atentos que encontrei na Índia, além de irritadiços, tagarelas, dogmáticos, arrogantes e desprovidos de senso de humor. Discutem sobre quase todos os assuntos com maliciosa habilidade, exceto sobre o futuro de Calcutá. Qualquer menção ao assunto tinha o dom de emudecê-los. O sr. Chatterjee, porém, tinha suas opiniões. Andara lendo um artigo sobre as perspectivas de Calcutá. Faltara sorte a Calcutá: Chicago fora assolada por um grande incêndio; São Francisco, por um terremoto; Londres, pela peste e também por um incêndio. Mas nada acontecera a Calcutá que oferecesse aos planejadores uma chance de reprojetá-la. É preciso reconhecer, dizia ele, que a cidade tinha vitalidade. O problema dos moradores de rua (cujo número ele estimava em um quarto de milhão) tinha sido "um pouco exagerado". Considerando que esses moradores de rua se dedicavam, de modo quase exclusivo, à cata de trapos e papéis, era possível perceber que o lixo de Calcutá era "muito bem reciclado". Tratava-se de uma escolha insólita de palavras, parecia até conversa fiada: vitalidade em um lugar onde as pessoas morriam na sarjeta ("Todo mundo morre um dia", argumentou o sr. Chatterjee); o sobredramatizado problema dos moradores de rua, que somavam mais de 250 mil. Passamos por um homem que estendeu a mão para nós. Era um monstro. Faltava metade de seu rosto, como se tivesse sido guilhotinado de forma inábil – não tinha nariz, nem lábios, nem queixo. Enfiado entre os dentes, eternamente expostos, estava o toco ferido de sua língua. O sr. Chatterjee percebeu minha perturbação.

– Ah, *ele*! Ele está sempre aqui.

Antes de se despedir de mim, no Barabazar, o sr. Chatterjee disse:

– Eu *adoro* esta cidade.

Trocamos endereços e nos separamos. Eu fui para um hotel, e o sr. Chatterjee, para a avenida Strand, às margens do Hooghly – um rio tão assoreado que em breve tudo que flutuaria em suas águas seriam as cinzas dos bengalis cremados.

O Saltador

Eu estava dando uma volta no bairro de Chowringhee quando avistei o saltador no meio da multidão. Ele era muito estranho: em uma cidade de mutilados, apenas os realmente monstruosos chamavam a atenção. Aquele homem só tinha uma perna – a outra fora amputada na altura da coxa –, mas não usava muletas. Carregava um embrulho ensebado em uma das mãos. Passou saltitando ao meu lado, com a boca aberta, alavancando o impulso da perna com os braços e os ombros. Fui atrás dele. Ele dobrou na rua Middleton, pulando depressa com a perna musculosa. Sua cabeça surgia acima da multidão e logo desaparecia: parecia um homem em um pula-pula. Eu não podia correr por causa das pessoas que me cercavam – escriturários negros apressados, *swamis** com guarda-chuvas, mendigos sem braços estendendo-me os cotos, mulheres oferecendo bebês drogados, famílias passeando, homens que pareciam bloquear a calçada com suas calças drapejantes e gestos largos. O saltador já tinha se adiantado. Encurtei a distância – avistei claramente sua cabeça –, mas depois o perdi de vista. Com uma perna só, ele me ultrapassara, e eu jamais descobriria como o fizera. Depois disso, sempre que pensava na Índia, eu o via – toque, toque, toque – pulando agilmente entre aqueles milhões de indivíduos.

---

* *Swami* – religioso hindu. (N. do T.)

Lembranças do Raj* – O sr. Bernard na Birmânia

O velho sentado ao meu lado, no trem local para Maymyo, disse:
– Quantos anos você acha que eu tenho? Adivinhe.
Eu respondi 60, achando que ele tinha 70 anos.
Ele aprumou os ombros.
– Errado! Eu tenho 80. Quer dizer, já fiz 79 anos, então já estou na casa dos 80.

O trem oscilava de um lado para outro, em curvas tão fechadas quanto as do trajeto de Simla e Landi Kotal. Às vezes parava, por razões desconhecidas. Sem nenhum apito de aviso, retomava a marcha. Era quando os birmaneses que tinham saltado para mijar saíam correndo do mato, reatando os sarongues, incitados pelos companheiros que haviam permanecido na composição. A neblina, a chuva e as nuvens gélidas e baixas transmitiam uma sensação de alvorecer, uma obscuridade fria que perdurou até o meio-dia. Coloquei uma blusa sobre a camiseta, um suéter por cima e, depois, uma capa de chuva. Mas ainda estava com frio, com a umidade penetrando em meus ossos. Não sentia um frio assim desde que deixara a Inglaterra.

– Eu nasci em Rangum, em 1894 – disse o velho de repente. – Meu pai era indiano, mas católico. É por isso que meu nome é Bernard. Ele era soldado do exército indiano. Foi soldado a vida inteira. Acho que se alistou em Madras, por volta de 1870. Estava no 26º Regimento de Infantaria de Madras. Ele veio para Rangum com o regimento, em 1888. Eu tinha um retrato dele, mas quando os japoneses ocuparam a Birmânia (você deve ter ouvido falar da guerra japonesa), tudo o que a gente tinha ficou espalhado, e muita coisa sumiu.

---

* Raj ou Raj Britânico ou Índia Britânica – denominação não oficial para o domínio colonial do Império Britânico sobre o subcontinente indiano, que incluía, além da própria Índia, os atuais territórios do Paquistão, de Bangladesh (ex-Paquistão Oriental) e Myanmar (ex-Birmânia). (N. do T.)

Ele estava ansioso para falar, feliz em ter um ouvinte, e não precisava ser encorajado com perguntas. Falava com cuidado, remexendo em sua trouxa enquanto formava as frases. Encolhido de frio, eu me sentia grato por só precisar assentir com a cabeça de vez em quando, para mostrar interesse.

– Não me lembro muito de Rangum, eu era muito jovem quando nos mudamos para Mandalay. Mas consigo me lembrar de quase tudo a partir de 1900. O sr. McDowell, o sr. Owen, o sr. Stewart, o capitão Taylor... trabalhei para todos eles. Eu era o cozinheiro-chefe na cantina dos oficiais da Real Artilharia. Mas fazia mais do que cozinhar... eu fazia de tudo. Viajei por toda a Birmânia, acompanhando os acampamentos, quando as tropas estavam nos campos. Acho que tenho boa memória. Por exemplo, eu me lembro do dia da morte da rainha Vitória. Eu no segundo ano, na Escola São Francisco Xavier, em Mandalay. O professor nos disse: "A rainha morreu, então hoje não haverá aula." Eu tinha o quê... 7 anos. Era um bom aluno, fazia meus deveres. Mas quando terminei os estudos, não tinha nada para fazer. Em 1910, eu estava com 16 anos e pensei em arranjar um emprego nas ferrovias. Queria ser maquinista. Queria viajar pela Alta Birmânia em uma locomotiva. Mas me decepcionei. Eles faziam a gente carregar carvão em cestos que a gente colocava na cabeça. Era um trabalho muito duro, você nem pode imaginar o calor que fazia. O nosso chefe era o sr. Vander; ele era anglo-indiano. Gritava conosco o tempo todo, é claro; até nos 15 minutos de lanche ele gritava. Era gordo e não era muito gentil com a gente. Havia muitos anglo-indianos na ferrovia naquela época. Eu diria que quase todos eram anglo-indianos. Pensei que iria dirigir uma locomotiva e lá estava eu carregando carvão! O trabalho era muito pesado para mim, então fui embora.

"Eu gostei muito do meu emprego seguinte. Foi na cantina dos oficiais da Real Artilharia. Ainda tenho uns certificados com as iniciais R.A. No início, ajudava o cozinheiro; depois, eu mesmo me tornei cozinheiro. O nome do cozinheiro era Stewart e ele me mostrou muitas maneiras de cortar os vegetais, como fazer salada, salada de frutas, tortas de creme e muitas outras coisas. Estávamos em 1912, e foi a melhor época na Birmânia. Nunca mais vai ser tão bom. Havia muita comida, as coisas eram baratas, e, até a Primeira Guerra Mundial, as coisas corriam muito bem. Nós nem soubemos da Primeira Guerra Mundial na Birmânia; nunca ouvimos nada a respeito dela, não sentimos nenhum efeito. Eu ainda fiquei sabendo um pouquinho, por causa do meu irmão. Ele estava lutando em Basra – você deve conhecer – Basra, na Mesopotâmia.

"Naquela época eu ganhava 25 rúpias por mês. Não parece muito, não é? Mas, veja você, eu só precisava de dez rúpias para viver. Economizei o resto e, mais tarde, comprei uma fazenda. Quando ia receber o salário, recebia um soberano de ouro e uma nota de dez rúpias. Um soberano de ouro valia 15 rúpias. Só para lhe mostrar como as coisas eram baratas, uma camisa custava quatro *annas*,* a comida era farta e a vida, muito boa. Eu me casei e tive quatro filhos. Fiquei na cantina da Real Artilharia de 1912 até 1941, quando os japoneses chegaram. Adorava o trabalho. Todos os oficiais me conheciam e me respeitavam. Só se zangavam quando alguma coisa atrasava. Tudo tinha de ser feito no horário e, claro, se não fosse feito, se houvesse algum atraso, eles ficavam muito irritados. Mas nunca me trataram mal. Afinal de contas, eles eram oficiais – oficiais britânicos, veja bem – e tinham um bom padrão de conduta. Quando faziam as refeições, usavam uniforme completo. Às vezes, havia convidados no jantar. Os homens usavam smoking e gravata preta; as mulheres usavam vestidos longos. Muito bonitas. Eu também usava um uniforme: paletó branco, gravata preta e sapatos macios... você sabe, sapatos que não fazem barulho. Entrava na sala e ninguém me ouvia. Já não se fazem mais esses sapatos, do tipo que não faz barulho.

"As coisas foram assim por alguns anos. Eu me lembro de uma noite. O general Slim estava na cantina. Você deve ter ouvido falar dele. E lady Slim. Eles foram até a cozinha. O general, lady Slim e outros oficiais com as esposas.

"Eu fiquei em posição de sentido.

"'Você é o Bernard?', lady Slim me perguntou.

"'Sim, senhora', respondi.

---

* *Anna* – moeda divisionária usada na Índia Britânica, equivalente a 1/16 de rúpia.

"Ela disse que a comida estava muito boa, muito saborosa. Era frango caramelado, legumes e torta de creme.

"Eu disse: 'Que bom que a senhora gostou.'

"O general disse: 'Esse é o Bernard', e então saíram.

"Chiang Kai-shek e madame Chiang também apareceram. Ele era muito alto e não falava. Eu servi aos dois. Eles ficaram por dois dias: uma noite e dois dias. O vice-rei também veio: lorde Curzon. Muitas pessoas apareciam: o duque de Kent, pessoas da Índia e outro general… vou me lembrar do nome dele.

"Então chegaram os japoneses. Ah, me lembro disso muito bem! Foi assim: eu estava na mata perto da minha casa – nos arredores de Maymyo, onde a estrada se bifurca. Estava usando uma camiseta e um *lungi*, como é costume dos birmaneses. O carro era enorme, com uma bandeira no capô – a bandeira japonesa, sol nascente, vermelha e branca. O carro parou na encruzilhada. Eu pensei que eles não tinham me visto. Um homem me chamou. Ele me disse alguma coisa em birmanês. Eu disse:

"'Eu falo inglês.'

"O cavalheiro japonês perguntou: 'Você é indiano?' Eu disse que sim. Ele juntou as mãos, assim, e disse: 'Índia-Japão. Amigos!' Eu sorri para ele. Nunca tinha ido à Índia em toda a minha vida.

"Tinha um oficial muito graduado no carro. Ele não disse nada, mas o outro homem perguntou: 'Essa é a estrada para Maymyo?'

"Eu disse que era. Eles foram embora, subiram a colina. Foi assim que os japoneses entraram em Maymyo."

O Viaduto de Gokteik

Por volta do meio-dia, chegamos aos arredores de Gokteik. A neblina era cerrada. Martelando os bambuzais, o aguaceiro fazia muito barulho. O trem se arrastava pelos cumes dos morros, apitando a cada curva. Pelas janelas víamos apenas a brancura do nevoeiro – às vezes rasgada por um vento forte, para revelar a brancura ainda mais intensa das nuvens. Era como estar voando em um avião vagaroso, com as janelas abertas. Senti inveja do homem à minha frente, que fumava ópio tranquilamente.

– A paisagem está enevoada – disse o segurança U Sit Aye, que estava ao meu lado.

Subimos até quase 1.200 metros. Começamos então a descer em direção ao desfiladeiro. Mais abaixo, flocos de nuvens se moviam rapidamente, de colina a colina, e nuvens de vapor pairavam no desfiladeiro, mal se movendo, como véus de seda desgastada. O viaduto, um monstro de geometria prateada em meio à selva e aos rochedos pontiagudos, entrou em nosso campo visual. Depois desapareceu atrás de uma protuberância rochosa. Continuava a aparecer, de vez em quando, cada vez maior, menos prateado e mais imponente. Sua presença ali era estranha, aquela coisa feita pelo homem em um lugar tão remoto. O viaduto competia em imponência com o enorme desfiladeiro e parecia ainda mais imponente; parecia mais imponente do que tudo em volta – a água que corria pelas pedras e caía no topo das árvores, as revoadas de pássaros entre as espirais de nuvens e o negrume dos túneis adiante. Fomos nos aproximando lentamente, com uma breve parada na estação de Gokteik, onde alguns indivíduos, *shans** tatuados e chineses errantes, estavam morando em vagões de trem abandonados. Muitos vieram até a porta para observar a passagem do expresso de Lashio.

Trêmulos soldados montavam guarda na entrada do viaduto, com rifles sobre os ombros; o vento varria seus abrigos, que não tinham

---

* *Shan* – grupo étnico que habita as montanhas de Myanmar (ex-Birmânia). (N. do T.)

paredes, e o chuvisco continuava. Perguntei a U Sit Aye se eu poderia me pendurar para fora da janela. Ele disse que tudo bem, por ele. "Mas não caia", acrescentou. As rodas do trem esparramavam a água acumulada na estrutura metálica, que caía sobre os ninhos dos pássaros, algumas centenas de metros abaixo, provocando uma revoada. O frio me deprimira e a viagem não tivera grandes atrativos. Mas me senti mais animado ao atravessar aquela ponte extensa, ligando uma montanha íngreme a outra, sobre um abismo selvagem, onde rugia um rio que as monções haviam engrossado, a locomotiva apitando sem parar, projetando seu eco pelas escarpas, em direção à China.

Os túneis cavernosos cheiravam a cocô de morcego e a plantas encharcadas. Tinham luz suficiente apenas para iluminar a água que escorria pelas paredes e as estranhas flores noturnas, que cresciam entre trepadeiras sobre as pedras irregulares. Quando emergimos do último túnel, já estávamos longe do viaduto de Gokteik. Mais uma hora de viagem, e chegamos a Naung-Peng. Foi o fim da linha para mim. O lugar não era mais que um ajuntamento de barracos de madeira e choças com telhado de palha. A "cantina" era uma das choças: dentro dela havia uma mesa comprida, com terrinas de ensopado – verde e amarelo. Aquecendo-se perto de caldeirões de arroz que borbulhavam sobre braseiros, havia alguns birmaneses, parcamente vestidos para um lugar tão frio. Era como se fosse a cozinha ao ar livre de alguma tribo mongol batendo em retirada de uma terrível batalha: as cozinheiras eram chinesas velhas, com dentes enegrecidos; os comensais eram os frutos de uma mixórdia de genes, provenientes da China e da Birmânia, cuja única indicação de origem eram as roupas – sarongue ou calças, chapéu cônico ou gorro de lã, tudo completamente encharcado. As cozinheiras derramavam conchas de ensopado em grandes folhas de palmeira e acrescentavam um punhado de arroz; os viajantes acompanhavam isso com xícaras de chá quente e aguado. A chuva martelava o teto e tamborilava na lama do lado de fora. Birmaneses corriam em direção ao trem, carregando galinhas amarradas de modo tão apertado que pareciam fardos de pena, ou algum tipo de artesanato nativo. Comprei um charuto de dois centavos, encontrei um banco perto de um braseiro, sentei-me e fumei até a chegada do próximo trem.

O VIADUTO DE GOKTEIK

O trem que tomei para chegar a Naung-Peng só partiu para Lashio depois que o trem proveniente de Lashio chegou. Então, as escoltas de Maymyo e de Lashio, esta ainda mais fortemente armada, trocaram de trens para retornarem aos lugares de onde tinham saído naquela manhã. Cada trem, reparei, tinha um vagão blindado logo atrás da locomotiva – uma caixa de aço com seteiras, extremamente simples, como o desenho de um tanque feito por uma criança. Mas não havia ninguém dentro dele no nosso trem, pois todos os soldados estavam no último carro, nove vagões atrás. Eu não fazia ideia de como eles poderiam enfrentar um ataque à locomotiva a uma distância de 80 metros, nem U Sit Aye forneceu uma explicação. O motivo pelo qual os soldados não viajavam no vagão blindado estava bem claro: ele era cruelmente desconfortável – e muito escuro, pois as seteiras eram pequenas.

O retorno para Maymyo foi rápido, pois o trajeto era descendente na maior parte do tempo. Nas pequenas estações havia um ininterrupto consumo de alimentos. U Sit Aye me explicou que os soldados telegrafavam antes da chegada, solicitando comida. E era verdade. Mesmo na menor das estações, um garoto corria até o trem, tão logo este parava, fazia uma mesura e, com a chuva batendo no rosto, entregava um embrulho de comida no vagão dos soldados. Perto de Maymyo, eles telegrafaram pedindo flores. Portanto, assim que chegamos, cada soldado desceu do trem com manchas de curry na camisa, uma noz de bétele na boca e um buquê de flores em uma das mãos, que seguravam com mais cuidado que seu fuzil.

– Posso ir agora? – perguntei a U Sit Aye.

Eu não sabia se iria ser preso por entrar em território proibido.

– Você pode ir – disse ele sorrindo. – Mas não pode tomar o trem de Gokteik novamente. Se fizer isso, vai ter problemas.

O Trem de Passageiros de Hué a Danang – Vietnã, 1973

Vista do ar, a superfície cinzenta e opaca do mar da China Meridional parecia gélida. Túmulos budistas arredondados se espalhavam pelos pantanais. A cidade real de Hué parecia semienterrada em montes de neve. Mas aquilo não era neve, era areia molhada; e os túmulos circulares eram crateras de bombas. Hué tinha uma aparência estranha. Em Saigon, havia muito arame farpado nas barricadas, mas poucos estragos causados pela guerra; em Bien Hoa, havia casas bombardeadas; em Can Tho, histórias de emboscadas e um hospital cheio de feridos. Mas em Hué, eu conseguia ver e sentir o cheiro da guerra. Estradas lamacentas sulcadas por caminhões do exército, pessoas correndo pela chuva carregando trouxas, soldados enfaixados andando com dificuldade pelo lodo deixado pelas monções na cidade arruinada ou apontando os fuzis para caminhões lotados de carga. As pessoas se movimentavam com uma angustiada simultaneidade. Arame farpado obstruía a maior parte das ruas, e as casas eram protegidas precariamente por sacos de areia. No dia seguinte, já no trem, meu anfitrião americano, de codinome Cobra-Um (que viera junto com a esposa, Cobra-Dois, e meu intérprete, Dial), disse:

– Olhe. Todas as casas têm buracos de bala!

Era verdade: poucas casas não exibiam um enorme buraco; e a maioria tinha uma série de pequenos buracos irregulares nas paredes. A cidade tinha uma aparência de violação, com manchas e poças marrom-escuras, provocadas pelos ataques. Ainda mantinha traços de sua arquitetura imperial (vietnamita, francesa), mas essa elegância era pouco mais que uma promessa quebrada.

E fazia muito frio, com a umidade gelada trazida pelas nuvens baixas, e o chuvisco fino que aderia aos quartos úmidos. Para me aquecer, fiquei andando de um lado para outro durante minha palestra na Universidade de Hué – um prédio colonial, nada acadêmico. Tempos

O TREM DE PASSAGEIROS DE HUÉ A DANANG – VIETNÃ, 1973

atrás, abrigara uma loja chamada Morin Brothers, que funcionava como armazém e hospedaria para os fazendeiros. A palestra foi dada em um dos antigos quartos de dormir. Da janela do balcão, eu avistava o pátio abandonado, o tanque de peixes rachado e as persianas descascadas nas janelas dos outros aposentos.

Na estação de Hué, na manhã seguinte, um vietnamita baixinho, usando um terno de gabardine cinzenta e chapéu panamá, adiantou-se e segurou meu braço.

– Bem-vindo a Hué – disse ele. – Seu vagão está pronto.

Era o chefe da estação. Fora notificado da minha chegada e acoplara ao trem de Danang um dos vagões particulares do diretor. Como a Ferrovia do Vietnã havia sido dividida por explosões, cada seção restante dispunha de um vagão reservado ao diretor. Todas as ferrovias têm um vagão desses, mas a Ferrovia do Vietnã fora transformada em seis linhas separadas, operando com laboriosa independência. Tal como em Saigon, embarquei no vagão particular com certo mal-estar, sabendo que minha mão tremeria se eu algum dia escrevesse alguma coisa não muito generosa sobre aquelas pessoas. Senti-me um egoísta na minha cabine vazia, no meu vagão vazio, observando os vietnamitas fazerem fila para viajar em vagões superlotados. O chefe da estação me conduzira para longe do guichê de passagens ("Não é necessário!"), mas eu vira quanto custava: 143 piastras (25 centavos de dólar) para o trajeto até Danang, talvez a viagem de 120 quilômetros mais barata do mundo.

Dial, o tradutor, Cobra-Um e Cobra-Dois vieram se juntar a mim na cabine. Ficamos sentados em silêncio, olhando pela janela. O prédio da estação, maciço e caiado de branco, parecia uma versão do Álamo:* estava crivado de buracos de bala, que haviam arrancado pedaços do reboco, revelando os tijolos vermelhos que havia embaixo. Mas a estação – da mesma época da mansão de janelas altas do serviço de inteligência americano e da loja Morin Brothers – fora construída para durar. Muito diferente do terreno devastado e das cercanias de Hué, onde os

---

* Álamo – forte, hoje no Texas, tomado pelo exército mexicano em 5 de março de 1836, numa batalha que ficou conhecida como a Batalha do Álamo. (N. do T.)

alojamentos desmantelados e o campo de treinamento malconservado da Primeira Divisão de Fuzileiros Navais estavam atolados na lama. Era como se todo o aparato de guerra tivesse sido programado para se autodestruir no dia em que os americanos deixassem o país, sem deixar vestígios de sua brutal aventura. No pátio de manobras, muitos vagões blindados exibiam buracos nas laterais, onde minas haviam lacerado o aço. Esses vagões haviam se tornado o lar de diversas crianças de ar triste. Na maioria dos países tropicais, como descreve William Blake, os adultos permanecem nas imediações de matas verdejantes, contemplando as crianças brincarem. No Vietnã, as crianças brincam sozinhas, e os adultos parecem ter sido eliminados. Você olha para grandes grupos de crianças e procura pelos pais, pela figura vigilante de um adulto. No entanto (e isso distorce a paisagem), eles não estão lá. Aquela velha de saia comprida e enlameada, que carrega uma criança nas costas, é apenas outra criança.

— Você viu a pia do toalete? — perguntou Dial.

— Não.

— Você abre a torneira e adivinhe o que sai?

— Ferrugem — respondi.

— Nada — disse Cobra-Dois.

— Água — replicou Dial.

— Certo — disse Cobra-Um. — Paul, anote isso. As torneiras funcionam. Temos água corrente. O que você acha disso?

Mas aquela era a única pia do trem.

O chefe da estação informara que a linha para Danang fora aberta quatro meses antes, depois de ter estado fora de serviço durante cinco anos. Até agora não houvera nenhuma interrupção. Ninguém sabia explicar por que sua reabertura coincidia com a retirada americana. Minha teoria era que agora não havia mais caminhões americanos percorrendo a única estrada que liga Hué a Danang, a rodovia Um — pungentemente chamada de "Rua Sem Alegria"; essa redução no dispendioso tráfego rodoviário fizera com que os vietnamitas, sensatamente, reabrissem a ferrovia. A guerra não diminuíra em escala, mas se tornara menos mecanizada, menos elaborada. Dinheiro e tropas estrangeiras a tinham complicado, mas agora os vietnamitas tinham abandonado as hostili-

O TREM DE PASSAGEIROS DE HUÉ A DANANG – VIETNÃ, 1973

dades corporativas, praticadas pelos americanos, e revertido à estrutura colonial, em que as comunicações eram mais lentas. A agricultura reapareceu, velhas casas voltaram a ser ocupadas e o transporte ferroviário foi reabilitado. O modelo americano de guerra foi descartado. As fortificações vazias, os esqueletos de alojamentos e as crateras nas estradas tornavam isso claro para os passageiros do trem que chacoalhava em direção a Danang com um carregamento de vegetais cultivados em Hué.

As pontes daquela linha evocavam a guerra; eram recentes, tinham ferrugem nova sobre as vigas. Por baixo dessas pontes, havia outras pontes, destruídas – imagens congeladas das explosões que as derrubaram e retorceram. Alguns rios continham restos de pontes, negros emaranhados de aço empilhados grotescamente à beira da água. Não eram recentes. Em algumas ribanceiras, viam-se duas ou três pontes destruídas. Concluí que as mais antigas eram remanescentes dos bombardeios japoneses; as outras, frutos do terrorismo posterior, dos anos 1950 e 1960. Cada guerra deixara seus próprios destroços – deformadas e infamantes esculturas de metal. Os vietnamitas penduravam neles a roupa lavada.

Era nos rios – naquelas pontes – que os soldados estavam mais visíveis. Aqueles eram pontos estratégicos: uma ponte bombardeada poderia tornar a linha inoperante por até um ano. Assim, de cada lado da ponte, acima dela ou em saliências de rocha, havia iglus de sacos de areia, casamatas e bunkers, onde as sentinelas, em grande parte muito jovens, acenavam para o trem com os rifles. Sobre seus abrigos, tremulavam bandeiras vermelhas ou amarelas, onde se liam slogans. Dial os traduziu para mim. Um exemplo típico: RECEBA A PAZ COM ALEGRIA, MAS NÃO DURMA E ESQUEÇA A GUERRA. Os soldados estavam de camiseta; alguns balançavam em redes; outros nadavam nos rios ou lavavam as roupas. Outros, ainda, observavam o trem, com os fuzis pendurados nos ombros. Vestiam uniformes grandes demais para eles; essa metáfora de inadequação nunca deixava de me lembrar que aqueles homens – aqueles meninos – haviam sido vestidos e armados por americanos muito maiores que eles. Após a partida dos americanos, a guerra parecia grande demais, como aquelas camisas cujos punhos chegavam aos dedos dos soldados, como aqueles capacetes que cobriam seus olhos.

— Ali é território vietcongue — disse Cobra-Um, apontando para uma série de elevações que, mais ao longe, tornavam-se colinas. — Poderíamos dizer que oitenta por cento do país é controlado pelos vietcongues. Mas isso não significa nada, porque eles são só dez por cento da população.

— Eu estive lá — disse Dial. Eu sempre me esquecia de que Dial havia sido fuzileiro. — Patrulhamos o lugar durante umas três semanas. Meu Deus, como fazia frio! Mas às vezes tínhamos sorte e chegávamos a uma aldeia. Os moradores nos viam chegar e fugiam. Então usávamos suas cabanas, dormíamos em suas camas. Eu me lembro de que uma ou duas vezes, e isso realmente acabou comigo, tivemos de queimar toda a mobília deles para nos aquecer. Não conseguimos encontrar lenha.

As montanhas estavam ficando mais altas, adquirindo a forma de anfiteatros, com vista para o mar da China. Eram lúgubres, despojadas e azuis, com os picos envoltos em neblina. Fumaça se desprendia de suas encostas, proveniente de queimadas. Íamos pela estreita faixa costeira, entre as montanhas e o mar, seguindo para o sul, na costa que ainda pertencia ao governo de Saigon. O tempo mudara, estava quente e ensolarado. Ou talvez, finalmente, tivéssemos nos livrado do chuvisco que era uma constante em Hué. Vietnamitas começaram a subir para o teto dos vagões, onde se sentavam com as pernas pendendo dos beirais. Estávamos perto da praia o suficiente para ouvir o barulho das ondas. Nas enseadas próximas, barcos de pesca cavalgavam as vagas espumantes até a praia, onde homens de grandes chapéus cônicos lançavam redes para capturar lagostins.

— Meu Deus, que país lindo! — exclamou Cobra-Dois. Ela estava batendo fotos pela janela, mas foto nenhuma seria capaz de reproduzir a complexidade daquela beleza: ali, o sol iluminava a cratera de uma bomba na floresta; ao lado, fumaça enchia a concha de um vale; uma coluna de chuva, despejada por uma nuvem fugitiva, caía em diagonal sobre uma colina; o azul dava lugar ao verde-escuro e, logo, ao verde-claro dos campos de arroz que, depois de uma faixa de areia, se transformava na imensidão azul do oceano. As distâncias eram enormes e a paisagem tão ampla que tinha de ser estudada em partes, como um mural visto por uma criança.

– Eu não imaginava que fosse assim – disse eu.

De todos os lugares a que as ferrovias haviam me levado, desde Londres, aquele era o mais adorável.

– Ninguém sabe disso – declarou Cobra-Dois. – Ninguém nos Estados Unidos tem a menor ideia de como isso é bonito. Olhe aquilo... meu Deus, olhe só para aquilo!

Estávamos às margens de uma baía esverdeada que cintilava sob o sol brilhante. Mais além das inquietas placas de jade do mar, havia um paredão de escarpas e um vale tão grande que continha sol, fumaça, chuva e nuvens – tudo de uma vez –, quantidades variadas de cor. Eu não estava preparado para tanta beleza; ela me surpreendeu e me tornou humilde, como fizera o vazio nos campos da Índia. Quem já teria mencionado o simples fato de que os cumes do Vietnã são lugares de grandiosidade inimaginável? Embora não possamos culpar um recruta por não perceber tal magnificência, deveríamos ter sabido desde o início que os franceses não teriam colonizado o lugar, nem os americanos lutado por ele durante tanto tempo, se aquela perfeição não seduzisse os olhos.

– É o vale Ashau – informou Cobra-Um, que, até então, estivera fazendo uma divertida imitação do ator Walter Brennan.

Os cumes das montanhas subiam até o nevoeiro. Abaixo, em meio à fumaça e ao sol, havia desfiladeiros profundos e escuros, pontilhados por cascatas. Cobra-Um abanou a cabeça.

– Muitos homens bons morreram lá.

Deslumbrado pela paisagem, decidi caminhar pelo trem. Encontrei um cego, que tateava as paredes, tentando chegar até a porta – eu podia ouvir seus pulmões funcionando como foles. Senhoras enrugadas, com dentes escuros e pijamas pretos, carregavam réstias de cebola. Avistei soldados – um de rosto acinzentado em uma cadeira de rodas, um de muletas e outros com bandagens recentes nas mãos e cabeças. Todos usavam uniformes americanos, conferindo à palavra *caricatura* seu verdadeiro sentido. Um oficial percorria os vagões conferindo as carteiras de identidade dos civis, procurando desertores. Acabou se enrolando em um pedaço de barbante que um cego segurava, e que estava preso à cintura do menino que o conduzia. Havia muitos soldados armados no trem, mas nenhum parecia fazer parte de uma escolta. O trem era protegido pelos soldados das pontes. Talvez por isso fosse tão fácil explodir as linhas com minas de controle remoto. Estas minas eram colocadas sob os trilhos durante a noite; quando o trem passava por cima de uma delas, um homem escondido – que tanto poderia ser um vietcongue como um terrorista contratado por um caminhoneiro de Danang – acionava o detonador.

Duas vezes, durante a viagem, em pequenas estações, crianças me foram oferecidas por velhas senhoras; eram como as crianças de pele e cabelos claros que eu vira em Can Tho e Bien Hoa – porém mais velhas, teriam talvez 4 ou 5 anos. Era estranho escutar aquelas crianças com rostos americanos falando vietnamita. Era ainda mais estranho olhar para os pequenos agricultores vietnamitas na vastidão de uma paisagem, cujas lindas árvores, ravinas e penhascos cor de jade – que tocavam as nuvens – ocultavam seus inimigos. Do trem, eu olhava para as montanhas e quase me esquecia do nome do país. Mas a verdade não estava longe e era cruel: os vietnamitas haviam sido prejudicados e, em seguida, abandonados. Como se, vestidos com nossas roupas, recebessem os tiros que eram destinados a nós; como se, justamente quando começavam a acreditar que nos identificávamos com eles, nós tivéssemos fugido. Não era assim tão simples, mas era uma descrição mais aproximada daquela triste história do que as opiniões precipitadas de americanos angustiados que, simplificando as coisas, classificavam a guerra como uma sucessão de atrocidades, uma série de erros políticos ou um episódio de heroísmo infindável. A tragédia foi que chegáramos lá e, desde o início, não planejávamos ficar: Danang seria a prova disso.

O trem estava sob o gigantesco desfiladeiro Hai Van (Passo das Nuvens), uma divisão natural no lado norte de Danang que era como uma muralha. Se os vietcongues passassem por ele, o caminho para Danang estaria aberto. E eles já estavam acampados nas elevações mais distantes, apenas esperando. Como os outros trechos entre Hué e Danang, os vales e montanhas de beleza mais exuberante eram – e ainda são – os mais terríveis campos de batalha. Depois do passo Hai Van, entramos em um longo túnel. A essa altura, eu já havia percorrido todo o comprimento

O TREM DE PASSAGEIROS DE HUÉ A DANANG – VIETNÃ, 1973

do trem e estava de pé na cabine de observação da locomotiva, sob as luzes brilhantes. Foi quando um grande morcego se desprendeu do teto e bateu as asas de um lado para outro, desajeitadamente, tentando se manter à frente da máquina estrepitosa. Deu um voo rasante, roçando os trilhos, depois subiu – mais devagar agora –, cada vez mais perto da locomotiva, enquanto o final do túnel despontava. Era como um brinquedo de madeira e papel cuja mola vai enfraquecendo. Chegou a 3 metros do meu rosto, um animal marrom, em pânico, sacudindo as asas ossudas. Por fim, cansado, começou a cair. Próximo à saída do túnel – uma luz em que não conseguia enxergar – suas asas fraquejaram e ele desapareceu sob as rodas da máquina.

Entramos em disparada por um promontório que levava até a ponte de Nam Ho, cinco pilares escuros, protegidos de sabotadores submarinos por grandes rolos enferrujados de arame farpado. Acima de nós, corria a "The Street Without Joy" (rua sem alegria). Estávamos nas devastadas cercanias de Danang, uma área lúgubre onde se erguiam bases de abastecimento e que fora ocupada pelas forças sul-vietnamitas e por invasores ilegais. Seus abrigos eram feitos exclusivamente com refugos da guerra – sacos de areia, folhas de plástico, aço corrugado com a marca do exército americano e embalagens de alimentos com as iniciais de organizações de ajuda internacional. Danang ficava junto ao mar e a área ao seu redor fora despojada de árvores. Se existia um lugar que parecia envenenado, este lugar era Danang.

Invadir e saquear eram artes que os vietnamitas aprenderam com a guerra. Desembarcamos na estação de Danang, e, depois do almoço, um oficial americano nos levou de carro até o lado sul da cidade, onde os soldados americanos ficavam alojados em grandes quartéis. Antes, eram milhares; agora, já não havia nenhum. Mas os alojamentos estavam repletos de refugiados. Como não havia manutenção, os quartéis estavam em péssimas condições e pareciam ter sido bombardeados. Roupas secavam nos mastros das bandeiras; as janelas estavam quebradas ou fechadas por tábuas; pessoas cozinhavam em fogueiras acesas nas ruas. Os refugiados menos afortunados tinham se instalado em caminhões sem rodas. O fedor dos esgotos era terrível – sentia-se o cheiro dos quartéis a 200 metros de distância.

— Quando os americanos começaram a fazer as malas, já havia indivíduos esperando nos portões e perto daquelas cercas — disse o oficial americano. — Como gafanhotos ou coisa parecida. Assim que o último soldado saiu, eles pularam para dentro, saquearam os armazéns e ocuparam as casas.

Os refugiados, usando sua engenhosidade, pilharam os alojamentos; os funcionários do governo vietnamita, usando sua influência, pilharam os hospitais. Ouvi várias histórias em Danang (e novamente no porto meridional de Nha Trang) a respeito de como, no dia em que os americanos partiram, os hospitais foram esvaziados — medicamentos, cilindros de oxigênio, cobertores, camas, aparelhos médicos, tudo o que pudesse ser carregado. Navios chineses foram ancorados ao largo da costa para receber o produto dos saques, que foi levado para Hong Kong e revendido. Mas Deus existe: um homem de negócios suíço me contou que alguns desses suprimentos médicos surrupiados foram parar em Hanói, via Hong Kong. Ninguém sabia o que acontecera com os funcionários do governo que haviam enriquecido. Algumas das histórias de saques pareciam exageradas. Mas eu acreditava que os hospitais tivessem sido saqueados, pois nenhum oficial americano soube me dizer onde haveria um hospital que recebesse pacientes — e este é o tipo de coisa que um americano saberia.

Ao longo de muitos quilômetros, na estrada para o sul, viam-se alojamentos militares devastados, onde havia buracos nas paredes abertos por vietnamitas impacientes. Outros alojamentos tinham sido derrubados e transformados em diversas cabanas frágeis. Os próprios quartéis eram provisórios. Feitos de placas de compensado que rachavam na umidade, folhas de metal que descascavam e mourões que empenavam, não eram mesmo feitos para durar. Se alguém sentisse pena dos desmoralizados soldados americanos que viviam naqueles abrigos toscos, deveria sentir mais pena ainda dos herdeiros daquele lixo.

Os bares, cujos letreiros imundos anunciavam CERVEJA GELADA, MÚSICA, GAROTAS, estavam vazios. A maioria parecia ter falido. Mas foi no final da tarde que percebi o verdadeiro estado de abandono de Danang. Tínhamos ido de carro até a praia, onde, a 15 metros da arrebentação, erguia-se um bangalô relativamente novo. Era

O TREM DE PASSAGEIROS DE HUÉ A DANANG – VIETNÃ, 1973

uma aconchegante casa de praia, construída para um general americano que partira recentemente. Quem era o general? Ninguém sabia o nome dele. Quem era o dono da casa agora? Ninguém sabia também, mas Cobra-Um arriscou um palpite:

– Deve ser de algum chefão do exército sul-vietnamita.

Um soldado vietnamita segurando um rifle estava na frente da casa. Atrás dele, havia uma mesa com uma coleção de garrafas: vodca, uísque, *ginger ale*,* água com gás, uma jarra com suco de laranja e um balde de gelo. Risos levemente embriagados e sem alegria vinham do interior da casa.

– Acho que alguém se mudou para cá – disse Cobra-Um. – Vamos dar uma olhada.

Passamos pela sentinela e subimos as escadas. A porta da frente estava aberta e, na sala de estar, dois americanos sentados em sofás faziam cócegas em duas garotas vietnamitas de seios avantajados. Era a simetria levada ao absurdo – ambos os homens eram gordos, ambas as garotas riam e os sofás estavam lado a lado. Se o sombrio colonialismo descrito por Joseph Conrad em seu conto "An Outpost of Progress" (Um posto avançado do progresso) fosse transformado em comédia, resultaria em algo como aquilo.

– Epa, temos companhia – disse um dos homens, dando um soco na parede atrás dele. Depois, sentou-se e reacendeu o charuto.

Enquanto nos apresentávamos, uma porta se abriu e um negro musculoso saiu apressado, levantando as calças. Uma garota vietnamita muito pequena, que lembrava um morcego, saiu atrás dele.

– Olá – disse o negro. E se dirigiu à porta da frente.

– Nós não queríamos interromper o piquenique de vocês – disse Cobra-Um, mas não demonstrou nenhuma intenção de sair. Cruzou os braços e ficou olhando; era um homem alto, de olhar severo.

– Vocês não estão interrompendo nada – replicou o homem do charuto, rolando para fora do sofá.

– Esse é o chefe da segurança – disse o oficial americano que nos conduzira até ali. Ele se referia ao gordo do charuto.

---

* *Ginger ale* – refrigerante à base de gengibre, comum nos Estados Unidos, no Canadá e na Inglaterra. (N. do T.)

Como que confirmando, o gordo tornou a acender o charuto. Então disse:

— É, eu sou o espião-chefe por aqui. Vocês acabaram de chegar?

Ele estava naquele estágio em que, consciente da embriaguez, se esforçava para disfarçá-la. Então caminhou até o lado de fora, para longe das almofadas espalhadas, dos cinzeiros cheios e das garotas indolentes.

— Vocês vieram de *quê*? – perguntou o homem da CIA depois que lhe dissemos que viéramos a Danang no trem de Hué. – Vocês têm sorte de terem chegado aqui! Duas semanas atrás, os vietcongues explodiram esse trem.

— Não foi isso que o chefe da estação de Hué nos disse – afirmou Cobra-Um.

— O chefe da estação de Hué não sabe se coça o relógio ou dá corda na bunda – disse o homem da CIA. – Estou lhe dizendo que eles explodiram o trem. Doze pessoas morreram e não sei quantas mais ficaram feridas.

— Com uma mina?

— Correto. Detonada por controle remoto. Foi horrível.

O homem da CIA, que era o chefe de segurança para toda a província, estava mentindo. Mas, àquela altura, eu não tinha informações que pudessem refutar sua história. O chefe da estação de Hué dissera que não tinha ocorrido nenhum incidente com minas em meses, e isso fora confirmado por funcionários da ferrovia em Danang. O homem da CIA estava ansioso para nos mostrar que sabia de tudo o que acontecia no país, ainda mais agora que sua namorada tinha se juntado a nós e estava enroscada em seu pescoço. O outro gordo estava no interior do bangalô, cochichando freneticamente com a outra garota. O negro estava a pouca distância da casa, fazendo flexões em uma barra presa entre duas palmeiras. O homem da CIA disse:

— Vocês têm de ter uma coisa em mente. Os vietcongues não têm nenhum apoio nas aldeias... nem as tropas do governo. É por isso que tudo está tão calmo.

A garota vietnamita beliscou sua bochecha e gritou para a amiga que estava à beira da praia, observando o negro balançar uma pesada corrente acima da cabeça. O homem que estava no bangalô saiu e se serviu de uma dose de uísque. Bebeu com ar preocupado, observando o homem da CIA, que continuava a falar:

— É uma situação engraçada. Vocês podem ouvir dizer que esse vilarejo está limpo e aquele está cheio de vietcongues, mas vocês têm de entender uma coisa: a maioria das pessoas não está lutando. Não me interessa o que vocês estejam lendo nos jornais. Esses jornalistas têm mais merda na cabeça que um camarão. Tudo está tranquilo, estou dizendo a vocês.

— E a mina?

— Sim, a mina. É melhor vocês ficarem longe do trem; é tudo o que eu posso dizer.

— À noite é diferente – disse o homem com o uísque.

— Bem, vejam, o país meio que muda de mão depois que escurece – disse o homem da CIA.

— Acho melhor a gente ir embora – sugeriu Cobra-Um.

— Por que a pressa? Fiquem por aqui – convidou o homem da CIA. – Você é escritor – disse ele para mim. – Eu também sou escritor... quer dizer, eu escrevo um pouco. Rabisco uns artigos às vezes. Para a revista *Boy's Life*, escrevo bastante para a *Boy's Life* e, hum...

Começou a se distrair com as garotas, que estavam rindo e gritando em vietnamita.

— ... mas para onde vocês disseram que iam? Para as montanhas de Mármore? É melhor vocês ficarem longe de lá por enquanto. – Ele olhou para o relógio. Eram cinco e meia da tarde. – Pode haver vietcongues lá. Não sei. Eu não gostaria de ser responsável.

Fomos embora. Quando chegamos ao carro olhei para o bangalô. O homem da CIA acenou para nós com seu charuto. Parecia não notar que uma garota vietnamita estava agarrada nele. Seu amigo estava ao lado dele, agitando um copo de uísque com *ginger ale*. O negro voltara a fazer flexões na barra; as garotas estavam contando. A sentinela estava sentada, agarrada ao fuzil. Atrás deles, estava o mar. Os refugiados de Danang haviam ocupado os quartéis; aqueles três ficaram com a casa de praia do general. De certa forma, eles eram o que restava do investimento americano na guerra: sentimentos degenerados, temores alcoólicos e simplificações. Para eles, a guerra terminara: estavam apenas se divertindo, fazendo uma farrinha.

Seis quilômetros ao sul do bangalô, perto das montanhas de Mármore, nosso carro ficou retido atrás de um carro de bois. Enquanto aguardávamos, um garoto vietnamita de uns 10 anos veio correndo até onde estávamos e gritou alguma coisa pela janela.
– O que ele disse? – perguntou Cobra-Um.
– "Filho da puta" – respondeu Dial.
– Vamos embora daqui.

O Expresso Transiberiano

Depois, sempre que eu pensava no Expresso Transiberiano, via tigelas de aço inoxidável cheias de *borscht* se derramando no vagão-restaurante do *Rossiya*, enquanto este fazia uma curva em direção a Moscou – curva que colocava nossa locomotiva verde e preta diante de nossa janela. De Skovorodino em diante, suas erupções de vapor enfumaçado propagavam a luz solar e se espalhavam pela floresta, espantando as gralhas e conferindo às bétulas uma aparência incandescente. Eu contemplava os pinheiros de bordas douradas, à luz do sol poente, e a neve que cercava touceiras de capim marrom, como se fosse creme derramado pelo chão; as máquinas de remover neve com formato de iates, em Zima; a chama ocre que saía das chaminés da fábrica de Irkutsk, iluminada por holofotes; a paisagem de Marinsk, de manhã cedo, guindastes e prédios negros, e figuras fugidias que projetavam longas sombras nos trilhos enquanto corriam na direção da estação iluminada – havia algo de sinistro na combinação de frio, escuridão e pessoas pequeninas tropeçando nos trilhos siberianos; o acúmulo de gelo entre os carros; a testa protuberante de Lenin, coberta de neve, em cada estação; os passageiros enfurnados na segunda classe, com chapéus de pele, perneiras de pele, casacos azuis, crianças chorando e um forte cheiro de sardinhas, suor, repolho e tabaco mofado – até mesmo nas paradas de cinco minutos, os russos pulavam para a plataforma coberta de neve, arriscando-se a pegar pneumonia, para respirar um pouco de ar puro; a comida ruim; as economias sem sentido; e os homens e mulheres desconhecidos entre si ("Não se faz distinção de sexo nas reservas de cabines", dizia o folheto da Intourist), que partilhavam a mesma cabine e dormiam em leitos opostos, os homens parecendo mulheres de bigode, com suas toucas de dormir, cobertores usados como xales e pés enfiados em chinelos amarrotados. Mais do que tudo, foi uma experiência em que o tempo tinha as distorções enganadoras dos sonhos: o *Rossiya* obedecia ao horário de Moscou. Depois de almoçar batatas amarelas e frias, seguidas por uma sopa de carne gordurosa chamada *solyanka*, e de beber uma garrafa de vinho do Porto com gosto de xarope para tosse, eu perguntava as horas e me diziam que eram quatro da manhã.

O *Rossiya* não era como o *Vostok*; era novo. Os vagões-dormitórios fabricados na Alemanha Oriental pareciam seringas de aço com isolamento de plástico cinza. Eram aquecidos por caldeiras a carvão conectadas a um forno e a um samovar, o que conferia à parte da frente de cada vagão o aspecto de um desintegrador de átomos de desenho animado. A *provodnik* sempre se esquecia de atiçar o fogo do forno; o vagão ficava gelado, o que me fazia ter pesadelos e, ao mesmo tempo, me impedia de dormir. Os passageiros da primeira classe pareciam desconfiados, bêbados ou desagradáveis: um goldi, com sua esposa russa, branca, e seu filho pequeno, moreno, que viajavam em um ninho de botas e cobertores; dois canadenses indignados, que reclamavam, com duas bibliotecárias australianas, da insolência da *provodnik*; uma russa idosa que passou a viagem toda com a mesma camisola de babados; um georgiano que parecia ter problemas intestinais; e diversos alcoólatras vestidos de pijama, que jogavam dominó fazendo algazarra. Conversar era impossível, o sono era agitado e a perversidade dos relógios confundia meu apetite. Naquele primeiro dia, escrevi em meu diário: *O desespero me dá fome*.

O vagão-restaurante estava lotado. Todos tomavam sopa de legumes, seguida por uma omelete de carne de porco. Os pratos eram servidos por duas garçonetes – uma senhora muito gorda, que não parava de importunar os passageiros, e uma bela garota de cabelos negros, que também ajudava na cozinha e parecia prestes a pular do trem na primeira oportunidade. Depois do almoço, três russos que estavam à minha mesa tentaram filar cigarros. Como eu não tinha nenhum, tentamos entabular uma conversa: eles estavam indo para Omsk; eu era americano. Eles foram embora. Amaldiçoei a mim mesmo por não ter comprado um livro de expressões russas em Tóquio.

Um homem veio sentar à minha mesa. Suas mãos tremiam. Ele fez o pedido. Vinte minutos mais tarde, a senhora gorda lhe trouxe uma garrafa de vinho branco. Ele encheu um copo e bebeu tudo em duas goladas. Tinha uma ferida no polegar, que mordiscava enquanto olhava com ar preocupado em torno do vagão. A senhora gorda deu um tapinha em seu ombro, e ele se foi, cambaleando em direção à segunda classe.

A senhora gorda me deixou em paz. Permaneci no vagão, bebericando o vinho viscoso, observando o cenário mudar, de campos cobertos de neve para colinas – a primeira mudança desde Nakhodka. O sol poente as dourava maravilhosamente. Eu achava que veria gente nos bosques. Fiquei olhando durante uma hora, mas não vi ninguém.

E nem sabia onde estávamos. Meu mapa japonês da União Soviética não ajudava. Somente à noite eu soube que havíamos passado por Poshkovo, na fronteira com a China. Fiquei ainda mais desorientado: raramente sabia onde estávamos, nunca sabia a hora certa e estava começando a detestar as três geladeiras pelas quais tinha de passar para chegar ao vagão-restaurante.

O nome da senhora gorda era Anna Feyodorovna. Apesar de gritar com seus conterrâneos, ela era gentil comigo e insistia para que eu a chamasse de Annushka. Foi o que fiz. Ela me recompensou com um prato especial, batatas frias e frango – uma carne escura e fibrosa que lembrava um tecido grosso. Annushka ficou me observando enquanto eu comia. Deu uma piscada para mim sobre sua xícara de chá (ela molhava pão no chá e depois o chupava). Depois, xingou um aleijado que se sentou à minha mesa. Por fim, serviu-lhe batatas com carne gordurosa em uma bandeja de aço, que colocou com estardalhaço na frente dele.

O aleijado comeu devagar. Serrava cuidadosamente a carne, prolongando a horrenda refeição. Um garçom passou ao nosso lado e deixou cair uma garrafa vazia em cima de nossa mesa, estilhaçando o copo do aleijado. O aleijado continuou a comer, com admirável sangue-frio, recusando-se a olhar para o garçom, que murmurava desculpas enquanto recolhia os cacos de vidro de cima da mesa. De repente, o garçom pescou um enorme caco do purê de batatas do aleijado. Este engasgou e afastou o prato. O garçom lhe serviu outra refeição.

– *Sprechen Sie Deutsch?* – perguntou o aleijado.

– Sim, mas muito mal.

– Eu falo um pouco – disse ele em alemão. – Aprendi em Berlim. De onde você é?

Eu disse a ele. Ele perguntou:

– O que você acha da comida daqui?

– Não é ruim, mas também não é muito boa.

— Eu acho muito ruim – disse ele. – Como é a comida nos Estados Unidos?

— Ótima – respondi.

— Capitalista! Você é um capitalista! – exclamou ele.

— Talvez.

— Capitalismo ruim, comunismo bom.

— Bobagem – disse eu em inglês, depois em alemão. – Você acha isso mesmo?

— Nos Estados Unidos, as pessoas se matam com revólveres. Pá! Pá! Pá! Assim.

— Eu não tenho revólver.

— E os negros? As pessoas de cor?

— O que têm eles?

— Vocês matam eles.

— Quem lhe disse essas coisas?

— Jornais. Eu mesmo li. E também no rádio, o tempo todo.

— Rádios soviéticas.

— As rádios soviéticas são muito boas – disse ele.

No rádio do vagão-restaurante, um órgão tocava música em estilo jazzístico. O rádio ficava ligado o dia inteiro. Continuava ligado mesmo nas cabines, pois cada uma tinha um alto-falante impossível de desligar. Apontei o polegar para o alto-falante e comentei:

— O rádio soviético é muito alto.

Ele deu uma gargalhada.

— Eu sou um inválido. Olhe aqui: sem pés, só uma perna. Sem pés, sem pés!

Ergueu sua bota de feltro e achatou a ponta com a extremidade da bengala. Disse:

— Eu estava em Kiev durante a guerra, lutando contra os alemães. Eles atiravam: Pá! Pá!... assim. Pulei na água e comecei a nadar. Era inverno. Água fria. Água muito fria! Eles arrancaram meus pés com tiros, mas eu não parei de nadar. Em outra ocasião, meu capitão disse para mim: "Olhe, mais alemães...", e na neve, uma neve muito alta...

Naquela noite, dormi muito mal em minha cama estreita. Sonhei com alemães marchando a passo de ganso e carregando forcados, usando capacetes iguais às tigelas de sopa do *Rossiya*; eles me forçaram a pular em um rio de águas geladas. Acordei. Meus pés estavam expostos à corrente de ar frio que entrava pela janela; o cobertor tinha escorregado. A luz azulada da cabine me fez pensar em uma sala de cirurgia. Tomei uma aspirina e dormi até que houvesse luz suficiente no corredor para que eu encontrasse o toalete. Por volta de meio-dia, paramos em Skovorodino. A *provodnik*, minha carcereira, colocou um rapaz barbudo na minha cabine. Seu nome era Vladimir. Estava indo para Irkutsk, a dois dias de viagem. Durante o resto da tarde, Vladimir não falou mais nada. Lia livros de bolso em russo, com imagens patrióticas nas capas, enquanto eu olhava pela janela. Antes, eu pensava na janela de um trem como uma oportunidade para contemplar o mundo; agora, parecia uma coisa aprisionadora que, às vezes, adquiria a opacidade das paredes de uma cela.

Em uma curva nas cercanias de Skovorodino, percebi que estávamos sendo rebocados por uma gigantesca locomotiva a vapor. Distraí-me tentando fotografá-la nas curvas (embora Vladimir chupasse os dentes em sinal de desaprovação), soltando rolos de fumaça pelas laterais. A fumaça revolvia-se ao lado do trem e se dirigia vagarosamente para as florestas de bétulas e cedros siberianos, onde havia pegadas no chão e sinais de fogueiras extintas, mas não se via vivalma. A planície era tão imutável que poderia ser um retrato colado na janela. Acabei dormindo. Sonhei com certo porão na escola de Medford. Depois acordei, vi a Sibéria e quase chorei. Vladimir tinha parado de ler. Estava sentado, recostado na parede, desenhando em um bloco com lápis de cores – retratava os postes telefônicos. Saí para o corredor. Um dos canadenses estava com o rosto virado para os quilômetros de neve.

– Graças a Deus já vamos nos livrar disso. Até onde você vai?

– Moscou. Depois, tomo o trem para Londres.

– É uma merdovska.

– Foi o que ouvi dizer.

Havia um jovem que varria o chão e quase não falava com ninguém. Viktor, um dos garçons, apontou-o para mim e disse:

– Gitler! Gitler!

O homem o ignorou. Para se fazer entender, Viktor bateu com a bota no chão e a esfregou, como se estivesse matando uma barata. Vassily Prokofyevich, o gerente, colocou o dedo indicador sob o nariz, formando um bigode, e disse:

– *Heil Gitler!*

Deduzi que o rapaz fosse antissemita. Ou, já que o senso de humor russo não prima pela sutileza, talvez ele fosse judeu.

Certa tarde, o jovem veio até mim e disse:

– Angela Davis!*

– Gitler! – disse Viktor sorrindo.

– Angela Davis *karasho* – disse Gitler, e começou a protestar, em russo, contra o modo como Angela Davis era perseguida nos Estados Unidos. Sacudiu a vassoura para mim, com o cabelo caindo sobre os olhos, e continuou a falar em voz alta até que Vassily deu um tapa na mesa.

– Política! – disse Vassily. – Não queremos política aqui. Isto é um restaurante, não uma universidade.

Ele falou em russo, mas a mensagem foi clara, e ele obviamente estava com muita raiva de Gitler.

Os outros ficaram constrangidos. Levaram Gitler para a cozinha e trouxeram uma garrafa de vinho. Vassily disse:

– Gitler – *ni karasho!*

Viktor era o mais conciliador. Levantou-se, cruzou os braços e, fazendo calar o pessoal da cozinha, recitou baixinho:

> *Zee fearst of My,*
> *Zee 'art of sprreng!*
> *Oh, leetle seeng,*
> *En everyseen we do,*
> *Remember always to say "pliz"*
> *En dun forget "sank you"!***

---

* Angela Davis – ativista negra norte-americana nos anos 1960. (N. do T.)

** *Prrimeirra de maio / O arr do prrimaverra! / Oh, meu amorrzinho / Em tudo que nós fizerrmos, / Lembrre semprre de dizerr "porr favorr" / E não esquecerr "obrrigada"* [a letra original demonstra forte sotaque russo]. (N. da E.)

Mais tarde, Viktor me levou à sua cabine para me mostrar seu novo chapéu de pele. Tinha muito orgulho do chapéu, que lhe custara quase o que ganhava em uma semana. Nina, a garçonete bonita, também estava na cabine, que ele dividia com Vassily e Anna – uma multidão para um espaço que não era maior que um closet de tamanho médio. Nina me mostrou seu passaporte e o retrato de sua mãe. Enquanto isso, Viktor desapareceu. Abracei a cintura de Nina e, com minha mão livre, retirei sua touca branca. Seu cabelo negro caiu sobre os ombros. Segurei-a com força e a beijei, sentindo o gosto da cozinha. O trem andava velozmente. Mas a porta da cabine estava aberta. Nina se afastou e disse em voz baixa:

– *Niet, niet, niet.*

Na véspera do Natal, durante a tarde, chegamos a Sverdlovsk. O céu estava carregado e fazia muito frio. Saltei da porta e vi um velho sendo levado pelas escadas até a plataforma. Enquanto era transportado, as cobertas escorregaram, deixando à mostra suas mãos rígidas, duas garras de cor acinzentada, como o rosto. O filho dele se aproximou e arrumou as cobertas, cobrindo sua boca. Ajoelhando-se no gelo, enrolou uma toalha na cabeça do velho.

Ao me ver parado por perto, o filho disse em alemão:

– Sverdlovsk. Aqui é onde começa a Europa e termina a Ásia. Aqui são os Urais. – Ele apontou para a traseira do trem e disse: – Ásia. – Depois apontou para a locomotiva: – Europa.

– Como está seu pai? – perguntei. Dois homens surgiram, carregando uma maca que não era mais que uma rede esticada entre eles.

– Acho que ele está morto – disse ele. – *Das vedanya.*

Minha depressão aumentava conforme avançávamos em direção a Perm, em meio a uma violenta tempestade de neve. Os alojamentos dos madeireiros e os vilarejos estavam meio enterrados na neve. Atrás deles, o gelo se acumulava nos galhos de grandes bétulas, formando filigranas prateadas. Avistei crianças atravessando um rio congelado. Seguiam em direção a algumas cabanas e andavam tão devagar que senti muita pena delas. Deitei-me na cama e peguei meu rádio, que estava gelado por ter permanecido próximo à janela. Tentei sintonizar uma estação. Ergui a antena. O zumbi que agora dividia a cabine comigo ficou me observando por trás de uma pilha de comida. Muita estática, depois uma estação francesa, depois "Jingle Bells". O zumbi sorriu. Desliguei o rádio.

Na manhã seguinte, Natal, acordei e olhei para o zumbi, que dormia com os braços cruzados no peito, como uma múmia. A *provodnik* me disse que eram seis da manhã, horário de Moscou. Meu relógio indicava oito horas. Atrasei-o duas horas e esperei pelo alvorecer, surpreso com o fato de que muita gente no vagão resolvera fazer o mesmo. Na escuridão, permanecemos em frente às janelas, olhando para nossos reflexos. Pouco depois, percebi por que todos estavam em frente às janelas. Estávamos entrando nos arredores de Yaroslavl e eu ouvi sussurros. A velha senhora em sua camisola de babados, o goldi, sua esposa e seu filho, os bêbados jogadores de dominó e até o zumbi, que ainda havia pouco estava mexendo no meu rádio: todos comprimiam os rostos nas janelas enquanto chacoalhávamos em cima de uma longa ponte. Abaixo de nós, meio congelado, muito escuro e, em alguns lugares, refletindo as chamas das chaminés de Yaroslavl, estava o Volga.

... Cidade do rei Davi,
Havia uma pequena estrebaria...

O que seria aquilo? Ouviam-se vozes suaves, claras como acordes de órgão, saindo da minha cabine. Fiquei imóvel, escutando. Os russos, fascinados com a visão do Volga, fizeram silêncio; curvados, olhavam fixamente para o rio. A leve música sacra enchia o ar como um perfume.

Onde a mãe deitou o bebê
Uma manjedoura era seu leito...

O som começou a diminuir. Mas o silêncio reverente dos russos e a lentidão do trem permitiam que as vozes do coro infantil perfumassem o corredor. Fui tomado por uma tristeza quase insuportável, como se a alegria mais refinada nascesse de uma pontada de dor.

Maria era a mãe enternecida,
Jesus Cristo, seu filhinho...

Voltei para a cabine e segurei o rádio junto ao ouvido até que a transmissão terminasse – era um programa de canções natalinas produzido pela BBC. A alvorada não raiou naquele dia. Viajávamos em uma neblina espessa, cujas espirais marrons tornavam as florestas fantasmagóricas. Não estava frio: parte da neve havia derretido e as estradas – mais frequentes agora – estavam sulcadas e lamacentas. Durante toda a manhã, os troncos das árvores, enegrecidos pela umidade, formavam silhuetas na neblina. Os vultos dos pinheirais, quase invisíveis na névoa, lembravam catedrais com pináculos escuros. Em alguns lugares, a visibilidade estava tão difusa que era como se as árvores fossem uma ilusão de ótica. Eu nunca me identificara com o país, mas o nevoeiro me isolava ainda mais. Depois de 10 mil quilômetros e muitos dias no trem, eu sentia apenas um grande distanciamento. Todas as recordações que eu tinha da Rússia me irritavam: as mulheres de jaquetas de lona alaranjada que trabalhavam nos trilhos com pás; as estátuas de Lenin; os letreiros das estações cobertos de gelo amarelo; as gralhas assustadas que grasnavam em russo para o trem que passava. O tamanho da Rússia me irritava; eu queria voltar para casa.

O Velho Expresso da Patagônia

Viajar É um Ato de Desaparecimento

Viajar é desaparecer, uma incursão solitária até o esquecimento através de uma estreita faixa geográfica.

> *O que terá acontecido a Waring*
> *Desde que nos deixou?**

Mas um livro de viagem é o oposto: o solitário retorna epicamente para contar suas experiências em lugares distantes. Trata-se da forma mais simples de narrativa, que justifica o fato de alguém fazer as malas e partir. O movimento colocado em ordem por sua repetição em palavras – um tipo elementar de desaparecimento, mas poucos retornam em silêncio. O normal é queimar etapas, começando – como acontece em muitos romances – pelo meio das coisas, desembarcar o leitor em um lugar estranho sem tê-lo levado até lá. "As formigas brancas fizeram da minha rede uma refeição", pode ser o início de um livro; ou "Lá embaixo, o vale patagônico se transformava em rocha cinzenta que, desgastada por inundações, exibia suas camadas geológicas". Ou ainda, escolhendo aleatoriamente as primeiras frases de três livros que estão ao meu alcance:

> *Foi em 1º de março de 1898, por volta do meio-dia, que ingressei pela primeira vez no estreito e um tanto perigoso porto de Mombaça, na costa oriental da África.* (Os Comedores de Gente de Tsavo, *do ten.-cor. J.H. Patterson*)

> *"Bem-vindos", dizia um grande letreiro ao lado da estrada, ao término da subida em espiral que nos levou das calorentas planícies sul-indianas até o frio quase alarmante do topo.* (Ooty Preservada, *de Mollie Panter-Downes*)

---

* Trecho do poema "Waring", de Browning – *What's become of Waring / Since he gave us all the slip?* (N. do T.)

Da varanda de meu quarto, eu tinha uma vista panorâmica de Acra, capital de Gana. (De que Tribo Você É?, *de Alberto Moravia*)

Minha pergunta habitual, não respondida por esses livros de viagens, nem pela maioria deles, é a seguinte: como vocês chegaram lá? Mesmo sem qualquer sugestão de motivos, um prólogo seria bem-vindo, pois o trajeto é, com frequência, tão fascinante quanto a chegada. Entretanto, como a satisfação dessa curiosidade acarretaria atrasos, e os atrasos são vistos como algo supérfluo (por que tanta pressa?), nós nos acostumamos a ver a vida retratada como uma sucessão de chegadas e partidas, de triunfos e fracassos, sem nada digno de nota no meio. Os picos do Parnaso são importantes, mas e suas encostas? Ainda não perdemos interesse pelos percursos a partir de casa; os textos que os relatam, porém, são escassos. A partida é descrita como um momento de pânico e de verificação de bilhetes em um saguão de aeroporto, ou como um beijo apressado em uma passarela. Depois, silêncio, até que "da varanda de meu quarto, eu tinha uma vista panorâmica de Acra...".

Viajar, na realidade, é outra coisa. Desde o momento em que desperta, você já está a caminho do estrangeiro, e cada passo dado (agora, diante do relógio-cuco; agora, pela rua Fulton até a praça Fellsway) o leva para mais perto. *The Man-Eaters of Tsavo* (Os comedores de gente de Tsavo) narra a história de leões que devoravam trabalhadores de uma ferrovia no Quênia, na virada do século XIX. Mas sou capaz de apostar que existe um livro mais sutil e igualmente interessante; esse livro conta a viagem marítima de Southampton até Mombaça. Por razões pessoais, o coronel Patterson não o escreveu.

A literatura de viagem se tornou anêmica. O ponto de partida das narrativas costuma ser aquele panorama farsesco visto da janela do avião inclinado – um esforço para causar efeito tão familiar hoje em dia que parodiá-lo é quase impossível. Como direi? "Abaixo de nós, estendia-se o verdor tropical, o vale inundado e a colcha de retalhos formada pelas fazendas. Depois de atravessarmos as nuvens, pude divisar as estradas de terra que subiam até as colinas e carros tão pequenos que pareciam de brinquedo. Circulamos o aeroporto. Quando nos preparávamos para aterrissar, avistei as palmeiras majestosas, as colheitas em andamento, os tetos das casas miseráveis, os terrenos costurados por cercas toscas, as pessoas como formigas, os coloridos..."

Esse tipo de conjetura nunca me pareceu convincente. Quando estou em um avião que se prepara para aterrissar, fico com o coração na boca. Pergunto a mim mesmo – como talvez todo mundo – se vamos cair. Minha vida relampeja diante de mim, uma breve seleção de trivialidades sórdidas e patéticas. Então, uma voz me diz que permaneça no assento até que o avião pare completamente; ao aterrissarmos, os alto-falantes ressoam uma versão orquestrada de "Moon River". Presumo que, se tivesse sangue-frio para olhar em volta, veria um escritor de livros de viagem rabiscando: "Abaixo de nós, estendia-se o verdor tropical..."

Mas e quanto à viagem em si? Talvez não haja nada a dizer. Não há muito a dizer sobre a maior parte das viagens de avião. Qualquer surpresa é desastrosa. Assim, uma boa viagem de avião costuma ser definida por negações. Você não foi sequestrado, a aeronave não caiu, você não vomitou, o voo não atrasou, a comida não estava ruim. Você fica grato por isso. A gratidão traz tanto alívio que sua mente fica vazia, o que é adequado, já que o passageiro de avião é um viajante no tempo. Ele se enfia em um tubo atapetado, cheirando a desinfetante, e se amarra a uma cadeira para regressar à sua casa, ou para se afastar dela. O tempo é truncado ou, pelo menos, deformado: ele parte de um fuso horário e emerge em outro. Desde o momento em que entra no tubo e apoia os joelhos no assento à frente, desconfortavelmente ereto – desde a hora da partida –, sua mente se concentra na chegada. Isso, claro, se estiver em seu juízo perfeito. Ao olhar pela janela, não verá nada a não ser o tapete de nuvens e, acima, o espaço vazio. O tempo é brilhantemente mascarado: não há nada para ver. Por esse motivo, muitas pessoas se desculpam por andar de avião. Dizem: "Eu gostaria mesmo era de esquecer esses monstros de plástico, embarcar em uma escuna de três mastros e ficar lá, com o vento balançando meus cabelos."

Mas desculpas não são necessárias. Um voo de avião pode não ser uma viagem em nenhum sentido aceito da palavra, mas é certamente uma coisa mágica. Qualquer um, pelo preço de uma passagem, pode fazer surgir à sua frente o castelo do penhasco de Drachenfels ou a ilha do lago de Innisfree. Para isto, basta usar a escada rolante do, digamos, aeroporto de Logan, em Boston; e convém dizer que provavelmente existe mais estímulo mental, mais viagem, nessa subida pela escada rolante do que em todo o voo. O resto, o país estrangeiro, aquilo que constitui a chegada, é a rampa de um aeroporto malcheiroso. Se o passageiro considera essa espécie de traslado uma viagem e escreve um livro sobre ela, o primeiro estrangeiro com quem o leitor se depara é um funcionário revistador de bagagem, ou um demônio bigodudo no setor de imigração. Embora esse padrão tenha se tornado mundial, ainda devemos lamentar o fato de que os aviões tenham nos tornado insensíveis ao espaço; ficamos obstruídos, como amantes vestindo armaduras.

O que me interessa mesmo é acordar de manhã, sentir a progressão do familiar para o estranho, depois para o muito estranho, em seguida para o totalmente desconhecido e, por fim, para o extravagante. O percurso é o que interessa, não a chegada. Como me sentia enganado pelos livros de viagem, que me deixavam conjeturando sobre o que fora omitido, decidi tentar a sorte na literatura de viagem, tão ao sul quanto me permitiriam os trens que partem de Medford, Massachusetts. Iria terminar meu livro onde os outros livros de viagem começam.

Eu não tinha nada melhor para fazer. Estava em um estágio da minha vida de escritor que aprendera a reconhecer. Havia acabado de terminar um romance – dois anos de atividades entre quatro paredes. Ao procurar outro assunto, percebi que estava andando em círculos. Decidi então ser objetivo. Eu detestava o frio. Queria um pouco de sol. Eu não tinha emprego – qual o problema? Estudei alguns mapas e percebi que existia um caminho ferroviário contínuo desde minha casa em Medford até o grande planalto da Patagônia, no sul da Argentina. Lá, na cidade de Esquel, terminavam as ferrovias. Não havia mais nenhuma até a Terra do Fogo. Entre Medford e Esquel, no entanto, existiam muitas.

Com essa disposição errante, embarquei no primeiro trem, o mesmo que os indivíduos tomavam para ir trabalhar. Eles saltaram – sua viagem havia terminado. Eu continuei: a minha estava apenas começando.

Na Fronteira

Era uma noite chuvosa em Laredo – não muito tarde, mas o lugar parecia deserto. Uma respeitável cidade fronteiriça ao final da ferrovia da Amtrak,* Laredo era constituída por quarteirões dispostos em uma grade geométrica, cortados por ruas bem iluminadas. Erguia-se ao pé de uma encosta poeirenta, que tinha o aspecto de uma pedreira. Abaixo, em um leito profundo como um esgoto, corria a torrente silenciosa do rio Grande. Na margem sul, estava o México.

As luzes estavam acesas, acentuando o vazio da cidade. Aquela iluminação me permitiu perceber que sua natureza era mais mexicana do que texana. As luzes cintilavam, sugerindo vida, como costumam fazer. Mas onde estavam as pessoas? Havia sinais luminosos em cada esquina, SIGA e PARE acendendo e apagando. As fachadas das lojas, quase todas de dois andares, estavam cobertas de luz; lâmpadas brilhavam nas janelas das casas, quase todas de um andar. As lâmpadas dos postes transformavam as poças em buracos brilhantes nas ruas molhadas. A iluminação dava à cidade um aspecto lúgubre, como se tivesse por objetivo espantar saqueadores. As lojas estavam bem trancadas. As igrejas eram iluminadas por fileiras de lâmpadas. Não havia bares. Toda aquela luz, em vez de dar uma impressão de calor e atividade, apenas expunha o vazio da cidade.

Não havia veículos parados nas luzes vermelhas, nenhum pedestre atravessando as ruas. Embora a cidade estivesse em silêncio, havia um inconfundível murmúrio no ar úmido, o barulho de música ao longe. Caminhei o tempo todo, do meu hotel ao rio, do rio a uma praça, daí a um labirinto de ruas – até ter certeza de que estava perdido. Não via nada. E era uma coisa assustadora ver luzes piscando a quatro quarteirões de distância, tomá-las pelas luzes de um bar, de um restaurante, um sinal de vida, e ao chegar lá, encharcado e ofegante, descobrir que era uma loja de calçados ou uma agência funerária, fechadas durante a

---

* Amtrak – nome da rede ferroviária americana. (N. do T.)

noite. Caminhando pelas ruas de Laredo, eu ouvia apenas meus próprios passos, a falsa coragem de seus estalos, sua hesitação às entradas dos becos, o chapinhar que faziam ao se dirigir para o único ponto de referência que eu tinha – o rio.

O rio não fazia barulho, embora se movesse com força, redemoinhando como um enxame de cobras sebentas em uma ravina da qual todas as árvores e arbustos haviam sido removidos de modo a permitir que a polícia patrulhasse o lugar. Três pontes ligavam os Estados Unidos ao México. De pé em um barranco, ouvi o barulho da música ficar mais alto; vinha do lado mexicano do rio, uma perturbação mal discernível, como o rádio de um vizinho. Agora, eu podia ver claramente o rio serpenteante. Ocorreu-me que um rio constitui uma fronteira apropriada. A água é neutra e, em seu curso imparcial, faz as fronteiras nacionais parecerem vontade de Deus.

Olhando para o sul, do outro lado do rio, percebi que olhava para outro continente, outro país, outro mundo. Havia sons por ali – música, e não somente música, mas o ponto luminoso e o ruído áspero de vozes e carros. A fronteira era real: as pessoas faziam as coisas de modo diferente do outro lado. Olhando com atenção, eu podia divisar o contorno de árvores contra as luzes de neon, um engarrafamento, a origem da música. Não vi pessoas, mas carros e caminhões eram indícios de sua existência. Mais além, depois da cidade mexicana de Nuevo Laredo, havia uma grande elevação, atrás da qual – sob o manto da noite – estavam as indistintas repúblicas da América Latina.

Um carro parou atrás de mim. Fiquei alarmado, mas me tranquilizei ao ver que era um táxi. Dei ao motorista o nome de meu hotel e entrei no carro. Quando tentei puxar conversa, ele me respondeu com grunhidos. Só entendia a própria língua. Eu disse em espanhol:

– Está calmo por aqui.

Foi a primeira vez em minha viagem que falei espanhol. Depois dessa, quase todas as conversas que mantive foram em espanhol. Mas durante a narrativa tentarei evitar palavras em espanhol e traduzirei todas as conversas para o inglês. Não tenho paciência com frases do tipo: "*Caramba!* – disse o *campesino*, comendo sua *empanada* na *estancia*..."

– Laredo – disse o taxista, dando de ombros.

— Onde está todo mundo?
— No outro lado.
— Nuevo Laredo?
— Na Boys' Town — disse ele. O inglês me pegou de surpresa, a frase me deixou curioso. Ele disse, agora em espanhol: — Tem mil prostitutas na Zona.

Era um número redondo, mas eu acreditei nele. Isso, é claro, explicava o que acontecera com a cidade. Depois do anoitecer, Laredo escoava para Nuevo Laredo, deixando as luzes acesas. Era por esse motivo que Laredo tinha um ar respeitável, até mesmo nobre: os clubes, os bares, os bordéis estavam do outro lado do rio. A zona do meretrício ficava a dez minutos, em outro país.

Havia mais dessa moral além-ponte do que se percebia à primeira vista. Se os texanos obtinham o melhor de dois mundos, decretando que os prostíbulos permanecessem no lado mexicano da Ponte Internacional — o rio, fluindo no meio, era como uma discussão sem sentido entre vício e virtude —, os mexicanos tinham o bom-senso de manter Boys' Town disfarçada pela decrepitude, isolada do outro lado do rio, compondo assim mais um exemplo de moralidade geográfica. Divisões assim existem em todos os lugares: ninguém gosta de ser vizinho de um bordel. Mas ambas as cidades existiam em função da Boys' Town. Sem a prostituição e os negócios correlatos, Nuevo Laredo não teria a verba necessária para plantar gerânios em torno da estátua do patriota, na praça, retratado em pose de tresloucada gesticulação; muito menos para se apresentar como um centro de trabalhos em vime e de folclore musical — não que alguém fosse a Nuevo Laredo para comprar cestos de vime. E Laredo precisava da depravação da cidade vizinha para manter suas igrejas cheias. Laredo tinha o aeroporto e as igrejas; Nuevo Laredo, os bordéis e as fábricas de cestas. Cada nacionalidade parecia gravitar em sua própria área de competência. Isso fazia sentido economicamente: seguia à risca a Teoria da Vantagem Comparativa, formulada pelo célebre economista David Ricardo (1772-1823).

À primeira vista, parecia o simbiótico relacionamento que existe nas fronteiras de muitos países desiguais. Entretanto, quanto mais eu pensava no assunto, mais Laredo me parecia um símbolo dos Estados Unidos, e Nuevo Laredo, um símbolo de toda a América Latina. Aquela fronteira era mais um exemplo de cômoda hipocrisia; era uma demonstração de tudo o que se precisa saber sobre a moralidade das Américas, sobre as relações entre a eficiência puritana ao norte e a desordem borbulhante e passional – a anarquia do sexo e da fome – ao sul da fronteira. Evidentemente, não era tão simples assim, já que havia depravação e virtude em ambos os lugares. Mas ao cruzar o rio (os mexicanos não o chamam de rio Grande, e sim de rio Bravo de Norte) – apenas um viajante ocioso, indo para o sul com uma mala de roupa suja, uma pilha de horários de trens, um mapa e um par de sapatos impermeáveis –, achei que tinha encontrado uma imagem significativa. Cruzar uma fronteira nacional e encontrar tantas diferenças no outro lado teve algo a ver com isso: todas as características humanas tinham a ressonância de metáforas.

Amor Perdido em Veracruz

Eu planejara dormir cedo, pois teria que me levantar cedo para comprar a passagem para Tapachula. Assim que apaguei a luz, ouvi a música. A escuridão dava nitidez ao som, vibrante demais para estar vindo de um rádio. Era uma possante banda de metais, tocando a todo vapor:

Terra de Esperança e Glória, Mãe dos Homens Livres,
Como podemos glorificá-la, nós que nascemos de você?

"Pompa e Circunstância"? Em Veracruz? Às 11 horas da noite?

Que suas fronteiras sejam ampliadas;
e Deus, que a fez poderosa, que a torne ainda mais poderosa.

Vesti-me e desci.

No centro da praça, perto das quatro fontes, estava a Banda da Marinha Mexicana, em uniformes brancos, proporcionando a Elgar o tratamento completo. Luzes cintilavam nos ramos dos laburnos. Havia holofotes também – de luz cor-de-rosa – brincando nas sacadas e nas palmeiras. Uma multidão considerável se reunira para ouvir – crianças brincavam perto das fontes, pessoas passeavam com seus cães, namorados andavam de mãos dadas. A noite estava fria e perfumada; a multidão, bem-humorada e atenta. Acho que foi uma das cenas mais belas que já presenciei. Os mexicanos tinham o agradável ar pensativo, a serenidade que advém de se ouvir atentamente uma bela melodia. Era tarde e um vento suave se movia por entre as árvores. A aspereza tropical que me parecera uma constante em Veracruz havia desaparecido. Aquelas pessoas eram gentis, aquele era um lugar agradável.

A canção terminou. Ouviram-se aplausos. A banda começou a tocar "The Washington Post March". Comecei a percorrer o perímetro da praça – uma façanha que envolvia certo risco. Como o carnaval terminara havia pouco, Veracruz estava cheia de prostitutas. Percebi que muitas delas não tinham ido à praça para ouvir a banda – na verdade, a maior parte da audiência era composta por garotas de olhos escuros, vestidas com saias curtas. Enquanto eu caminhava, elas gritavam para mim: "Venha até a minha casa." Ou então caminhavam ao meu lado e murmuravam: "Trepar?" Achei tudo muito engraçado e agradável – a dignidade militar da marcha, a luz rosada das árvores luxuriantes, as sacadas ao redor da praça e os convites cochichados pelas garotas.

Agora, a banda estava tocando Weber. Decidi me sentar e prestar atenção. Ocupei um banco perto de um casal que parecia estar conversando. Ambos falavam ao mesmo tempo. A mulher era loira e pedia ao homem, em inglês, para que fosse embora; o homem lhe oferecia bebida e diversão – em espanhol. Ela insistia, ele procurava conciliar – e era muito mais jovem do que ela. Eu ouvia com interesse, passando a mão no meu bigode, esperando não ser notado. A mulher estava dizendo:

– Meu marido... entende?... meu marido vem me encontrar aqui em cinco minutos.

O homem dizia em espanhol:

– Eu conheço um ótimo lugar. É bem perto daqui.

A mulher se virou para mim.

– O senhor fala inglês?

Eu disse que falava.

– Como a gente manda essas pessoas embora?

Olhei para o homem. Percebi que ele não teria mais de 25 anos.

– A senhora quer que você vá embora.

Ele deu de ombros e me lançou um olhar malicioso. Não falou nada, mas sua expressão dizia: "Você venceu." E foi embora. Duas garotas foram atrás dele.

A senhora disse:

– Esta manhã eu tive de bater em um deles com meu guarda-chuva. Ele não queria ir embora.

Ela beirava os 50 anos. Era atraente, tinha um estilo frágil e impudico – usava muita maquiagem, sombreado nos olhos, e um sortimento de joias mexicanas, de prata e turquesa. Seu cabelo era platinado, com tonalidades róseas e verdes, que talvez fossem efeitos da luz da praça. Usava um terninho branco, sua bolsa era branca e seus sapatos eram brancos. Ninguém poderia censurar o mexicano por tentar a sorte com ela, pois tinha uma notável semelhança com o estereótipo de mulher americana retratado nas peças de Tennessee Williams e nas revistas de humor mexicanas – a turista alcoólatra, de libido descontrolada e nome fictício, que vai ao México em busca de um amante.

Ela se chamava Nicky. Disse-me que estava em Veracruz havia nove dias. Quando expressei surpresa, ela acrescentou:

– Talvez esteja aqui há um mês, quem sabe? Talvez há muito mais tempo.

– Você deve gostar daqui – disse eu.

– Eu gosto. – Ela olhou para mim. – O que você está fazendo aqui?

– Deixando o bigode crescer.

Ela não riu. Disse:

– Estou procurando um amigo.

Quase me levantei e fui embora. Pelo modo como ela disse isso.

– Ele está muito doente. Precisa de ajuda. – Sua voz beirava o desespero, seu rosto estava petrificado. – Só que não consigo encontrá-lo. Eu o coloquei no avião, em Mazatlán. Dei dinheiro a ele, roupas novas e uma passagem. Ele nunca tinha estado em um avião. Não sei onde ele está. Você lê jornais?

– O tempo todo.

– Você viu isso?

Ela me mostrou o jornal local. Estava dobrado, destacando uma coluna. Em RECADOS PESSOAIS, havia uma foto emoldurada em preto, com um título em espanhol: LOCALIZAR COM URGÊNCIA. Havia uma fotografia e um texto. A foto era um desses instantâneos de pessoas surpresas, tirados em boates por homens insistentes que dizem: "Foto, foto?" Nela, via-se Nicky, de vestido comprido e enormes óculos escuros – exibindo um bronzeado radiante e uma expressão ainda mais radiante –, sentada a uma mesa (flores, copos de vinho) na companhia de um homem magro, que usava bigode. Ele parecia um pouco assustado e tímido, mas seu braço ao redor dela sugeria bravata.

Li a mensagem: SEÑORA NICKY – PRECISA URGENTEMENTE ENTRAR EM CONTATO COM SEU MARIDO, O SEÑOR JOSÉ..., QUE VIVE EM MAZATLÁN. ACREDITA-SE QUE ELE ESTEJA AGORA EM VERACRUZ. QUALQUER PESSOA QUE O RECONHEÇA NA FOTO DEVE IMEDIATAMENTE CONTATAR... Seguiam-se instruções detalhadas sobre como entrar em contato com Nicky e três números telefônicos.

– Alguém telefonou para você? – perguntei.

– Não – disse ela, recolocando o jornal na bolsa. – Hoje foi o primeiro dia que a notícia apareceu. Vai ser publicada a semana toda.

– Deve ser bem caro.

– Eu tenho dinheiro suficiente – disse ela. – Ele está muito doente. Está morrendo de tuberculose. Disse que queria ver a mãe. Eu o coloquei no avião, em Mazatlán, e fiquei lá por uns dias. Tinha dado a ele o telefone do meu hotel. Quando ele não me telefonou, fiquei preocupada, então vim até aqui. A mãe dele mora aqui; é para onde ele veio. Mas não consigo encontrá-lo.

– Por que não fala com a mãe dele?

– Não consigo encontrá-la também. Veja só, ele não sabia o endereço dela. Só sabia que era perto da estação de ônibus. Até fez um desenho da casa. Bem, eu encontrei uma casa parecida, mas ninguém o conhecia lá. Ele ia descer do avião na Cidade do México e pegar um ônibus, assim poderia encontrar a casa da mãe. A coisa é meio complicada.

"E meio suspeita também", pensei. Mas, em vez de falar, produzi alguns sons de que compreendia.

– Mas é sério. Ele está doente. Só pesa uns 50 quilos, ou menos. Existe um hospital em Jalapa. Eles poderiam ajudar. Eu pagaria. – Ela olhou em direção ao coreto onde estava a banda, que tocava um pot-pourri de canções de *My Fair Lady*. – Hoje, fui até o cartório para ver se havia algum registro de óbito. Pelo menos, ele ainda não morreu.

– Em Veracruz.

– Como assim?

– Ele pode ter morrido na Cidade do México.

— Ele não conhece ninguém na Cidade do México. Não teria ficado lá. Teria vindo direto para cá.

Mas ele embarcara no avião e desaparecera. Em nove dias de busca, Nicky não conseguira encontrar nenhum vestígio dele. Talvez por influência do romance de Dashiell Hammett que acabara de ler, comecei a examinar a situação com o ceticismo de um detetive. Nada poderia ser mais melodramático, ou mais parecido com um filme de Bogart: perto da meia-noite, em Veracruz, com uma banda tocando irônicas canções de amor, a praça repleta de prostitutas, uma mulher de roupa branca descrevendo o desaparecimento de seu marido mexicano. É possível que esse tipo de fantasia cinematográfica, com que o viajante solitário às vezes se depara, possa ser um dos motivos principais para viajar. Ela assumira o papel principal no drama – a mulher em busca do marido desaparecido. Alegremente, assumi o meu. Estávamos longe de casa: poderíamos ser quem quiséssemos. Uma viagem oferece grandes oportunidades ao ator amador.

Se eu não tivesse assumido o papel de Bogart, poderia ter me compadecido dela e dito que era uma pena que ela não estivesse conseguindo encontrar o marido. Em vez disso, mostrei-me imparcial: eu queria conhecer toda a história.

— Ele sabe que você está procurando por ele? – perguntei.

— Não, ele não sabe que estou aqui. Pensa que voltei para Denver. Pelo jeito que partiu, estava só indo para casa, visitar a mãe. Não visitava a mãe há oito anos. É tudo muito confuso para ele. Ele vivia em Mazatlán. É só um pobre pescador, mal sabe ler.

— Interessante. Você vive em Denver e ele vive em Mazatlán.

— Correto.

— E você se casou com ele?

— Não. O que lhe deu essa ideia? Nós não somos casados, ele é um amigo.

— O jornal diz que ele é seu marido.

— Não fui eu que escrevi isso. Eu não falo espanhol.

— É o que está lá. Em espanhol. Que ele é seu marido.

Eu já não era mais Bogart. Era Montgomery Clift representando o psiquiatra em *De Repente, no Último Verão*. Katharine Hepburn entrega a ele o atestado de óbito de Sebastian Venable; Sebastian foi comido vivo por garotos, e a mutilação é descrita no atestado. "Está em espanhol", diz ela, acreditando que o horrível segredo está a salvo. "Eu leio espanhol", responde Clift, friamente.

— Isso é um erro – disse Nicky. – Ele não é meu marido. É apenas um lindo ser humano.

Ela esperou suas palavras fazerem efeito. A banda tocava uma valsa. Ela disse:

— Eu o encontrei há um ano, quando estava em Mazatlán. Estava à beira de um colapso nervoso… Meu marido tinha me abandonado. Eu não sabia o que fazer. Comecei a andar na praia. José me viu e saiu do seu barco. Estendeu a mão e me tocou. Ele estava sorrindo… – A voz dela fraquejou. Ela recomeçou: – Ele foi muito gentil. Era o que eu precisava. Eu estava tendo um colapso. Ele me salvou.

— Que tipo de barco?

— Um barco pequeno. Ele é um pescador pobre – disse ela, apertando os olhos. – Ele só estendeu a mão e me tocou. Depois eu o conheci melhor. Fomos comer… em um restaurante. Ele nunca teve nada; não era casado, não tinha um tostão. Nunca tinha usado roupas boas nem comido em um bom restaurante. Não sabia o que fazer. Tudo era novidade para ele. "Você me salvou", eu disse. Ele sorriu. Eu lhe dei dinheiro e as semanas seguintes foram maravilhosas. Então, ele me disse que tinha tuberculose.

— Mas ele não falava inglês, certo?

— Ele sabia umas palavras.

— Você acreditou quando ele disse que era tuberculoso?

— Ele não estava mentindo, se é isso o que você pensa. Eu falei com o médico dele. O médico me disse que ele precisava de tratamento. Então, jurei que iria ajudá-lo. Foi por isso que fui até Mazatlán há um mês. Para ajudar. Ele estava bem mais magro, não podia nem pescar. Fiquei realmente preocupada. Perguntei se desejava alguma coisa. Ele disse que queria visitar a mãe. Eu lhe dei dinheiro e algumas coisas, e o coloquei no avião. Quando não tive mais notícias dele, vim para cá.

— É muito generoso da sua parte. Você poderia estar por aí se divertindo. Em vez disso, está procurando por ele em Veracruz.

— É o que Deus quer que eu faça – murmurou ela.
— É?
— E vou encontrar, se Deus quiser que isso aconteça.
— Você vai persistir, não é?
— Nós, sagitarianos, somos muito determinados. Somos realmente do tipo aventureiro! Qual é o seu signo?
— Áries.
— Ambicioso.
— Isso eu sou.
— Na verdade, acho que Deus está me testando – disse ela.
— De que forma?
— Esse assunto do José não é nada. Passei por um divórcio muito difícil. E há outras coisas.
— Sobre José: se ele é analfabeto, provavelmente a mãe dele também é analfabeta. Nesse caso, ela não vai ver seu anúncio no jornal. Por que você não manda fazer um cartaz com um retrato e algumas informações? Você pode colocar o cartaz perto da estação de ônibus, onde ele disse que fica a casa da mãe.
— Acho que vou fazer isso.
Eu lhe dei mais algumas sugestões: contratar um detetive particular, transmitir mensagens pelo rádio. Ocorreu-me que José poderia ter voltado a Mazatlán. Se estivesse doente, ou preocupado, faria isso. Se a estivesse enganando – como eu suspeitava –, acabaria fazendo isso, quando o dinheiro acabasse.
Ela concordou que ele poderia ter voltado para Mazatlán, mas não pelas razões que mencionei.
— Vou ficar aqui até saber o paradeiro dele. Mas, mesmo que eu o descubra amanhã, vou ficar por um mês. Gosto daqui. É uma cidade muito bonita. Você estava aqui no carnaval? Não? Posso lhe dizer que foi um barato. Todo mundo estava aqui na praça...
A banda estava tocando Rossini, a abertura do *Barbeiro de Sevilha*.
— ... bebendo, dançando. Todo mundo era muito gentil. Encontrei muita gente. Me diverti todas as noites. É por isso que não me importo em ficar aqui esperando por José. E, hum, eu encontrei um homem.
— Um cara daqui?

— Mexicano. Ele me transmitiu boas vibrações, como você está fazendo. Você é uma pessoa positiva: mande fazer cartazes, pague transmissões de rádio; é disso que estou precisando.

— Esse homem que você encontrou, ele pode complicar as coisas.

Ela abanou a cabeça.

— Ele é bom para mim.

— E se ele descobrir que você está procurando por José? Pode ficar chateado.

— Ele sabe tudo a respeito disso. Nós falamos sobre o assunto. Além disso – acrescentou ela depois de alguns momentos –, José está morrendo.

O concerto terminou. Já era muito tarde. Eu estava morrendo de fome. Disse que iria a um restaurante.

— Posso ir com você? – perguntou Nicky.

Comemos pargos. Ela me falou sobre seus divórcios. O primeiro marido era violento, o segundo era um vigarista. Foi a palavra que ela usou.

— Vigarista mesmo?

— De verdade – disse ela. – Ele era tão preguiçoso... trabalhou para mim, entende? Enquanto nós estivemos casados. Mas era tão preguiçoso que eu tive de demiti-lo.

— Quando você se divorciou dele?

— Não muito depois. Eu o despedi, mas continuei casada com ele. Isso foi há uns cinco anos. Depois disso, ele ficou morando comigo. Quando não aguentei mais, me divorciei. Então, adivinhe? Ele contratou um advogado para tentar me fazer pagar uma pensão para ele. *Eu* pagar para *ele*!

— Qual o seu tipo de negócio?

— Sou dona de uns cortiços – disse ela. – Tenho 57, quer dizer, 57 apartamentos. Já tive 128 apartamentos. Esses 57 são em 18 lugares diferentes. Meu Deus, é um problema: as pessoas sempre querem pintura, consertos, um novo teto.

Deixei de vê-la como uma mulher sexualmente perturbada definhando no México. Ela possuía propriedades. Vivia do aluguel de seus cortiços. Contou-me que não pagava impostos por causa da "desvalorização" das propriedades, e que sabia "parecer correta" nas declarações.

– Deus tem sido bom para mim – disse ela.
– Você pretende vender seus cortiços?
– Provavelmente. Eu gostaria de viver aqui. Sou uma verdadeira fã do México.
– E você vai ter um bom lucro.
– Essa é a ideia.
– Então, por que não deixa as pessoas morarem sem pagar aluguel? Elas estão lhe fazendo um favor conservando as residências. Deus amaria você por isso. E você ainda teria lucro.
– Isso é bobagem – respondeu ela.
A conta foi trazida.
– Eu pago a minha – disse ela.
– Poupe seu dinheiro – repliquei. – José pode aparecer.
Ela sorriu para mim.
– Você é um cara interessante.
Eu não dissera uma só palavra a meu respeito; ela não sabia nem mesmo meu nome. Talvez achasse essa reticência interessante? Mas não era reticência: ela não tinha perguntado nada.
Eu disse:
– Talvez a gente se veja amanhã.
– Eu estou no Diligência.
Eu também estava no Diligência. Mas decidi não lhe dizer isso. Disse apenas:
– Espero que você encontre o que está procurando.

Nomes Mágicos

Chegamos a tierra blanca. O nome descritivo não correspondia ao lugar. Os nomes espanhóis só funcionavam como ironias ou simplificações; raramente eram adequados. Mas o que se diz é exatamente o contrário – que os exploradores e cartógrafos espanhóis não tinham imaginação e batizavam os lugares com nomes literais. Ao ver um rio escuro, o descobridor logo o batizava: rio Negro. Este é um nome comum em toda a América Latina; mas nunca combinava com a cor da água. E os quatro rios Colorados que vi não apresentavam o menor matiz de vermelho. Piedras Negras era um pantanal, nada de pedras; não vi nenhum veado em Venado Tuerto nem nenhum lagarto em Lagartos. Nenhuma das Lagunas Verdes era verde; a única La Dorada que vi parecia de chumbo; Progreso, na Guatemala, era um lugar atrasado; La Libertad, em El Salvador, um bastião da repressão – em um país onde a salvação parecia estar em falta. La Paz não era pacífica, nem La Democracia era democrática. Isso não era literalidade – era fantasia. Os nomes dos lugares chamavam a atenção para a beleza, a liberdade, a piedade ou cores fortes; mas os próprios lugares, tão lindamente batizados, eram outra coisa. Seria inexatidão intencional ou falta de sutileza o que glorificava os mapas com tão altos atributos e elogios? Os latinos acham difícil conviver com fatos enfadonhos; o nome mágico, ainda que não transforme a cidade em um lugar encantado, ao menos lhe tira a maldição. E sempre havia uma chance de que um nome evocativo pudesse evocar algo que tornasse suportável o modesto vilarejo.

Terremotos na Guatemala

A Cidade da Guatemala, um lugar extremamente horizontal, é como uma cidade deitada de barriga para cima. Sua feiura, que tem um ar amedrontado (as casas baixas e sombrias têm rachaduras nas fachadas, provocadas por terremotos; os prédios parecem contraídos de medo), é ainda mais feia nas ruas, onde, após a última casa desmantelada, se ergue o cone azulado de um vulcão. Eu podia avistar os vulcões da janela do meu quarto de hotel. Estava no terceiro e último andar. Os vulcões eram altos e pareciam capazes de expelir lava. Sua beleza era inegável; mas era a beleza das feiticeiras. Seu fogo estrondeante já havia arrasado a cidade.

A primeira capital fora destruída por torrentes de água, o que fez com que, em meados do século XVI, a capital fosse deslocada para Antigua, a 5 quilômetros de distância. Em 1773, Antigua foi devastada por um terremoto. Um terreno mais estável foi então encontrado – pelo menos, era mais distante dos grandes vulcões – no lugar onde eu agora me encontrava, em um vale onde havia um mosteiro e que, antes dele, tinha sido uma aldeia maia. Igrejas foram construídas – uma dúzia delas, de adorável estilo espanhol, com estreitos campanários, portais e domos muito bem-acabados. A terra tremia, mas não o bastante para derrubá-las. Os tremores deixavam rachaduras nos vitrais, separando o pastor de seu rebanho, o santo de seus seguidores e o mártir de seus perseguidores. Cristos eram separados de suas cruzes e a anatomia das Virgens, modificada. O verniz das imagens, de rostos e dedos brancos de porcelana, às vezes trincava, com um estalo que assustava os fiéis em meio às orações. As janelas, as estátuas, as paredes estavam remendadas; folhas de ouro recobriam generosamente os altares lascados. As igrejas pareciam ter sido reconstruídas. Os terremotos jamais cessavam. Na Guatemala, eram inescapáveis. Em 1917, toda a cidade foi arrasada – todas as igrejas, casas e bordéis. Milhares de pessoas morreram. O terremoto sem precedentes foi visto como um julgamento, e mais pessoas fugiram para a costa caribenha, onde só havia selvagens a serem enfrentados.

Os guatemaltecos, melancólicos mesmo nos melhores dias, demonstram uma irritada resignação – que beira um sentimento culposo – quando se levanta o assunto dos terremotos. Charles Darwin descreve maravilhosamente a sensação de deslocamento e pânico espiritual que os terremotos produzem nas pessoas. Ele teve a experiência de um terremoto quando o *Beagle* estava ancorado na costa chilena. "Um terremoto sério", escreve ele, "destrói de uma só vez nossas mais antigas associações: a terra, o próprio símbolo de solidez, moveu-se sob nossos pés como uma fina camada sobre um fluido; um segundo no tempo cria na mente uma estranha ideia de insegurança, que horas de reflexão não teriam produzido".

A Bela Cidade de Santa Ana

A cidade parecia desolada; na verdade, era confortável. Tinha uma bela combinação de atributos. Sob todos os aspectos, Santa Ana, a mais centro-americana de todas as cidades da América Central, era um lugar perfeito: perfeito em suas atitudes devotas e garotas bonitas, perfeito em sua modorra, seu calor com cheiro de café, sua praça arborizada, e perfeito na elegância empoeirada de suas velhas edificações – cuja caiação branca lhes conferia uma vívida fosforescência ao cair da noite. Até mesmo seu vulcão estava em atividade. Meu hotel, o Flórida, era uma labiríntica construção de um andar, com palmeiras em vasos, cadeiras de vime e boa comida – peixe fresco do lago Guija, nas imediações, seguido pelo sabor aveludado do café de Santa Ana e por um delicado bolo de feijão com banana, servido com creme. Esse agradável hotel cobrava quatro dólares a diária. Ficava a um quarteirão da praça, em torno da qual estavam as construções características da cidade, que eram três: a catedral neogótica; o prédio da prefeitura, com suas colunatas opulentas, dignas de um palácio ducal; e o Teatro Santa Ana, que fora um dia uma casa de óperas.

Em outro clima, não creio que o teatro parecesse tão especial, mas naquela cidade sonolenta, nos altiplanos ocidentais de El Salvador – onde não havia nada para turistas em busca de luxo ou de ruínas –, o teatro era magnífico e estranho. Fora recentemente caiado. Seu estilo era greco-romano república das bananas, de um modo agradavelmente vulgar, com querubins na fachada, anjos trombeteando, máscaras de comédia e tragédia, uma irmandade de Musas: uma atarracada Melpômene, uma Tália em movimento, uma Calíope com uma lira no colo e – com os músculos delineados através da túnica, tão desenvolvidos quanto os de um professor de ginástica – Terpsícore. Havia colunas também, e um pórtico românico. Um brasão mostrava um vulcão fumegante, tão bem proporcionado quanto o Izalco, que se erguia nas cercanias da cidade e que provavelmente servira de modelo. Era um belo teatro no estilo fin--de-siècle e não estava muito malconservado. No passado, fora palco de concertos e óperas. Mas Santa Ana se apequenara em termos culturais; adequando-se aos novos tempos, o teatro fora rebaixado à condição de cinema. Naquela semana, o filme era *New York, New York*.

 Gostei de Santa Ana imediatamente; o clima era ameno e os moradores, atentos. Era uma cidade pequena o bastante para que uma rápida caminhada me levasse aos seus arredores, onde os cafezais conferiam às colinas um verdor profundo e brilhante. Eu achara que os estressados guatemaltecos eram um povo dividido – e os índios do interior pareciam irremediavelmente perdidos. Mas El Salvador, pelo que eu via em Santa Ana, era um país de mestiços, enérgicos e bem-falantes, praticantes de um catolicismo baseado em uma liturgia tátil. Na catedral, os devotos salvadorenhos beliscavam os pés dos santos e apalpavam relíquias; mulheres com filhos no colo – que sempre se lembravam de inserir uma moeda na caixa de esmolas e de acender uma vela – seguravam a ponta solta do cinturão de Cristo e alisavam com a borla a cabeça da criança.

Futebol em São Salvador

Eu lera alguma coisa sobre o futebol na América Latina – o caos, os tumultos, as multidões de torcedores apaixonados, o modo como as frustrações políticas eram aplacadas nos estádios. Sabia por experiência própria que, se alguém quisesse entender os britânicos, deveria assistir a um jogo de futebol – onde eles não se mostrariam tão calados e bem-comportados. Na verdade, um jogo de futebol no Reino Unido constitui um pretexto para uma guerra entre gangues de jovens. O ritual do esporte sempre foi uma demonstração dos impulsos mais selvagens do caráter nacional. Os Jogos Olímpicos são interessantes, acima de tudo, por serem a pantomima de uma guerra mundial.

– Você se incomodaria se eu fosse ao jogo com você? – perguntei a Alfredo, um vendedor que eu conhecera no trem de Santa Ana.

Alfredo se mostrou preocupado.

– Vai estar muito cheio – disse ele. – Pode haver confusão. É melhor ir à piscina amanhã. Vai estar cheio de garotas.

– Você acha que eu vim a El Salvador para pegar garotas em uma piscina pública?

– Você veio a El Salvador para ver um jogo de futebol?

– Sim – respondi.

Alfredo chegou atrasado. Pôs a culpa no trânsito.

– Vai haver um milhão de pessoas no estádio.

Ele viera com alguns amigos, dois rapazes que, alardeou, estavam estudando inglês.

– Como vão vocês? – perguntei-lhes em inglês.

– *Please*? – disse um deles. O outro riu.

O primeiro explicou em espanhol:

– Ainda estamos na segunda aula.

Por causa do trânsito e do risco de roubo de carros, Alfredo estacionou a 2 quilômetros do estádio, na casa de um amigo. Aquela casa era digna de nota; consistia em uma série de cubículos pregados em árvores, com os galhos folhosos descendo pelos quartos. Pedaços de tecido serviam de paredes. Tudo era rodeado por uma forte cerca. Perguntei ao amigo havia quanto tempo ele vivia lá. Ele disse que sua família vivia na casa havia muitos anos. Não perguntei o que acontecia quando chovia.

Mas a pobreza em um país pobre possui gradações sutis. Descíamos por uma grande colina em direção ao estádio quando, cruzando uma ponte, olhei para os barrancos, esperando ver um rio. Avistei abrigos, lamparinas e fogueiras, sobre as quais havia panelas. Perguntei a Alfredo quem vivia lá.

– Pobres – disse ele.

Outras pessoas também caminhavam em direção ao estádio. Encontramos uma enorme procissão de torcedores marchando rapidamente, e nos juntamos a ela. Quando chegamos mais perto do estádio, os torcedores começaram a gritar e a se empurrar, já antecipando as emoções do jogo. A procissão ocupou os sopés da colina onde ficava o estádio, pisando nos jardins das casas e subindo nos para-lamas dos carros parados nos engarrafamentos. Os pés dos torcedores levantavam uma poeira densa que se transformou em um nevoeiro marrom, como se fosse a gravura em sépia de uma turbamulta, cortada por luzes de faróis. A turba começou a correr. Alfredo e seus amigos foram obscurecidos pela nuvem de poeira. A cada 3 metros, rapazes se adiantavam e sacudiam ingressos na minha direção, gritando:

– Sóis! Sóis! Sóis!

Eram cambistas. Compravam os ingressos mais baratos e os revendiam a pessoas que não tinham tempo, nem coragem, para permanecer em uma fila longa e turbulenta. As designações dos assentos eram idênticas às de uma tourada: "sóis" eram os assentos mais baratos, nos lugares descobertos; "sombras" eram os mais caros, sob a marquise.

Abri caminho entre os cambistas e, tendo me perdido de Alfredo, subi a colina até o estádio em forma de caldeirão. A multidão de pessoas emergindo da escuridão e entrando na neblina luminosa era uma visão sobrenatural – os gritos, a poeira se levantando, os lados da colina abrasando sob um céu que, por causa da poeira, não tinha estrelas. Naquele ponto, pensei em retornar; mas a multidão me empurrava para a frente, em direção ao estádio, onde os gritos dos torcedores lembravam o crepitar de chamas em uma chaminé.

A multidão passava por mim, bradando, levantando mais poeira. Mulheres fritavam bananas e bolinhos de carne sobre fogueiras na passarela que rodeava o estádio. A fumaça dessas fogueiras e a poeira faziam com que a luz dos refletores se assemelhasse a chamas enfumaçadas. Os cambistas reapareceram nas proximidades do estádio. Agora, estavam histéricos. O jogo estava para começar; eles ainda não tinham vendido seus ingressos. Agarravam meus braços, empurravam ingressos contra o meu rosto, gritavam.

Uma olhada nas filas de pessoas nos guichês deixou claro que eu não teria a menor chance de comprar um ingresso legalmente. Estava ponderando sobre isso quando, através da fumaça e da poeira, Alfredo apareceu.

— Tire seu relógio — disse ele. — E seu anel. Coloque no bolso. Tome muito cuidado. Muitos desses indivíduos são ladrões. Vão roubar você.

Fiz o que ele me disse.

— E os ingressos? Vamos comprar uns sóis para esses garotos?

— Não, eu vou comprar sombras.

— São muito caros?

— Claro, mas vai ser um grande jogo. Eu nunca veria um jogo desses em Santa Ana. De qualquer forma, os sombras são mais tranquilos. — Alfredo olhou em volta. — Fique perto daquele muro. Eu vou comprar os ingressos.

Alfredo desapareceu na fila caótica em frente a um guichê. Reapareceu no meio da fila, abriu caminho, usou os cotovelos e em pouco tempo chegou ao guichê. Até mesmo seus amigos ficaram admirados com sua velocidade. Ele veio até nós sorrindo, sacudindo os ingressos em triunfo.

Fomos revistados na entrada; passamos por um túnel e emergimos no estádio. Do lado de fora, lembrava um caldeirão; dentro, seu formato parecia mais o de uma bandeja com uma sopeira cheia de rostos morenos e ululantes. No centro, havia um imaculado gramado retangular.

Os 45 mil espectadores ofereciam um modelo da sociedade salvadorenha. Metade do estádio era destinada aos lugares sóis – e estava lotada, não se via nem uma brecha. Os sombras ocupavam a outra metade, com torcedores mais bem vestidos. À noite, ou durante as estações secas, não havia diferença na qualidade dos assentos; nós nos sentamos em degraus de concreto, mas nossa área não estava tão lotada, por ser destinada aos lugares sombras, cujos ingressos eram mais caros. Havia um setor que Alfredo deixara de mencionar: os camarotes. Acima de nós, em cinco seções de uma galeria que ocupava metade do estádio, ficavam os camarotes. Seus ocupantes tinham ingressos para toda a temporada. Dispunham de pequenas salas, do tamanho de um barraco salvadorenho médio. Eu conseguia enxergar as garrafas de vinho, os copos e as bandejas de comida. Os ocupantes dos camarotes tinham cadeiras dobráveis e uma boa visão do gramado. Eles não eram numerosos – duzentos ou trezentos –, mas, a 2 mil dólares por um ingresso de temporada, num país onde a renda per capita não passava de 373 dólares, era fácil entender por quê. Os ocupantes dos camarotes ficavam de frente para os ululantes sóis. Mais além do estádio, via-se uma elevação. Sobre esta, o que eu tomara por uma vegetação densa e multicolorida era, na realidade, um monte de salvadorenhos. Havia milhares deles, o que constituía uma visão mais aterrorizante do que os sóis. O clarão dos holofotes do estádio os iluminava, deixando entrever o movimento dos corpos, como se fosse um formigueiro.

    Hinos nacionais foram tocados, sons amplificados de discos arranhados, e o jogo começou. Desde o início, estava claro quem iria vencer. Os jogadores mexicanos eram mais fortes, mais velozes, e pareciam seguir uma estratégia definida; El Salvador tinha dois jogadores individualistas demais, e o time era fraco e errático. A multidão vaiava a seleção do México e incentivava a de El Salvador. Um dos individualistas do time local entrou driblando na área, chutou e errou. A bola voltou para os mexicanos, que atormentavam os salvadorenhos com a bola de pé em pé. Com 15 minutos de jogo, os mexicanos marcaram um gol. O estádio ficou em silêncio, enquanto os jogadores do México se beijavam.

    Alguns minutos mais tarde, a bola foi parar no setor dos sombras. Foi atirada de volta e o jogo recomeçou. Então, foi parar no setor dos sóis. Os sóis brigaram por ela; um homem se apossou dela, mas foi derrubado e a bola escapou. Dez sóis saíram correndo atrás dela. Um sol tentou descer as escadas com ela. Foi agarrado e lhe arrancaram a bola. Uma briga começou.

Agora havia hordas de sóis disputando a bola a socos. Os sóis que estavam nas arquibancadas acima começaram a atirar garrafas, latas, bolas de papel, bolinhos de carne e bananas nos sóis que estavam brigando. Os sombras, os camarotes e o formigueiro ficaram olhando a batalha.

Os jogadores também olhavam. O jogo fora paralisado. Os jogadores mexicanos chutavam o gramado e os salvadorenhos gritavam com os sóis.

Por favor, devolvam a bola. Eram os alto-falantes. O locutor estava rouco. *Se a bola não for devolvida, o jogo não vai continuar.*

Isso provocou uma chuva ainda maior de objetos, proveniente das arquibancadas de cima – copinhos de papel, almofadas, mais garrafas. As garrafas quebravam com um som molhado nos assentos de concreto. Os sóis que estavam embaixo começaram a atirar as coisas de volta sobre os que estavam em cima. Era impossível dizer onde estava a bola.

A bola não foi devolvida. O locutor repetiu a ameaça.

Os jogadores sentaram-se no gramado e fizeram exercícios de alongamento. Até que, dez minutos depois que a bola desaparecera do campo, uma nova foi posta em jogo. Os espectadores aplaudiram, mas logo depois fizeram silêncio. O México marcara outro gol.

Logo, um chute torto atirou a bola nos sombras. Essa não foi atirada de volta. Pelo vale-tudo entre os torcedores, era possível acompanhar seu trajeto no setor, embora raramente estivesse visível. Os camarotes começaram a jogar água nos sombras, mas a bola não foi devolvida. Agora eram os sóis que assistiam aos salvadorenhos das sombras, ligeiramente mais afortunados, se comportarem como selvagens. O locutor fez sua ameaça: o jogo não recomeçaria até que a bola fosse devolvida. A ameaça foi ignorada e, depois de um longo tempo, o árbitro entrou no gramado com uma nova bola.

Ao todo, foram cinco bolas perdidas dessa maneira. A quarta aterrissou não muito longe de onde eu estava. Pude perceber que os salvadorenhos trocavam socos para valer, arrancando sangue dos narizes uns dos outros. As garrafas quebradas e a luta pela bola formavam uma competição à parte, mais selvagem que a do gramado, jogada com a ferocidade irracional descrita nos livros sobre esportes medievais sangrentos. O aviso do locutor era apenas ritual; os policiais não intervinham

– permaneciam no campo e deixavam os torcedores resolverem suas diferenças. Entediados, os jogadores corriam no lugar e faziam flexões. Quando o jogo era iniciado e o México recuperava a bola, movia-se com destreza pelo gramado e, invariavelmente, fazia um gol. Mas esse jogo, esses gols, nada mais eram do que interlúdios em um esporte muito mais sangrento que, por volta de meia-noite (o jogo ainda não havia terminado!), ingressou em uma variante na qual os sóis disparavam morteiros uns contra os outros, e também no gramado.

Na última vez em que o jogo foi esquecido e brigas irromperam entre os sóis – com a bola passando de um para outro sol esfarrapado –, balões de gás foram soltos nas arquibancadas superiores. Mas não se tratava de balões. Eram brancos, opacos e tinham um bico na extremidade. Primeiro, subiu um; depois, dúzias deles, jogados de um lado para outro em meio a uma risadaria geral. Eram preservativos, é claro. Esse incidente provocou em Alfredo um enorme constrangimento.

– Isso é péssimo – disse ele, engasgando de vergonha.

Ele já tinha se desculpado pelas interrupções, pelas brigas, pelo jogo interrompido. Agora aquilo – dúzias de camisinhas voadoras. O jogo estava arruinado. E terminou em confusão, brigas e lixo. Mas mostrou como os salvadorenhos costumavam se divertir. Quanto ao outro aspecto – os preservativos inflados –, descobri mais tarde que o maior programa de planejamento familiar da Agência Internacional de Desenvolvimento na América Latina é promovido em El Salvador. Não sei se a taxa de natalidade foi afetada, mas as festas de aniversários das crianças salvadorenhas devem ter se tornado muito divertidas com todos aqueles balões grátis.

O México venceu o jogo por seis a um. Alfredo disse que o gol de El Salvador foi o mais bonito do jogo, uma cabeçada de 30 metros. Assim, conseguiu recuperar um pouco do orgulho. Mas as pessoas começaram a ir embora durante o segundo tempo. Os que ficaram não pareceram notar como o jogo terminou, nem se importar com isso. Pouco antes de deixarmos o estádio, olhei para o formigueiro. Não havia mais pessoas sobre ele. Voltara a ser uma colina, que, despovoada, parecia muito pequena.

Do lado de fora do estádio, a cena lembrava um daqueles lúgubres murais do Inferno que se veem nas igrejas latino-americanas. A cor era infernal, poeira amarela se espalhava e revoluteava em meio a buracos que pareciam crateras; pequenos carros com luzes diabólicas se moviam lentamente, de buraco a buraco, como se fossem demônios mecânicos. Mas em vez dos pecados pintados e dramatizados nos murais, sob letreiros que diziam coisas como LUXÚRIA, CÓLERA, AVAREZA, EMBRIAGUEZ, GULA, ROUBO, ORGULHO, CIÚME, USURA, e assim por diante, o que se via naquele lugar, quando já passava de meia-noite, eram grupos de rapazes lascivos agarrando garotas, pessoas brigando, contando dinheiro, cambaleando com garrafas na mão, gritando obscenidades contra o México, pulando sobre os capôs dos carros e duelando com galhos que tinham arrancado das árvores ou com antenas de rádio arrebatadas dos carros. Gente rolava na poeira e uivava. As buzinas dos carros eram como mugidos de dor, e um carro foi emborcado por uma gangue de jovens sem camisa e suados. Muitas pessoas estavam correndo para escapar da multidão, segurando lenços nos rostos. Mas havia milhares de pessoas ali, e animais também, cães mutilados rosnando encolhidos, como em uma clássica visão do Inferno. E estava quente. O ar estava escuro e fuliginoso, difícil de respirar, carregado com o fedor de suor, tão denso que enfraquecia a luz. Tinha gosto de fogo apagado e cinzas. A multidão não se dispersava; estava furiosa demais para ir para casa, injuriada demais pela derrota para ignorar a dor. Frustrada e barulhenta, movia-se como se estivesse sendo empurrada. Dançava loucamente no que parecia ser um buraco profundo.

Alfredo conhecia um atalho para a estrada. Conduziu-nos pelo estacionamento e por um devastado arvoredo atrás de alguns barracos. Vi pessoas deitadas no chão, mas não saberia dizer se estavam adormecidas, feridas ou mortas.

Perguntei a ele sobre o tumulto.

— O que foi que eu lhe disse? — respondeu. — Está arrependido por ter vindo, não está?

— Não — disse eu, e era verdade. Eu estava satisfeito. Viajar sem correr alguns riscos não tem sentido. Passara a noite toda prestando atenção no que via, tentando memorizar os detalhes. E agora sabia que jamais iria a outro jogo de futebol na América Latina.

Santa Missa em São Vicente

Onze senhoras idosas estavam ajoelhadas nos bancos da frente, rezando. A igreja estava fria, então me sentei em um banco nos fundos e tentei divisar a estátua de São José. Da direção das 11 senhoras, cujas cabeças estavam cobertas com véus negros, vinha um constante murmúrio de orações – uma ladainha de encantamento, vozes baixas que lembravam uma espessa sopa salvadorenha fervendo em uma panela, o mesmo som borbulhante. As velhas vestidas de preto, enfileiradas, pareciam espectros, rezando com vozes abafadas na igreja escura. Os raios de sol que penetravam pelos buracos dos vitrais criavam vigas de luz que pareciam sustentar as paredes. Havia um odor de cera derretida; as chamas das velas tremulavam continuamente, como as vozes daquelas velhas senhoras. Dentro da igreja de El Pilar, poderíamos estar no ano de 1831, e aquelas damas poderiam ser as esposas e mães de soldados espanhóis, rezando para que eles não fossem trucidados por índios desvairados.

Uma sineta tocou na sacristia. Permaneci sentado devotamente e aprumei as costas em um reflexo instintivo. Era um hábito: eu não conseguia entrar em uma igreja sem ajoelhar e mergulhar os dedos na pia de água benta. Arrastando os pés, um padre caminhou até o altar, ladeado por dois acólitos. Lá chegando, ergueu os braços, com os floreios de um mestre de cerimônias – ou talvez esta fosse a impressão causada por sua boa aparência, o pároco bem penteado em suas roupas bem passadas. Estava rezando, mas suas preces – em espanhol, não em latim – eram rebuscadas. Então estendeu um braço em direção a um canto da igreja que estava fora do meu campo visual. Fez uns gestos com a mão e a música começou.

Assim que ouvi o som, mudei de lugar para observar a orquestra. Eram duas guitarras elétricas, uma clarineta, maracas e uma bateria completa. Não executavam músicas solenes, e sim as canções populares que eu vinha evitando havia semanas – os desagradáveis gemidos, grasnidos e estrépitos que ouvira pela primeira vez em Laredo, quando estava de pé no barranco alto. Desde então, poucas vezes conseguira me manter fora do alcance dessa música. Como poderia descrevê-la? O lamento da guitarra era acompanhado por uma batida irregular; cada batida era como um conjunto de utensílios de barro jogado no chão; uma garota e um rapaz sacudiam maracas e cantavam – era como se gatos estivessem tentando miar em harmonia. Mas, completamente desafinados, não conseguiam ser mais melodiosos que um bando de gafanhotos enlouquecidos.

Estavam, é claro, cantando um hino. Em um lugar onde Jesus Cristo era representado como um homem musculoso, um jovem latino de olhos azuis e cabelos escorridos, muito bem-apessoado, a religião era uma espécie de caso amoroso. Em alguns países católicos, e frequentemente na América espanhola, as orações se transformavam em um romance com Jesus – que não é um Deus terrível, nem um destruidor, nem um asceta frio e vingativo; é um príncipe, retratado como o protótipo do macho. O hino era uma canção de amor, mas uma canção de amor muito hispano-americana, repleta de paixão lúgubre, com a palavra "coração" repetida em cada verso. E o som estava extremamente alto. Era adoração, mas não havia diferença substancial entre o que se ouvia ali e o que podia ser ouvido em uma jukebox do El Bar Americano, mais adiante na mesma rua. A igreja fora levada ao povo; mas isso não tornara as pessoas mais devotas – elas apenas usaram a oportunidade para remover o tédio das cerimônias e se divertir. As missas deveriam servir para que as mentes se concentrassem nas orações. Mas aquela música as transformava em uma distração.

Canções desse tipo especialmente ensurdecedor pareciam importantes na América espanhola, pois impediam todo e qualquer tipo de pensamento. O palerma com o rádio de pilha no trem, os rapazes no vilarejo reunidos em torno do aparelho de som descomunal, o homem em Santa Ana que levava o toca-fitas para o café da manhã e ficava olhando para o amplificador, todas aquelas flexões de joelhos, estalos com os dedos e ruídos com a boca pareciam ter apenas um propósito – um estupor autoinduzido por pessoas que viviam em um lugar onde o álcool era caro e as drogas, ilegais. Aquilo era surdez e amnésia; não exaltava nada, a não ser beleza perdida e corações partidos; não tinha uma melodia notável. Eram cacos de vidro jogados incessantemente em uma privada com a descarga acionada. Marteladas de baterias e grunhidos de cantores. As pessoas que encontrei durante a viagem estavam sempre me dizendo que adoravam música. Não a música popular dos Estados Unidos, mas aquela música. Entendi o que queriam dizer.

O padre sentou-se ao lado do altar, parecendo satisfeito consigo mesmo. E com razão. A música tivera seu efeito; tão logo começou, as pessoas começaram a correr para a igreja: crianças de escola, uniformizadas, com suas pastas a tiracolo; moleques de rua – descalços, de cabelos desgrenhados, que costumavam brincar na praça; velhos com facões na mão; dois garotos da área rural, segurando chapéus de palha diante do peito; uma senhora com uma bacia de latão; uma turma de garotos; um cachorro assustado. O cachorro sentou-se no corredor central, onde ficou batendo com o toco de cauda nos ladrilhos. A música devia estar alta o bastante para alcançar o mercado no final da rua, pois surgiram três senhoras de saias compridas, carregando cestas vazias e bolsas de couro. Algumas pessoas sentaram, outras ficaram de pé nos fundos da igreja. Olhavam para a banda, não para o sacrário, e estavam sorrindo. Ah, sim, a religião é isso – rejubilem-se, sorriam, sejam felizes, o Senhor está convosco; estalem os dedos, Ele salvou o mundo. Ouviram-se duas estrepitosas batidas de címbalos.

A música parou. O padre se levantou. As orações começaram.

As pessoas que haviam entrado na igreja durante a canção se encaminharam para a saída. As 11 senhoras nos bancos da frente não se moveram, e somente elas permaneceram até o momento da comunhão. O padre andou de um lado para outro no altar. Fez um pequeno sermão: Deus ama vocês, disse ele; precisam aprender como amar a Deus. Não era fácil, no mundo moderno, encontrar tempo para Deus: havia tentações, os sinais de pecado estavam por toda parte. Era preciso trabalhar duro e dedicar o trabalho à glória de Deus. Amém.

Mais um gesto de mão, e a música recomeçou. Dessa vez, muito mais alta, o que atraiu um número muito maior das pessoas que estavam na praça. E era do mesmo tipo da anterior: uau, bum, *coração, coração*, ahn, bum, toque-toque, uau, bum. Depois do estrondo final, não houve nenhuma hesitação entre os espectadores: todos se apressaram em sair. Mas não por muito tempo. Dez minutos mais tarde (duas orações, um minuto de meditação, algumas sacudidelas num queimador de incenso, mais um discurso motivador), a banda recomeçou a tocar e as pessoas retornaram. Essa rotina prosseguiu durante uma hora, e ainda prosseguia quando me retirei – durante uma canção, não durante um sermão ou uma oração. Eu tinha de tomar um trem.

O céu estava róseo e arroxeado; o vulcão, negro. Pálidas nuvens de poeira alaranjada enchiam os vales. O lago flamejava, como um poço de lava derretida.

Até Limón com o Sr. Thornberry

— Este cenário — disse o sr. Thornberry — me deixa perplexo. O sr. Thornberry tinha uma estranha maneira de se expressar: apertava os olhos até transformá-los em frestas; contraía o rosto em uma careta; comprimia os lábios e imitava um sorriso. Então, sem mover os lábios, falava por entre os dentes. Era o modo como as pessoas falavam ao levantarem barris pesados, contorcendo o rosto e arfando.

Muitas coisas deixavam o sr. Thornberry estupefato: o barulho do rio, a majestade do vale, as pequenas cabanas, os grandes rochedos. Acima de tudo, o clima — ele esperava alguma coisa mais tropical. Era uma frase estranha para um homem de sua idade, mas, afinal de contas, o sr. Thornberry era um pintor. Perguntei-me por que ele não trouxera seu bloco de desenhos. Ele repetia que deixara o hotel em um impulso momentâneo. Estava, disse, viajando com pouca bagagem.

— Onde está sua mala?

Apontei para minha mala no bagageiro.

— É bem grande.

— É tudo o que eu tenho. Posso encontrar uma linda mulher em Limón e decidir passar o resto da vida lá.

— Eu fiz isso uma vez.

— Eu estava brincando — disse eu.

Mas o sr. Thornberry ainda estava fazendo uma careta.

— Foi um desastre, no meu caso.

Pelo canto do olho, percebi que o rio estava agitado; homens estavam de pé nos baixios — eu não conseguia entender o que estavam fazendo. Flores rosadas e azuis cresciam ao lado dos trilhos.

O sr. Thornberry me falou sobre sua pintura. Era impossível ser pintor durante a Depressão; não dava para viver. Ele trabalhara em Detroit e na cidade de Nova York. Fora uma época de muito sofrimento. Três filhos. A mulher morrera quando o terceiro ainda era bebê — tuberculose, e ele sem recursos para pagar um bom médico. Ele teve de criar os filhos sozinho. Eles cresceram e se casaram. Ele se mudara para New

Hampshire com o objetivo de ser pintor, como sempre desejara. Um lugar bonito, ao norte de New Hampshire; na verdade, disse ele, era um bocado parecido com essa parte da Costa Rica.

– Eu estava pensando que aqui era parecido com Vermont. Bellows Falls.

– Não muito.

Havia troncos na água, grandes troncos escuros, batendo uns contra os outros e se acumulando nas pedras. Por que os troncos? Eu não queria perguntar ao sr. Thornberry por que estavam ali. Ele não estava na Costa Rica há mais tempo do que eu. Como poderia saber por que aquele rio, em cujas margens agora não havia casas, carregava em sua correnteza troncos tão grandes e grossos como postes de telégrafo? Eu prestaria muita atenção no que visse. Descobriria a resposta. Prestei muita atenção. Não descobri nada.

– Serraria – disse o sr. Thornberry. – Está vendo aquelas coisas escuras na água? – Ele apertou os olhos; comprimiu os lábios. – Troncos.

Droga, pensei, e avistei a serraria. Então era por isso que os troncos estavam lá. Foram cortados rio acima. Devem ter...

– Devem ter jogado esses troncos no rio para serem levados até as serrarias onde serão cortados – disse o sr. Thornberry.

– Fazem a mesma coisa no nosso país – disse eu.

– Fazem a mesma coisa no nosso país – disse o sr. Thornberry.

Ele permaneceu em silêncio por alguns minutos. Tirou uma câmera da sacola e bateu fotos pela janela. Não era fácil fotografar comigo na frente, mas eu é que não iria lhe ceder meu lugar junto à janela. Estávamos em outro vale temperado, com colunas de pedra em torno de nós. Vi uma lagoa.

– Uma lagoa – disse o sr. Thornberry.

– Muito bonita – disse eu. O que mais eu poderia dizer?

O sr. Thornberry perguntou:

– O quê?

– Uma lagoa muito bonita.

O sr. Thornberry se inclinou para a frente. Disse:

– Cacaueiros.

– Eu vi alguns lá atrás.

— Mas tem muito mais aqui. Árvores crescidas.

Será que ele estava pensando que eu era cego?

— Bem — disse eu —, tem uns pés de café misturados.

— Com frutos — replicou o sr. Thornberry, apertando os olhos. Inclinou-se sobre meu colo e bateu uma foto. Não, eu não iria lhe ceder meu lugar.

Eu não tinha visto os frutos dos cafeeiros; como ele os vira? Eu não quis olhar para eles.

— Os vermelhos estão maduros. Acho que daqui a pouco vamos ver pessoas fazendo a colheita. Meu Deus, eu detesto este trem. — Ele contraiu o rosto. — Me deixa perplexo.

Um artista sério, com certeza, teria trazido um bloco de desenho e alguns lápis, e estaria rabiscando alguma coisa com expressão concentrada. Tudo o que o sr. Thornberry fazia era brincar com a câmera e falar; e não fazia mais do que dizer o nome das coisas. Eu queria acreditar que ele mentira para mim a respeito de ser pintor. Nenhum pintor perderia tanto tempo com tagarelices.

— Estou feliz por ter encontrado você — disse o sr. Thornberry. — Eu estava ficando maluco naquele outro banco.

Eu não disse nada. Apenas olhei pela janela.

— Uma espécie de oleoduto — observou o sr. Thornberry.

Um tubo enferrujado corria perto dos trilhos, às margens do pântano que substituíra o rio. Eu não tinha notado o desaparecimento do rio. Vi palmeiras e aquele tubo enferrujado. Uma espécie de oleoduto, como dissera o sr. Thornberry. Algumas colinas rochosas se erguiam atrás das palmeiras; subimos as colinas e, abaixo de nós, avistamos riachos...

— Riachos — disse o sr. Thornberry.

... e cabanas, algumas muito interessantes, como habitações de meeiros, feitas de madeira, mas muito sólidas, erguidas em palafitas sobre o solo encharcado. Paramos no vilarejo de Swampmouth: mais daquelas cabanas.

— Pobreza — disse o sr. Thornberry.

As casas eram, talvez, caribenhas em estilo. Com certeza, eram do tipo das que eu vira nas áreas rurais do Sul dos Estados Unidos, nos vilarejos agrícolas do Mississipi e do Alabama; mas eram de melhor qualidade e mais bem conservadas. Em todos os quintais havia bananeiras e em todos os vilarejos, um armazém, quase sempre com nome chinês; a maior parte deles estava conectada a outro prédio, que servia como bar e salão de sinuca. Um ar de camaradagem pairava nos vilarejos; embora quase todas as casas fossem habitadas por negros puros, viam-se alguns casais mistos. O sr. Thornberry não deixou de assinalar o fato.

– Garoto negro, garota branca – disse ele. – Parecem se dar muito bem. O oleoduto de novo.

Depois disso, todas as vezes que o oleoduto aparecia – e isso aconteceu umas vinte vezes até chegarmos à costa –, o sr. Thornberry obsequiosamente o apontava para mim.

Estávamos no coração dos trópicos. O calor era intenso, e havia no ar um cheiro de vegetação úmida e água de pântano, que se misturava ao aroma enjoativo das flores da mata. Os pássaros tinham bicos longos e suas pernas eram como gravetos. Quando enfiavam o bico na água, abriam as asas para se equilibrar, lembrando pipas. Algumas vacas estavam mergulhadas no pântano até os joelhos, mugindo. As copas das palmeiras lembravam fontes, ou feixes de penas serrilhadas. Atingiam uns 10 metros de altura. Eu não conseguia avistar seus troncos, havia apenas aquelas folhas serrilhadas, emergindo direto do pântano.

– Eu estava observando aquelas palmeiras – disse o sr. Thornberry.

– São como penas gigantes – disse eu.

– Umas fontes verdes, engraçadas – replicou ele. – Olhe, mais casas.

Outro vilarejo.

O sr. Thornberry disse:

– Jardins floridos; olhe só aquelas buganvílias. Elas me deixam embasbacado. A mamãe na cozinha, os garotos na porta. Parece uma pintura. Olhe aquelas hortas!

Era como ele dizia. Passamos pelo vilarejo e retornamos à floresta pantanosa. Estava úmido e o tempo fechara. Minhas pálpebras estavam pesadas. Fazer anotações teria me mantido acordado, mas me faltava espaço para escrever, com o sr. Thornberry se inclinando para a janela e tirando fotos a cada cinco minutos. E ele teria perguntado por que eu estava escrevendo. Sua tagarelice me dava vontade de ser reservado. À luz esverdeada da mata úmida, a fumaça das fogueiras tornava o ar ainda mais enevoado. Algumas pessoas cozinhavam sob as casas, no espaço que havia embaixo do piso elevado.

— Como você disse, eles são muito trabalhadores — comentou o sr. Thornberry. Quando eu dissera aquilo? — Cada uma daquelas casas lá atrás estava vendendo alguma coisa.

Não, pensei eu, isso não poderia ser verdade. Eu não vira ninguém vendendo nada.

— Bananas — disse o sr. Thornberry. — Fico furioso quando me lembro que eles vendem bananas a cinquenta centavos o quilo. Eles vendiam por cacho.

— Na Costa Rica? — Ele me dissera que seu pai era costa-riquenho.

— Em New Hampshire.

Após alguns momentos de silêncio, ele disse:

— Búfalo.

Ele estava lendo o letreiro de uma estação. Não uma estação propriamente — um abrigo.

— Mas não me lembra Nova York* — acrescentou.

Alguns quilômetros antes, havíamos passado pelo vilarejo de Bataan. O sr. Thornberry me lembrou de que havia um lugar nas Filipinas chamado Bataan. A Marcha de Bataan.** Engraçado, os dois lugares terem o mesmo nome, principalmente um nome como Bataan. Chegamos então ao vilarejo de Liverpool. Eu me preparei.

— Liverpool — disse o sr. Thornberry. — Engraçado.

Era uma espécie de fluxo de consciência: o sr. Thornberry, um Leopold Bloom menos alusivo; eu, um relutante Stephen Dedalus.*** O sr. Thornberry estava com 71 anos. Vivia sozinho, disse ele; fazia sua própria comida. Pintava. Talvez isso explicasse tudo. Uma existência tão solitária encorajava o hábito de falar consigo mesmo: ele verbalizava os pensamentos. E vivia sozinho havia muitos anos. Sua mulher morrera

---

* Referência à cidade de Buffalo, no estado americano de Nova York. (N. do T.)
** Incidente ocorrido nas Filipinas em 1942, durante a Segunda Guerra Mundial. Uma marcha forçada imposta pelos japoneses a seus prisioneiros de guerra, filipinos e americanos, acarretou a morte de 18 mil deles. (N. do T.)
*** Personagens do romance *Ulisses*, de James Joyce. (N. do T.)

com 25 anos. Mas ele não havia mencionado um desastre matrimonial? Certamente não deveria ser a trágica morte da esposa.

Perguntei-lhe sobre isso, para desviar sua atenção dos vilarejos, que passavam e que estavam, como ele repetia, deixando-o embasbacado.

– Você não se casou de novo?

– Eu fiquei doente – explicou ele. – Tinha uma enfermeira no hospital, tinha uns 50 anos, era meio gorda, mas muito gentil. Pelo menos, foi o que eu pensei. Mas você só conhece as pessoas depois de viver com elas. Ela nunca tinha se casado. O nosso oleoduto de novo. Eu queria ir para a cama com ela ali mesmo, acho que era porque eu estava doente e ela era minha enfermeira. Isso acontece muito. Mas ela disse: "Não, até a gente se casar." – Ele estremeceu e continuou: – Foi uma cerimônia discreta. Depois, fomos para o Havaí. Não para Honolulu, mas para uma das ilhas pequenas. Foi ótimo: a floresta, praias, flores. Ela detestou. "É muito parado", disse. Nascida e criada em uma cidadezinha de New Hampshire, uma cidade de uma rua só; você sabe como é, vai para o Havaí e diz que é muito parado. Ela queria ir para as boates. Não havia nenhuma boate. Ela tinha seios enormes, mas não me deixava encostar neles. "Você me machuca." Eu estava ficando maluco. E ela tinha um negócio com limpeza. Todos os dias de nossa lua de mel nós fomos até a lavanderia; eu me sentava do lado de fora, lendo o jornal, e ela lavava as roupas. Lavava os lençóis todos os dias. Talvez façam isso nos hospitais, mas no dia a dia não é normal. Acho que fiquei meio desapontado. – Sua voz fraquejou. Ele disse: – Postes de telégrafo... porco... oleoduto de novo. – Depois continuou: – Foi um tremendo desastre. Quando voltamos da lua de mel, eu falei para ela: "Parece que isso não está dando certo." Ela concordou comigo e, naquele mesmo dia, se mudou de casa. Bem, nunca havia realmente se mudado para lá. Quando me dei conta, ela estava pedindo o divórcio. E pedindo pensão alimentícia, o negócio todo. Me botou na justiça.

– Deixe-me entender direito – disse eu. – Tudo o que você fez foi viajar em lua de mel, certo?

– Dez dias – disse o sr. Thornberry. – Era para ser duas semanas, mas ela não conseguiu aguentar o silêncio. Muito parado para ela.

– E depois ela quis pensão?

— Ela sabia que minha irmã tinha me deixado um monte de dinheiro. Então foi em frente e me processou.

— O que você fez?

O sr. Thornberry sorriu. Foi o primeiro sorriso de verdade que vi em seu rosto naquela tarde. Ele respondeu:

— O que eu fiz? Processei ela também. Por fraude. Ela tinha um amigo... um homem. Ele telefonou para ela quando nós estávamos no Havaí. Ela me disse que era o irmão dela. Claro.

Ele continuava a olhar pela janela, mas seus pensamentos estavam em outro lugar. Começou a rir.

— Eu não precisei fazer mais nada depois disso. Ela sentou no banco das testemunhas. O juiz perguntou a ela: "Por que você se casou com esse homem?" Ela respondeu: "Ele me disse que tinha um monte de dinheiro!" Incriminou a si mesma, entende? Todo mundo riu dela no tribunal. Eu lhe dei 5 mil e fiquei feliz de me livrar dela. — Quase sem fazer pausa, ele acrescentou: — Palmeiras. Porco. Cerca. Madeira. Ipomeias. Capri está cheia delas. Negras como um ás de espadas. Carro americano.

As horas se passavam. O sr. Thornberry falava sem parar.

— Mesa de sinuca. Deve estar no seguro-desemprego. Bicicleta. Menina bonita. Lamparinas.

Eu sentira vontade de jogá-lo para fora do trem; mas depois do que ele me contou, senti pena dele. Talvez a enfermeira também tivesse pensado: "Se ele disser isso mais uma vez, eu vou gritar."

— Quando foi essa lua de mel abortiva? — perguntei.

— No ano passado.

Vi uma casa de três andares, com uma varanda em cada andar. Era de madeira cinzenta e estava desmantelada. Fez com que eu me lembrasse do Hotel da Ferrovia, que eu vira em Zacapa. Mas aquela casa parecia mal-assombrada. As janelas estavam quebradas e uma velha locomotiva a vapor enferrujava no jardim da frente, tomado por ervas daninhas; agora desabitada, estava apodrecendo. Mas pelo que restava da cerca quebrada, do jardim, das varandas e do celeiro, que também poderia ter sido uma cocheira, era possível perceber que, muito tempo antes, aquela casa fora um lugar importante, uma típica residência dos tirânicos proprietários de bananais dos romances de Asturias – havia muitas bananeiras por perto. Na mata que ia escurecendo, no calor, a casa desmoronada parecia fantástica, como uma teia de aranha rasgada, mas ainda guardando alguma simetria.

— Aquela casa. Estilo gótico costa-riquenho — informou o sr. Thornberry.

Pensei: "Eu a vi primeiro."

— Touro nelore — disse o sr. Thornberry. — Patos. Grego. Crianças brincando. — E finalmente: — Ondas.

Na Zona do Canal

Era dia do "salvem nosso canal". Dois congressistas americanos haviam levado até os moradores do Canal do Panamá a notícia de que New Hampshire apoiava solidamente sua luta para manter a área em mãos americanas. Isso me lembrava uma piada caribenha autodepreciativa da época da guerra: "Vão em frente, ingleses, Barbados está com vocês!" O governador de New Hampshire havia declarado feriado no estado, em sinal de apoio. Um congressista, discursando em uma barulhenta manifestação de americanos, em Balboa, informou que 75 por cento dos Estados Unidos estavam contra o Tratado do Canal do Panamá. Mas isso era puramente acadêmico; e a gritaria – havia demonstrações também – era pouco mais que a repetição de slogans chauvinistas. Dentro de poucos meses, o tratado seria ratificado. Eu disse isso a uma senhora residente na Zona do Canal. Ela disse que não tinha importância. Tinha gostado da manifestação.

– Estamos nos sentindo esquecidos, como se todo mundo estivesse contra a gente.

Os habitantes da Zona do Canal, conhecidos como zonenses, eram 3 mil funcionários da Companhia do Canal do Panamá e suas famílias. Eles viam o tratado como uma liquidação. Por que o canal deveria ser entregue àqueles panamenhos rudes ao término de vinte anos? Por que não continuar a dirigi-lo, argumentavam, como vinha sendo feito havia 63 anos? Sempre que minhas conversas com os residentes da Zona do Canal chegavam a determinado ponto, os zonenses martelavam o ar com os punhos e berravam: "É o *nosso canal*!"

– Sabe qual o problema com essas pessoas? – disse-me um funcionário da embaixada americana. – Eles não conseguem decidir se o canal é um departamento do governo, uma empresa ou um Estado independente.

Fosse o que fosse, era uma causa perdida. Mas nem por isso deixava de ser interessante. Poucos lugares no mundo podem se comparar à Zona do Canal, com suas origens complexas, seu singular status geográfico e a nebulosidade de seu futuro. O próprio canal é uma maravilha: em sua construção foram empregados todos os esforços dos Estados Unidos, todo o seu gênio e todas as suas patifarias. A Zona é também um paradoxo: um lugar maravilhoso, mas uma fraude. Os panamenhos quase não participam dos debates sobre o canal – eles querem o canal por nacionalismo. Entretanto, o Panamá mal existia antes que o canal fosse escavado. Se fosse para fazer justiça, todo o istmo deveria ser devolvido à Colômbia, de quem foi arrancado em 1903. O debate é entre os ratificadores e os zonenses. Embora tenham um discurso (e um comportamento) digno de algumas das pessoas que Gulliver poderia encontrar em Glubdubdrib, ambos os grupos são americanos: velejam sob a mesma bandeira. Os zonenses, porém – quando estão particularmente frenéticos –, frequentemente queimam a bandeira americana, e seus filhos matam aulas na Balboa High School para pisotear as cinzas. Os ratificadores, que denunciam os zonenses em voz alta quando se encontram entre amigos, abstêm-se de se expor quando estão na Zona do Canal. Um ratificador da embaixada, que me acompanhou em uma palestra que eu dei na Balboa High, recusou-se terminantemente a me apresentar a estudantes zonenses, por medo de que, caso se revelasse, eles se revoltassem e destruíssem seu carro. Duas noites antes, zonenses vingativos tinham enfiado pregos nas fechaduras dos portões da escola, para fechar o lugar. Que briguinha irritante, pensei; e, mais do que nunca, senti-me como Lemuel Gulliver.

 A Zona do Canal é, por entendimento comum, a cidade de uma empresa. Não há muita liberdade individual. Não me refiro aos direitos democráticos de falar e de se reunir, abstrações reconfortantes, mas raramente utilizadas. Refiro-me ao fato de que um zonense tem de pedir permissão para pintar sua casa de uma cor diferente ou mesmo trocar os ladrilhos de seu banheiro. Se quiser asfaltar a entrada de sua garagem, tem de pedir permissão, por escrito, à Companhia. Mas não irá obtê-la, apenas cascalho é permitido. O zonense vive em uma casa da Companhia; dirige em ruas da Companhia; envia seus filhos a escolas da Companhia; tem conta e obtém empréstimos no banco da Companhia; compra na loja da Companhia (na qual os preços são equiparados aos vigentes em Nova Orleans); veleja no clube da Companhia; assiste a filmes no cinema da Companhia; se for comer fora, leva a família ao restaurante da Companhia, no centro de Balboa, onde come os bifes da Companhia e toma os sorvetes da Companhia. Se precisar de um bombeiro ou de um eletricista, a Companhia lhe arranjará um. O sistema é enlouquecedor. Mas, se o zonense enlouquecer, sempre há o psiquiatra da Companhia. A comunidade é inteiramente autossuficiente. As crianças nascem no hospital da Companhia; as pessoas se casam nas igrejas da Companhia – há muitas denominações, mas a batista predomina. Quando um zonense morre, é embalsamado no necrotério da Companhia – o caixão e o enterro também fazem parte dos contratos da Companhia.

A sociedade local é assombrada por dois fantasmas que se digladiam: Lenin e o general Bullmoose.* Não existem cartazes da Companhia, nenhuma publicidade; uma rigidez militar domina os prédios da Companhia. A Zona do Canal parece uma enorme base militar – casas em ângulos retos encimadas por telhas, todas de cor creme, paisagismo austero, letreiros pregados em cercas de arame, guaritas de sentinelas, esposas deprimidas, homens sérios e gorduchos. Existem bases militares, mas não se distinguem dos subúrbios. Tudo isso me surpreendeu. Muito da histeria a respeito do canal, nos Estados Unidos, foi alimentada por notícias de que os zonenses viviam uma vida paradisíaca, com régios salários, criados e prazeres subsidiados. Seria mais exato mostrar o zonense como um soldado obediente, servindo nos trópicos. Suas restrições e seus regulamentos mataram sua imaginação e o tornaram surdo às sutilezas do discurso político. Ele é cristão; está orgulhoso do canal e tem uma leve e não declarada desconfiança da Companhia; seu salário é o mesmo de seus congêneres nos Estados Unidos – afinal de contas, o cara é um mecânico ou soldador: por que não iria ganhar 16 dólares por hora? Ele conhece soldadores em Oklahoma que ganham muito mais. No entanto, a maioria dos zonenses vive modestamente: o bangalô, um único carro, as idas ao restaurante e ao cinema. Os funcionários graduados da Companhia vivem como vice-reis, mas são

---

* General Bullmoose – personagem de Li'l Abner (no Brasil: Ferdinando), história em quadrinhos criada pelo cartunista americano Al Capp (1909-1979). O general simboliza o capitalista empedernido. (N. do T.)

exceção. Existe uma hierarquia, como em todas as colônias. A Zona do Canal é uma Companhia das Índias Orientais em miniatura e até funciona como aquele empreendimento colonial: o zonense sofre de uma notória e antiquada falta de mobilidade social. É conhecido por seu salário, seu clube e pela natureza de seu trabalho. O mecânico da Companhia não frequenta os mesmos lugares que os administradores da Companhia, que trabalham no que é conhecido na Zona do Canal como "O Prédio" – o centro de poder, localizado em Balboa Heights. A Companhia é inflexível em sua noção de classe. Por conseguinte, o zonense – a despeito do orgulho que sente do canal – muitas vezes se sente oprimido pelo grau de estratificação social.

– Agora eu sei o que é o socialismo – comentou comigo um zonense, em Miraflores.

Seguindo uma Índia

Ao ver meu primeiro índio, em Bogotá, as imagens espanholas que eu tinha da cidade logo se desvaneceram em minha mente. Existem 365 tribos na Colômbia. Alguns índios sobem até Bogotá, em busca de trabalho; outros já estavam lá quando os espanhóis chegaram, e nunca saíram do local. Vi uma índia e decidi segui-la. Ela usava um chapéu de feltro, do tipo que os detetives e os jornalistas usam nos filmes de Hollywood. Estava com um xale negro, uma saia comprida e sandálias, e puxava dois jumentos amarrados em uma corda comprida. Os jumentos estavam pesadamente carregados com recipientes de metal e fardos de trapos. Mas esse não era o traço inusitado naquela índia que conduzia dois jumentos pela cidade de Bogotá. Como o tráfego estava muito ruim, ela caminhava pela calçada, em meio às damas bem-vestidas, aos mendigos e às galerias de arte que exibiam lixo visual (a América do Sul deve liderar a produção mundial de arte abstrata de terceira categoria, sem dúvida em função de possuir uma classe endinheirada de gosto vulgar e da ascensão dos decoradores de interiores – é possível ir a um vernissage quase todas as noites, até mesmo em uma espelunca como Barranquilla). A índia não desperdiçou um olhar com as pinturas, mas continuou a andar, passando pelo Banco de Bogotá, pela praça (Bolívar, com a espada fincada a seus pés), pelas lojas de artesanato típico, com seus produtos de couro e entalhes de má qualidade, e pelas joalherias, que exibiam bandejas com esmeraldas para turistas. Atravessou a rua, os jumentos se arrastando sob sua carga, os carros buzinando e se desviando, as pessoas abrindo caminho. Daria um ótimo documentário, a pobre mulher e seus animais na indiferente cidade de 4 milhões de habitantes; ela simbolizaria uma crítica a tudo o que estivesse à vista, embora poucas pessoas a notassem e nenhuma se virasse para vê-la. Se aquilo fosse filmado, sem nenhum cenário elaborado, apenas os lugares que ela percorreu em Bogotá, o filme ganharia um prêmio; se ela fosse retratada em uma pintura, seria uma obra de arte (mas ninguém na América do Sul pinta a figura humana com convicção). Foi como se

450 anos de história não tivessem acontecido. A mulher não estava andando em uma cidade: estava andando na encosta de uma montanha, com animais que sabiam onde pisavam. Ela está nos Andes, está em casa. Todos os outros estão na Espanha.

De cabeça baixa, ela passou por um vendedor de pôsteres e por mendigos, que estavam próximos a uma igreja antiga. E a perdi de vista quando parei para olhar os pôsteres e observar os mendigos. Dei uma olhada em volta, mas ela já havia desaparecido.

Nos Altiplanos

Perto de Villazón, o trem acelerou e dispersou os burros que pastavam. Chegamos à estação, onde se informava a altitude: a mesma de La Paz. O vagão-dormitório argentino foi conduzido para um desvio; o resto do trem desceu a colina e sumiu de vista. Éramos cinco no vagão-dormitório, mas ninguém sabia quando atravessaríamos a fronteira. Encontrei o condutor, que estava matando moscas no corredor. Então, perguntei a ele.

— Vamos ficar aqui bastante tempo — disse ele. Pelo modo como falou, parecia que levaria anos.

A cidade não era uma cidade. Eram alguns prédios característicos de um posto de fronteira. Havia uma rua, sem pavimentação, e algumas lojas com aspecto de barracos, todas fechadas. Perto da pequena estação ferroviária, cerca de vinte mulheres vendiam frutas, pão e cordões de sapatos, abrigadas sob guarda-chuvas de fabricação doméstica. Quando o trem chegou à estação, uma multidão de índios desembarcou, e houve alguma coisa parecida com agitação; mas as pessoas foram embora, o trem tinha ido embora. As vendedoras ficaram sem fregueses. Nada se movia, exceto as moscas sobre as poças de lama. Percorrer a plataforma me deixou ofegante, mas talvez eu tivesse caminhado muito rápido. Na outra extremidade, uma velha índia enlouquecida gritava e chorava, ao lado de um toco de árvore. Ninguém lhe dava atenção. Comprei um saco de amendoins e me sentei em um banco da estação, enquanto os descascava.

— Você está no vagão-dormitório? — perguntou um homem que andava depressa em minha direção. Estava malvestido e indignado.

Eu lhe disse que sim.

— A que horas ele vai partir?

— Eu gostaria de saber — respondi.

Ele foi até a estação e bateu em uma porta. Do lado de dentro, uma voz rugiu:

— Vá embora!

O homem saiu da estação.

— Esses caras são todos uns putos — disse ele, enquanto voltava para o vagão-dormitório, atravessando as poças de lama.

A índia continuava a gritar, mas, depois de uma ou duas horas, eu me acostumei com os gritos, que se tornaram parte do silêncio de Villazón. O vagão-dormitório parecia ridículo, abandonado nos trilhos. E não havia trem à vista, nenhum outro vagão ou locomotiva. Estávamos em uma encosta escarpada. Dois quilômetros ao sul, depois de uma ponte e no alto de outra montanha, estava a cidade argentina de La Quiaca. Também era um fim de mundo, mas era para onde estávamos indo — de alguma forma, em algum momento.

Um porco apareceu, lambeu a poça perto dos meus pés e farejou as cascas de amendoim. Nuvens se acumulavam sobre Villazón. Um pesado caminhão passou na direção da Bolívia, buzinando sem motivo e levantando poeira. A índia continuava a gritar. As vendedoras arrumaram suas caixas e se foram. Estava escurecendo e o lugar parecia mais morto do que nunca.

A noite caiu. Fui para o vagão-dormitório. Fiquei deitado no escuro. Não havia nenhum tipo de iluminação. O corredor estava cheio de moscas. O condutor batia nelas com uma toalha.

— A que horas nós vamos partir?

— Não sei — disse ele.

Eu queria ir para casa.

Mas ficar impaciente não fazia sentido. Eu tinha de aceitar que aquilo era um vazio inevitável, um vácuo entre os lugares mais palpáveis da viagem. O que adiantaria perder o controle e querer encurtar o tempo? Eu teria de ir até o fim. Mas o tempo passa devagar no escuro. A índia gritava; o condutor xingava as moscas.

Saí do vagão-dormitório e andei em direção a uma construção fracamente iluminada, que imaginei ser um bar. Não havia árvores por ali, nem muito luar; as distâncias eram enganadoras. Levei meia hora para chegar à construção. E estava certo: era um café. Pedi um café e me sentei na sala vazia esperando que a bebida chegasse. Então ouvi o apito de um trem.

Uma menina índia, franzina e descalça, colocou a xícara à minha frente.

— Que trem é esse?
— O trem para La Quiaca.
— Merda!

Deixei o dinheiro na mesa e, sem tocar no café, corri até o vagão-dormitório, que estava sendo acoplado à locomotiva quando cheguei. Minha garganta ardia com o esforço de correr numa altitude tão elevada. Meu coração martelava. Atirei-me na cama e fiquei arquejando.

No lado de fora, um sinaleiro conversava com um dos passageiros.

— A linha até Tucumán está em mau estado – disse ele. – Você pode demorar dias para chegar lá.

"Droga de viagem", pensei.

Atravessamos a fronteira e fomos até a estação argentina, sobre a montanha. O vagão-dormitório foi então desconectado e nos levaram novamente para um desvio. Três horas se passaram. Não havia comida na estação, mas encontrei uma índia que preparava chá sobre uma fogueira. Ela ficou surpresa quando lhe pedi que me vendesse uma xícara, e aceitou o dinheiro com ar solene. Passava da meia-noite. Na estação, havia pessoas enroladas em cobertores, sentadas sobre as bagagens, segurando crianças no colo. Então começou a chover, e quando eu estava começando a me exasperar, pensei que aqueles indivíduos eram os passageiros da segunda classe. Seu destino cruel era estar no centro daquele continente esperando pela chegada do trem. Eu tinha muito mais sorte do que eles. Tinha uma cama e um bilhete da primeira classe. E não havia o que pudesse ser feito no tocante ao atraso. Então, fiz o que qualquer pessoa de bom-senso faria se estivesse retido na fronteira da Bolívia com a Argentina em uma noite chuvosa. Fui para minha cabine e lavei o rosto; vesti o pijama e me deitei na cama.

Buenos Aires

Buenos Aires à primeira vista – e durante os dias seguintes – é um formigueiro extremamente civilizado. Em seus prédios e ruas vê-se a elegância do Velho Mundo; seu povo tem a vulgaridade e a boa saúde do Novo Mundo. Todas aquelas bancas de jornais, todas aquelas livrarias – que lugar culto, pensamos; que riqueza, que boa aparência. As mulheres em Buenos Aires são bem-vestidas e aplicadamente elegantes, de um modo já abandonado na Europa. Eu esperava um lugar bastante próspero, gado e vaqueiros, e uma ditadura implacável; não contava com um lugar charmoso, nem com sua arquitetura sedutora, nem com sua vitalidade. Era uma cidade maravilhosa para se caminhar. Enquanto caminhava, pensei que aquela seria uma cidade maravilhosa para se viver. Eu estivera preparado para o Panamá e Cuzco, mas Buenos Aires não era o que eu imaginava. No conto "Eveline" dos *Dublinenses*, de James Joyce, a heroína epônima reflete sobre sua vida tediosa e sua oportunidade de deixar Dublin junto com Frank: "Ele se recobrou em Buenos Aires, disse ele, e retornara ao velho país só para passar umas férias." Frank é um aventureiro que foi para o Novo Mundo e está cheio de histórias ("ele lhe contou histórias sobre os terríveis patagônios"); logo, ele lhe propõe casamento e insiste para que ela saia de Dublin. Ela está decidida a partir, mas no último momento – "Todos os mares do mundo inundaram seu coração" – a coragem lhe falta. Frank entra na barca e ela permanece em Dublin, "como um animal indefeso".

As histórias de *Dublinenses* são tristes – existem poucas mais tristes na literatura –, mas "Eveline" não me parecia uma crônica sobre oportunidade desperdiçada até conhecer a cidade em que ela perdera a chance de viver. Parecia-me que deixar de viver em Buenos Aires não era uma grande tragédia; presumi que Joyce usara a cidade por seu nome, com o sentido de trocar a fedentina de Dublin pelos "bons ares" da América do Sul. Mas a primeira garota que conheci em Buenos Aires era irlandesa, uma criadora de gado, e falava espanhol com forte sotaque. Viera de Mendoza para competir no Campeonato Mundial de Hóquei.

Ela me perguntou – embora eu pensasse que a resposta era óbvia – se eu também jogava hóquei. Nos Estados Unidos, os irlandeses se tornavam padres, políticos, policiais – procuravam empregos convencionais, que lhes garantissem certo grau de respeito. Na Argentina, tornavam-se fazendeiros e deixavam os italianos dirigirem o trânsito. Juntamente com o barco, era evidente que Eveline perdera uma boa oportunidade.

No vale-tudo de imigrantes de Buenos Aires, cidade onde se concentra um terço da população argentina, procurei em vão pelo que eu considerava notórias características sul-americanas. Eu me acostumara com cidades arruinadas que pareciam cemitérios, com a cultura da mendicância, com a economia de haciendas, com famílias abastadas despojando índios, com governos nepotistas, com porcos nas estações ferroviárias. As cores primárias da rusticidade tinham tirado a acuidade dos meus olhos e turvado meu senso de discernimento. Depois das crianças famintas na Colômbia e da decrepitude do Peru, fatos observáveis, a censura à imprensa na Argentina me parecia ambígua e discutível – e acima de tudo uma ideia. Eu estivera observando exemplos exagerados de coisas simples. Caminhando naquela cidade que parecia funcionar, entretanto, achei mais difícil teorizar. No entanto, enquanto restaurava minha circulação – eu não caminhava muito desde que saíra de Cuzco –, não me parecia estranho que aquele lugar tivesse produzido uma dúzia de violinistas de classe mundial e Fanny Foxe, a dançarina de striptease; Che Guevara, Jorge Luis Borges e Adolf Eichmann sentiram-se igualmente em casa na cidade.

Havia ali uma sugestão de sobreposição cultural. As paineiras de flores rosadas dos pampas cresciam nos parques, mas os parques eram ingleses e italianos, como indicavam seus nomes: Britannia Park, Palermo Park. O centro da cidade era arquitetonicamente francês; os distritos industriais, alemães; o porto, italiano. Mas as dimensões da cidade eram norte-americanas; seu sentido de espaço lhe dava certa familiaridade. Era uma cidade limpa. Ninguém dormia nas soleiras ou parques – o que, em um contexto sul-americano, chega a ser chocante. Achei a cidade segura para se caminhar a qualquer hora; às três da manhã multidões ainda percorriam as ruas. Por causa do calor do dia, grupos de rapazes jogavam futebol nos parques bem iluminados até depois da meia-noite. Era uma cidade sem uma significativa população indígena – havia alguns índios, ao que parecia, dispersos ao sul de Tucumán. Os que lá se encontravam tinham vindo do Paraguai; ou do Uruguai, no outro lado do rio da Prata. Faziam trabalhos domésticos, viviam em favelas afastadas e não eram incentivados a se estabelecer definitivamente.

Era uma cultura dividida, mas era também um país dividido. Os argentinos que encontrei me disseram que a Argentina era como dois países: as terras altas do norte, cheias de folclore, montanhas e colonos semibárbaros; e os "pampas úmidos" do sul, com suas fazendas de gado e grandes vazios, a maior parte do território ainda virgem ("pampas" deriva de uma palavra aimará que significa "espaço"). É preciso viajar mais de mil quilômetros para que essa divisão se torne visível. E os argentinos – embora aleguem ter espírito aventureiro – só viajam em roteiros selecionados. Eles conhecem o Chile. Alguns conhecem o Brasil. Passam fins de semana no oásis patagônio de Bariloche. Mas não viajam muito para o norte da Argentina, não conhecem o restante da América do Sul, nem têm muito interesse em conhecer a região. Fale em Quito e eles lhe dirão que é um local infernal, pequeno, pobre e primitivo. Uma viagem à Bolívia é inconcebível. Suas conexões tendem a ser com a Europa. Consideram-se afrancesados, mas já lhes disseram tantas vezes que sua capital lembra Paris que eles não sentem necessidade de conferir o fato com uma viagem à França. Preferem manter seus laços ancestrais com a Europa; muitos vão à Espanha, e quase 250 mil visitam a Itália todos os anos. Os mais empreendedores são anglófilos. Não se sentem muito seguros com relação aos Estados Unidos, e essa incerteza os leva a desprezar o país.

"Mas o que você sabe sobre a Argentina?", eles me perguntavam. Para evitar seus sermões – pois pareciam profundamente constrangidos com sua história política –, eu dizia coisas como: "Bem, quando eu estava em Jujuy...", ou "Agora, Humahuaca é muito bonita...", ou "O que me impressionou em La Quiaca...". Ninguém que conheci jamais havia estado em La Quiaca, ou atravessado a fronteira de trem. O morador de Buenos Aires que quer falar sobre a miséria das províncias distantes menciona o tamanho das baratas na vizinha Rosário.

Borges

A placa de bronze no saguão do sexto andar dizia *Borges*. Toquei a campainha e fui atendido por um menino de uns 7 anos. Quando me viu, ficou chupando o dedo, com vergonha. Era o filho da empregada. A empregada era paraguaia, uma índia rechonchuda que me convidou para entrar e depois me deixou em pé no vestíbulo, perto de um grande gato branco. Uma luz fraca iluminava o vestíbulo, mas o restante do apartamento estava às escuras. A escuridão me lembrou de que Borges era cego.

Curiosidade e inquietação me levaram a uma saleta. Embora as janelas e as cortinas estivessem fechadas, pude divisar um candelabro – provavelmente parte da prataria da família, que Borges menciona em uma de suas histórias. Vi também algumas pinturas, velhas fotografias e livros. Havia pouca mobília: um sofá e duas cadeiras perto da janela, uma mesa de jantar encostada em uma parede e uma parede e meia de estantes com livros. Alguma coisa roçou minhas pernas. Acendi a luz; o gato me seguira até ali.

Não havia tapetes no chão, para que o homem cego não tropeçasse; nenhuma mobília mal colocada contra a qual ele pudesse colidir. Não se via um grão de poeira no chão brilhante. As pinturas eram indefinidas, mas as gravuras em metal eram identificáveis. Reconheci-as como as *Vistas de Roma*, de Piranesi. A mais borgeana de todas era *A Pirâmide de Céstio*, que poderia ter ilustrado as próprias *Ficções* de Borges. Bianconi, biógrafo de Piranesi, chamava-o de "o Rembrandt das ruínas". "Eu preciso concretizar grandes ideias", dizia Piranesi. "Acredito que se me confiassem o planejamento de um novo universo, eu seria louco o bastante para aceitar a incumbência." Era algo que o próprio Borges poderia ter dito.

Havia uma grande variedade de livros. Um canto era quase todo ocupado por edições da Everyman, os clássicos em traduções inglesas – Homero, Dante, Virgílio. Em algumas prateleiras, havia livros de poesia, sem nenhuma ordem específica: Tennyson, E.E. Cummings, Byron, Poe, Wordsworth, Hardy. Em outras, livros de referência, como

Literatura Inglesa, de Harvey, *O Livro das Citações*, publicado pela Oxford University Press, diversos dicionários – inclusive o do doutor Johnson – e uma velha enciclopédia, encadernada em couro. Não eram edições de luxo. Os livros tinham as capas desgastadas e desbotadas. Mas pareciam ter sido lidos e bastante manuseados. Marcadores sobressaíam das páginas. A leitura altera a aparência de um livro. Um livro nunca mais tem o mesmo aspecto depois de lido. Um dos prazeres da leitura é observar a alteração das páginas e o modo como, com a leitura, você se apossa do livro.

Ouvi um som de passos arrastados no corredor e um nítido pigarrear. Borges emergiu na saleta mal iluminada, tateando o caminho pelas paredes. Estava vestido formalmente, com terno azul-escuro e gravata escura; seus sapatos pretos estavam amarrados frouxamente e uma corrente de relógio pendia de seu bolso. Ele era mais alto do que eu imaginava. Um ar inglês pairava em seu rosto, havia uma pálida seriedade em seu queixo e em sua testa. Seus olhos eram inchados, arregalados e opacos. Mas apesar do andar hesitante e do leve tremor nas mãos, estava em ótimas condições de saúde. Tinha a precisão meticulosa de um químico. Sua pele era clara – sem manchas de idade nas mãos – e seu rosto era firme. Haviam me dito que ele estava com "uns 80 anos". Estava então com 79, mas parecia dez anos mais jovem. "Quando chegar à minha idade", diz ele ao seu outro eu no conto "O Outro", "você terá perdido quase completamente a visão. Você ainda poderá perceber a cor amarela, as luzes e as sombras. Não se preocupe. A cegueira gradual não é uma tragédia. É como um lento entardecer de verão".

– Sim – disse ele. Tateou em busca de minha mão, apertou-a e me guiou até uma cadeira. – Por favor, sente-se. Há uma cadeira por aqui, em algum lugar. Por favor, sinta-se em casa.

Ele falava tão rapidamente que não percebi nenhum sotaque até que terminasse de falar. Parecia sem fôlego. Falava em rajadas, mas sem hesitação, exceto quando iniciava um novo assunto. Então, gaguejando, levantava as mãos trêmulas e parecia agarrar o assunto no ar, para sacudir as ideias de dentro dele.

– Você é da Nova Inglaterra – disse ele. – Isso é ótimo. É a melhor origem que se pode ter. Tudo começou lá: Emerson, Thoreau, Melville,

Hawthorne, Longfellow. Eles começaram tudo. Se não fosse por eles, não haveria nada. Eu estive lá... era bonito.

– Eu li o seu poema sobre a região – disse eu.

O poema se chama "Nova Inglaterra 1967" e começa assim: "Mudaram as formas do meu sonho..."

– Sim, sim – disse ele. Mexeu as mãos com impaciência, como se estivesse sacudindo dados. Ele não gostava de falar sobre seu trabalho; quase sempre descartava o assunto. – Eu estava fazendo palestras em Harvard. Detesto fazer palestras. Mas adoro lecionar. Gostei dos Estados Unidos, da Nova Inglaterra. E o Texas é especial. Eu estive lá com minha mãe. Ela estava velha, tinha mais de 80 anos. Fomos ver o Álamo. – A mãe de Borges morrera havia pouco tempo, na avançada idade de 99 anos. Seu quarto estava como o deixara ao morrer. – Você conhece Austin?

Eu disse que tomara o trem de Boston até Forth Worth e não achara Fort Worth grande coisa.

– Você deveria ter visitado Austin – disse Borges. – O resto não é nada para mim... o Meio-Oeste, Ohio, Chicago. Sandburg é o poeta de Chicago, mas o que ele é? Apenas barulhento. Ele tirou tudo de Whitman. Whitman era grande, Sandburg não é nada. Nem o resto – disse ele, sacudindo os dedos em direção a um imaginário mapa da América do Norte. – Canadá? Me diga, o que o Canadá produziu? Nada. Mas o Sul é interessante. É uma pena que os sulistas tenham perdido a Guerra Civil. Você não acha que foi uma pena?

Eu disse que pensava que a derrota era uma coisa inevitável para o Sul. Os sulistas, na época, eram atrasados e complacentes; hoje, eram as únicas pessoas nos Estados Unidos que ainda falavam sobre a Guerra Civil. As pessoas do Norte nunca mencionavam o assunto. Se o Sul tivesse vencido, talvez nós fôssemos poupados de algumas daquelas reminiscências confederadas.

– É claro que falam sobre isso – disse Borges. – Foi uma derrota terrível para eles. Mas tinham de perder. Eram agrários. Mas eu me pergunto: a derrota é tão ruim? Em *Os Sete Pilares da Sabedoria*, Lawrence não diz alguma coisa sobre "a vergonha da vitória"? Os sulistas foram corajosos, mas talvez um homem corajoso não seja um bom soldado. O que você acha?

Apenas a coragem não fazia um bom soldado, disse eu, assim como apenas a paciência não faz um bom pescador. A coragem pode tornar um homem cego para os riscos; e a coragem em excesso, destituída de cautela, pode ser fatal.

– Mas as pessoas respeitam os soldados – observou Borges. – É por isso que ninguém respeita os americanos. Se os Estados Unidos fossem uma potência militar, em vez de um império comercial, as pessoas respeitariam o país. Quem respeita homens de negócio? Ninguém. As pessoas olham para os americanos e tudo o que veem são caixeiros-viajantes. Então riem.

Ele agitou as mãos, fez um gesto de agarrar e mudou de assunto.

– Como você veio à Argentina?

– Do Texas, tomei um trem até o México.

– O que você achou do México?

– Caindo aos pedaços, mas agradável.

Borges comentou:

– Eu não gosto do México nem dos mexicanos. São tão nacionalistas. E odeiam os espanhóis. Como poderia ser diferente, se eles se sentem desse jeito? Não têm nada. Estão só brincando de ser nacionalistas. Mas do que eles mais gostam é de brincar de índios peles-vermelhas. Eles gostam de brincar. Não têm nada. E não sabem lutar, não é? São péssimos soldados. Sempre perdem. Veja o que um punhado de soldados americanos fez no México. Eu não gosto nem um pouco do México.

Ele fez uma pausa e se inclinou para a frente. Seus olhos se arregalaram mais ainda. Encontrando meu joelho, deu uns tapinhas nele para dar ênfase.

– Eu não tenho esse complexo – disse. – Não odeio os espanhóis. Embora prefira os ingleses. Depois que perdi a visão, em 1955, decidi fazer alguma coisa totalmente nova. Então aprendi anglo-saxão. Ouça...

E recitou todo o Pai-Nosso em anglo-saxão.

– Era o Pai-Nosso. Agora este... você conhece este?

Recitou as linhas iniciais de "The Seafarer" (O homem do mar), um velho poema inglês.

— "The Seafarer" – informou ele. -- Não é bonito? Eu sou em parte inglês. Minha avó veio de Northumberland, e temos parentes em Staffordshire. "Saxões, celtas e dinamarqueses", não é isso? Sempre falávamos inglês em casa. Meu pai falava comigo em inglês. Talvez eu seja em parte norueguês; os vikings estiveram em Northumberland. E York... York é uma bela cidade, não? Tenho ancestrais lá também.

— Robinson Crusoé era de York – comentei.

— Era?

— "Eu nasci no ano tal e tal, na cidade de York, em uma boa família..."

— Sim, sim, eu tinha esquecido isso.

Eu disse que havia nomes nórdicos por todo o norte da Inglaterra, e citei como exemplo o nome Thorpe. Era o nome de um lugar e um sobrenome.

— Como o alemão *Dorf* – disse Borges.

— Ou o holandês *dorp*.

— Estranho. Vou lhe dizer uma coisa: estou escrevendo uma história em que o nome do personagem principal é Thorpe.

— Deve ser sua ascendência de Northumberland se manifestando.

— Talvez. Os ingleses são um povo maravilhoso. Mas tímidos. Eles não queriam um império. Foram forçados pelos franceses e espanhóis. Então tiveram um império. Foi uma grande realização, não? Eles deixaram tanta coisa para trás. Olhe o que eles deram à Índia: Kipling! Um dos maiores escritores.

Comentei que, às vezes, uma história de Kipling era apenas um enredo, ou um exercício de dialeto irlandês, ou uma gafe ululante, como o clímax de *At the End of the Passage* (No final da passagem), quando um homem fotografa um fantasma na retina de um morto e depois queima as fotos por serem muito assustadoras. Mas como o fantasma foi parar lá?

— Não tem importância, ele é sempre bom. Minha história favorita é "The Church that Was at Antioch" (A igreja que ficava em Antioquia). Que história maravilhosa! E que grande poeta! Sei que você concorda comigo: li seu artigo no *New York Times*. Eu gostaria que você me lesse alguns poemas de Kipling. Venha comigo – disse ele, levantando-se e me conduzindo até uma prateleira de livros. – Nesta prateleira... você está vendo os livros de Kipling? Agora, à esquerda, estão os *Poemas Reunidos*. É um livro grande.

Ele agitava as mãos enquanto eu procurava o volume com os poemas de Kipling. Encontrei o livro e o levei até o sofá.

– Leia para mim "The Harp Song of the Dane Women" (Concerto de harpas das mulheres dinamarquesas) – disse ele.

Fiz o que ele pediu.

> *Por que abandonas tua mulher,*
> *Tua lareira e tuas terras,*
> *Para seguir a velha e cinzenta fazedora de viúvas?**

– "A velha e cinzenta fazedora de viúvas" – repetiu ele. – Isso é muito bom. Não é possível dizer coisas assim em espanhol. Mas estou interrompendo, prossiga...

Comecei novamente, mas, na terceira estrofe, ele me fez parar.

– "... ervas com milhares de dedos para abraçar você..." – que lindo!

Continuei a ler aquela censura aos viajantes – uma leitura que me fazia sentir saudades de casa. A cada momento, Borges exaltava a perfeição de alguma frase: ficava admirado com aquelas composições inglesas; frases como aquelas eram impossíveis em espanhol. Um simples verso poético, como *world-weary flesh,* em espanhol ficaria algo como "carne exaurida pelo mundo". A ambiguidade e a delicadeza se perdiam em espanhol, e Borges se enfurecia por não poder compor versos como Kipling. Ele disse:

– Agora meu segundo poema favorito: "The Ballad of East and West" (A balada do Oriente e do Ocidente).

A balada provocou ainda mais interrupções do que "The Harp Song". Embora nunca tivesse sido uma das minhas obras de Kipling favoritas, Borges chamou minha atenção para alguns versos bons. E continuou a dizer: "É impossível dizer isso em espanhol."

---

* *What is a woman that you forsake her, / And the hearth-fire and the home-acre, / To go with the old gray Widow-maker?*

— Leia mais um – pediu ele.

— Que tal "The Way Through the Woods" (O caminho através da floresta)? – sugeri. Li o poema e fiquei emocionado.

— É como Hardy. Hardy era um grande poeta, mas não consigo ler seus romances. Ele deveria ter ficado só com a poesia.

— Ele fez isso, no final. Desistiu de escrever romances.

— Ele nem deveria ter começado – respondeu Borges. – Quer ver uma coisa interessante?

Levou-me de volta às prateleiras de livros e me mostrou sua *Encyclopaedia Britannica*. Era a rara 11ª edição – não apenas um livro de fatos, mas uma obra literária. Disse-me para olhar o verbete "Índia" e examinar a assinatura nas páginas ilustradas. Era de Lockwood Kipling.

— O pai de Rudyard Kipling, está vendo?

Fizemos uma incursão pelas prateleiras. Ele tinha especial orgulho de seu exemplar do *Dicionário*, de Johnson ("Me foi enviado da prisão de Sing-Sing, por alguém que permaneceu anônimo"), de seu *Moby Dick*, de seu *Mil e Uma Noites*, traduzido por sir Richard Burton. Tateou as prateleiras e retirou mais livros; levou-me até seu estúdio e me mostrou sua coleção das obras de Thomas De Quincey. Mostrou-me também seu *Beowulf*. Tocando o livro, começou a recitar trechos de suas sagas islandesas.

— Esta é a melhor coleção de livros anglo-saxões de Buenos Aires – disse ele.

— Senão de toda a América do Sul.

— Sim, creio que sim.

Voltamos à biblioteca da saleta. Ele havia se esquecido de me mostrar sua edição de Poe. Eu disse que lera recentemente *A Narrativa de Arthur Gordon Pym*.

— Na noite passada, eu estava falando com Bioy Casares a respeito de *Pym* – comentou Borges. Bioy Casares fora seu colaborador em uma sequência de histórias. – O final desse livro é muito estranho... a escuridão e a luz.

— E o navio com os corpos.

— Sim – disse Borges, um tanto inseguro. – Faz tanto tempo que li o livro, foi antes de eu perder a visão. É o melhor romance de Poe.

— Terei muito prazer em ler o livro para você.

— Venha amanhã à noite – disse Borges. – Às sete e meia. Você pode ler para mim alguns capítulos do *Pym*, e depois jantamos.

Peguei meu paletó na cadeira, cuja manga o gato branco estivera mastigando. Ainda estava molhada. Agora, o gato estava dormindo. Dormia de costas, como se quisesse que lhe coçassem a barriga. Seus olhos estavam bem fechados.

Era Sexta-Feira Santa. Em toda a América Latina, procissões sombrias carregavam imagens de Cristo e arrastavam cruzes por montanhas vulcânicas. Vestidas de preto, as pessoas simulavam as estações da Via-Sacra, flagelando-se, andando de joelhos e segurando caveiras. Em Buenos Aires, no entanto, havia poucas manifestações penitenciais. A devoção naquela cidade secular assumia a forma de filmes. *Júlia*, que recebera alguns Oscars, estreara na Sexta-Feira da Paixão, mas o cinema estava vazio. Do outro lado da rua, o Electric exibia *Os Dez Mandamentos* – o épico bíblico dos anos 1950. A fila na bilheteria chegava a dois quarteirões. E mais de quinhentas pessoas aguardavam sob a chuva, devotamente, sua vez de assistir a *Jesus de Nazaré*, de Zeffirelli.

Eu passara o dia transcrevendo as anotações que fizera na noite anterior. A cegueira de Borges me permitira escrever sem constrangimentos enquanto ele falava. Mais uma vez, tomei o metrô para ir ao encontro marcado.

Dessa vez, as luzes do apartamento estavam acesas. Um suave roçar de sapatos anunciou a presença de Borges. Ele, tão bem agasalhado, naquela noite úmida e quente, quanto estivera na noite anterior.

— Hora de Poe – comentou ele. – Por favor, sente-se.

O volume de Poe estava em uma cadeira próxima. Peguei-o e encontrei *Pym*, mas antes que pudesse começar, Borges disse:

— Estive pensando em *Os Sete Pilares da Sabedoria*. Todas as páginas são muito boas, mas apesar disso é um livro chato. Eu gostaria de saber por quê.

— Ele queria escrever um grande livro. George Bernard Shaw lhe disse para usar muitos ponto e vírgulas. Lawrence decidiu esgotar o assunto, acreditando que se fosse monumentalmente tedioso, escreveria uma grande obra. Mas o livro é chato, não há humor nele. Como pode um livro sobre os árabes não ser divertido?

— *Huckleberry Finn* é um grande livro — observou Borges. — E divertido. Mas o final não é bom. Tom Sawyer aparece e a história fica ruim. E há o Negro Jim — começou a vasculhar o ar com as mãos. — Sim, tivemos um mercado de escravos aqui, em Retiro. Minha família não era muito rica. Só tínhamos cinco ou seis escravos. Mas algumas famílias tinham trinta ou quarenta.

Eu havia lido que outrora os negros constituíam um quarto da população. Não havia negros na Argentina agora. Perguntei o motivo a Borges.

— É um mistério. Mas eu me lembro de ver muitos deles. — Borges parecia tão jovem que era fácil esquecer que ele era tão velho quanto o século. Eu não poderia afiançar sua fidedignidade, mas ele era a testemunha mais articulada que encontrei na viagem. — Havia cozinheiros, jardineiros, capatazes — disse ele. — Não sei o que houve com eles.

— Dizem que morreram de tuberculose.

— Por que não morreram de tuberculose em Montevidéu? É ali do outro lado, não? Existe outra história, igualmente boba, que diz que eles lutaram contra os índios, e que os índios e os negros se mataram uns aos outros. Isso teria acontecido por volta de 1850, mas não é verdade. Em 1914, ainda havia muitos negros em Buenos Aires, era comum encontrar negros. Ou talvez eu deva dizer 1910, para estar mais certo. — Ele riu de repente. — Eles não eram muito trabalhadores. Ter sangue índio é considerado uma coisa maravilhosa, mas sangue negro não é uma coisa muito boa, não? Há algumas famílias proeminentes em Buenos Aires que têm sangue negro. Um pé na cozinha, não? Meu tio costumava me dizer: "Jorge, você é tão preguiçoso quanto um negro depois do almoço." É porque eles não trabalhavam muito à tarde. Eu não sei por que existem tão poucos aqui, mas no Uruguai e no Brasil... No Brasil você pode encontrar um branco de vez em quando, não é? Se tiver sorte, não? Ha!

Borges ria de um jeito divertido. Seu rosto se iluminou.

— Eles pensavam que eram nativos! Eu ouvi uma mulher negra dizendo para uma argentina branca: "Bem, pelo menos nós não chegamos aqui de barco!" Ela achava que os espanhóis é que eram imigrantes. "Pelo menos, nós não chegamos aqui de barco!"

– Quando você ouviu isso?

– Muitos anos atrás – disse Borges. – Mas os negros eram bons soldados. Eles lutaram na Guerra da Independência.

– Também fizeram isso nos Estados Unidos – disse eu. – Mas muitos deles estavam do lado britânico. Os britânicos lhes prometeram liberdade se servissem na infantaria britânica. Um dos regimentos sulistas era só de negros; eram chamados de "Os Etíopes de Lord Dunmore". Acabaram no Canadá.

– Nossos negros venceram a Batalha de Cerrito. Eles lutaram na guerra contra o Brasil. Eram bons soldados de infantaria. Os gaúchos lutavam a cavalo. Os negros não montavam. Havia um regimento, o Sexto. Não era chamado de regimento de mulatos e negros, mas, em espanhol, de "Regimento de Marrons e Escuros". Para que não ficassem ofendidos. Em "Martín Fierro", eles são chamados de "homens de cor humilde"... Bem, chega. Vamos ler *Arthur Gordon Pym*.

– Que capítulo? Que tal aquele em que o navio se aproxima, cheio de cadáveres e pássaros?

– Não, eu quero o último capítulo. Sobre a escuridão e a luz.

Eu li o capítulo, quando a canoa deriva até a Antártida, a água vai se aquecendo até ficar muito quente... a queda das cinzas brancas... o vapor... o surgimento do gigante branco. Borges interrompia às vezes, dizendo em espanhol: "Isto é encantador"; "Isto é adorável"; e "Que lindo!"

Quando terminei, ele disse:

– Leia o penúltimo capítulo.

Li o capítulo 24: Pym escapa da ilha, perseguido pelos selvagens enlouquecidos... a vívida descrição de uma vertigem. A longa e aterradora passagem deliciou Borges, que aplaudiu no final. Sugeriu:

– Que tal um pouco de Kipling? Vamos tentar decifrar "Mrs. Bathurst" e ver se é um bom conto?

– Devo lhe dizer que realmente não gosto de "Mrs. Bathurst".

– Ótimo. É porque deve ser ruim. Então vamos ler *Plain Tales from the Hills* (Histórias simples das montanhas). Leia "Beyond the Pale" (Além da paliçada).

Li "Beyond the Pale". Quando cheguei à parte em que Bisesa canta uma canção de amor para Trejago, seu amante inglês, Borges interrompeu, recitando:

*Sozinha sobre o telhado, para o Norte
me volto e olho o relâmpago no céu,
O glamour de tuas pegadas no Norte,
Volte para mim, Meu Amado, ou morrerei!**

— Meu pai costumava recitar este — recordou-se Borges. Quando terminei o conto, ele disse: — Agora, escolha você.

Li para ele o conto do fumador de ópio: "The Gate of the Hundred Sorrows" (O portão das cem mágoas).

— Como é triste, esse — comentou Borges. — É terrível. O homem não pode fazer nada. Mas repare como Kipling repete as mesmas linhas. Não existe enredo, mas é adorável. — Ele tocou o paletó. — Que horas são? — Tirou o relógio do bolso e tocou nos ponteiros. — Nove e meia, vamos comer.

Enquanto eu recolocava o livro de Kipling no lugar — Borges insistira para que os livros fossem devolvidos ao lugar exato — perguntei:

— Você costuma reler seus trabalhos?

— Nunca. Não estou feliz com meus trabalhos. Os críticos exageram sua importância. Eu prefiro ler — ele estendeu os braços para as prateleiras de livros e fez um movimento de recolher com as mãos — escritores *de verdade*. Ha! — Virou-se para mim e disse: — Você relê meus trabalhos?

— Sim. "Pierre Menard"...

— Esse foi o primeiro conto que escrevi. Eu tinha 36 ou 37 anos na época. Meu pai dizia: "Leia bastante, escreva bastante e não tenha pressa de imprimir", eram suas palavras exatas. O melhor conto que escrevi foi "A Intrusa". "Sul" também é bom. Só umas poucas páginas. Sou preguiçoso; poucas páginas e estou acabado. Mas "Pierre Menard" é uma brincadeira, não um conto.

---

* *Alone upon the housetops, to the North / I turn and watch the lightning in the sky, / The glamour of thy footsteps in the North, / Come back to me, Beloved, or I die!*

— Eu costumava pedir aos meus alunos chineses que lessem "A Muralha e os Livros".

— Alunos chineses? Acho que eles devem ter encontrado muitas incorreções. É uma obra sem importância, nem vale a pena ler. Vamos comer.

Pegou uma bengala que estava no sofá da saleta e saímos. Descemos pelo estreito elevador e passamos pelos portões de ferro forjado. O restaurante era dobrando a esquina. Eu não conseguia vê-lo, mas Borges conhecia o caminho. Assim, fui guiado pelo homem cego. Andar pelas ruas de Buenos Aires em companhia de Borges era como ser guiado em Alexandria por Cavafy, ou em Lahore por Kipling. A cidade pertencia a ele, ele ajudara a inventá-la.

O restaurante estava cheio naquela Sexta-Feira Santa, e extremamente barulhento. Mas assim que Borges entrou, batendo com a bengala, tenteando o caminho por entre as mesas que obviamente conhecia bem, um silêncio caiu sobre o restaurante. Borges fora reconhecido e, quando entrou, todos pararam de falar e de comer. Era um silêncio reverente e ao mesmo tempo curioso; foi mantido até Borges sentar e fazer nossos pedidos ao garçom.

Jantamos palmitos, peixe e uvas. Eu bebi vinho, Borges preferiu água. Ele inclinava a cabeça para comer, tentando espetar pedaços de palmito com o garfo. Em seguida, tentou a sorte com uma colher. Desesperado, usou os dedos.

— Você sabe qual é o grande erro que as pessoas cometem quando tentam filmar *O Médico e o Monstro*? – ele perguntou. – Eles usam o mesmo ator para ambos os personagens. Deveriam usar dois atores diferentes. Essa era a intenção de Stevenson. Jekyll era dois homens. E você não descobre, até o final, que era o mesmo homem. É preciso aquela revelação. Outra coisa. Por que os diretores sempre tornam Hyde um mulherengo? Na verdade, ele era muito cruel.

— Hyde pisoteia uma criança e Stevenson descreve o som dos ossos quebrando – lembrei.

— Sim, Stevenson odiava a crueldade, mas não tinha nada contra a paixão física.

— Você lê autores modernos?

— Nunca parei de lê-los. Anthony Burgess é bom. E um homem muito generoso, aliás. Nossos sobrenomes são os mesmos: Borges, Burgess. É a mesma coisa.

— Mais algum?

— Robert Browning – disse Borges, e me perguntei se ele estava brincando comigo.* – Veja bem, ele deveria ter sido contista. Seria maior do que Henry James e as pessoas ainda leriam suas obras. – Começou a comer as uvas. – A comida é boa em Buenos Aires, você não acha?

— Sob muitos aspectos, Buenos Aires parece ser um lugar bastante civilizado.

Ele levantou o rosto.

— Pode ser, mas bombas explodem todos os dias.

— Isso não aparece nos jornais.

— Eles têm medo de publicar as notícias.

— Como você sabe que as bombas explodem?

— Fácil. Eu escuto – respondeu ele.

De fato, três dias depois houve um incêndio que destruiu grande parte do novo estúdio de televisão colorida, que fora montado para as transmissões da Copa do Mundo. O incidente foi atribuído a "uma falha elétrica". Cinco dias mais tarde, dois trens foram explodidos em Lomas de Zamora e Bernal. Mais uma semana, e um ministro do governo foi assassinado. Seu corpo foi encontrado em uma rua de Buenos Aires; pregado nele havia um bilhete dizendo: "Lembrança dos Montoneros".

— Mas o governo não é tão ruim – disse Borges. – Videla é um militar bem-intencionado. – Sorriu e disse lentamente: – Ele não é muito brilhante, mas pelo menos é um gentleman.

— E quanto a Perón?

— Perón era um canalha. Minha mãe esteve presa durante o governo de Perón. Minha irmã esteve presa. Meu primo. Perón era um líder ruim e também, desconfio eu, um covarde. Ele saqueou o país. Sua mulher era uma prostituta.

— Evita?

---

* Robert Browning – poeta e dramaturgo inglês, morreu em 1889. (N. do T.)

— Uma prostituta comum.

Tomamos café. Borges chamou o garçom e disse em espanhol:

— Me ajude a ir até o toalete. — E para mim: — Eu tenho que sacudir a mão do bispo. Ha!

Andando de volta pelas ruas, ele parou em frente a um hotel e deu duas pancadas com a bengala nos postes do toldo da entrada. Talvez não fosse tão cego quanto parecia; talvez fosse um ponto do trajeto muito familiar. Não se mostrou constrangido. Disse:

— É para dar sorte.

Quando entramos na rua Maipú, ele comentou:

— Meu pai costumava dizer: "Que porcaria de história é a história de Jesus. Que aquele homem morreu pelos pecados do mundo. Quem consegue acreditar nisso?" É bobagem, não é?

— Um pensamento bem oportuno para uma Sexta-Feira Santa.

— Eu não tinha pensado nisso! Ah, sim!

Riu tão alto que assustou dois passantes.

Enquanto procurava a chave da porta do prédio, perguntei-lhe sobre a Patagônia.

— Já estive lá – disse ele. — Não conheço muito bem a região, mas vou lhe dizer uma coisa: é um lugar muito lúgubre.

— Eu estava pensando em pegar o trem amanhã.

— Não vá amanhã. Venha me ver. Eu gosto da sua leitura.

— Acho que posso ir para a Patagônia na semana que vem.

— É lúgubre – disse Borges. Abriu a porta, andou até o elevador e abriu as portas de metal. — O portão das cem mágoas – disse ele, e entrou em casa rindo.

Na Patagônia

Eu pretendia chegar a Esquel no Sábado de Aleluia e acordar no Domingo de Páscoa a tempo de observar o nascer do sol. Mas a Páscoa já passara. Como não era uma data especial, dormi demais. Quando saí, o dia estava ensolarado e uma brisa soprava – as condições de tempo que ocorrem todos os dias do ano naquela parte da Patagônia.

Andei até a estação. A locomotiva que me trouxera a Esquel parecia abandonada no desvio, como se nunca mais fosse andar. Mas, com certeza, ainda iria durar uns cem anos. Passei por ela, passei pelas construções de um andar, pelos barracos de um só cômodo, e cheguei ao lugar onde a ferrovia se transformava em uma trilha poeirenta. Vi uma elevação rochosa e alguns carneiros; o resto era arbustos e mato. Olhando os arbustos com atenção, consegui avistar pequenas flores rosadas e amarelas. O vento as fazia balançar. Cheguei mais perto. Eram bonitas. Atrás de mim, só havia um grande deserto.

Era o paradoxo da Patagônia: uma terra atraente para miniaturistas ou para interessados em enormes espaços vazios. Não havia uma área de estudos entre os extremos. Era preciso escolher entre a vastidão do deserto ou a visão de uma flor minúscula. Era necessário escolher entre o mínimo e o máximo.

O paradoxo me divertia. Minha chegada não tinha importância. Era a viagem que contava. Eu seguira o conselho de Johnson.* No início de sua carreira, ele traduzira o livro de um viajante português na Abissínia. No prefácio, escreveu: "Ele diverte o leitor sem usar absurdos românticos ou ficções incríveis; tudo o que ele relata, verdadeiro ou não, é pelo menos provável. E quem não diz nada que ultrapasse os limites da probabilidade tem direito de exigir que nele acreditem os que não podem contradizê-lo."

Os carneiros me viram. Os mais jovens bateram com as patas. Quando olhei novamente, tinham desaparecido. Eu era uma formiga

---

* Samuel Johnson (1709-1784) – escritor e ensaísta inglês. (N. do T.)

em um formigueiro desconhecido. Impossível verificar o tamanho de alguma coisa naquele espaço. Não havia trilhas através dos arbustos, mas eu podia olhar sobre eles, sobre aquele oceano de espinhos, tão inofensivo a distância e tão cruel para quem se aproximasse. Era um deserto silencioso e inodoro.

Eu sabia que estava no fim do mundo, mas o mais surpreendente é que eu ainda estava no mundo, depois de todo aquele tempo, em um ponto na parte mais baixa do mapa. A paisagem era desolada, mas não podia negar que tinha traços reconhecíveis, e que eu existia dentro dela. Foi uma descoberta – o aspecto daquilo. Pensei: "O fim do mundo existe."

Lá embaixo, o vale patagônico se transformava em rocha cinzenta que, desgastada por inundações, exibia suas camadas geológicas. Mais adiante, havia uma sucessão de colinas, fendidas e entalhadas pelo vento, que agora cantava nos arbustos. Os arbustos se agitavam com a canção. A canção terminou. Os arbustos se empertigaram novamente. O céu estava azul-claro. Um floco de nuvem, branco como flor de marmelo, trouxe uma pequena sombra da cidade, ou do Polo Sul. Eu a vi se aproximar, ondulando sobre os arbustos. Passou sobre mim, refrescando-me um pouco, e seguiu para leste. Não se ouviam vozes. Só havia o que eu via. Embora mais além houvesse montanhas, geleiras, albatrozes e índios, não havia nada ali digno de nota, nada para me deter por mais tempo. Somente o paradoxo patagônio: a vastidão do espaço, as minúsculas flores dos arbustos. A própria ausência de tudo, que poderia ser um começo para algum intrépido viajante, era um final para mim. Eu alcançara a Patagônia, e ria quando me lembrava de que tinha chegado lá vindo de Boston, tomando o metrô em que as pessoas iam para o trabalho.

O Reino à Beira-Mar

Características Inglesas

Certa vez, por trás de uma porta fechada, ouvi uma mulher inglesa exclamar muito divertida:

— Esses ianques são *engraçados*!

Enquanto me afastava, ri ao pensar que justamente um nativo da Inglaterra estivesse dizendo isso. E pensei: "Eles colocam papel de parede no teto! Eles colocam agasalhos de tricô nos ovos quentes para mantê-los aquecidos! Eles não usam sacolas nos supermercados! Eles pedem desculpa quando a gente pisa nos pés deles! O governo deles faz com que paguem uma licença de cem dólares, todos os anos, para ver televisão! As carteiras de motorista deles são válidas por trinta ou quarenta anos – a minha vence em 2011! Eles cobram fósforos quando a gente compra cigarros! Eles fumam nos ônibus! Eles dirigem pela mão esquerda! Eles espionam para os russos! Eles dizem 'crioulo' e 'judeuzinho' sem nem piscar! Eles dão nomes às suas casas! Eles tomam banho de sol com as roupas de baixo! Eles não dizem 'de nada'! Eles ainda têm leite em garrafas, leiteiros e compradores de sucata em carroças puxadas a cavalo! Eles adoram balas, bebidas energéticas e fazem pratos com sobras de comida! Eles vivem em lugares com nomes como Barking, Dorking e Shellow Bowells! Eles têm nomes incríveis, como sr. Eatwell, Lady Inkpen, Major Twaddle e srta. Tosh! E acham que nós é que somos engraçados?"*

Quanto mais tempo vivi em Londres, mais me convenci de que a circunspecção inglesa era um mito e de que eles poderiam ser uns tremendos desmancha-prazeres. Você dizia a um inglês que estava pretendendo fazer uma viagem pela Grã-Bretanha e ele respondia: "Parece tão divertido quanto correr atrás de um camundongo em torno da privada." Eles eram tremendamente depreciativos e autocríticos: "Somos

---

* Traduções aproximadas dos nomes: Barking (latindo), Dorking (bobo), Shellow Bowells (tripas rasas), Eatwell (coma bem), Lady Inkpen (Caneta-Tinteiro), Major Twaddle (Major Tagarelice), srta. Tosh (srta. Besteira). (N. do T.)

horríveis", diziam. "Não há esperança para este país. Nunca estamos preparados para nada. Nada funciona direito." Mas esta autocrítica era também uma tática para permanecer de braços cruzados. Era rendição.

E quando um inglês dizia "nós", não se referia a si mesmo – referia-se às classes acima e abaixo dele, às pessoas que, na opinião dele, deveriam tomar as decisões e às que deveriam segui-las. "Nós" queria dizer todas as outras pessoas.

"Não posso reclamar" era a mais inglesa das expressões. A paciência inglesa era um misto de inércia e desespero. "De que adianta? Os americanos só sabem reclamar! Também são muito convencidos." "Eu faço isso muito bem" não era uma expressão inglesa. "Eu faço isso razoavelmente" não era uma expressão americana. Os americanos são exibicionistas – é parte de nossa ingenuidade – e muitas vezes quebramos a cara. Os ingleses quase nunca se exibiam; assim quase nunca faziam papel de bobos. Os ingleses gostavam particularmente de zombar das qualidades dos outros povos, que admitiam não possuir. E às vezes nos achavam enlouquecedores. Nos Estados Unidos, você é admirado por progredir, abrindo caminho, subindo, empurrando quem estiver na frente. Na Inglaterra, esse comportamento era detestado, era o modo como os "carcamanos" agiam, era "perda de tempo", era a desordem. Ganhar dinheiro rapidamente era uma forma de furar fila, e progredir, uma falta de educação; um "furão" era uma pessoa que saíra de sua classe social. Não que tais coisas fossem imperdoáveis – elas simplesmente nunca eram esquecidas. Os ingleses têm memória boa e implacável.

A Andarilha

Tão logo saí de Deal, vi uma nuvem baixa e achatada pairando sobre o Canal, como um nevoeiro teimoso. Quanto mais me aproximava de Dover, mais nítida ficava. No início era cinzenta, depois se tornou azulada. Em um momento parecia um grande encouraçado, no momento seguinte, uma flotilha, e, finalmente, uma ilha ao largo da costa. Continuei a andar e avistei uma série de promontórios. Era a França, que lembrava Brewster, do lado oposto da baía de Cape Cod.

À minha frente na mesma trilha, descendo uma colina a cerca de 400 metros, vinha alguém em minha direção; eu não sabia dizer se era homem ou mulher. Alguns minutos mais tarde, percebi a echarpe e a saia. Caminhamos mais alguns minutos na direção um do outro, sob o imenso céu azul. Éramos as únicas pessoas visíveis na paisagem – não havia ninguém atrás de nenhum de nós. Ela era uma grande andarilha – braços balançando, sapatos baixos, nenhum cão, nenhum mapa. E o cenário era adorável: o céu azul acima, o sol a sudeste, e um aguaceiro caindo a oeste. Observei aquela mulher, bastante velha, com sua echarpe e seu casaco pesado, um ramo de flores na mão. Olhei-a se aproximar e pensei: "Não vou dizer olá a não ser que ela fale."

Ela não me olhou. Aproximou-se sem prestar atenção em mim. Não havia outro ser humano à vista na costa, apenas um barco de pesca ao largo, que lembrava um escuro ferro de passar. Hetta Poumphrey – imaginei ser este o nome dela – continuava a marchar, levantando a bainha do casaco com os joelhos. Então passou por mim, com o rosto ainda sem expressão.

– Bom dia! – disse eu.

– Oh – ela virou o rosto na minha direção. – Bom dia!

Ela me deu um grande sorriso, pois eu falara primeiro. Se não tivesse feito isso, passaríamos um pelo outro sem uma palavra, Hetta e eu, no alto daquela colina, em meio a um prado – sem ninguém por perto –, a apenas um metro de distância, no vibrante silêncio que naquelas terras era confundido com segurança.

Notícias das Falklands

O HOTEL NÃO ESTAVA CHEIO. UMA DÚZIA DE HOMENS, TODOS DE MEIA--idade, cordiais e tagarelas, que faziam comentários e riam em seguida, alto demais. Estavam percorrendo a costa, carregando maletas com amostras, e os negócios andavam péssimos. Bastava mencionar o nome de alguma cidade, qualquer cidade – Dover, por exemplo –, e eles sempre diziam: "Dover está terrível." Faziam brincadeiras rudes, à maneira dos caixeiros-viajantes, e tratavam as garçonetes com descuidada aspereza – o que as deixava nervosas –, intimidando as pobres garotas por não terem tido sorte com suas próprias esposas e filhas.

O sr. Figham, vendedor de peças e acessórios para automóveis, vindo de Maidstone, disse que toda a área de Kent, sua "paróquia" – seu território –, estava terrível. Ele era careca, um tanto presunçoso, e tinha a agitação nervosa dos caixeiros-viajantes. Pediu a sobremesa e, quando a bela garçonete parou com o carrinho de doces perto de sua mesa, disse:

– Esse bolo de chocolate mexe comigo. – E, quando a moça lhe serviu o bolo: – E é a única coisa que faz isso na minha idade.

O sr. Figham não tinha muito mais de 50 anos. Os três outros homens à sua mesa, mais ou menos da mesma idade, riram numa concordância triste, reconhecendo de forma um tanto pervertida que seus pintos não funcionavam adequadamente. Escutar conversas de ingleses de meia-idade significava, muitas vezes, ouvir comentários sobre sua falta de potência sexual.

Sentei-me mais tarde com os caixeiros-viajantes para assistir às notícias sobre a Guerra das Falklands. Havia um clima de expectativa. "Eu estava escutando o rádio do carro quando vinha pela M20... Um dos meus colegas disse... Um cara da loja de Ashford ouviu que..." Mas ninguém dizia nada claramente – ninguém ousava. "Alguma coisa sobre baixas britânicas..."

Era o afundamento do *Sheffield*. A notícia foi dada na televisão. A sala ficou em silêncio: as primeiras baixas britânicas, um navio novo em folha. Muitos homens morreram e o navio ainda estava em chamas.

Enquanto a Guerra das Falklands tinha transcorrido sem baixas britânicas, fora uma campanha magistral, com manobras inteligentes, uma aventura. Isto era admirado: uma resposta pronta, sem sangue, sem mortes. Mas aquilo era terrível, comprometedor, tinha de ser respondido. Aquilo envolvia a Grã-Bretanha em uma luta que ninguém, na verdade, parecia desejar. Um dos caixeiros-viajantes disse:

– Isso vai tirar nosso gás.

Havia um chinês na sala. Quando falou, todos o olharam com atenção, como se esperassem que fosse dizer alguma coisa em chinês. Mas ele falou em inglês:

– Foi um sério golpe para nós.

Todos murmuraram: "sim, foi um sério golpe para nós", e "e agora"? Eu não abri minha boca, pois já estava me sentindo como um agente inimigo. Concordava com o que o escritor Jorge Luis Borges dissera sobre a Guerra das Falklands: "É como dois carecas lutando por um pente."

John Bratby

Um homem em Hastings me disse:

— Por que vim morar aqui? Esta é fácil. Porque é um dos três lugares da Inglaterra que tem o menor custo de vida.

Ele mencionou os outros dois, mas em meu entusiasmo para saber mais sobre Hastings, acabei me esquecendo de anotá-los. O homem era o pintor John Bratby. Ele fizera as pinturas para o filme *O Maluco Genial*, e sua própria vida era um tanto parecida com a de Gulley Jimson, o pintor que protagoniza o romance de Joyce Cary, no qual o filme se baseia.

— O sr. Bratby estava falando em uma sala cheia de pinturas, algumas delas ainda úmidas. Ele disse:

Eu jamais poderia comprar uma casa deste tamanho em Londres, ou em qualquer outro lugar. Eu viveria em um apartamento apertado se não morasse em Hastings.

Sua casa era chamada de "Cúpula", ou "Torre dos Ventos", e justificava as alcunhas. Era alta e desmantelada, e rangia quando o vento soprava. Havia pilhas de pinturas encostadas em todas as paredes. O sr. Bratby era corpulento e tinha a expressão atenta de um homem de memória ruim. Explicou que pintava rapidamente. Às vezes se referia a seu passado turbulento – tão turbulento que quase o matara. Ele era um dos pintores da escola chamada de "pia de cozinha", e tinha tendência a pintar interiores. Agora vivia de forma pacata. Acreditava que a sociedade ocidental estava condenada, mas disse isso enquanto olhava para os telhados e para o mar de Hastings por uma das janelas do alto de sua Cúpula, uma visão agradável.

— Estamos passando de uma sociedade baseada no conceito de individualismo e liberdade – ponderou o sr. Bratby – para uma sociedade na qual o indivíduo não existe, está perdido em um Estado coletivista.

Eu disse que não achava que o Estado seria tão coletivista; seria mais uma selva onde a maioria das pessoas viveria de modo precário, e os ricos viveriam como príncipes – muito melhor do que os ricos jamais viveram. Mas suas vidas estariam constantemente ameaçadas pelos pobres famintos e predadores. As tecnologias serviriam aos ricos, e eles precisariam delas para sua própria proteção e para assegurar sua contínua prosperidade. Os pobres viveriam como cães. Seriam perigosos e deploráveis, e os ricos provavelmente os caçariam por esporte.

Minha antevisão não impressionou o sr. Bratby, que estava pintando meu retrato.

— Não há nenhuma consideração comercial envolvida nisso — disse ele sobre a pintura. — Isso é para ser visto na posteridade, quando nossa sociedade tiver mudado completamente. — Ele não descartou minha descrição do futuro. Coçou a cabeça e continuou a demonstrar seu temor de um estado policial, em que todos usariam largas calças azuis e se chamariam de "camarada", o pesadelo de Orwell, que era mais um alerta que um vaticínio razoável. De qualquer forma, estávamos quase em 1984, e lá estava J. Bratby vivendo em uma deliciosa casa arruinada, pintando à vontade em Hastings, o paraíso dos preços baixos da costa sul!

Fiquei com a impressão de que seu medo do futuro era, na verdade, ódio pelo presente. Afora isso, era um homem alegre e cheio de projetos ("Adivinhe o que é aquilo — a tela comprida. São todos os peregrinos de Cantuária. Chaucer, como você vê."). Ele disse que nunca viajara, mas que sua esposa adorava viajar — e sempre quisera visitar Nova Orleans, por alguma razão. A esposa, Pam, apareceu. Usava calças de couro vermelho. Era muito atenciosa e me preparou um sanduíche de bacon. Bratby me contou que a conhecera através de uma coluna de anúncios sentimentais, dessas que dizem: SENHOR SOLITÁRIO, 54 ANOS, ROBUSTO MAS NÃO GORDO, PINTOR PROFISSIONAL, COSTA SUL, DESEJA CONHECER... Foi assim que se encontraram, simpatizaram um com o outro e se casaram.

"Chalés"

Como muitos outros lugares da costa inglesa, Hove tinha muitos chalés. O nome era enganador, pois eram, na verdade, cabanas. Havia centenas delas, lado a lado ao longo da praia. Imaginei que deviam ter evoluído a partir de "máquinas de banhos".* Os ingleses eram muito puritanos no tocante à nudez (e banhos de mar, para os vitorianos, não eram considerados uma recreação ou um esporte; eram uma espécie de imersão curativa, um cruzamento entre enema e pia batismal). As máquinas de banhos deveriam ter evoluído para vestiários à beira-mar. Depois se tornaram casas em miniatura – "chalés".

Os chalés de Hove eram do tamanho de barracões de jardim ingleses. Examinei-os, esperando encontrar cortadores de grama enferrujados, ancinhos e baldes. Vi algumas bicicletas. Na maior parte das vezes, porém, aquelas cabanas de um aposento eram mobiliadas como casas de bonecas ou bangalôs de brinquedo. Por elas, era possível perceber o que os ingleses consideravam essencial para um dia na praia. Eram pintadas, tinham gravuras emolduradas (gatos, cavalos, barcos a vela) nas paredes e flores de plástico em potes de geleia. Todas tinham cadeiras dobráveis em seu interior e uma prateleira nos fundos, sobre a qual havia um fogareiro elétrico, uma chaleira amassada e algumas xícaras de porcelana. Os chalés estavam equipados para o preparo de chá e para sonecas – muitos tinham camas de armar, almofadas plásticas e cobertores; alguns tinham equipamento de pesca; e uns poucos tinham brinquedos. Não era incomum a presença de um bolo de frutas comido pela metade, um guarda-sol e um romance de Agatha Christie. Em muitos deles, via-se uma pessoa de idade, parecendo aturdida.

Todos os chalés tinham números; alguns, números altos, o que comprovava sua grande quantidade. Mas os números não serviam para

---

* Máquinas de banhos – cabines com rodas usadas nas praias inglesas durante o século XIX. Serviam para que as pessoas não fossem vistas em trajes de banho. As pessoas, principalmente mulheres, entravam nelas e trocavam de roupa. As cabines eram então puxadas até a beira da água e uma espécie de barraca, fincada em frente à porta, permitia que as pessoas pudessem tomar banho de mar sem serem vistas. (N. do T.)

distingui-los, já que todos tinham nomes: Paisagem Marinha, As Ondas, Horas de Sol, Refúgio. Eram estampados em letreiros ou diretamente nas portas. Tinham portas duplas; alguns lembravam mais cavalariças que chalés. Tinham cortinas e painéis dobráveis para quebrar o vento. Muitos tinham rádios transistores ligados, mas as pessoas dos chalés eram antiquadas – herdeiras, realmente, da mentalidade das máquinas de banho – e chamavam os rádios de "radiolas" e até de "vitrolas".

Os chalés eram alugados por ano, ou arrendados por muitos anos, quando não eram utilizados por seus próprios donos – assim como acontecia com as máquinas de banhos. Estavam bem montados. Pequenas fotos emolduradas de crianças pendiam de suas paredes. Quando chovia, seus ocupantes sentavam-se no interior, lendo, tricotando, cochilando, sempre apertados. Quando o tempo melhorava, faziam essas mesmas coisas do lado de fora, a alguns centímetros da porta. Nunca vi uma lata de cerveja ou uma garrafa de uísque em um daqueles chalés. As pessoas que estavam lá haviam sobrevivido a uma guerra. Não tinham dinheiro, mas o tempo sobrava. Liam jornais. Naquele dia, parecia que todos estavam se preparando para um exame sobre a campanha das Falklands. A guerra estava se tornando muito popular.

Os chalés eram bem próximos uns dos outros, mas, paradoxalmente, eram bastante privados. Na Inglaterra, a proximidade cria barreiras invisíveis. Cada chalé parecia não ter vizinhos, ninguém reparava no que acontecia ao lado. Paisagem Marinha tomava chá, enquanto Ondas refletia sobre as notícias do *Daily Express*; Horas de Sol tirava uma soneca, enquanto o casal do Refúgio examinava a correspondência. As conversas eram em sussurros. Os chalés não formavam uma comunidade. Cada chalé era isolado, não havia interação social com a vizinhança. Cada um tinha sua própria atmosfera de tranquilidade inglesa. Uma lei local determinava que ninguém poderia passar a noite em um chalé. Os chalés eram refúgios diurnos; eram usados com a enorme preocupação de privacidade exclusiva que os ingleses infundem a tudo o que possuem – sem criar nenhum distúrbio, sem invadir a área dos outros chalés, sem compartilhar nada. Qualquer pessoa que quisesse saber como vivem os ingleses poderia ter uma boa ideia caminhando por quilômetros à frente daqueles chalés, pois, enquanto a habitação média inglesa está vedada a estranhos – e a amigos também: nada pessoal, simplesmente é assim –, os chalés eram completamente abertos ao olhar de um estranho, como as casas de bonecas com as quais se pareciam, que não têm uma parede. Era fácil olhar para seu interior. E era por isso que ninguém jamais o fazia.

Bognor

Fiquei em Bognor por mais tempo do que pretendia. Comecei a gostar da srta. Pottage, em Camelot. A praia era ótima; e havia um velho que vendia moluscos, imensos e horríveis, que retirava de uma caixa de madeira. Dizia que ele mesmo os capturava. Fazia sol, mas as lojas estavam fechadas e a calçada à beira-mar estava deserta. A estação ainda não começara, explicavam os habitantes.

Comecei a pensar que Bognor era vítima de uma falsa impressão. A tradição oral das viagens, na Grã-Bretanha, era um compartilhamento de opiniões recebidas. O país era pequeno o bastante, e discutido o bastante, para ser conhecido através de opiniões. Dickens era conhecido assim. Era uma característica inglesa conhecer Dickens e os personagens de Dickens sem nunca ter lido seus livros. Os lugares também eram conhecidos assim. Era por isso que Brighton tinha uma boa reputação, enquanto Margate era evitada. Dover, diziam as pessoas, os penhascos brancos de Dover. Eastbourne é adorável. E os Sink Ports* também eram adoráveis. Era como se fosse a obra de Dickens, com o mesmo tipo de distorções, os mesmos preconceitos. E havia ideias errôneas a respeito de muitos lugares.

— Eu não sei tanto quanto deveria a respeito de Dungeness – disse-me um homem que não sabia nada sobre o promontório. Fui embora rindo.

Broadstairs era uma cidade séria, mas Bognor era uma piada. Alguém comentou comigo: "É como disse Eduardo VII" – foi George V – "em suas últimas palavras antes de morrer: 'Maldita Bognor!' Eu digo a mesma coisa". Bognor tinha um nome infeliz.** Qualquer lugar na Inglaterra cujo nome começasse por *bog* ou *bottom*** estava malfadado.

---

* Mais conhecidos como Cinque Ports, nome normando de um conjunto de cinco cidades, na região costeira da Inglaterra mais próxima à França: Hastings, New Romney, Hythe, Dover e Sandwich. (N. do T.)
** *Bog* – termo que, na gíria britânica, significa "privada". (N. do T.)
*** *Bottom* – "traseiro". (N. do T.)

(A purificação de nomes geográficos ingleses era um processo em andamento desde o século XVIII. Apenas em Northamptonshire, Buttocks Booth se tornou Boothville, Pisford se tornou Pitsford, e Shitlanger virou Shutlanger.) O nome Camber Sands* tinha uma cadência rítmica agradável, e a cidade que denominava era vista como idílica – mas não era; Bognor tinha ecos de toalete, e era vista como suja – mas não era. Todos os ingleses tinham suas opiniões a respeito de quais lugares litorâneos na Inglaterra eram agradáveis, e quais não eram – uma pura perda de tempo. Tratava-se apenas de tradição oral. Os ingleses raramente viajavam ao acaso. Organizavam muito bem suas férias e tinham opiniões firmes sobre lugares que nunca haviam visitado.

---

* Camber Sands – "Areias Curvas". (N. do T.)

Capitão Triste

Andei pela West Cliff e depois desci por um caminho em zigue-zague até a calçada à beira-mar. Não sabia muito bem para onde estava indo, mas era a direção certa – oeste. Eu rumava para oeste havia semanas. Passei pela Alum Chine, onde Stevenson escreveu "Dr. Jekyll" (Bournemouth era um lugar muito literário, com os fantasmas de Henry James, Paul Verlaine, Tess Durbeyfield, Mary Shelley e meia dúzia de outros escritores assombrando suas praias). Olhando a oeste e vendo o Velho Harry e a Mulher do Velho Harry – como eram chamados os dois rochedos do outro lado da baía –, decidi caminhar até Swanage, a cerca de 22 quilômetros seguindo pela costa.

Meu mapa mostrava uma estação de barcas em um lugar chamado Sandbanks, na entrada do Porto Poole. Não tinha certeza se estaria funcionando – a estação ainda não começara. Para não perder tempo, perguntei a um homem na calçada.

– Não sei de nenhuma barca – respondeu ele.

Era um velho de pele acinzentada, que parecia despreocupado. Seu nome era Desmond Bowles. Achei que deveria ser surdo, mas sua audição era muito boa. Ele estava usando um sobretudo negro.

– O que aqueles rapazes estão fazendo? – perguntou.

– Estão praticando windsurfe – expliquei.

– Eles só fazem cair – disse ele.

Um dos prazeres da costa era observar os windsurfistas oscilarem e caírem na água fria, tentarem subir na prancha e caírem novamente. Aquele esporte era uma luta inútil.

– Vim andando desde Pokesdown...

Eram mais de 11 quilômetros de distância.

– ... e estou com 86 anos – comentou o sr. Bowles.

– A que horas você saiu de Pokesdown?

– Não sei.

– Você vai voltar andando?

– Não – disse o sr. Bowles. Mas continuou caminhando. Caminhava ereto, sem prazer. Seus pés eram enormes. Ele calçava sapatos velhos e brilhantes e levava nas mãos o chapéu amarrotado. Balançava o chapéu para se equilibrar, e olhava para a frente, ofegando. – Você anda mais rápido do que eu... vá em frente, não me deixe atrasar você.

Mas eu queria conversar com ele: 86 anos e viera andando de Pokesdown! Perguntei-lhe o motivo.

– Eu era chefe de estação lá, entende? Pokesdown e Boscombe eram as minhas estações. Eu estava sentado na minha casa... tenho um bangalô lá em cima – ele apontou para o penhasco. – Então disse a mim mesmo: "Quero ver aquilo de novo." Tomei o trem para Pokesdown. Quando vi que o tempo ia ficar ensolarado, decidi caminhar de volta. Eu me aposentei da ferrovia há 25 anos. Meu pai trabalhava na ferrovia. Foi transferido de Londres para Portsmouth e, claro, fui com ele. Eu era só um menino. Isso foi em 1902.

– Onde você nasceu?

– Em Londres – respondeu ele.

– Onde em Londres?

O sr. Bowles parou de caminhar. Era um homem grande. Olhou para mim e disse:

– Não sei onde. Mas costumava saber.

– O que você acha de Bournemouth?

– Não gosto de cidades – explicou ele, recomeçando a caminhar. E acrescentou: – Eu gosto disso.

– Como assim?

Ele sacudiu o chapéu amarrotado na direção do mar.

– Gosto do mar aberto – disse.

Eu estava no início de minha viagem, mas já me sentia curioso a respeito dos ingleses que ficam dentro de seus carros parados, olhando para o mar, e dos idosos sentados nos deques ao longo de toda a costa sul, observando as ondas. E agora o sr. Bowles, o velho ferroviário, dizendo: "Eu gosto disso... do mar aberto." Por que seria? Havia uma resposta no livro *Massa e Poder*, de Elias Canetti, uma análise inusitada e brilhante – excêntrica, segundo alguns críticos – de seres humanos em termos de multidões. Há símbolos de multidão na natureza, diz Canetti. O fogo é um deles, a chuva é outro, e o mar é um símbolo notório. "O mar é múltiplo, move-se, é denso e coeso" – como uma multidão. "Sua multiplicidade está nas ondas" – as ondas são como os homens. O mar é forte, tem uma voz, é constante, nunca dorme, "pode confortar ou ameaçar, ou irromper em tempestades. Mas está sempre lá". O mistério está no que recobre: "Sua sublimidade é reforçada pela ideia de seu conteúdo, das inúmeras espécies de plantas e animais ocultas dentro dele." É universal e abrangente; "uma imagem da humanidade; toda a vida flui dentro dele e ele contém toda a vida".

Mais adiante no livro, quando está falando sobre países, Canetti descreve o símbolo das massas para os ingleses. É o mar: todos os triunfos e desastres da história inglesa estão atrelados ao mar; o mar, para um inglês, representa transformação e perigo. "A vida dele em sua casa é complementar à vida no mar: segurança e monotonia são suas características essenciais."

"O inglês vê a si mesmo como um capitão", diz Canetti: é assim que seu individualismo se relaciona com o mar.

Passei então a ver o sr. Bowles e todos aqueles ingleses idosos que contemplam os mares da costa sul como capitães melancólicos, cuja atenção se volta para as ondas. O mar murmurava para eles. O mar era um consolo. Continha toda a vida, é claro, mas era também o caminho para fora da Inglaterra – e o caminho para a sepultura, o mar lá fora, ao largo. O mar tinha a voz e o aconchego de uma multidão. Mas, para aquela nação peculiar, não representava apenas conforto e vigor. Era também uma meta. Aquelas pessoas estavam olhando na direção da morte.

O sr. Bowles ainda estava ao meu lado, caminhando com certa dificuldade. Perguntei-lhe se tinha lutado na Primeira Guerra Mundial.

– Na Primeira e na Segunda – respondeu ele. – Ambas as vezes na França. – Ele diminuiu o passo, enquanto se lembrava. Disse: – A Grande Guerra foi terrível... foi terrível mesmo. Mas eu não fui ferido. Estive nela durante quatro anos.

– Mas você deve ter tido uma licença – eu falei.

– Duas semanas – explicou ele. – No meio da guerra.

O sr. Bowles me deixou em Canford Cliffs, e fui andando até Sandbanks.

(1) *Bed & Breakfast*: Hospedaria Victory

— O senhor está sozinho? — perguntou a sra. Starling, na hospedaria Victory, olhando para minha mochila, meu casaco de couro, meus sapatos ensebados.

— Até agora, sim — respondi.

— Vou levar o senhor até seu quarto — disse ela, um pouco aturdida com a minha resposta.

Muitas vezes, ao seguir as senhorias mais jovens pelas escadas, até o minúsculo quarto no último andar das casas, eu sentia uma pontada de excitação. Entrávamos no quarto, ofegantes pelo esforço da subida, e permanecíamos ao lado da cama, um tanto perturbados, até que ela se lembrava de pedir as cinco libras adiantadas — mas até isso era uma coisa ambígua e erótica.

A maioria perguntava: "O senhor está sozinho?" ou "Um quarto de solteiro, então?". Eu jamais explicava o motivo. Dizia que trabalhava com editoras. Dizia que tinha uma semana de folga. Não dizia que não tinha escolha, a não ser viajar sozinho, pois estava fazendo anotações e parava em qualquer lugar para fazê-las. Eu só conseguia pensar com clareza quando estava sozinho. Então, minha imaginação começava a trabalhar, enquanto minha mente vagueava. Elas poderiam ter perguntado: como você pode aguentar sua própria companhia? Eu teria de responder: porque eu falo comigo mesmo — falar comigo mesmo sempre foi uma parte do meu método de escrever e, aliás, eu viera andando pelo quebra-mar de Dawlish, embaixo da chuva, murmurando: *"Wombwell... warmwell... nutwell... cathole..."*

(2) *Bed & Breakfast*: Os Puttock

Meia hora depois que cheguei a Newquay, eu estava sentado em uma sala, com um cachorro mordiscando meu sapato, tomando uma xícara de chá na companhia de Florence Puttock ("Eu já disse para você largar esse sapato!"), que me falava sobre a operação que fizera no joelho. Minha menção a caminhadas fizera a conversa derivar para pés; depois, para pernas, joelhos e a operação dela. A televisão estava ligada – era uma espécie de desrespeito, naqueles dias, não ligar o aparelho para obter notícias sobre as Falklands. E Queenie, a outra cadela pequinês, estava com um problema estomacal. E Bill, o primo da sra. Puttock, não telefonara o dia todo – ele costumava ligar depois do almoço. E Donald Puttock, que tinha 61 anos e a língua presa – e se aposentara precocemente por causa de suas costas –, e observava as setas que se moviam sobre um mapa das Falklands, na televisão, e escutava Florence falar sobre ligamentos, disse:

– Pafei toda a minha fida em Hornchurch.

De alguma forma, eu estava em casa.

Mas não em minha casa. Eu tinha me adaptado facilmente àquela aconchegante privacidade, e poderia ir embora quando quisesse. Eu escolhera estar lá. As alternativas em muitas cidades do litoral eram um hotel, uma pousada ou uma casa de hóspedes. Uma casa de hóspedes era, geralmente, um bangalô em uma rua a alguma distância da praia e dos hotéis. Era impossível entrar em uma casa dessas e não sentir que estava interrompendo alguma rotina doméstica – como, por exemplo, a costura de Florence e os absurdos chinelos de Donald. A casa cheirava a cozinha, desinfetante e, acima de tudo, a hóspedes.

Era como qualquer outro bangalô da rua, exceto por uma coisa. Aquele tinha um letreiro na janela que dizia: VAGAS. Eu tinha a impressão de que esta era a única despesa necessária para a abertura de um estabelecimento como aquele: a confecção de um letreiro escrito VAGAS. Depois, bastava arejar o quarto vago. Algum sujeito esquisito logo apareceria – mochila, casaco de couro, ensebados sapatos de caminhada

— para passar a noite ouvindo as conversas dos proprietários a respeito do alto custo de vida, ou da grandeza de Bing Crosby, ou de uma operação dolorosa. Os ingleses — o povo mais obsessivamente reservado a respeito de sua vida particular — admitem um estranho na privacidade de seus lares, e às vezes até desabafam as mágoas com ele, por apenas cinco libras. "Eu tenho um monte de coisas para resolver", dirá a sra. Spackle. "Os dentes do Bert precisam de tratamento, o aspirador de pó enguiçou e minha Enid acha que está grávida..." Mais tarde, quando todos estão na cama, a mulher que você conhece como sra. Garlick lhe servirá uma taça de xerez, dirá "me chame de Ida" e começará a lhe falar sobre seu incrível sinal de nascença.

Um bed & breakfast costuma ser vagamente amadorístico. A proprietária diz que só entrou no negócio porque gosta de cozinhar, um dinheirinho extra não seria nada mal ("dinheiro para os alfinetes"), ela gosta de companhia, seus filhos já estão todos crescidos e a casa ficou muito vazia. Os negócios do bed & breakfast são conduzidos pela mulher, mas de boa vontade, pois ela está na realidade sendo paga para fazer suas tarefas domésticas normais. Não são necessários arranjos especiais. Na melhor das hipóteses é como um casamento perfeito; na pior, uma noite com parentes mal-educados. Eu costumava ser tratado com uma mistura de timidez e desconfiança; mas esta era a tradicional hospitalidade inglesa — curiosidade cautelosa e amabilidade frugal.

Os ingleses exigem que seus hóspedes não reclamassem. As pessoas que dirigiam as hospedarias — geralmente de classe média baixa — não tinham paciência com as lamúrias dos hóspedes. Achavam — com certa razão — que já tinham sofrido muito mais do que eles. "Durante a guerra", começavam, e o ranheta já poderia dar a discussão como perdida, diante das provas de horríveis sofrimentos que viriam a seguir. Durante a guerra, Donald Puttock fora bombardeado pelos alemães enquanto estava agachado embaixo da pequena escadaria de sua casa, em Hornchurch. Como ele dizia, tinha sorte em estar vivo.

Eu lhe disse que estava viajando pela costa.

— Justamente o que nós fizemos! — lembrou ele.

Ele e Florence tinham dirigido de Kent a Cornwall à procura de um bom lugar para viver. Pararam em todos os lugares prováveis. Newquay

(2) *BED & BREAKFAST*: OS PUTTOCK

fora o melhor. Permaneceriam lá até morrer. Se por acaso se mudassem (Florence queria menos quartos), seria para uma casa na mesma rua.

– É claro, af pefoas aqui odeiam a gente – disse o sr. Puttock alegremente.

– Outro dia, um córnico mordeu o nariz do Donald – comentou a sra. Puttock. – Ele ainda não se recuperou.

– Não dou a mínima – acrescentou o sr. Puttock.

Mais tarde, a sra. Puttock disse que sempre quisera dirigir uma hospedaria. A sua não era como algumas outras, disse ela, onde os hóspedes tinham de sair da casa depois do café da manhã e ficar fora o dia inteiro – "alguns indivíduos que você vê sentados nos abrigos dos pontos de ônibus não estão esperando o ônibus; são hóspedes matando o tempo, enquanto esperam a hora de poder retornar". Era parte da etiqueta das hospedarias permanecer fora de casa durante todo o dia, mesmo se estivesse chovendo.

A sra. Puttock me deu um cartão que mandara imprimir. Listava todas as atrações de sua casa.

- Sala de televisão
- Acesso aos quartos a qualquer hora
- Colchões de mola
- Estacionamento grátis no terreno da casa
- Banhos de chuveiro grátis
- Mesas separadas

A sala de televisão era a sala de estar dos Puttock, o estacionamento era a entrada da garagem, o chuveiro era um chuveiro e as mesas eram mesas – tudo idêntico a qualquer outro bangalô em Newquay.

Eu me sentia grato por existirem casas de hóspedes. Às dez e meia da noite, depois do noticiário sobre as Falklands (agora todas as noites havia um "Especial das Falklands"), enquanto estávamos todos um pouco atordoados pela violência e pelas especulações, o sr. Puttock disse:

— As Falklands parecem a droga da Bodmin Moor,* mas acho que temos de fazer alguma coisa.

— Quer uma bebida quente? – ofereceu a sra. Puttock.

Enquanto ela estava na cozinha preparando um leite com ovomaltine, o sr. Puttock e eu conversávamos bobagens a respeito da situação mundial. Eu me sentia grato porque, para mim, aquilo era território virgem – uma casa inteira à disposição da minha curiosidade: livros, fotografias, cartões-postais, lembranças e opiniões. Eu apreciava particularmente olhar para as fotos de família. "Aí somos nós, no Baile à Fantasia de Romford, logo depois da guerra... Esse é o nosso gato, Monty... Essa sou eu, em roupa de banho..." Minhas intenções eram honradas, mas meus instintos eram bisbilhoteiros. Eu andava de bangalô em bangalô, farejando, tentando descobrir como viviam aquelas pessoas.

---

* Bodmin Moor – região pantanosa a nordeste da Cornualha. (N. do T.)

(3) *Bed & Breakfast*: O Touro

Na casa de hóspedes O Touro, o sr. Deedy disse:
— Está vendo, ninguém quer fazer planos para o futuro. As pessoas continuam a trabalhar. Não é só pelo dinheiro. Elas não querem se afastar porque não sabem se ainda terão os empregos quando voltarem.

O "Especial das Falklands" estava na televisão, e todos acorremos de forma obediente quando o sr. Deedy gritou:
— São as notícias!

As notícias eram muito ruins: mais mortes, mais navios afundados. Havia uma grande perplexidade entre as pessoas que assistiam ao noticiário, pois as informações, além de insuficientes, eram às vezes contraditórias. Por que havia tão poucas fotos dos combates? O que aparecia normalmente eram repórteres falando dos desastres em telefones com estática. Os ingleses pareciam — privadamente — envergonhados e confusos. Viam a Argentina como um país patético, à beira de um colapso e sem sorte, lutando com um exército de conscritos muito jovens. Eles detestavam discutir esse assunto, mas podiam falar a noite inteira sobre como os negócios estavam ruins.

— Você acaba de me lembrar — disse a sra. Deedy. — Os Smith cancelaram. Tinham reservado para setembro. O sr. Smith ligou esta manhã.

— Que droga! — disse o sr. Deedy.

— A mulher dele morreu — disse a sra. Deedy.

— Foi?

O sr. Deedy estava na dúvida. E arrependido de ter dito "que droga".

— Ela não estava doente — explicou a sra. Deedy. — Foi um ataque do coração.

O sr. Deedy relaxou ao ouvir que fora um ataque cardíaco. Não era culpa de ninguém. Na verdade, não era como uma doença ou um crime. Era uma espécie de remoção.

— É mais um depósito para ser devolvido — disse a sra. Deedy. Ela estava irritada.

— Já são dois até agora — lembrou o sr. Deedy. — Vamos esperar que não haja mais nenhum.

No dia seguinte, ouvi duas senhoras tagarelas conversando sobre as Falklands. Diziam que os britânicos tinham se tornado chauvinistas por causa da guerra, e havia um clima de fanfarronice. Isso era verdade no que dizia respeito às matérias publicadas em muitos jornais, mas não no que se referia às conversas que eu ouvia. A maioria das pessoas era como a sra. Mullion e a srta. Custis, cuja conversa entreouvi no hotel Britannia, em Combe Martin. Após algumas trivialidades sobre a Guerra das Falklands, passaram a falar sobre a Segunda Guerra Mundial.

— Os alemães ocuparam a França, mas a vida continuou normalmente — disse a sra. Mullion.

— Pois é — retrucou a srta. Custis. — Temos que levar a vida. Não faz sentido ir embora.

— Nós estávamos em Taunton, na época.

— É mesmo? Nós estávamos em Cullompton — replicou a srta. Custis. — Na verdade, em Mutterton.

— O racionamento pareceu demorar séculos! — comentou a sra. Mullion.

— Eu ainda me lembro de quando acabou o racionamento de chocolate. O pessoal comprou tudo. E o racionamento de chocolate voltou!

E assim elas se confortavam.

— Mais chá? — perguntou a sra. Mullion.

— Por favor — respondeu a srta. Custis.

(4) *Bed & Breakfast*: Allerford

Porlock, a cidade do homem que interrompeu a composição do poema "Kublai Khan",* era uma rua de pequenos chalés com um fluxo contínuo de automóveis. Mais abaixo, ficava a barragem de Porlock. Por todos os lados havia colinas, parcialmente cobertas de bosques.

Cento e setenta anos atrás, um homem veio a Porlock e achou tudo muito tranquilo. Mas não achou nada para criticar. E escreveu: "Existem períodos de relativa estagnação, quando dizemos, até em Londres, que nada se move; portanto, não é surpreendente que em algumas estações do ano as coisas estejam muito tranquilas em West Porlock."

Andei na direção de Allerford. No caminho, entabulei conversa com uma mulher que alimentava os pássaros em seu jardim. Ela me ensinou o caminho para Minehead – não o caminho mais curto, porém o mais bonito, segundo ela. Ela tinha cabelos claros e olhos escuros. Eu disse que sua casa era bonita. Ela disse que era uma hospedaria; então riu.

– Por que você não passa a noite aqui?

Ela estava falando sério e parecia ansiosa. Eu não estava muito certo a respeito do que ela estava oferecendo. Fiquei ali parado e sorri para ela. O sol estava dourando a relva e os pássaros estavam comendo as migalhas de modo frenético. Ainda não era uma da tarde. Eu nunca havia parado tão cedo em lugar nenhum.

– Talvez eu volte em outra ocasião – falei.

– Eu ainda vou estar aqui – disse ela, rindo de forma um tanto triste.

Havia uma velha ponte em Allerford. Não a atravessei. Entrei no bosque, subindo uma colina chamada Selworthy Beacon. O bosque estava cheio de aves canoras, toutinegras e tordos. De repente, ouvi o inconfundível som de um cuco, tão nítido quanto um relógio. O sol estava forte, a subida era fácil, abelhas zumbiam, havia uma brisa suave.

---

* "Kublai Khan" (*Kubla Khan*, no original) – poema inacabado de Samuel Taylor Coleridge (1772-1834). (N. do T.)

Pensei: "Era isso o que eu estava procurando quando saí hoje de manhã – embora não tivesse ideia do que iria encontrar."

"Todos os viajantes são otimistas", pensei. A viagem é uma espécie de otimismo em ação. Eu sempre partia pensando: "Vou estar bem, vou me interessar por alguma coisa, vou descobrir alguma coisa, não vou quebrar uma perna nem ser roubado, no final do dia vou encontrar um bom lugar para dormir. Vai ser tudo ótimo. Mesmo que não seja, alguma coisa vai ser digna de nota – vai fazer a viagem valer a pena." Às vezes o clima, até o chuvisco de Devon, fazia a viagem valer a pena. Ou um pássaro cantando ao sol, o som das solas dos meus sapatos no cascalho da trilha – ali, por exemplo, descendo a North Hill através de clareiras de azaleias, que eram de um púrpura brilhante. Continuei a caminhar pelas colinas, em direção a Minehead.

Colônia de Férias

A LESTE, PARA ALÉM DA PRAIA LAMACENTA, A MARÉ TINHA RECUADO meio quilômetro. Avistei as bandeiras brilhantes da colônia de férias da Butlin's de Minehead e me propus a fazer uma visita. Desde que saíra de Bognor, eu sentia vontade de bisbilhotar uma colônia de férias na praia. Passara pelas cercas e pelos portões de algumas delas, mas não me animara a entrar. Não havia como fazer uma visita casual. As colônias de férias, circundadas por cercas de arame trançado, encimadas por rolos de arame farpado, lembravam cercas de prisão. Havia patrulhas com cães e letreiros com a palavra CUIDADO ilustrados com caveiras. As portas principais tinham guardas, roletas e uma cancela, que era levantada para dar passagem a determinados veículos. Os hóspedes da Butlin's tinham de mostrar seus passes para poderem entrar. Aquilo tudo me fazia pensar em Jonestown.*

Aquelas elaboradas medidas de segurança alimentaram minha curiosidade. O que, exatamente, estava acontecendo ali? Não adiantava espiar através da cerca de arame; tudo o que eu conseguia ver naquela Butlin's era o lago de esportes aquáticos, a área de recepção e alguns dorminhocos em espreguiçadeiras. Visivelmente, era um lugar muito grande. Mais tarde, descobri que a colônia fora projetada para abrigar 14 mil pessoas – quase o dobro da população de Minehead! Os moradores locais a chamavam de "Butlinlândia" e diziam que a colônia tinha de tudo.

Registrei-me como Visitante por um Dia. Paguei uma taxa. Recebi um livreto e um folheto com o *Sua agenda para o feriado*, que continha uma lista com os eventos do dia. A equipe de segurança estava de olho em mim. Eu deixara minha mochila em um dos pavilhões, mas ainda estava usando meu casaco de couro e meus sapatos ensebados. Meus

---

* Jonestown – nome pelo qual ficou conhecida a comunidade fundada na Guiana por Jim Jones, um fanático pregador. Na verdade um campo de concentração, Jonestown se tornou tristemente célebre em 1978, quando quase mil pessoas foram assassinadas ou obrigadas a cometer suicídio, ao manifestarem a intenção de deixar a comunidade em função dos abusos que sofriam. Jones e seus asseclas também cometeram suicídio. (N. do T.)

joelhos estavam enlameados. Para não inquietar os guardas do portão, eu colocara o binóculo no bolso. Muitos dos hóspedes da Butlin's estavam de camiseta e sandálias; alguns usavam chapéus engraçados – nada como as férias. O tempo estava fechado. Um vento frio fazia estalar as bandeiras na entrada, grandes como lençóis. Eu era a única pessoa na Butlin's vestida adequadamente para aquele tempo ruim, o que fazia com que algumas pessoas me olhassem desconfiadas. Senti-me como em um corpo de tropas.

Com aquelas construções que lembravam alojamentos e suas cercas intimidantes, a Butlin's de Minehead lembrava a de Bognor; tinha o mesmo aspecto deprimente de prisão, ou de quartel. Aquela era ainda mais assustadora porque estava pintada com cores vivas. Fora construída com madeira compensada e placas de zinco. Eu nunca vira construções tão frágeis na Inglaterra. De tão feias, não eram retratadas nos folhetos da Butlin's, e sim indicadas em plantas simplificadas. Recebiam o nome de "quartos" ou "suítes". Os hectares de alojamentos eram chamados de Área de Acomodação.

Aquilo era mesmo como Jonestown! A Área de Acomodação, com os alojamentos, era dividida em campos – Verde, Amarelo, Azul e Vermelho. Havia um refeitório central, uma creche e uma capela. Havia também uma ferrovia em miniatura, um teleférico e um monotrilho, todos úteis: era uma área grande demais para ser percorrida a pé. Era o tipo de lugar que o pregador insano deveria ter imaginado quando levou para a Guiana seus desesperados seguidores. Um lugar autossuficiente. Com uma cerca daquela altura, tinha de ser.

A imagem de Jonestown era poderosa, mas a Butlin's também poderia ser uma Nova Jerusalém espalhafatosa. Aquela, eu sentia, seria a cidade litorânea inglesa do futuro, se os ingleses pudessem escolher. Já era uma espécie de cidade inglesa – glamorizada e menos substancial que as de verdade, mas reconhecível como cidade inglesa. Tinha os pontos de referência habituais: um campo de críquete, outro de futebol, uma lavanderia, um supermercado, um banco, uma casa de apostas, algumas lanchonetes. Era mais bem organizada, é claro, e tinha mais conforto que a maioria das cidades inglesas do mesmo tamanho – o que explicava sua popularidade. Era também um parque de diversões permanente.

A Butlin's apregoava: "Nada de pratos para lavar!" E ainda: "Nada de filas!" Não era preciso lavar pratos, não era preciso entrar em filas – parecia uma paródia, como as férias em alguma piada. Mas tais promessas faziam sentido, pois a Inglaterra era um país de expectativas modestas: não lavar pratos e não entrar em filas faziam parte do sonho inglês.

A Butlin's não era dispendiosa – custava 178 libras (313 dólares) por semana, para uma família de quatro pessoas; e isso incluía duas refeições por dia. A maior parte dos hóspedes era constituída por famílias – jovens pais e crianças pequenas. Dormiam em um cubículo numerado nos alojamentos de um dos quatro campos e comiam em uma mesa numerada em uma das salas de refeição. Passavam o restante do dia se divertindo.

O Centro Esportivo Windsor (muitos dos nomes tinham ecos de realeza, uma tentativa de respeitabilidade) e o Lago de Pesca não estavam sendo usados no dia em que estive lá. Mas os salões de sinuca e de tênis de mesa estavam lotados. Cada um tinha o tamanho de meio campo de futebol e dispunha de dezenas de mesas. Havia vagas para todo mundo! Partidas de bingo eram disputadas no Pavilhão Regência, em um salão enorme, com uma parede de vidro que era uma das laterais da piscina coberta – pernas e pés se agitando numa água que tinha cor de caldo de galinha. Não havia ninguém no lago de esportes aquáticos, nem na piscina ao ar livre, nem no minicampo de golfe. Essas eram as diversões gratuitas. A capela também estava vazia.

"Sim, *é* verdade. Quase tudo na Butlin's é grátis!" – dizia o folheto.

Mas o que muitos hóspedes estavam fazendo não era grátis. Estavam colocando moedas em máquinas de venda automática e em máquinas caça-níqueis no Centro de Diversões. Estavam jogando fliperama. Estavam comprando brinquedos e lembranças; ou casacos de peles na Loja das Peles. Ou fazendo o cabelo no Salão de Beleza. Estavam comendo. O lugar tinha quatro lanchonetes de peixe com fritas. Havia casas de chá, cafés e lojas de doces. Tudo isso custava dinheiro, e as pessoas estavam gastando com vontade. Também bebiam. Havia cerca de meia dúzia de bares. O Embassy Bar (estátuas gregas, falsos candelabros, papel de parede vermelho) estava bastante cheio, embora fosse do tamanho de um celeiro. O Exmoor Bar dispunha de 157 mesas e, provavelmente, abrigava cerca de mil clientes. As dimensões do lugar eram impressionantes – as dimensões e a mesquinhez.

Não era como a Disneylândia. A Disneylândia era uma mistura de tecnologia e farsa. Era fantasia, na maior parte, uma espécie de surrealismo domesticado, um agradável cartoon em três dimensões. Mas quanto mais eu observava a Butlin's, mais o lugar me parecia refletir a vida inglesa; era muito próximo da realidade em sua estreiteza, suas vidas privadas e seus prazeres. Era a Inglaterra sem o trabalho – o lazer engolido pela preguiça e pela inépcia: os jogos eletrônicos eram mais fáceis que os esportes; e comer porcarias se tornara mais uma forma de recreação. Ninguém parecia notar que as construções eram feias, que a grama estava malcuidada ou que havia um cheiro de fritura disseminado por toda parte.

Nesse sentido também era como uma cidade real. As pessoas andavam por ali acreditando que tudo era de graça; mas a maioria dos passatempos custava dinheiro, e alguns eram bem caros, como os ingressos para o show que haveria na boate aquela noite – com *Freddie and the Dreamers*, um grupo de músicos de meia-idade que não passava de uma versão requentada de si mesmos nos anos 1960.

Se havia alguma sensação futurista naquilo, era a falta de imaginação dos indivíduos, que se comportavam como zumbis, condenados a uma ou duas semanas de diversões sob um céu nublado. E também as disposições com respeito às crianças. Sempre havia alguém tomando conta delas – que estavam perfeitamente seguras na Butlin's. Não se machucavam nem se perdiam. Havia uma cerca alta em volta da colônia. Havia uma Patrulha da Creche, um Serviço de Atendimento à Criança e um grande playground. Nas cidades planejadas do futuro, providências como essas serão tomadas com relação às crianças.

A maioria dos eventos era dedicada às crianças, com exceção do bingo e dos jogos de carta. Como Visitante por um Dia, eu podia escolher entre o Concurso Corona de Fantasias Mirins, o Quiz Show Infantil, a Competição de Cama Elástica, a Corrida de Jumentos ou as Apresentações de Jovens Talentos Artísticos. A Corrida de Jumentos estava sendo disputada, em meio a um vento forte, no Campo da Alegria – crianças gritando e animais vagarosos. Fui ver a apresentação de jovens talentos no Teatro da Alegria. Uma menina de 8 anos dançou de forma sugestiva ao som de uma lasciva canção popular; duas irmãs cantaram uma canção sobre Jesus; Amanda e Kelly cantaram "Daisy"; e Miranda recitou um poema depressa demais. A maioria dos pais estava ausente – jogando em máquinas caça-níqueis ou bebendo cerveja.

Fui até a Capela da Colônia ("Um padre disponível o tempo todo"). Havia um letreiro pregado na porta: *Em todas as cerimônias rezaremos por nossas Forças no Atlântico Sul*. Examinei o Livro de Visitantes, onde havia um espaço reservado para "nacionalidade". As pessoas escreviam "galês", "córnico", "inglês" ou "escocês" ao lado de seus nomes. Havia alguns irlandeses. A partir de abril, no entanto, as pessoas começaram a escrever, simplesmente, "britânico". A Guerra das Falklands começara em abril.

Encontrei três senhoras tomando chá no Pavilhão Regência. Daphne Bunsen, de Bradford, disse:

– Não vamos falar sobre esse negócio das Falklands aqui, pois estamos de férias. É um assunto muito deprimente.

– De qualquer forma – replicou Mavis Hattery –, só há uma coisa a ser dita.

O que seria?

– Acabem logo com isso! Parem de brincar de gato e rato! É o que eu digo.

A sra. Bunsen disse que todas adoravam a Butlin's. Haviam estado lá antes e, certamente, voltariam. A tristeza que tinham era a de não poder permanecer mais tempo.

– E o quarto de Mavis é um luxo!

– Eu paguei um pouco mais – explicou a sra. Hattery. – Pus um tapete no meu chalé.

Era fácil zombar da Butlin's por sua monotonia e seus prazeres tolos, que não constituíam uma resposta adequada ao lazer. Mas havia diversas colônias similares ao longo da costa; sua popularidade era, portanto, inegável. Essas colônias combinavam a segurança e a igualdade de uma prisão com a vulgaridade de um parque de diversões. Eu perguntei às crianças o que seus pais estavam fazendo. Geralmente, o pai estava jogando bilhar e a mãe, fazendo compras. Mas muitas delas disseram que os pais estavam dormindo – tirando uma soneca. Dormir até meio-dia, sem ter de cozinhar nem tomar conta dos filhos, e estar a poucos passos de uma lanchonete de peixe com fritas, do bar e da casa de apostas – era um paraíso miserável, onde as pessoas eram tratadas mais ou menos como animais no zoológico. No futuro, haveria mais daquelas colônias de férias na costa britânica.

– Baratos e alegres – disse Daphne Bunsen.

A Buntlin's era operada pelos "Casacos-Vermelhos" – homens jovens que usavam jaquetas vermelhas. Foi um casaco-vermelho chamado Rod Firsby quem me disse que a colônia podia acomodar 14 mil pessoas ("mas 9 mil é a média"). De onde vinham aquelas pessoas?, perguntei. Ele disse que vinham de toda parte. Quando lhe perguntei que tipo de emprego tinham, ele riu.

– Você está brincando, amigo?

Respondi que não, não estava. Ele disse:

– Metade dos homens está desempregada. Esta é a beleza da Butlin's: você pode pagar a estadia com o dinheiro do seguro-desemprego.

A Pequena e Feliz Llanelli

No mapa, Llanelli parecia promissora. Ficava na extremidade sudoeste de Dyfed, no estuário do rio Loughor. Andei da estação até as docas. Era uma cidade de tijolos deteriorados, enfadonha, com cheiro de mofo. Meu mapa me enganara. Decidi ir embora, mas antes queria comprar um guia do País de Gales, para evitar futuros enganos.

Passei por uma loja com livros na vitrine. Moscas mortas jaziam sobre as capas. Não estavam esmagadas, pareciam adormecidas; talvez tivessem morrido de fome. A livraria tinha prateleiras, mas não muitos livros. Não vi nenhum vendedor. Uma voz rouca se fez ouvir atrás de uma cortina de contas.

– Estou aqui.

Atravessei a cortina. Um homem estava sussurrando ao telefone. Não prestou muita atenção em mim. O aposento, que cheirava a papel barato e tinta, estava cheio de livros. Nas capas, retratos de pessoas nuas. As revistas estavam embrulhadas em papel celofane. Mostravam seios e roupas de baixo. Em algumas delas havia crianças – e os títulos sugeriam que apareciam sendo violentadas no interior das revistas. Não vi nenhum guia turístico, mas, sendo uma loja galesa, o sino da porta badalou alegremente quando saí de lá.

Os galeses eram gentis e sorridentes. Até os skinheads de Llanelli se comportavam bem. Os jovens exibiam suásticas nos casacos de couro. Tinham os cabelos oxigenados ou pintados de verde e usavam brincos e camisetas com o dizer: ANARQUIA! – e ainda assim pareciam dóceis. Os milhões de galeses, que partilhavam uma dúzia de sobrenomes, eram tudo menos anônimos. Eram indivíduos conspícuos e, em nível pessoal, faziam de tudo para agradar. "Você é um gentleman!", um homem gritava para o outro ao se cruzarem na rua.

Na Padaria Jenkins ("Cada mordida... uma delícia!"), vi algumas tortinhas de morango com creme. Os morangos eram frescos?

– Ah, sim. Foram colhidos esta manhã – disse a sra. Jenkins.

Pedi uma.

— Mas custam trinta *pence*, querido – informou a sra. Jenkins, sem se mover. Esperava que eu lhe dissesse para esquecer a torta. Estava do meu lado, cheia de solidariedade humana, e me lançou um sorriso compadecido, como se dissesse: "Eu sei que é um preço absurdo para uma tortinha de morango!"

Quando comprei duas, pareceu surpresa. Talvez por causa da minha mochila e do meu jeito de vagabundo. Dei a volta no balcão e enfiei as tortinhas na boca.

— Bom dia, quero dizer, boa noite! – disse o sr. Maddocks na estação de Llanelli. – Eu sabia que ia acabar falando certo. É preciso paciência!

As outras pessoas na plataforma estavam falando galês. Mas, ao verem o trem chegar – talvez por conta da excitação –, passaram para o inglês.

Tenby

As elegantes casas de Tenby, erguendo-se sobre o penhasco, lembravam-me livros em uma estante alta, belamente encadernados. Suas janelas de sacada tinham a curvatura de lombadas. A cidade estava localizada em um promontório, no alto de um penhasco. O mar que a cercava por três lados lhe emprestava uma luminosidade penetrante, que alcançava a praça do mercado e fortalecia o ar com o aroma das rochas lavadas pelo mar. Era estranho que um lugar tão bonito pudesse ser também tão tranquilo, mas era o que acontecia. Tenby, entretanto, era mais do que bonita. Era tão pitoresca que parecia uma aquarela.

O lugar não fora preservado pelos caprichosos tiranos que, tantas vezes, ocupavam os vilarejos britânicos – a nova classe que, após mudar, restaura os telhados de palha e as janelas rústicas, mas destrói o interior das casas, escondendo perto da lareira uma cozinha de cromo, controlada por microprocessadores. Tais pessoas podem tornar um lugar inabitável. Tenby fora preservada e amadurecera, mas ainda estava rija, e eu fiquei feliz por tê-la encontrado. Mas era o tipo de lugar que não permitia uma sensação de triunfo à pessoa que acreditava tê-lo descoberto. Sua graciosidade era bem conhecida; já fora pintada e louvada; já era antiga durante a dinastia dos Tudor; e dera ao mundo Augustus John (que escreveu sobre Tenby em *Chiaroscuro*, sua autobiografia), assim como o inventor do sinal de igual (=) na matemática, Robert Recorde. Já não havia lugares secretos para se ver na Grã-Bretanha; apenas os esquecidos e os que estavam sendo queimados ou mudados por nosso século cruel.

Tenby fora poupada, e, por ser calma e vazia, ainda era mais agradável. Perambulei por lá sonhadoramente. Pela primeira vez, desde que iniciara a viagem, senti que uma cidade balneária estava cumprindo seu papel de tranquilizar e confortar: tive vontade de cochilar com um livro no colo, sentado em uma varanda com uma bela vista do mar.

Dama Nua

Meu estranho encontro ocorreu no hotel Harlech, uma semirruína lúgubre, não muito longe do assoreado rio de Cardigan. O hotel estivera fechado durante anos, e seus odores – de camundongos e roupa suja – demonstravam isso. O odor de trapos sujos lembra o de seres mortos, mas ali era acentuado pelo cheiro de lodo, de madeira queimada e das águas paradas do rio. Tão logo me registrei, percebi que estava cometendo um erro. Fui levado até o quarto por uma garota emburrada, de uns 15 anos, barriguda e de rosto rechonchudo.

– Parece calmo aqui – disse eu.

– Você é o único hóspede – disse Gwen.

– No hotel inteiro?

– No hotel inteiro.

Minha cama também fedia, como se alguém tivesse dormido nela recentemente – e tivesse acabado de se levantar, deixando um calor desagradável.

A proprietária do Harlech era uma mulher com um riso rouco, chamada Reeny, que piscava sem parar. Ela guardava a carteira entre os seios e fumava enquanto comia. Gostava de falar sobre o namorado: "Meu namorado já viajou o mundo inteiro em navios." O namorado de Reeny era um homem de uns 50 anos, com a barba por fazer, que mancava pelo hotel com a camisa para fora das calças, resmungando que nunca conseguia encontrar sua escova de cabelo. Chamava-se Lloyd e estava ficando careca. Lloyd raramente falava comigo, mas Reeny, irrefreável, estava sempre me convidando para tomar um drinque.

O bar era um lugar escuro, com as cortinas rasgadas e uma única mesa no centro, geralmente ocupada por dois jovens tatuados e dois velhos, que tomavam cerveja com Lloyd. Reeny fazia o papel de garçonete, carregando uma bandeja de metal e trocando os discos: a música era alta e horrível, mas os homens não conversavam; muito pálidos, pareciam doentes.

A surpresa era Reeny ser bastante alegre e hospitaleira. O hotel era sujo e a comida, indescritível; a sala de jantar cheirava a urina. Mas Reeny era gentil e adorava conversar. Falava em melhorar o hotel – e sabia que Lloyd era um velho hipócrita e resmungão. Relaxe, divirta-se e coma mais um pouco, dizia ela. Ela tinha o ânimo certo, mas o hotel era uma bagunça. "Este é o Paul – ele é americano", dizia ela, e piscava para mim. Estava orgulhosa de mim. Esse pensamento me deixou deprimido.

Certa noite, ela me apresentou a Ellie, que vinha de Swansea. Ellie era muito gorda, tinha olhos avermelhados, sardas e uma voz arrastada. Faltavam-lhe alguns dentes.

– É – disse ela. – Swansea é uma droga de um brejo.

Ellie estava bêbada e era surda, como são os bêbados frequentemente. Reeny estava falando sobre os Estados Unidos, mas Ellie murmurava alguma coisa sobre Swansea.

– Pelo menos não somos pães-duros – disse Ellie. – É, nós somos precavidos, mas os Cardies são pães-duros.

– Somos nós – explicou Reeny. – *Cardies*, de Cardigan. É, nós somos mais pães-duros que os escoceses.

Ellie cerrou os punhos para mostrar como os *cardies* eram avarentos; depois quis saber por que eu não estava bêbado – e perguntou isso aos homens pálidos e silenciosos, que olharam para ela com olhos úmidos e entorpecidos. Ela usava um largo suéter cinzento. Depois de esvaziar sua caneca de cerveja, limpou as mãos no suéter.

– O que você acha dos *cardies*? – perguntou ela.

– Maravilhosos – respondi. Mas pensei: "selvagens."

À meia-noite, todos ainda estavam bebendo.

– Vou para o quarto – disse eu.

– Os quartos não têm fechaduras – informou Reeny. – É por isso que não há chaves, entende?

Ellie disse:

– Que lugar calmo, Reen!

– Calmo demais, eu diria – replicou Reeny. – Temos de dirigir até Saundersfoot para ter um pouco de vida noturna.

Saundersfoot ficava a 33 quilômetros.

– O que houve, Lloyd? – perguntou Reeny.

Lloyd estava sorrindo. Ele disse:

— Ele parece preocupado. — Estava se referindo a mim.

— Eu não estou preocupado.

Esta frase sempre me parece a resposta de um homem preocupado. Tentei sorrir. Os quatro homens da mesa apenas olharam na minha direção, com seus rostos pálidos.

— Não há fechaduras neste lugar — comentou Lloyd, satisfeito.

Então Reeny guinchou:

— Nós não vamos roubar nem violentar você!

Ela falou tão alto que demorei alguns segundos para entender o que dissera. Ela era alegre, mas feia. Recuperei-me e disse:

— Que pena. Eu estava esperando uma dessas coisas.

Reeny riu intensamente.

Na cama rançosa, eu podia ouvir a música do bar e, às vezes, alguns gritos. Mas estava muito cansado. Caí no sono e sonhei com Cape Cod. Eu estava com minha prima e dizia a ela: "Por que as pessoas vão para casa tão cedo? Aqui é o único lugar bom do mundo. Acho que o pessoal está preocupado com o trânsito. Eu nunca sairia..."

Então houve um som. Alguma coisa se rasgando dentro do quarto. Sentei-me e vi uma cabeça desgrenhada. Achei que era um homem. Um homem de rosto grosseiro, um nariz amassado, uma boca torta. Até que reconheci as sardas e os olhos avermelhados. Era Ellie.

— O que você está fazendo? — perguntei.

Ela se agachou perto da cama, meio virada de costas, e ficou imóvel. Eu não podia ver seu corpo. Ouvi o som de algo rasgando novamente — o zíper da minha mochila. Quando percebi que era Ellie, não um homem, relaxei. Sabia que minha carteira e meu dinheiro estavam no casaco de couro, que estava pendurado em um gancho, no outro lado do quarto.

— Onde estou? — disse ela.

— Você está no meu quarto.

Ela virou-se para mim.

— O que você está fazendo aqui?

— Este é o meu quarto!

Ela falava de modo sonolento e teatral. Ainda estava agachada perto da minha mochila. Estava ofegante.

– Largue esse negócio – disse eu.
– Ahn – gemeu ela, e se ajoelhou no chão.
Eu queria que ela fosse embora. Falei:
– Eu estou tentando dormir.
Por que eu estava sendo tão educado?
Ela gemeu novamente, um gemido mais convincente que o último, e disse:
– Onde foi que eu deixei minhas roupas?
E se levantou. Era uma mulher grande, com seios fartos, cobertos de sardas. Então percebi que ela estava completamente nua.
– Feche os olhos – disse ela, chegando mais perto.
– Pelo amor de Deus, são cinco da manhã – disse eu.
O sol começava a atingir as cortinas.
– Ahn, eu estou passando mal – replicou ela. – Chegue para lá.
– Você está sem roupas.
– Feche os olhos.
– Por que você estava mexendo na minha mochila? – perguntei.
– Procurando minhas roupas – respondeu ela.
Em tom de súplica, eu disse:
– Pare com isso, está bem?
– Não olhe para mim, estou nua – retrucou ela.
– Vou fechar os olhos – disse eu. – E quando abrir os olhos não quero ver você aqui.

Ouvi sua carne nua sacolejando, flape-flape, enquanto ela se afastava. Ouvi a porta bater. Então, verifiquei se meu dinheiro estava no lugar e se estava faltando alguma coisa na mochila. Os zíperes estavam abertos, mas nada tinha sumido. Lembrei-me do que Reeny tinha gritado para mim: "Nós não vamos roubar nem violentar você!"

Durante o café da manhã, Reeny disse:
– Eu não me levanto a essa hora há mais de dez anos! Veja, são quase oito e meia!

Ela estava com uma tosse horrível e seus olhos estavam enegrecidos pelo rímel que escorrera. Seu sotaque galês estava mais forte naquela manhã.

Eu lhe contei sobre Ellie. Ela disse:

— É, foi mesmo? Vou caçoar dela por causa disso! É, essa foi boa.

Uma velha se aproximou da porta e olhou para dentro. Estava trôpega. Reeny lhe perguntou o que queria. Ela respondeu que queria uma caneca de cerveja.

— São oito e meia da manhã! — respondeu Reeny.

— Meia caneca, então — disse a velha.

— E é domingo! — ponderou Reeny. Voltando-se para mim, disse: — Nós não bebemos aos domingos por aqui. É por isso que está tudo tão calmo. Mas você pode conseguir bebida em Saint Dogmaels.

A mulher era patética. Falou que no próximo referendo iria votar por uma mudança na legislação sobre bebidas alcoólicas. Não estava zangada, mas tinha aquele ar envelhecido e sofrido que é visto como resignação.

— Meu Deus! — exclamou Reeny. — O que é que eu faço, Paul? Me diga.

Eu me dirigi à velha:

— Tome uma xícara de chá.

— A polícia anda de olho em mim — disse Reeny. — Os policiais estão sempre passando por aqui. — Andou até o balcão. — Eu posso perder minha licença. — Pegou uma garrafa de cerveja e encheu um copo. — Esses tiras não têm nem um pouco de pena, droga. Quarenta e cinco *pence* — informou.

A mulher bebeu o copo e comprou mais duas garrafas. Pagou e foi embora, sem falar mais nada. Não tivera nenhum prazer com a bebida, nem nenhuma satisfação com o fato de ter persuadido Reeny a lhe vender bebida em um domingo. Na verdade, ela não persuadira Reeny, apenas ficara parada ali, com o olhar fixo. Comentei:

— É um café da manhã e tanto, uma cerveja.

— Ela é alcoólatra — disse Reeny. — Tem 37 anos. Não parece, não é? Veja o meu caso: eu tenho 33 anos e ninguém acredita. Meu namorado diz que tenho um corpo de 20. Você não está indo embora, está?

Jan Morris

MAIS 8 QUILÔMETROS, NAQUELE DOMINGO ENSOLARADO, E CHEGAMOS a Criccieth, onde saltei do trem. Eu tinha um guia que informava: "*Criccieth* – Durante muitos anos, essa cidade foi o lar de James (hoje Jan) Morris, provavelmente a melhor autora contemporânea de livros de viagem." O "James (hoje Jan)" não precisava de explicação. A história de como ela deixara de ser homem e passara a ser mulher, em uma clínica de Casablanca, foi contada em seu livro *Conundrum* (Charada), de 1974. Ela ainda vivia perto de Criccieth, nas cercanias do vilarejo de Llanystumdwy, no que foram antes os estábulos de uma casa senhorial, com vista para as montanhas de Eryri, ao norte, e para a baía de Cardigan, ao sul.

Eu raramente procurava pessoas em países estrangeiros – não conseguia acreditar que realmente quisessem me ver; tinha uma desconfortável sensação de que estava interrompendo alguma coisa íntima. Mas procurei Jan Morris. Ela escrevera muito sobre o País de Gales; eu estava em Gales e já a conhecia superficialmente. Sua casa era construída como uma fortaleza inca, com grandes pedras negras e pesadas vigas de madeira. Ela escrevera: "Foi construída no velho estilo galês, com gigantescas pedras brutas, empilhadas umas sobre as outras, formando uma elevação quase natural, com uma cúpula branca de madeira no topo. Sua arquitetura pertence ao tipo hoje conhecido como 'vernacular', o que significa que nenhum arquiteto profissional jamais encostou um dedo ali."

Ela estava usando uma blusa de jérsei, calças brancas e, sobre o cabelo volumoso, um chapéu de palha inclinado para trás. O dia estava bastante quente e ela se vestira de acordo. No inglês culto falado na Inglaterra, existe uma entonação ao mesmo tempo correta e maliciosa. Jan Morris falava assim. Sua voz lânguida não era grave; a masculinidade que ainda ressoava a tornava atraente. Não havia nada de enfadonho nela. Costumava dar de ombros, era boa ouvinte e ria de modo espontâneo, como talvez um gato risse – enrijecendo o corpo e emitindo um pequeno silvo de prazer. Era gentil, despreocupada e inteligente.

Sua casa era muito bem-arrumada, com as vigas aparentes e um letreiro onde estava escrito: PROIBIDO FUMAR, em galês. Ela não permitia que fumassem dentro de sua casa. Havia muitos objetos decorativos, sólido artesanato fabricado na região.

– Enchi a casa com *Cymreictod...* coisas típicas de Gales.

Havia muitos retratos nas paredes e uma estante de livros com 13 metros de comprimento. Seu estúdio, com uma escrivaninha e um aparelho de som, era no andar de cima.

A música, para ela, tinha uma importância inusitada. Certa vez, escreveu: "Os animistas acreditam que a divindade pode ser encontrada em todas as coisas vivas, mas eu vou mais longe; sou uma inanimista. Acredito que mesmo objetos inanimados podem conter aspirações imortais... Estou convencida, por exemplo, de que a música pode influenciar uma edificação de forma permanente. Portanto, costumo deixar o aparelho de som ligado quando estou ausente, permitindo que a melodia inunde a estrutura da casa."

Talvez ela estivesse falando sério. Objetos inanimados parecem possuir alguma coisa parecida com vitalidade, que responde ao nosso próprio estado de espírito. Mas melodias se entranhando em madeira e pedra? "Minha cozinha adora Mozart", alguém poderia dizer. Ou: "A sala é fã de Gladys Knight and the Pips." Mas eu não disse nada; apenas escutei com ar aprovador.

– Acho que é uma coisa muito egoísta, só um quarto – disse ela.

Mas era o tipo de casa que todo mundo gostaria de ter. Isolada na orla de um prado, muito sólida, bem iluminada, bonita, bem pintada, aconchegante, com uma enorme biblioteca, um estúdio e uma cama com dossel: perfeita para uma pessoa sozinha e seu gato. O dela se chamava Solomon. De repente, ela perguntou:

– Quer ver meu túmulo?

Eu disse claro, e andamos até um frio bosque às margens de um rio. Jan Morris era uma andarilha tarimbada: já subira até uma altura de 6 mil metros, juntamente com a primeira expedição bem-sucedida ao topo do Everest, em 1953. As florestas de Gales eram cheias de pequenos carvalhos retorcidos, ramos emaranhados, solo úmido e samambaias sombrias. Entramos em uma área mais pantanosa, com árvores retilíneas que filtravam a luz do sol.

— Acho isso aqui bem japonês — disse ela.

Era realmente uma paisagem de gravura japonesa: a pequena gruta à beira do rio, cercada de arbustos frondosos.

Ela apontou para o outro lado do rio e disse:

— Ali é o meu túmulo, naquela ilhota.

Parecia uma represa de troncos construída por castores, coberta de musgo e samambaias. Em volta, o rio gorgolejava por entre as pedras.

— É onde eu vou ser enterrada, ou melhor, espalhada. Bonito, não acha? As cinzas da Elizabeth vão ser espalhadas lá também.

Jan Morris fora casado com Elizabeth antes da mudança de sexo.

Parecia estranho que alguém tão jovem estivesse pensando na morte. Ela tinha 56 anos, e os hormônios que tomava faziam com que parecesse muito mais jovem — 40 e poucos anos, talvez. Mas aquele projeto de um túmulo onde as cinzas seriam espalhadas era um pensamento bem galês. Gales era uma nação habituada a coisas fantasmagóricas, suspiros e luto. Eu estava em pleno território celta, onde as pessoas ainda acreditavam em gigantes.

Ela perguntou o que eu achava de seu túmulo.

Eu disse que a ilha tinha o aspecto de que seria levada pela correnteza, e as cinzas dela iriam parar na baía de Cardigan. Ela riu e disse que não tinha importância.

Por ocasião de nosso primeiro encontro, em Londres, ela dissera subitamente:

— Estou pensando em me tornar criminosa — e disse que estava pensando em roubar alguma coisa da Woolworth's.*

Na época não me parecera uma coisa tão criminosa. Durante o almoço perguntei-lhe se levara adiante o projeto.

— Se eu tivesse me tornado criminosa, não contaria a você, Paul!

— Eu só estava curioso — disse.

Ela replicou:

---

* Rede de lojas varejistas. (N. do T.)

— Roubei essas facas e garfos da Pan American. Eu disse à aeromoça que iria roubar as peças. Ela disse que não tinha importância.

Eram do tipo de facas e garfos que são distribuídos nos aviões, junto com uma bandeja plástica de carne ensopada.

A conversa a respeito de crimes nos levou a falar dos incêndios criminosos que estavam sendo ateados por nacionalistas galeses. Perguntei por que apenas casas estavam sendo provocados, quando havia tantas caravanas — como os ingleses chamavam as casas sobre rodas — na costa, que seriam um alvo melhor. Ela disse que seu filho era um patriota galês e, provavelmente, iria pensar sobre o assunto.

Eu disse que os galeses pareciam uma família.

— Ah, sim, isso é o que meu filho diz. Ele acha que, enquanto permanecer em Gales, está seguro. Sempre vão cuidar dele. Em qualquer casa, ele vai encontrar comida e um lugar para dormir.

— Como os viajantes na Arábia, que vão até uma tenda beduína e dizem: "Eu sou um convidado de Deus" e obtêm hospitalidade. *Ana dheef Allah.*

— Sim — disse ela. — Deve ser isso mesmo, Gales é como uma família.

E, como todas as famílias, disse eu, todos são muitos sentimentais, desconfiados, briguentos e reticentes. Mas o nacionalismo galês às vezes lembrava certo tipo de feminismo; era muito monótono e parcial.

Ela disse:

— Acho que deve parecer assim, do ponto de vista masculino.

Eu poderia ter perguntado: parecia assim para você, quando você era homem?

Ela disse:

— Quanto às caravanas, elas são horríveis. Mas os galeses não reparam muito nelas. Os galeses não são famosos pela acuidade visual. E esses turistas estão conhecendo Gales. Estou feliz por estarem aqui, assim podem conhecer este lindo país e entender os galeses.

Considerando-se o horror que eram as caravanas, era um pensamento generoso, bem diferente do meu. Eu sempre pensava em Edmund

Gosse* dizendo: "Ninguém voltará a ver o litoral da Inglaterra que eu via na minha infância." O litoral era frágil e podia ser facilmente contaminado. Jan Morris continuou a falar dos galeses.

– Algumas pessoas dizem que o nacionalismo galês é um movimento limitado, que irá separar Gales do resto do mundo. Mas é possível ver o nacionalismo como um movimento que poderá libertar Gales e lhe dar importância, trazendo o país para o mundo.

Terminamos de almoçar e saímos da casa. Ela disse:

– Você deveria ver as montanhas. Eu sei que é chato quando as pessoas dizem isso, mas as montanhas são realmente espetaculares. O que pretende fazer?

Eu disse que tinha vislumbrado Portmeirion do trem e que queria olhar mais de perto, se tivesse tempo.

Fomos até lá no carro dela e estacionamos sob pinheiros. Ela conhecera bem o arquiteto Clough Williams-Ellis.**

– Ele era um homem maravilhoso – lembrou ela. – No leito de morte assobiava alegremente. Mas estava preocupado com o que as pessoas diriam sobre ele. Homem engraçado! Escreveu o próprio obituário! Estava com ele quando morreu. Quando eu o visitei, ele me pediu para ler. Claro, não havia nada pouco lisonjeiro. Perguntei por que se dera ao trabalho de escrever o próprio obituário. Ele respondeu: "Porque não sei o que o *Times* irá escrever quando fizer meu obituário."

Atravessamos o portão e descemos as escadas até o fantástico resort italianizado, construído em uma encosta galesa.

– Ele tinha receio de que alguém entendesse alguma coisa errado ou o criticasse. Fez de tudo para conseguir o obituário feito pelo *Times*... mas não conseguiu, é claro. O jornal é muito fechado.

Ela riu. A mesma risada espontânea e maliciosa.

– O engraçado é que fui eu que escrevi o obituário dele para o *Times*. Os obituários são escritos com antecedência, como você deve saber.

---

* Edmund Gosse – poeta e crítico literário inglês (1849-1928). (N. do T.)
** Portmeirion é um vilarejo de veraneio próximo à costa de Gales, projetado e construído por Clough Williams-Ellis (1883-1978). A concepção do projeto teve marcante influência da arquitetura italiana. (N. do T.)

— Você não contou a ele? – perguntei.

— Não – respondeu ela, com o rosto inexpressivo. Estaria escondendo um sorriso? – Você acha que eu deveria?

— Mas ele estava no leito de morte.

Ela riu de novo.

— Não tem importância.

Vimos um busto de William-Ellis em um nicho. No alto do nicho, havia um letreiro escrito a mão com os dizeres: O BAR DE CIMA ESTÁ ABERTO.

— Ele teria gostado disso – comentou Jan.

Andamos pelo lugar, passando por arcos, portais, estátuas de gatos siameses, colunas gregas, jardins, pilares e colunatas; passeamos em torno da *piazza*.

— O problema dele é que não sabia quando deveria parar.

Era um dia ensolarado. Examinamos o Parthenon azul, a Capela, a estátua de Hércules, o prédio da prefeitura (o que aquilo estaria fazendo ali?). Mais casas.

— Certa vez, quando perdemos um filho, nós ficamos naquele chalé branco lá em cima.

Ela queria dizer ela própria e Elizabeth, quando eram marido e mulher.

Havia mais. Um arco do triunfo, o Priorado, paredes rosadas e verdes. Jan disse:

— É para fazer a gente rir.

Mas, em vez disso, o lugar estava me deixando muito sério, pois aquela loucura levara quarenta anos para ser construída. E parecia um desbotado cenário de cinema.

— Ele até projetou as rachaduras e determinou onde deveria haver musgo. Ele era muito meticuloso, e muito extravagante também, sempre com um desses grandes chapéus de abas largas, antediluvianos, e meias amarelas.

Fiquei aliviado em sair de Portmeirion; sentia-me culpado, com a desconfortável suspeita de que estava fazendo turismo – coisa que tinha prometido a mim mesmo não fazer. Jan propôs:

— Quer ver minha lápide?

Disse isso de repente e do mesmo modo orgulhoso, provocativo e jovial com que dissera "quer ver meu túmulo?" Eu disse "é claro".

A pedra estava encostada em uma parede da biblioteca. Eu não a tinha percebido antes. As letras eram benfeitas, tão graciosas quanto a estamparia de uma cédula. Diziam: *Jan & Elizabeth Morris*. Acima e abaixo dos nomes, em galês e em inglês, estava escrito:

Aqui Estão Duas Amigas
Ao Final de uma Vida

Eu disse que era tão comovente quanto a lápide de Emily Dickinson, em Amherst, Massachusetts, que não dizia mais do que: "Fui chamada de volta."

Quando estávamos na plataforma da estação de Porthmadog, esperando meu trem, Jan disse:

— Se as pessoas soubessem quem vai embarcar nesse trem!

Eu disse:

— Por que iriam se importar?

Ela sorriu.

— Essa mochila é tudo o que você tem? – perguntou.

Respondi que sim. Conversamos sobre viajar com pouca bagagem. Eu disse que a melhor coisa era só levar o que pudesse ser carregado facilmente. E nunca levar roupas formais, como paletós, gravatas, sapatos envernizados, agasalhos extras – que tipo de viagem era essa?

Jan Morris comentou:

— Eu só carrego alguns vestidos. Faço uma bola com eles; não pesam quase nada. Para uma mulher, é muito mais fácil viajar com pouca bagagem do que para um homem.

Não havia dúvida de que sabia o que estava falando, pois tinha sido tanto homem quanto mulher. Ela me deu um sorriso. Senti uma estranha sensação quando lhe dei um beijo de despedida.

O Fã de Ferrovias

— Eu adoro vapor, e você? — disse-me Stan Wigbeth, enquanto seguíamos pela ferrovia de Ffestiniog. Em seguida, debruçou-se na janela. Não estava interessado na minha resposta, que foi:

— Até certo ponto.

O sr. Wigbeth sorriu e rangeu os dentes de prazer quando o apito tocou. Comentou que, para ele, não havia nada mais bonito que locomotivas a vapor – eram eficientes e maravilhosamente fabricadas. Mas alguns maquinistas tinham me contado como eram desconfortáveis e terríveis nas noites de inverno; era impossível dirigir a maioria delas sem ter de botar a cabeça para fora da janela a intervalos de poucos minutos.

Eu queria que o sr. Wigbeth admitisse que eram antiquadas e lentas, impressionantes de olhar, mas um inferno para dirigir; eram sonhos de crianças solitárias, eram divertidas, mas eram imundas. Nosso trem era puxado através das montanhas galesas por uma locomotiva Fairlie, conhecida pelos fãs como "locomotiva dupla" – duas caldeiras –, "a locomotiva mais desconfortável que já dirigi", contou-me um maquinista certa vez. Era quente demais para o maquinista, por causa da posição das duas caldeiras. A plataforma dos foguistas e maquinistas era como um forno oriental para assar patos. O sr. Wigbeth não concordava com nada disso. Como muitos outros fãs de ferrovias, detestava o nosso século.

No início, informou ele, os vagões eram puxados a cavalo. Transportavam ardósia das pedreiras das montanhas – iam de Porthmadog a Blaenau Ffestiniog. O nome da linha, naquela época, era Ferrovia da Bitola Estreita. Fora franqueada a passageiros em 1869. Em 1946 foi fechada. Depois, foi sendo reaberta em etapas. Agora – este mês – estava totalmente aberta.

— Temos sorte de estar aqui — declarou o sr. Wigbeth, olhando para o relógio, um relógio de bolso, é claro: o equipamento indispensável dos fãs de ferrovias. Ficou deliciado com o que viu: — Bem na hora!

A viagem até Blaenau era muito bonita, com a estrada fazendo curvas fechadas nas colinas de Snowdonia e atravessando os densos bosques do vale de Dwyryd. A sudoeste, em meio às graciosas montanhas, estava a usina nuclear de Trawsfynydd, três ou quatro gigantescas construções. Um arquiteto inglês conhecido pelo gosto comedido fora contratado para embelezá-las, em 1959, ou ao menos melhorar um pouco sua aparência. Mas falhara. Talvez devesse ter coberto as torres com trepadeiras. Mas aquelas monstruosidades enfatizavam a glória daqueles vales. Consegui descansar na viagem, apesar do sr. Wigbeth, que tagarelava ao meu lado. Um túnel de um quilômetro e meio o silenciou. A luz no fim do túnel era Blaenau Ffestiniog, na extremidade do vale. Descemos para a plataforma da estação.

— Para onde você vai? – perguntou o sr. Wigbeth.

— Vou pegar o próximo trem para Llandudno Junction.

— É uma locomotiva a diesel – disse ele com uma expressão amargurada.

— E daí?

— Eu não chamo isso de trem – disse ele. – Chamo isso de lata!

Estava desgostoso e irritado. Colocou então seu boné de maquinista e seu casaco com escudos da ferrovia. Deu mais uma olhada no relógio de bolso, entrou em seu pequeno Ford Cortina, que estava parado ali perto, e iniciou o acidentado trajeto de 43 quilômetros até Bangor.

Llandudno

Eu não me senti amedrontado no hotel em Llandudno, até ser levado ao quarto por um funcionário com o rosto cheio de cicatrizes de varíola. Sentei-me no cômodo empoeirado e fiquei prestando atenção nos ruídos. O único som era o da minha respiração, depois de eu ter subido quatro lances de escada. O quarto era pequeno; não havia nenhuma luz no corredor; o papel de parede tinha marcas de mofo que pareciam manchas de sangue. O teto era alto; o aposento, estreito: era como estar sentado no fundo de um poço. Desci as escadas.

O funcionário estava assistindo à televisão no saguão – ele chamava aquilo de saguão. Não falou comigo. Estava entretido com o seriado *Hill Street Blues*. Na tela, uma perseguição de automóveis e alguns gritos. Olhei para o livro de registros e vi o que não notara antes: eu era o único hóspede naquele grande hotel de quarenta quartos. Fui para o lado de fora, pensando em como poderia escapar. Claro, eu poderia chegar e dizer: "Não estou satisfeito aqui... estou indo embora." Mas o funcionário poderia criar caso e me cobrar. De qualquer forma, queria puni-lo por dirigir um lugar tão assustador.

Entrei e subi até o quarto. Peguei minha mochila e andei até o saguão, ensaiando a seguinte história: "Este aqui é o meu equipamento para observar pássaros. Já volto..." O funcionário ainda estava assistindo à televisão. Quando passei por ele (que não olhou para mim), o hotel começou a me parecer o prédio mais sinistro em que já estivera. Eu tivera um momento de pânico quando, ao descer as escadas, me deparei com três portas fechadas em um dos patamares. Imaginei que estava perdido em um labirinto de corredores, como em um pesadelo, tropeçando interminavelmente em tapetes rasgados e abrindo portas – para descobrir que não havia saída.

Corri até a calçada à beira-mar e parei ofegante próximo a um coreto, onde uma banda tocava "If You Were the Only Girl in the World" (Se você fosse a única garota do mundo). Conjecturei se não teria sido seguido pelo funcionário. Paguei vinte *pence* para sentar em uma cadeira.

Mas, achando que estava sendo observado (talvez fosse minha mochila, ou meu sapato ensebado), abandonei a cadeira e continuei a andar pela calçada. Mais tarde, registrei-me no Queens Hotel, que parecia vulgar o bastante para ser seguro.

Llandudno era o tipo de lugar que despertava medos ancestrais de crimes à beira-mar. Fazia-me pensar em envenenamento, asfixia, gritos por trás de portas envernizadas, criaturas arranhando os lambris. Constantemente, imaginava ouvir arquejos de adúlteros, vindos das janelas escuras das construções caiadas que serviam como casas de hóspedes – pessoas nuas dizendo, com maligna satisfação: "Nós não devíamos estar fazendo isso!" Llandudno era uma cidade vitoriana perfeitamente preservada. Tinha uma aparência tão esplêndida que levei vários dias para descobrir que era, na verdade, muito tediosa.

No início, fora um pequeno resort da moda; depois se transformou em uma cidade de veraneio servida pela ferrovia – o que ainda era –, com pessoas caminhando na calçada à beira-mar, ou sob as marquises de vidro e ferro das lojas da Mostyn Street. Havia uma velha barca a vapor ("Excursões para a Isle of Man"), que atracava na extremidade do cais, velhos hotéis e velhos espetáculos – *Old Mother Riley*, no Pavilion, a Ópera Nacional de Gales apresentando *Tosca*, no Astra Theatre, ou comediantes de Yorkshire contando velhas piadas nos vastos salões de alguns bares. "Vamos ter uma deliciooosa competição de bumbuns", dizia um comediante dentuço para uma audiência embriagada em um pub perto do Happy Valley. Um homem foi vendado e cinco garotas, selecionadas. O homem tinha que julgar – pelo tato – qual bumbum era o mais benfeito. Aquilo despertava hilaridade e arrancava enormes gargalhadas; as garotas eram tímidas – uma delas simplesmente desceu do palco. A certa altura, alguns homens entraram no lugar das garotas. O homem vendado começou a apalpar os bumbuns dos homens, enquanto todo mundo ria. Uma das garotas foi selecionada como a dona do melhor bumbum, e recebeu como prêmio uma garrafa de sidra gasosa, chamada Pomagne.

Entreouvi a conversa de duas senhoras idosas, no mirante sobre a baía de Llandudno. Eram a srta. Maltby e a srta. Thorn, oriundas de Glossop, perto de Manchester.

— A lua está linda – disse a srta. Maltby.
— É – disse a srta. Thorn. – É mesmo.
— Mas não é o que nós vimos mais cedo, esta noite.
— Não. Aquilo era o sol.
— Você me disse que era a lua – retrucou a srta. Maltby.
— Foi por causa daquele nevoeiro – disse a srta. Thorn. – Mas agora eu sei que era o sol.

Olhando para o Mar

Agora, eu olhava os britânicos deitados na praia, sem se mexer, como insetos mortos, ou amontoados contra os quebra-ventos de lona que enfiavam na areia com martelos alugados, ou em pé nos despenhadeiros chutando pedrinhas para dentro do mar, e pensava: *Eles estão simbolicamente saindo do país.*

O litoral era o lugar mais longe que conseguiam alcançar de forma confortável. Era como os pobres podiam viajar para o exterior: parados à beira do mar olhando para o oceano. Só era preciso um pouco de imaginação. Eu acreditava que aquelas pessoas fantasiavam que estavam no mar, na linha do horizonte. As pessoas que caminhavam na calçada tinham os rostos voltados para o mar. Talvez um dos prazeres da orla fosse virar as costas para a Grã-Bretanha. Quase não vi ninguém com as costas viradas para o mar (era a posição mais rara do litoral). As pessoas olhavam para o oceano, com expressões ávidas e esperançosas, como se tivessem acabado de deixar a terra natal.

Inglaterra Insultada

VISTA DA JANELA DO TREM, AQUELA PARTE DA COSTA ERA BAIXA E DESFIgurada. Havia pequenas cidades lúgubres, como Parton e Harrington, e cidades enormes e horríveis, como Workington, com suas usinas siderúrgicas – mais uma indústria insolvente. Maryport era apenas triste; fora um importante porto de carvão e minério de ferro; grandes veleiros eram construídos lá na época vitoriana. Agora estava esquecida. Havia tão pouca construção naval na costa britânica nos dias de hoje que se poderia dizer que era inexistente. Mas isso não era tão estranho quanto o fato de que se viam poucos navios naqueles portos: um cargueiro enferrujado, uma traineira dilapidada, alguns veleiros de fibra de vidro. Não havia muita coisa mais em um lugar onde antes houvera centenas de embarcações de alto-mar.

Procurei por mais. O que vi era feio e interessante, mas, antes que eu entendesse o que estava acontecendo, a linha se desviou para o interior, passando por arbustos espinhosos, corvos pousados em campos de feno, pequenas fazendas aglomeradas e campanários de igrejas em vilarejos ao longe. Tínhamos deixado a costa invadida, e a amena área rural tomava seu lugar. Durante todo o caminho até Carlisle vi fazendas verdejantes, belas e extremamente monótonas.

KESWICK PUNKS, dizia um grafite em Carlisle, misturando Coleridge e Wordsworth com Johnny Rotten.* Mas isso não era surpreendente. Era sempre nas velhas e simpáticas cidades de província que se viam os jovens de aspecto mais selvagem, garotos de cabelos cor-de-rosa, garotas de collants com estampa de leopardo, argolas no nariz e orelhas tatuadas. Eu vira cabelos verdes e suásticas na pequena Llanelli. Nomes como Taunton, Exeter ou Bristol só me evocavam muros cobertos de grafites, como aqueles da nobre Carlisle, encimada por um castelo, que tinha muralhas e muros suficientes para satisfazer os vândalos mais

---

* Os poetas Coleridge e Wordsworth moraram na cidade de Keswick. Johnny Rotten é o vocalista do Sex Pistols, grupo inglês de punk rock. (N. do T.)

ativos. Lia-se: REVOLUÇÃO VIOLENTA, ou OS EXPLORADOS, ou ANARQUIA, ou LIXO SOCIAL. Seriam conjuntos musicais? OS REFUGOS, OS DEFEITOS, OS PROSCRITOS, OS MALDITOS, mais algumas suásticas coloridas e OS PIRADOS ARMADOS. Nas paredes mais antigas: PODER SKINHEADS!

Muito daquilo era hipérbole, presumi, mas valia a pena gastar um ou dois dias para examinar o fenômeno – que me fascinava tanto quanto as gangues de motociclistas que saíam das florestas de carvalho e das trilhas rurais para aterrorizar os aldeões; ou simplesmente para sentar em algum pub com teto de palha, evitando encarar as pessoas com seus rostos sujos e mal-humorados. Eu não levava a mal quando se recusavam a falar comigo. Eles não falavam com ninguém. Eram ingleses, eram campônios, eram tímidos. Só eram perigosos em grupo; individualmente eram bastante gentis e pareciam envergonhados de andar pela rua principal da pacata Haltwhistle usando casacos de couro com a inscrição HELL'S ANGELS ou OS MALDITOS.

Os grafites sugeriam que a Inglaterra – talvez toda a Grã-Bretanha – estava se transformando em um lugar mais pobre e mais violento. Era mais fácil perceber essa deterioração na costa e nos vilarejos provincianos do que em uma cidade grande. As mensagens tinham o objetivo de chocar, mas era praticamente impossível chocar a Inglaterra. Os grafites pareciam, portanto, apenas um aborrecimento, um insulto. E foi nesses termos que comecei a pensar no país. Se tivesse que descrever em apenas uma palavra a expressão do rosto da Inglaterra, eu diria: insultada.

Sra. Wheeney, a Hospedeira

Larne, na Irlanda do Norte, parecia tão estrangeira, tão escura e gotejante que eu esperava formalidades – alfândega e imigração. Mas não havia nem mesmo uma inspeção de rotina; apenas uma passarela e, do outro lado, a cidade úmida. Perambulei pelas ruas durante uma hora, sentindo-me como Billy Bones.* Minha atenção foi despertada por uma casa de aspecto sólido, que exibia em uma das janelas um letreiro com os dizeres: VAGAS. Eu havia passado por outras dez com um letreiro idêntico, mas senti que apenas aquela possuía quartos grandes e poltronas grandes.

– Veio na barca? – Era a sra. Fraser Wheeney, alisando o vestido, cabelos presos em um coque, rosto como o de um filhote de foca, boca amuada, olhos ternos, 65 anos. Estivera esperando a campainha tocar, sentada sob uma placa de madeira que ela mesma gravara, com os dizeres: ALEGRAI-VOS SEMPRE NO SENHOR. – Às 21h15, tocou. Estava passeando pela cidade?

A sra. Wheeney sabia tudo e sua casa de hóspedes era do tipo familiar – opressão e conforto combinados, como uma asfixia com travesseiros. Mas os negócios andavam péssimos. Apenas um dos quartos fora alugado. Ela podia se lembrar de uma época em que, assim que a barca atracava, ela tinha de recusar hóspedes! Isso fora antes dos problemas recentes, quanto mal eles haviam trazido! Mas a sra. Wheeney estava morrendo de cansaço e tinha outras coisas para pensar – como a tempestade furiosa da noite anterior.

– Trovões – vociferou ela. – Quase fiquei surda!

Estávamos subindo a escada sob um grande letreiro: POIS DEUS AMOU TANTO O MUNDO, e assim por diante.

– Fiquei arrepiada!

A casa estava cheia de móveis e tinha... quantos andares? Creio que quatro ou cinco. Vi alguns pianos, uma otomana, uma *bergère* e

---

* Billy Bones – personagem misterioso de *A Ilha do Tesouro*, de Robert Louis Stevenson, que no início do romance vagueia por uma cidade. (N. do T.)

entalhes com cenas do Velho Testamento, Noé talvez, e aqueles seriam Abraão e Isaac? A casa era escura, envernizada e reluzente; o cheiro de verniz ainda estava forte. Como era junho, apenas um quarto tinha a lareira acesa.

— E atravessou o telhado do meu vizinho — disse ela, ainda falando sobre a tempestade, os trovões e os relâmpagos.

Mais um lance de escadas, um tapete pesado, mais citações da Bíblia, uma poltrona no patamar.

— Só mais um — disse a sra. Wheeney. — É assim que eu faço exercícios. Mas foi terrível. Um dos meus hóspedes chorou...

Espelhos, armações com chifres, mais citações bíblicas, lambris de madeira. Notei que a sra. Wheeney tinha bigode. Ela continuava a falar sobre a chuva: como tinha sido forte. Depois avisou que o café da manhã seria servido às oito, mas ela já estaria de pé às seis. E como Belfast era uma cidade perigosa.

JESUS CRISTO VEIO AO MUNDO PARA SALVAR OS PECADORES era a citação pendurada sobre a minha cama, em um enorme quarto varrido pelos ventos. Minha cama parecia um trampolim. A sra. Wheeney estava dizendo que não tinha pregado o olho na noite anterior. Foi por causa dos trovões e da pobre alma do número oito, que estava morta de medo.

— É engraçado como a gente fica cansada quando perde uma noite de sono — disse ela. — Eu, por exemplo, estou louca para ir para a cama. Não se preocupe com o dinheiro. Você pode me dar as cinco libras amanhã.

A chuva recomeçou e martelava na janela com um ruído semelhante ao granizo. Quando se está em uma praia escura e chuvosa, qualquer estranho é bem-vindo. Eu estava feliz de estar entre aqueles estranhos.

Belfast

Logo percebi que Belfast era uma cidade terrível. Tinha uma aparência ruim – prédios depauperados, pessoas com expressão agressiva, um odor desagradável, grades demais. Todos os prédios que valiam a pena explodir estavam guardados por alguém com um detector de metal, que revistava as pessoas que entravam e abria suas bolsas. Isso acontecia por toda parte, até em prédios esquálidos, que não valeria a pena explodir; e a toda hora, nas estações de ônibus e de trem. No início, a rotina era tão assustadora quanto as bombas; depois fascinante, depois enlouquecedora, depois uma chatice. Mas havia se tornado parte da vida do Ulster – um grande desperdício de movimento. E a segurança parecia uma paródia, pois todos os lugares já estavam chamuscados e quebrados por explosões de bombas.

Era tudo tão horrível que quis ficar por algum tempo. Alguns forasteiros tomavam aquela demência doentia, aquele desesperado frenesi, por um sinal de saúde, sem saber que era a agonia da morte. Belfast fora sempre uma cidade odiada. "Não há aristocracia – nenhuma cultura, nenhuma graça, nenhuma diversão digna do nome", escreveu Sean O'Faolain em seu livro *Irish Journey* (Jornada na Irlanda). "Tudo se resume a grelhados mistos, uísques duplos, dividendos, cinemas, e pobres desabrigados andando pelas ruas, movidos pelo ódio." Mas se era verdade o que as pessoas diziam, que Belfast era realmente uma das piores cidades do mundo, então, com certeza, valeria a pena passar algum tempo lá, pois o horror é interessante.

Permaneci alguns dias, maravilhado com a decrepitude, e decidi retornar na semana seguinte. Nunca vira nada como aquilo. Havia uma elevada cerca de aço em torno do centro da cidade. Essa parte de Belfast estava intacta, pois, para entrar lá, era preciso passar por um posto de controle — uma roleta para pessoas, uma barreira para carros e ônibus. Mais detectores de metal, revistas e perguntas. As pessoas aguardavam em fila para poderem fazer compras, jogar bingo ou ir ao cinema.

Giant's Causeway*

Desenvolvi o hábito de perguntar o caminho, só para ouvir as explicações.

– Deixe eu pensar – disse-me um homem em Bushmills. Seu nome era Emmett, tinha uns 60 e poucos anos e vestia um velho casaco. Segurava um pedaço de toucinho, que pressionava em sua cabeça quando precisava refletir. Ele continuou:

– Tem uma ponte de madeira, embaixo do estacionamento. E tem outra adiante, uma ponte para caminhões. É, antigamente tinha caminhões para cima e para baixo! É, mas agora não tem mais. Vamos ver, você pode passar pela praia se a maré estiver baixa, mas ande do outro lado da grama. – Ele apertou o bacon no rosto. – Mas pode estar molhada!

– O que pode estar molhada?
– A grama – respondeu o sr. Emmett.
– Grama alta?
– Do tamanho normal.

Resolvi ir até a Giant's Causeway.

BOSWELL: Vale a pena ver a Giant's Causeway?
JOHNSON: Vale a pena ver? Sim, mas não vale a pena ir até lá para ver.**

Caminhei ao longo dos penhascos costeiros; depois, tomei um atalho por trás de um chalé, onde levei um susto com um cão de cabeça quadrada. A coisa peluda rosnou para mim e eu dei um pulo para me afastar, mas tropecei e caí sobre uma touceira de urtigas. Minhas mãos arderam durante seis horas.

---

* Em português, A Calçada do Gigante.
** James Boswell (1740-1795) – biógrafo do escritor Samuel Johnson (1709-1784), a quem acompanhou em muitas viagens, inclusive na Irlanda. (N. do T.)

A Giant's Causeway era um conjunto espetacular de promontórios de pedra e rochas em forma de colunas. Cada depressão, cada rochedo e cada contorno tem um nome extravagante. Essa singularidade costeira foi formada pelo resfriamento de lava, quando essa parte da Irlanda atravessou um período de vulcanismo. Andei um pouco por ali e fui até as ruínas do Dunseverick Castle – "que um dia foi a casa de um homem que assistiu à Crucificação" (segundo a lenda, seu nome era Conal Cearnach, um lutador irlandês que, por acaso, estava participando de um torneio de luta em Jerusalém no dia em que Cristo foi crucificado).

Os penhascos de basalto estavam cobertos de lesmas negras e gralhas; às sete da noite, o sol apareceu por entre as nuvens, tão forte quanto se estivesse nascendo, pintando listras rosadas no mar. Estava tudo muito quieto. O vento cessara. Não havia insetos, nem carros, nem aviões – apenas um rebanho de ovelhas balindo em uma pastagem sobre uma colina próxima. As enseadas estavam cobertas de gaivotas e fulmares que mergulhavam nas águas, mas os penhascos eram tão elevados que os grasnidos dos pássaros não chegavam ao topo. O sol brilhava no mar tranquilo. A oeste, sobre Inishowen Head, eu podia divisar os morros azulados de Crocknasmug. Sim, valia a pena ir até a Giant's Causeway.

A formação rochosa fora uma atração turística durante centenas de anos. Todos os que visitavam a Grã-Bretanha iam até o local para admirá-la. Tempos atrás, as linhas de bonde chegavam até lá, segundo me disse o sr. Emmett, em Bushmills. Mas os problemas políticos da Irlanda do Norte as inviabilizaram. A costa recuperou, então, seu primitivo aspecto rústico – só havia um quiosque vendendo cartões-postais onde antes se aglomeravam lojas barulhentas.

Aquela paisagem moldara a mentalidade e influenciara as crenças irlandesas. Era fácil olhar para aqueles promontórios e acreditar em gigantes. E atualmente, com as pessoas receosas de viajar muito, a paisagem, agora vazia, voltara a ser monumental.

Na Irlanda pagã, os monolitos eram tidos como túmulos de gigantes. As pessoas examinavam com atenção o meio ambiente – que nunca consideravam neutro, mas motivo de preocupação ou de alívio.

Algumas cavernas por ali tinham sido o lar de trogloditas. E me parecia haver alguma coisa, na atual desolação, que tornara o cenário novamente importante – devolvendo aos irlandeses seus antigos temores. Pois como poderiam permanecer em meio àquela beleza imponente sem se sentirem minúsculos?

O Futuro em Enniskillen

Algum dia todas as cidades vão ser assim, eu pensara em Belfast. O mesmo pensamento me ocorrera em Derry e agora em Enniskillen. O centro daqueles lugares era uma "área controlada", com entrada e saída. Todos os carros e todas as pessoas eram revistadas em busca de armas ou bombas; a segurança rigorosa significava que a vida na área controlada era pacífica e os prédios, de modo geral, estavam intatos. Era possível controlar o fluxo de trânsito e até evitar que gente demais entrasse. Parecia plausível que um sistema assim fosse adaptado a cidades, que de outra forma seriam incontroláveis. Não era difícil imaginar a ilha de Manhattan como uma grande área controlada, com diversas entradas e saídas; o Ulster me sugeria a possibilidade de que no futuro outras cidades fossem seladas.

Em Enniskillen, era exigido que pelo menos uma pessoa permanecesse dentro de cada veículo, na área de controle. Se um carro fosse deixado vazio ou abandonado, uma sirene soava e o centro da cidade era evacuado. Se o motorista fosse encontrado, recebia uma pesada multa; se nenhum motorista reclamasse o carro, o esquadrão antibombas entrava em ação. Esse sistema reduzira significativamente o número de carros-bomba em Enniskillen (a apenas 16 quilômetros da fronteira). O último carro-bomba explodira havia dois anos, quando a parte mais bonita da Church Street fora reduzida a fragmentos. Mas fora um erro perdoável, segundo os soldados. O carro *parecia* ter uma pessoa dentro: como poderiam saber que era um boneco?

Willie McComiskey, que se intitulava vendedor de frutas, disse-me que Enniskillen andava muito tranquila ultimamente – nenhuma bomba, não muitos incêndios e apenas uns poucos carros emboscados.

– O que eles fazem, veja bem, é ir até fazendas isoladas perto da fronteira. Então fuzilam o fazendeiro.

Ele parecia imperturbável enquanto falava, descrevendo como os homens eram às vezes assassinados diante de suas famílias – a mulher e os filhos olhando.

Perguntei-lhe como se sentia a respeito disso. Ele respondeu com a mesma voz inexpressiva:

— Ora, não se faz isso nem com um cachorro.

— Então o que você acha desses pistoleiros?

— Eu odeio essa gente – respondeu ele. E começou a sorrir. Que perguntas absurdas eu fazia! O sentimento não poderia ser outro. Ele ficava constrangido em ter de explicar o óbvio.

— Nós aqui somos oitenta por cento britânicos – disse ele. – Não podemos ser unificados à Irlanda. Um protestante não teria nenhuma chance. Não arranjaria emprego.

Então McComiskey era protestante; sua ênfase era na religião.

— Mas eu não creio que o IRA esteja querendo a unificação. Eles não sabem o que querem.

De Enniskillen andei na direção sul até o Upper Lough Erne, um dos dois enormes lagos do condado de Fermanagh. O sol apareceu enquanto eu andava. Um leiteiro que encontrei disse:

— O tempo está sendo camarada conosco.

Não se ouvia nenhum som naquelas estradas vicinais, exceto o eventual grasnido de um corvo. Encontrei um hotel perto do vilarejo de Bellanaleck. Agora o sol batia em cheio nos bosques verdes e no lago. O hotel tinha sessenta quartos. Achei que era o único hóspede, mas, no dia seguinte, durante o café da manhã, vi dois franceses de galochas altas – eram pescadores.

— Eu tenho de revistar o senhor para procurar bombas – disse Alice, a camareira.

Seguiu-me até meu quarto e olhou apreensiva para dentro da minha mochila.

— Eu não sei bem como é uma bomba – comentou ela.

— Você não vai achar nenhuma aí – informei. – São só roupas velhas...

— E livros – disse ela. – E cartas.

— Não há nenhuma carta-bomba.

— Eu tenho de verificar mesmo assim – replicou ela.

Saí para dar uma volta. Era uma área totalmente rural. A dupla de lagos dividia metade daquela parte do Ulster. As pessoas passavam semanas nas cabines de barcos turísticos; principalmente alemães. Já não havia turistas ingleses na região.

— Os ingleses começaram a acreditar no que viam na televisão — disse Bob Ewart. — Eles realmente pensaram que todo aquele negócio de bombas e assassinatos era verdade!

Ele mesmo era de Nottingham.

— Já estou morando aqui há 14 anos e ainda não vi ninguém furioso.

Naquela noite, o filme na televisão era *Vampiros de Almas*. Eu o assisti com os funcionários do hotel. Era um filme de terror em que o mundo era conquistado por germes alienígenas. Os irlandeses disseram que era amedrontador e, claro, foram dormir felizes. Então me ocorreu que um filme de terror só poderia fazer sucesso se o motivo do terror fosse algo absurdo — como alguém dizendo "Buuu!". O verdadeiro terror estava acontecendo em muitas cidades do Ulster: bombas, assassinatos, pessoas tendo as mãos decepadas, homens acusados de deslealdade levando tiros nos joelhos, garotas sendo cobertas de piche e penas por se relacionarem com soldados. Essa era a verdade e — ao contrário do filme de terror de Hollywood — era mais que assustadora: era insuportável.

No dia seguinte, um homem chamado Guilfoyle me falou sobre certo tipo de crime que estava sendo cometido nas áreas rurais — a mutilação de gado. Eu não sabia do que ele estava falando. Ele explicou que, para se vingar dos fazendeiros, alguns dos republicanos entravam sorrateiramente nos pastos, durante a noite, e cortavam fora as tetas das vacas.

Mooney's Hotel

Em Belfast, fiquei em um hotel sujo e úmido, cujo papel de parede cheirava a fumaça de tabaco, cerveja e gordura. Mas não houve nenhuma revista ali. Eu tinha sido revistado em Enniskillen, uma cidade onde nenhuma bomba explodia havia anos. E seria revistado se ficasse no grande Europa Hotel, que era rodeado por uma alta cerca de arame farpado – e tinha sentinelas e cães de guarda. Os turistas e jornalistas ficavam no Europa – era um bom alvo para bombas. Mas ninguém importante ficava no Mooney's Hotel.

Eu o chamava de Mooney's porque se parecia muito com o albergue da sra. Mooney, no conto "A Pensão", de James Joyce. Assim como a personagem do conto, a nossa sra. Mooney tinha um rosto largo e corado, braços gordos e mãos avermelhadas; e também cuidava de caixeiros-viajantes e andarilhos. Os tapetes do hotel estavam esfarrapados, o madeiramento, lascado, e o papel de parede, descascando. Mas eu tinha liberdade de movimentos, o que não aconteceria em um hotel caro. Achei também que, naquele imundo estabelecimento, estaria a salvo. Era a lógica de Belfast. Mas eu tinha certeza de que seria também um estilo de vida que se tornaria comum nas cidades do futuro.

O bar do Mooney's permanecia cheio durante toda a noite, enchendo o prédio de fumaça e burburinho.

– Quando é que o bar fecha? – perguntei na minha primeira noite.

– Em outubro – respondeu um homem que estava bebendo lá. E riu.

Ninguém no Ulster admitia que infringia a lei. O máximo que diziam era: "Olha o que eles nos obrigam a fazer!" Era como se toda a violência das ruas fosse imaginária, ou engendrada pelos soldados que (era o que se dizia em Derry)* incitavam crianças a fazer tumultos. Era uma coisa escorregadia, sombria, tribal: tudo era clandestino. Empunhar

---

* Derry, ou Londonderry – segunda cidade mais populosa da Irlanda do Norte. (N. do T.)

bandeiras fazia parte da tradição popular. A intolerância religiosa era do tipo mais mesquinho que se poderia encontrar a oeste de Jerusalém: o Linfield Football Club, de Belfast, tinha uma cláusula em seu estatuto estipulando que nenhum católico poderia jogar no time. Com exceção das bombas, os crimes já não eram públicos. Eram emboscadas furtivas, assassinatos nas soleiras das portas ("Trouxe uma coisa para o seu pai") e minas terrestres nas trilhas rurais. Alguns dos piores crimes ocorriam nas mais belas áreas rurais – tiroteios, casas incendiadas, gado mutilado –, nas colinas verdejantes, ao som do canto dos pássaros.

As pessoas diziam: "Não tem jeito... A Irlanda sempre teve problemas... Talvez isso passe... Acho que a gente poderia emigrar..."

E eu pensava: "Esta é a Grã-Bretanha!"

Era como estar em meio a uma discussão de família, ouvindo gritos como "Foi você quem começou!" e "Ele me bateu!". Eu sentia a respeito do Ulster o mesmo que sentira nas casas de hóspedes na costa sul, em dias chuvosos – uma vontade de andar na ponta dos pés até a porta, sair discretamente e ir embora.

Mas também me sentia grato. Ninguém tentara me impressionar. Eu apenas fizera perguntas e obtivera respostas interessantes. Encontrara pessoas hospitaleiras e decentes. Ninguém nunca me perguntou o que eu fazia para viver. Talvez por polidez: seria uma pergunta inconveniente em um lugar onde tantas pessoas viviam do seguro-desemprego.

Haviam feito a pergunta na Inglaterra e no País de Gales. "Trabalho com editoras", era o que eu sempre dizia. Editoras eram respeitáveis, inofensivas e incontroversas. E o assunto mudava. "Sou escritor" seria uma revelação fatal, e certamente poria fim à conversa. De qualquer forma, ao me ver de sapatos molhados, casaco de couro puído e mochila sovada, quem acreditaria que eu era escritor? Mas ninguém sabia como era a aparência de um editor.

Em minha última noite em Belfast, alguém me fez a pergunta. Eu estava no Mooney's conversando com o sr. Doran. Fizera muitas perguntas a respeito de sua criação, sua mãe, suas ambições, seu emprego, o índice de criminalidade...

– E você faz o quê? – perguntou Doran, levantando a questão que todos estavam evitando.

Obviamente, eu devia fazer alguma coisa. Era de fora.

– Trabalho com editoras – disse eu.

O rosto de Doran se iluminou. Em sete semanas que dei essa resposta, nunca ninguém teve uma reação tão entusiástica. Mas era a Irlanda.

– Estou escrevendo um romancezinho – disse Doran, pedindo outra caneca de cerveja. – Já escrevi umas quatrocentas páginas... está lá no meu quarto. Vamos nos encontrar amanhã e tomar mais umas cervejas. Vou trazer o romance. Você vai adorar. É sobre os problemas daqui.

No dia seguinte, passei na ponta dos pés pela porta do quarto de Doran. Ouvi seu ronco. Esgueirei-me para fora do Mooney's e deixei o Ulster.

Cape Wrath

Algumas fantasias nos preparam para a realidade. As íngremes e pontiagudas Cuillins eram como montanhas de um livro de histórias – tinham o aspecto fantástico de uma paisagem de conto de fadas. Mas o Cape Wrath, na costa noroeste da Escócia, era inimaginável. Era um desses lugares, pensei, onde qualquer viajante se sente como um descobridor que está vendo o lugar pela primeira vez. Não há muitos lugares assim no mundo. Era como se eu tivesse penetrado em uma fortaleza de montanhas e pântanos, depois de dois meses de busca, e descoberto algo novo. Então, até aquele velho reino superexplorado tinha um trecho secreto de orla marítima! Senti-me muito feliz no Cape Wrath. Gostei até de seu nome ambíguo.* Não queria sair de lá.

Havia outras pessoas na área: uma atarefada povoação de pescadores e criadores de ovelhas; uma comunidade de jovens egressos da sociedade convencional, que fabricavam panelas, bijuterias e colchas na extremidade da baía de Balnakeil. Havia pescadores e pessoas acampadas também; de vez em quando, um avião marrom passava acima e jogava bombas em uma das praias de Cape Wrath, onde o exército possuía um campo de treinamento. Mas o tamanho do lugar absorvia facilmente tudo isso. As pessoas estavam perdidas na paisagem e, como todos que chegam a um lugar especial, eram reservadas e um tanto desconfiadas com estranhos.

Somente os verdadeiros nativos eram amistosos. Eram montanheses durões e não se enquadravam em nenhum tipo escocês que eu conhecia. Não tinham nem mesmo um sotaque escocês reconhecível. Eram corteses, hospitaleiros, trabalhadores e divertidos. Resumiam o que de melhor havia na Escócia, o forte orgulho cultural que não se confundia com nacionalismo político. Eram confiantes e independentes. E os escoceses das terras baixas diziam que eram teimosos. Eu admirava seu senso de igualdade, seu desprezo por classes sociais e seu modo

---

* *Wrath* significa "ira". (N. do T.)

gentil de tratar as crianças e os animais. Eram tolerantes e confiáveis – e nada disso estava relacionado a bobageiras de gaitas de fole, *sporrans** e tribalismo melodramático que sir Walter Scott transformara em culto nas Terras Altas da Escócia. O que eu mais gostava neles é que eram autossuficientes. Eram as únicas pessoas que vira em toda a costa britânica que estavam cuidando de si mesmas.

Era uma região cheia de montanhas, com espaços entre elas – alguns vales e pântanos –, e cada montanha era isolada. Para descrever a paisagem seria necessário descrever cada montanha isoladamente, pois cada uma era única. Mas o solo não era muito fértil, os carneiros eram pequenos, a grama, rala, e nunca consegui andar muito sem encontrar um cadáver – lã em volta de ossos, agitada pelo vento, dentes à mostra em um crânio.

– Olhe – um pastor chamado Stephen me disse, enquanto estávamos em uma das encostas.

Um pássaro semelhante ao abutre estava circulando acima.

– É uma gralha-cinzenta – disse Stephen. – São criaturas desesperadas. Em um lugar como este, sem nenhum abrigo, nem ninguém por perto num raio de quilômetros, elas veem um cordeiro, arrancam seus olhos com os bicos e ficam esperando lá em cima, com toda paciência. O bicho fica perdido, não consegue encontrar a mãe, vai enfraquecendo. Então as gralhas-cinzentas arremetem e fazem picadinho do cordeiro. É um pássaro terrível.

Ele disse que eram aquelas aves de rapina, não o clima, que matavam os cordeiros. O lugar era frio, mas não excessivamente. No inverno, havia pouca neve, embora os ventos fossem fortes – os que vinham do leste eram geralmente congelantes. Sempre havia pássaros pairando no vento – corvos, falcões, ostraceiros de longos bicos alaranjados e grasnidos engraçados, cormorões de pescoços compridos e cartaxos gaguejantes.

Podia ser uma paisagem lúgubre, principalmente em um dia úmido, com os ossos espalhados brilhando nos rochedos pardacentos e o vento arranhando as urzes. Fiquei surpreso de me sentir feliz em um

---

* *Sporran* – bolsa de couro usada na indumentária tradicional escocesa. (N. do T.)

lugar com tão poucas árvores – na verdade, não havia nenhuma. Não era um cenário pitoresco, e fotografá-lo era quase impossível. Assombrosamente vazio, parecia um recanto de outro planeta e, às vezes, tinha um aspecto diabólico. Mas eu gostava do lugar exatamente por isso. E mais importante: eu me sentia seguro ali. A paisagem era como um monstro de aparência feroz que me oferecia proteção. Estar em Cape Wrath era como possuir um dragão de estimação.

Visita Real

Tentei pedir carona para chegar a Anstruther a tempo de ver a rainha, mas ninguém parava. Encontrei um empregado de fazenda andando na estrada. Estava vindo de St. Andrews. Tinha ido até lá por causa da visita real.

– Eu vi a rainha – disse ele, retesando os ombros ao lembrar disso.

– Como era ela?

Ele endireitou os ombros novamente. Seu nome era Dougie. Usava botas de borracha. Disse:

– Ela estava pensando muito.

Dougie vira algo que ninguém mais vira.

– Ela estava preocupada. O rosto estava cinza. Ela não estava feliz.

– Pensei que estivesse feliz com o novo neto – eu disse.

Dougie discordou.

– Acho que ela estava preocupada com alguma coisa. Eles também se preocupam. É, é um emprego terrível.

Ele começou a andar lentamente, como para demonstrar sua solidariedade para com a sobrecarregada rainha. Eu comentei:

– Ser rainha da Inglaterra tem suas vantagens.

– Algumas vantagens e algumas desvantagens – replicou Dougie. – Acho que metade é um mundo de sonhos e metade, um pesadelo. É um aquário. Não tem nenhuma privacidade! Ela não pode nem tirar uma meleca do nariz sem ser observada.

Dougie disse isso de modo angustiado, e, embora eu não tenha comentado, achei curioso o fato de ele se perturbar com o fato de que a soberana não pudesse limpar o nariz sem ser observada.

Ele então começou a falar sobre programas de televisão. Disse que o seu favorito era *Os Gatões*, que mostrava badernas no sul dos Estados Unidos. Aquele empregado de fazenda escocês, em Fifeshire, disse que gostava da série por causa da maneira com que o personagem Roscoe falava com seu chefe. Achei isso muito engraçado. O humor americano era às vezes difícil de entender, disse ele, mas todos os empregados das fazendas da Escócia achavam Roscoe divertido, por causa de seu jeito.

Por fim, um ônibus passou. Fiz sinal e ele parou. Estava vazio. Eu disse que queria ir a Anstruther para ver a rainha.

– É. Ela está almoçando lá – disse o motorista.

Eu me perguntei onde seria.

O motorista sabia.

– No Craw's Nest. É um pequeno hotel na Pittenweem Road.

Ele me deixou mais adiante na estrada, e eu segui os galhardetes até Anstruther, com a mesma animação que sentira em St. Andrews – a excitação causada pela visita real. A atmosfera era de feriado. As escolas haviam cancelado as aulas. As lojas estavam fechadas e os pubs, abertos. Alguns homens usavam kilt. As pessoas conversavam em grupos; pareciam contar umas às outras o que acabara de acontecer: a rainha já havia passado e estava indo para o Craw's Nest.

Tomei um atalho pelas areias da baía e cheguei a um hotel de aspecto comum – mas recentemente pintado e enfeitado com bandeiras do Reino Unido. Vi mais alguns homens de kilt – tinham uma postura admiravelmente ereta: nunca relaxavam e raramente sentavam.

– Ela acabou de sair – disse um deles. Seu nome era Hector Hay McKaye.

Mas ainda havia alguma coisa dela no local, como um perfume, que é sempre mais forte quando uma mulher sai repentinamente. No caso dela era alguma coisa pairando, como um eco.

O sr. McKaye se virou para os amigos e disse:

– Tinha dois policiais na cozinha.

Pareceu-me que, se a rainha e o príncipe Philip haviam almoçado lá, a comida deveria ser boa. Eu raramente comia bem nas minhas viagens, não que isso importasse muito: comida é um assunto dos mais chatos. Decidi passar a noite no Craw's Nest. E aquele hotel, que acabara de ser abençoado pela visita real, era muito mais barato do que qualquer hotel em Aberdeen.

– Ela não quis a entrada – informou a garçonete Eira. – Pediu o prato de peixe, hadoque à Mornay. Depois, rosbife, brócolis e cenouras.

E morangos frescos com creme, para sobremesa. Nosso chef fez tudo pessoalmente. Foi uma refeição simples e boa. O menu foi impresso em uma folha com ornamentos dourados.

Muito se falou dessa comida boa e simples. Uma comida tipicamente inglesa: um prato de peixe, uma carne assada, dois vegetais cozidos e uma fruta de sobremesa. Famílias de classe média em Anstruther – e em todo o país – almoçavam isso todos os domingos. "Ela é como nós", diziam as pessoas sobre a rainha, "mas é claro que trabalha muito mais!".

Para um estrangeiro, era difícil entender que aquela era essencialmente uma monarquia de classe média. Respeitáveis filisteus, o casal real gostava de animais, esportes campestres e espetáculos de variedades. Nunca mencionavam livros, mas eram famosos por preferirem determinados programas de televisão. Jornais haviam publicado fotos do Real Aparelho de Televisão: tinha uma tela grande e uma espécie de xale em cima, mas era igual a qualquer um que se pudesse comprar. Ao longo dos anos, a rainha adquirira uma aparência mais perspicaz e se transformara em uma sogra equilibrada e uma avó bondosa. O príncipe Philip era amado por ser irascível e famoso por seus comentários rabugentos. Usava a palavra "porra" em público e, assim, era difícil alguém encontrar algum defeito nele. A rainha era seu oposto, parecia se tornar menor e mais flácida, enquanto ele se tornava maior e mais duro – uma impressão reforçada por sua franqueza. A rainha e o príncipe constituíam um casal harmonioso, mas sua imagem era menos a de um casal real que a de um bem-sucedido casamento de classe média.

No saguão do hotel, estavam sendo vendidos suvenires da Visita Real. Como eles tinham achado tempo para preparar todos aqueles pesos de papel, medalhões, abridores de cartas e cartões-postais com a inscrição CRAW'S NEST HOTEL – LEMBRANÇA DA VISITA REAL?

– Nós soubemos da visita em janeiro, mas tivemos de manter segredo até maio – explicou Eira. – Ficamos rezando para nada dar errado. Achamos que a visita poderia ser cancelada por causa da guerra das Falklands.

Portanto, eles tinham passado quase sete meses arrumando o lugar e preparando suvenires. O almoço real durara uma hora.

Naquela noite, foi realizada uma festa comemorativa no estacionamento do hotel. Era um modo de agradecer. O hotel convidou a cidade toda, ou melhor, duas cidades: Anstruther do leste e Anstruther do oeste. Foi uma festa retumbante – animada por um conjunto de rock, oito gaitas de fole e algumas baterias –, que se prolongou até as duas da manhã, com centenas de pessoas bebendo, dançando, comendo salsichas e peixe com fritas. Fardos de feno foram dispostos para servir de assento. A banda era ruim, mas ninguém parecia se importar. Havia gente idosa, famílias, bêbados e cães. Garotos fumavam cigarros, deliciados, e surrupiavam cerveja do hotel. Garotas dançavam umas com as outras, porque os rapazes da cidade, envergonhados demais para dançar, reuniam-se em pequenos grupos e fingiam ser durões. Uma agradável sensação pairava no ar, com toda aquela alegria e hilaridade, algo festivo, mas também exaustivo. Nada daquilo era fingimento; a atmosfera era idêntica à de uma aldeia africana se divertindo.

As faxineiras estavam cochichando na manhã seguinte.

– Eu não conseguia acreditar – disse a sra. Ross. – Não parecia real. Era como num sonho.

– O que diria Willie Hamilton? – perguntei.

Willie Hamilton era o representante do distrito no Parlamento, conhecido por defender a abolição da monarquia.

– Willie Hamilton que se dane.

Turistas

Rosalie e Hugh Mutton colecionavam ferrovias preservadas. Tinham viajado na Romney, na Hythe e na Dymchurch; na Ravenglass; em todas as linhas galesas; e muito mais. Adoravam trens a vapor. Dirigiam centenas de quilômetros em seu Ford Escort para andar em um deles. Eram membros de uma sociedade de preservação dos trens a vapor. A ferrovia North Norfolk, onde estávamos, lhes lembrava a linha de Shepton Mallet. A sra. Mutton disse:

— Onde está o seu casaco?

— Eu não tenho um casaco marrom, tenho? – disse o sr. Mutton.

— E por que está usando marrom?

— Não posso vestir azul o tempo todo, posso?

Rhoda Gauntlett estava na janela. Ela disse:

— O mar está tão bonito. E esse gramado. É um campo de golfe.

Olhamos para o campo de golfe; estávamos em Sheringham.

— Eu fico confusa em um campo de golfe – disse a sra. Mutton. – A gente anda malditos quilômetros. Como se pode saber para onde ir?

Nosso trem, que fazia o pequeno trajeto de 15 minutos a partir de Weybourne, era o único em funcionamento na Grã-Bretanha naquele dia. Fazia sol em Sheringham – havia cerca de mil pessoas na praia, mas apenas duas estavam na água. Por conta da greve ferroviária, todos aqueles turistas tinham vindo de carro.

Três senhoras idosas caminhavam pela calçada à beira-mar. Tinham forte sotaque do interior, provavelmente de Norfolk. Eu nunca conseguia identificar com exatidão aqueles sotaques.

— Eu devia ter colocado meu chapéu florido.

— O frescor do ar está fazendo meus olhos lacrimejarem.

— Podemos dar uma olhada na Woolworth depois do chá.

Estavam passando um dia à beira-mar. Depois voltariam para seus chalés em Great Snoring. Elas não eram como os outros, que sentavam atrás de quebra-ventos de lona ("oitenta *pence* por dia") para ler: CAMINHÃO DESGOVERNADO MATA QUATRO; ou ASSASSINO DE ESPOSA PEGA TRÊS ANOS (ela zombara dele por causa de dinheiro; ele não ganhava muito; estourara os miolos dela com um martelo; "Você já sofreu demais", disse o juiz); ou CRIANÇA DE BLUNDESTON ESPANCADA (garotinho todo machucado e com uma perna quebrada; "Ele caiu da cadeira", dissera a mãe; um ano, dependendo de avaliação psiquiátrica). Muitos estavam agachados, fumando cigarros. Ou se deitavam sob o sol brilhante, usando capas de chuva. Ou permaneciam de pé, em roupa de banho. Tinham a pele muito branca, com veias azuladas.

A maré estava baixa, então andei até Cromer pela areia. Os penhascos amarelados eram como barrancos de uma pedreira, cortados verticalmente pela erosão. A meio caminho entre Sheringham e Cromer, não havia ninguém, pois os ingleses, caracteristicamente, nunca se afastavam muito de seus carros. Até as praias mais lotadas da costa inglesa ficavam vazias nas áreas entre estacionamentos. Encontrei apenas um homem, Collie Wylie, um colecionador de pedras. Ele estava arrancando pedaços cor de âmbar dos barrancos das margens. Belamitas, ele os chamava.

– Pegue esse – disse ele. – Tem entre 5 e 8 milhões de anos.

Avistei uma antiga casamata na areia. Estivera antes no topo do barranco. Dentro dela, os homens da guarda nacional esperavam pelos alemães.

– Os alemães adorariam nos pegar desprevenidos.

Mas os barrancos macios estavam desmoronando, e a casamata escorregara até uma distância de 30 metros. Agora estava meio afundada na areia, um pequeno artefato da guerra, enterrado até as seteiras.

Cheguei a Cromer. Um velho de casaco ensebado estava sentado em um quebra-mar de madeira na praia, lendo uma revista em quadrinhos sobre guerras no espaço cósmico.

* * *

O *Seaside Special* de 82* estava sendo realizado no Pavilion Theatre, no final do cais de Cromer. Era a temporada de verão, de julho a setembro, e havia shows todos os dias, com exceção dos domingos, e duas matinês. Eu nunca tinha assistido a nenhum desses espetáculos. Como estava chegando ao fim da minha excursão em círculo, decidi permanecer em Cromer e assistir ao show. Encontrei um hotel. A cidade estava muito vazia. Cromer tinha uma espécie de charme atrofiado, um aspecto eduardiano, com terraços de tijolos vermelhos, hotéis de tijolos vermelhos e as gaivotas mais barulhentas de Norfolk.

Naquela noite no Pavilion Theatre não havia mais que trinta pessoas na plateia, o que era patético, pois havia nove pessoas no palco. Mas assisti-los era como observar a vida secreta da Inglaterra — suas ansiedades nas piadas sem graça, suas tristezas nas velhas canções.

— Levantem as mãos os que não estiverem trabalhando — disse um comediante.

Algumas mãos se levantaram (de oito a dez), mas se abaixaram rapidamente, antes que eu pudesse contá-las. Afinal, era uma confissão terrível.

O comediante já estava rindo.

— Tomem algumas pílulas de Beecham's — disse ele. — Com elas, alguma coisa em vocês vai voltar a trabalhar.**

Houve mais algumas piadas, péssimas como essa. Depois, surgiu uma cantora de voz suave, que cantou "The Russian Nightingale" (O rouxinol russo). Ela encorajou os espectadores a acompanhar o refrão, o que eles fizeram timidamente.

> *Let him go, let him tarry,*
> *Let him sink, or let him swim.*
> *He doesn't care for me*
> *And I don't care for him.****

---

* O *Seaside Special* (Especial à beira-mar) era um espetáculo de variedades, produzido para a televisão pela BBC. Cada bloco de apresentações era filmado em alguma famosa localidade praiana da Grã-Bretanha. (N. do T.)

** Pílulas de Beecham's (*Beecham's Pills*) — conhecidas pílulas laxativas fabricadas na Inglaterra até 1998. (N. do T.)

*** Deixem-no partir, deixem-no ficar / Deixem-no afundar, ou deixem-no nadar / Ele não liga para mim / E eu não ligo para ele.

Os comediantes retornaram. Haviam trocado de figurino. Antes, estavam usando chapéus moles; agora, usavam chapéus-coco e flores na lapela que esguichavam água.

– Nós costumamos colocar esterco nos nossos morangos.
– Nós botamos creme nos nossos!

Ninguém riu.

– Você tem fósforos?
– Sim, e são fósforos bem britânicos.
– Como é que você sabe?
– Porque não acendem, estão em greve!

Uma criança na primeira fila começou a chorar.

Entraram as dançarinas. Eram garotas bonitas e dançavam bem. O cartaz do espetáculo as chamava de "Nossas Bonecas". Mais cantores apareceram e foi anunciado "Um Tributo a Al Jolson": nove números em que os cantores se apresentavam com o rosto pintado de preto.* Nos Estados Unidos, os artistas poderiam ser expulsos da cidade por esse tipo de coisa; em Cromer, a plateia aplaudiu. Al Jolson era uma lembrança querida, e sua interpretação de "Mammy" costumava ser tocada nas revistas musicais britânicas. Ninguém na Inglaterra parecia se cansar de shows desse tipo, em que os artistas se apresentam com o rosto pintado de preto – e eles ainda eram apresentados no país durante os anos 1970.

A Guerra das Falklands havia terminado havia menos de um mês. Mas na segunda metade do *Seaside Special*, foi apresentado um quadro em que aparecia um general argentino mostrado como um paspalhão, vestindo um uniforme malcortado, que dizia:

– Como você ousa me insultar!

Eu podia ouvir as ondas batendo contra os pilares metálicos do cais.

"Você chegou e entrou em minha vida", um homem cantava. Era uma canção de amor. Os espectadores pareceram não gostar. Gostaram mais de "California Here I Come" e "When I Grow Too Old to

---

* Al Jolson (1886-1950) – cantor americano nascido na Lituânia que se notabilizou por suas apresentações com o rosto pintado de preto. Foi assim que apareceu em *O Cantor de Jazz* (1927), o primeiro filme sonoro da história do cinema. (N. do T.)

Dream", cantadas por um homem chamado Derick, de Johannesburgo. O programa dizia que ele havia se apresentado "nas maiores casas de shows da África do Sul e da Rodésia". Dizer "maiores casas de show do Zimbábue" não seria a mesma coisa, pois daria a ideia de tambores e florestas tropicais.*

Um dos comediantes reapareceu. Eu estava começando a ter medo daquele homem. E percebi que tinha razão quando ele tocou o Concerto de Varsóvia, parando a cada momento para contar piadas sem graça. – Serão oitenta amanhã – ele disse. – Quarenta de manhã e quarenta à tarde.

As piadas não tinham graça, mas a música era agradável e os cantores tinham vozes excelentes. Na verdade, quase todos os artistas eram talentosos. Eles fingiam estar tocando para uma casa cheia – não para as trinta pessoas sentadas em silêncio no teatro que ecoava. E transmitiam a impressão de que estavam se divertindo. Mas não havia como se divertir diante de todos aqueles assentos vazios. A própria Cromer era muito monótona. Eu presumia que aqueles artistas fossem miseravelmente pagos. Gostaria de saber mais sobre eles. Considerei a ideia de enviar uma mensagem para uma das garotas do coro. Escolheria um nome do programa. Millie Plackett, aquela de coxas sacolejantes. "Millie, é para você! Talvez seja a sua grande chance!" *Me encontre depois do show no Hotel de Paris...* Esse era realmente o nome do meu hotel, uma agradável pilha de tijolos e estuque. Mas eu não tinha a aparência exigida para o papel. Com meu casaco de couro arranhado, minhas calças de brim rasgadas e meus sapatos sebentos, creio que Millie Plackett poderia interpretar mal minhas intenções.

Permaneci até o término do espetáculo, quando finalmente admiti que me divertira. Um dos quadros foi de um tipo que achei irresistível – o do mágico cujos truques dão errado e ele acaba com ovos quebrados na cartola e com o baralho errado nas mãos. Havia sempre uma preparação cuidadosa e, de repente, a súbita derrocada. "Presto", dizia ele, e o truque falhava. O truque final, que parecia perigoso, funcionou maravilhosamente, o que foi completamente inesperado.

---

* Rodésia – nome do Zimbábue até 1980. (N. do T.)

A canção mais triste ficou para o final. Era uma canção de amor, uma coisa piegas de Ivor Novello, cantada na extremidade de um cais que tremia com as ondas. Mas no contexto atual soava nacionalista. Eu já a escutara ao longo da costa. Não era nova, mas era o número mais popular naquele ano:

> *We'll gather lilacs in the spring agine,*
> *And walk together down a shady line...**

---

* Voltaremos a colher lilases na primavera / E a caminhar à sombra dos bosques...

Típico

No meu último e longo estirão, contornando o lombo da Inglaterra na costa de Norfolk e entrando em Suffolk, pensei: "Na Grã-Bretanha, cada relevo é diferente, e cada quilômetro tem sua personalidade." Eu dizia Blackpool e as pessoas comentavam: "É incrível!" Eu dizia Worthing e elas diziam: "É especial!" O caráter estava fixado e, embora poucos lugares costeiros fizessem jus à reputação, todos eram únicos. Haviam tornado um prazer minha excursão em círculo, pois sempre valia a pena partir de manhã. O que vinha à frente poderia ser ruim, mas era sempre diferente; a cidade portuária mais lúgubre e desfolhada podia estar a cinco minutos de uma baía verdejante.

Essa era a razão pela qual o termo "típico" era considerado incorreto na Inglaterra. Mas havia algo de típico na costa – que, para um estrangeiro, poderia parecer tão fascinante quanto as mesquitas do Golden Horn.

Havia sempre uma esplanada com um coreto, um memorial de guerra, um jardim de rosas e um banco com uma pequena placa com os dizeres: EM MEMÓRIA DE FULANO DE TAL. Sempre havia uma estação de barcos salva-vidas, um farol, um cais, um campo de golfe, um campo de críquete, um campo de boliche, um lago com barcos e uma igreja descrita pelo guia como de estilo perpendicular. A banca de jornal vendia dois tipos de cartões-postais: um mostrando filhotinhos de gatos; outro, garotas gorduchas na arrebentação das ondas. Havia também uma coleção de cartões desenhados, com legendas levemente obscenas. O quiosque de suvenires vendia balas. E a imobiliária local anunciava uma cabana horrível como um "chalé-bangalô charmoso, na rota dos ônibus, vista soberba, ideal para casais aposentados". Havia sempre um parque de diversões, que nunca era divertido. Os video games estavam sempre mais ocupados que os fliperamas e as máquinas caça-níqueis. Havia invariavelmente um restaurante indiano chamado Taj Mahal, cujos proprietários vinham sempre de Bangladesh. Das três lojas de peixe com fritas, duas eram de gregos e a terceira estava sempre fechada. O restaurante chinês, Jardins de Hong Kong, estava sempre vazio; COMIDA PARA VIAGEM, dizia o letreiro. Havia quatro pubs: um deles era o Leão Vermelho; o maior de todos pertencia a um londrino mal-humorado que estivera no exército. "Ele é um verdadeiro *cockney*",* diziam as pessoas.

PARA O CENTRO DA CIDADE, dizia um letreiro no Calçadão da Praia, onde havia um vaso de gerânios. CAMPO DE GOLFE, dizia outro. E um terceiro: SANITÁRIOS PÚBLICOS. Um homem ficava de pé à porta do toalete assinalado CAVALHEIROS e tentava atrair a atenção de quem entrava, mas sem dizer nada. Um homem com um esfregão ficava de pé à porta do toalete de SENHORAS. Fora da cidade, havia um condomínio de casas chamado Happy Valley. Os americanos haviam acampado lá durante a guerra. Mais adiante, chegava-se a um estacionamento de trailers chamado Golden Sands. O melhor hotel era o The Grand, e o mais pobre, o Marine. E havia uma hospedaria chamada Bellavista. O melhor lugar para ficar era um *bed & breakfast* chamado The Blodgetts. Charles Dickens passara uma noite no The Grand. Wordsworth caminhara pelas colinas adjacentes. Tennyson passara um verão em uma casa imponente perto da faixa de areia chamada The Strand. E um político obscuro morrera em uma espelunca. Um assassino famoso (tinha envenenado lentamente a mulher) fora preso enquanto andava à beira-mar com sua jovem amante.

A parte lamacenta da orla era chamada de Flats (baixios); a parte pantanosa, de Levels (planícies); a parte pedregosa, de Shingles (seixos); a parte de cascalhos, de Reach (limite). E qualquer coisa a cerca de um quilômetro e meio era sempre chamada de Crumbles (entulhos). A Mansão, outrora muito imponente, era agora uma creche. Na época da Páscoa, duas gangues de Londres brigavam no calçadão da praia. A cidade tinha uma longa história de contrabando, uma baía chamada Smugglers' Cove, angra dos contrabandistas, e um pub chamado Smugglers' Inn, a taverna dos contrabandistas.

Dos quatro promontórios nas cercanias, o primeiro era parte de um campo de golfe privado. O segundo era propriedade do Patrimônio

---

* *Cockney* – nome que recebem os londrinos do East End. (N. do T.)

TÍPICO

Histórico e tinha uma trilha lamacenta com degraus de madeira nas partes mais inclinadas. O terceiro – o mais grandioso – era usado pelo Ministério da Defesa como campo de testes, e estava assinalado como ÁREA DE RISCO nos mapas oficiais da Grã-Bretanha. O quarto promontório, chamado de Cobbler and His Dwarfs (o sapateiro e seus anões), era formado apenas por pedras.

O cais fora condenado. Seria demolido no próximo ano, apesar dos esforços de uma sociedade que fora formada para salvá-lo. O lugar onde os romanos haviam desembarcado era agora um estacionamento. A discoteca se chamava Spangles. O museu estava fechado naquele dia, a piscina pública estava fechada para reparos, a igreja batista estava aberta, havia nove ônibus de turismo estacionados à entrada das pedras desmoronadas e paredes arruinadas que eram chamadas de the Castle. No café próximo à entrada do castelo, uma garota de 14 anos servia chá em xícaras lascadas, além de biscoitos envoltos em celofane, bolo de frutas passado e tortas frias de carne de porco. Ela dizia: "Não fazemos sanduíches" e "Estamos sem colheres". Quando alguém pedia batatas fritas, ela perguntava: "Que sabor?", e listava cinco: camarão, carne, queijo, cebola e bacon. Uma camada pegajosa de marmelada cobria as mesas e aderia aos cotovelos dos clientes.

A ferrovia fora fechada em 1964, e a indústria pesqueira fora desativada havia cinco anos. O cinema art déco era agora um salão de bingo; e o que fora uma loja de artigos náuticos era agora o Cinema Club, que exibia filmes pornográficos suecos durante todo o dia (APENAS PARA SÓCIOS). Havia uma estação de radar americana – ou seria uma base de mísseis? Ninguém sabia – ficava a alguns quilômetros de distância. Os americanos se mantinham discretos desde que um soldado americano estuprara uma garota local em seu carro estacionado no Reach (ela estava pedindo carona em uma noite de verão, vestida com roupa de banho). A construção de uma usina nuclear, chamada Thorncliffe, estava planejada para um futuro próximo, ao sul de Cobbler. Bill Haley and His Comets tinham certa vez cantado no Lido. O novo shopping center era um fracasso. O cachorro era um jack russell terrier chamado Andy. O novo terminal de ônibus fora vandalizado. Era famoso por seus mexilhões. Estava chovendo.

Viajando no Galo de Ferro*

---

* Galo de ferro – trata-se de uma expressão idiomática chinesa para "sovina", "pão-duro". A ideia subjacente é que não se pode arrancar penas de um galo de ferro. O apelido foi dado a diversas ferrovias chinesas pela avareza de seus diretores na manutenção dos trens, o que acarretava muitos acidentes. (N. do T.)

Belles du Jour

Passei pela Catedral de São Basílio e pelo Metropole Hotel, onde me hospedara em 1968 – agora era uma espécie de monumento –, e entrei na loja da GUM, para olhar as mercadorias.

Enquanto olhava alguns despertadores que pareciam de má qualidade, percebi que a mulher à minha direita e a que estava à minha esquerda se aproximavam de mim.

– É relógio bonito? Você gosta de relógio?

Eu disse:

– Despertadores acordam a gente. É por isso que eu detesto.

– Engraçado – disse a mulher à minha direita. Era morena e tinha uns 20 e poucos anos. – Você quer trocar rublos?

O mais surpreendente, para mim, era que uma daquelas jovens estava empurrando um bebê em um carrinho, e a outra tinha uma sacola com o que parecia roupa suja. Eram mulheres bonitas, mas obviamente preocupadas com tarefas domésticas – levando o neném para passear, lavando a roupa. Eu as convidei para o balé – tinha comprado entradas. Elas disseram que não, tinham de preparar o jantar para os maridos e fazer os trabalhos domésticos, mas que tal trocar algum dinheiro? A taxa de câmbio estava em 72 centavos de dólar por rublo: elas estavam me oferecendo dez vezes esse valor.

– O que vou fazer com tantos rublos?

– Muitas coisas.

A morena se chamava Olga e a loura, Natasha – dançarina de balé, segundo explicou. Olga falava italiano; Natasha só falava russo. Era esbelta e pálida como uma bailarina. Tinha olhos azul-claros, oblíquos por sua origem eslava, e uma generosa boca russa.

Eu disse que ia andar um pouco – precisava de exercício.

– Nós vamos com você.

Foi assim que, dez minutos depois, eu estava andando pela Karl Marx Prospekt de braços dados com duas russas e carregando a trouxa de Natasha – enquanto Olga empurrava o pequeno Boris em seu carrinho. Olga tagarelava comigo em italiano e Natasha ria.

— Você parece estar se virando muito bem, Paul!

Era um grupo de pessoas da excursão, retornando para o ônibus. Adorei quando me viram – o que iriam pensar?

Paramos em um café e tomamos chocolate quente. Elas disseram que desejavam me ver de novo.

— Podemos conversar!

Tiveram dificuldade em acertar uma data, provavelmente por estarem enganando os maridos, mas acabamos concordando com uma data em que elas poderiam me telefonar.

Havia uma mensagem para mim quando cheguei ao Hotel Ukraine: "Olga vai telefonar amanhã ao meio-dia." Ela ligou na hora exata, no dia seguinte, para dizer que telefonaria novamente às duas. Às duas, informou que me encontraria às três e meia. Aqueles telefonemas tiveram o efeito de transformar nosso encontro em algo necessário e inevitável. Apenas quando eu já estava aguardando na escadaria do hotel, ocorreu-me que não sabia para que iria encontrá-las.

Natasha passou, mas não me cumprimentou. Estava usando roupas velhas e carregava uma sacola de compras. Piscou para mim; eu a segui até um táxi, onde Olga já se encontrava, fumando. Quando entrei, Olga deu uma ordem ao motorista e partimos. Durante o percurso, elas às vezes discutiam sobre qual seria o melhor caminho.

Depois de vinte minutos – já estávamos em meio aos prédios altos dos subúrbios de Moscou –, eu perguntei:

— Para onde estamos indo?

— Não é longe.

Vi pessoas recolhendo folhas caídas com ancinhos e retirando lixo das ruas. Eu nunca vira tantos garis. Perguntei o que estava acontecendo.

Olga disse que aquele era o único dia do ano em que as pessoas trabalhavam de graça – limpando a cidade. Esse dia era chamado de *subodnik*, e o trabalho não remunerado era em homenagem a Lenin, cujo aniversário seria dois dias depois.

— Você não acha que teria de estar lá com uma pá, Olga?

— Estou muito ocupada – disse ela, com uma risada que significava: "De jeito nenhum!"

— Estamos indo para uma casa?

Olga deu mais instruções ao motorista. Ele dobrou à direita, entrou em uma rua lateral, depois por uma estrada de terra que interligava conjuntos habitacionais. Ele xingou e continuou a dirigir pela estrada ruim, em meio a altos blocos de apartamentos. De repente, parou o carro e balbuciou alguma coisa com irritação:

– Nós podemos andar o resto do caminho – disse Olga. – Você paga.

O motorista arrancou os rublos de minha mão e partiu. Caminhamos em direção a um edifício de 16 andares, em meio a crianças que brincavam e a seus pais, que varriam as calçadas com uma boa disposição *subodnik*.

Ninguém reparou em mim. Eu era apenas um homem vestindo uma capa de chuva, seguindo duas mulheres por uma calçada enlameada, diante de paredes rabiscadas e janelas quebradas. Chegamos a uma porta desmantelada que dava entrada a um saguão onde faltavam alguns ladrilhos do piso. Três carrinhos de bebê estavam estacionados ali. Poderia ser qualquer conjunto habitacional do sul de Londres ou do Bronx. O elevador fora vandalizado, mas ainda funcionava. Era de madeira envernizada, com a superfície arranhada por iniciais de nomes. Entramos nele e subimos até o último andar.

– Desculpe – disse Olga. – Eu não consegui falar com a minha amiga pelo telefone. Tenho que conversar com ela antes.

Àquela altura, eu imaginava que tinha chegado a um lugar onde seria ameaçado e, provavelmente, roubado. Três enormes moscovitas estariam atrás da porta. Iriam me agarrar e esvaziar meus bolsos; depois, colocariam uma venda em meus olhos e me largariam em algum lugar de Moscou. Eles não costumavam praticar sequestros. Perguntei a mim mesmo se estava preocupado, e respondi: "Um pouco."

Senti-me um pouco mais tranquilo quando vi uma mulher de ar surpreso e aspecto desleixado abrir a porta. Usava um roupão de banho e tinha o cabelo desgrenhado. Já era final de tarde – e ela tinha acabado de acordar. Depois de cochichar um pouco com Olga, deixou-nos entrar.

Seu nome era Tatiana. Estava aborrecida por ter sido perturbada enquanto assistia à televisão na cama. Pedi para usar o banheiro e fiz uma rápida avaliação do apartamento. Era grande – quatro quartos amplos e um salão central com estantes de livros. Todas as cortinas estavam fechadas. Havia um cheiro de vegetais e laquê, combinado ao odor inconfundível que satura os lugares onde as pessoas dormem até tarde – roupa de cama, suor e chulé.

– Você quer chá?

Eu disse que sim e me sentei na pequena cozinha. Tatiana ajeitou os cabelos e se maquiou, enquanto fervia água na chaleira para preparar o chá.

Havia revistas na mesa: a *Tatler* e a *Harper's Bazaar* do mês anterior, e dois velhos exemplares da *Vogue*. Ao vê-las naquele lugar tive certeza de que iria odiar aquelas revistas para sempre.

– Meu amigo da Itália traz revistas para mim – explicou Tatiana.

– Ela tem muitos amigos estrangeiros – disse Olga. – É por isso que eu queria que você se encontrasse com ela. Porque você é o nosso amigo estrangeiro. Quer trocar rublos?

Eu disse que não; não estava querendo comprar nada.

– Nós podemos fornecer uma coisa para você – sugeriu Olga –, e você pode nos dar dólares americanos.

– O que vocês vão fornecer?

– Você gosta da Natasha. Natasha gosta de você. Por que você não faz amor com ela?

Levantei-me e fui até a janela. As três mulheres ficaram me olhando. Quando olhei para Natasha, ela sorriu com afetação e agitou os cílios. Ao lado dela, estava sua sacola de compras, com uma caixa de sabão em pó, um ramo de espinafre fresco embrulhado em jornal, algumas latas de comida, um pacote de pregadores de plástico e uma caixa de fraldas descartáveis.

– Aqui? – perguntei. – Agora?

Todas sorriram para mim. No lado de fora, as pessoas estavam varrendo as calçadas, recolhendo folhas e formando pilhas de lixo – uma demonstração altruísta de orgulho cívico pelo aniversário de Lenin.

– Quanto vai me custar para fazer amor com Natasha?

– Vai custar 170 dólares.

— É uma quantia muito exata – disse eu. – Como vocês chegaram a esse valor?

— É quanto custa um toca-fitas na Berioska.

— Vou pensar nisso.

— Você tem de decidir agora – disse Olga seriamente. – Você tem cartão de crédito?

— Vocês aceitam cartões de crédito?

— Não, mas a Berioska aceita.

— Isso é muito dinheiro, Olga.

— Hah! – zombou Tatiana. – Meus amigos me dão rádios, gravadores, toca-fitas, roupas... milhares de dólares. E você está discutindo por poucas centenas de dólares.

— Escute, não estou contando vantagem, acredite. Mas quando gosto de alguém eu não costumo comprar essa pessoa antes de ir para a cama com ela. Nos Estados Unidos, a gente faz isso porque gosta.

Olga disse:

— Se não tivermos dólares, não poderemos comprar rádios na Berioska. A loja fecha às seis. O que há de errado?

— Não gosto de ser pressionado.

— Toda essa conversa! Você já poderia ter terminado!

Eu detestei aquilo e senti um forte desejo de ir embora. Fazia calor na cozinha, o chá estava amargo e as pessoas recolhendo folhas 16 andares abaixo me deixavam deprimido. Sugeri:

— Por que não vamos primeiro à Berioska?

Tatiana se vestiu e chamamos um táxi. Era uma viagem de vinte minutos. Passava bastante das cinco quando chegamos. Para mim, aquilo era simplesmente uma saída honrosa e um meio de poupar dinheiro. Eu ficara desgostoso comigo mesmo no apartamento.

Antes de entrarmos na loja, as três mulheres começaram a discutir. Olga disse que eu era o culpado por não ter feito amor com Natasha, quando deveria. Tatiana tinha de apanhar a filha na escola. Natasha tinha de voltar para casa porque estava indo para o mar Negro no dia seguinte, com o marido e o filhinho – e já estava contando com o toca-fitas. E Olga tinha de preparar o jantar.

— *Vremya* – disse Natasha –, *vremya*. – Tempo, tempo.

Eu nunca tinha visto equipamentos eletrônicos tão caros – rádios e toca-fitas a preços absurdos. Um walkman da Sony por trezentos dólares.

– A Natasha quer um daqueles.

Olga estava apontando para um toca-fitas de duzentos dólares.

– Esse preço é ridículo.

– É um toca-fitas bom. Japonês.

Eu estava olhando para Natasha e pensando em como aquelas pessoas estavam desconectadas das forças de mercado.

– *Vremya* – disse Natasha ansiosamente.

– Estes são bonitos. – Comecei a experimentar os chapéus de pele. – Você não quer um desses?

– Você compra alguma coisa agora – disse Olga. – Depois vamos embora.

Imaginei a cena: o toca-fitas na sacola da Berioska, a corrida até o apartamento de Tatiana, as trapalhadas no quarto, com Natasha ofegante, dizendo *vremya, vremya*, e depois eu iria embora, dizendo a mim mesmo: "Você acaba de ser sacaneado."

Eu disse:

– Tatiana, sua filha está esperando na escola. Olga, seu marido vai querer o jantar no horário. E Natasha, você é muito gentil, mas se não for para casa fazer as malas, não vai poder ir para o mar Negro com seu marido.

– O que você está fazendo?

– Eu tenho um compromisso – disse eu.

E saí da Berioska, que já estava fechando.

Fui até o Bolshoi e percebi que, na chapelaria e no bar, mulheres russas me lançavam olhares diretos. Não havia desejo nem romance, apenas curiosidade, pois haviam avistado um homem que provavelmente dispunha de moeda forte. Não era flerte. Era um olhar insistente e inequívoco, um meio-sorriso que dizia: "Talvez a gente possa fazer alguma coisa."

Mongóis

Os mongóis alcançaram os limites orientais da China. Cavalgaram até o Afeganistão. Cavalgaram até a Polônia. Saquearam Moscou, Varsóvia e Viena. Introduziram os estribos na Europa (e assim tornaram possível combater a cavalo, dando início, talvez, à Era da Cavalaria). Eles cavalgaram durante anos, em todas as estações. Enquanto os russos interrompiam suas campanhas no inverno, os mongóis continuavam a cavalgar e a recrutar tropas na neve. Conceberam uma tática engenhosa para ataques durante o inverno: esperavam que os rios congelassem e cavalgavam sobre o gelo. Assim podiam chegar a qualquer lugar e surpreender os inimigos. Eram durões e pacientes. Por volta de 1280, haviam conquistado metade do mundo.

Mas não eram destemidos. Olhando para aqueles grandes espaços abertos, era possível imaginar o que os amedrontava. Temiam os raios e os trovões. Era fácil ser atingido por um raio em campo aberto! Quando uma tempestade começava, entravam nas tendas e se enterravam em camadas de feltro negro. Se houvesse estranhos entre eles, eram colocados para fora, pois eram considerados agourentos. Jamais comiam um animal atingido por um raio – nem chegavam perto dele. Evitavam qualquer coisa que pudesse conduzir raios – mesmo quando não havia tempestades. E um de seus objetivos na vida, além de perambular e pilhar, era aplacar os raios.

Enquanto eu observava aquela paisagem deserta de colinas baixas, a cidade de Ulan-Bator se materializou ao longe, e uma estrada surgiu, juntamente com ônibus e caminhões empoeirados. Minha primeira impressão da cidade foi a de que era uma guarnição militar. Essa impressão permaneceu comigo. Todos os blocos de apartamentos pareciam alojamentos de quartel, todos os estacionamentos pareciam uma garagem militar, todas as ruas da cidade pareciam ter sido projetadas para um desfile militar. A maioria dos veículos era, na verdade, veículos militares soviéticos. Os prédios tinham cercas, com um reforço de arame farpado nos mais importantes. Um cínico poderia dizer que a cidade lembrava uma prisão. Nesse caso, porém, os mongóis eram prisioneiros alegres – a população era jovem, bem alimentada e bem-vestida. Tinham bochechas vermelhas. Usavam luvas e botas. Naquele país marrom, gostavam de cores vivas – e não era incomum avistar um homem idoso com um chapéu vermelho, um casacão roxo e calças azuis, enfiadas em botas multicores. Essa maneira de vestir tornava os russos mais visíveis, mesmo quando não eram soldados. Eu disse que a cidade parecia uma guarnição militar, mas claramente não uma guarnição mongol. Era uma guarnição militar russa, pouco diferente de qualquer outra que eu tinha visto na Ásia Central. Havíamos passado por lugares assim, grandes e monótonos, desde que saíramos de Irkutsk: alojamentos, antenas de radar, cercas intransponíveis, peças de artilharia, depósitos de munição – aquelas elevações que se pareciam com túmulos seriam na verdade silos de mísseis?

O hotel era simples e cheirava a gordura de carneiro. Era o cheiro de Ulan-Bator. Se houvesse um menu no hotel, nele só haveria carneiro. Sua carne era servida em todas as refeições: carneiro com batatas – mas o carneiro era horrível e as batatas estavam frias. Os mongóis tinham um modo todo especial de tornar a comida intragável, ou repulsiva. Conseguiam transformar em lixo até mesmo a refeição mais inofensiva, servindo-a fria, acrescentando-lhe cenouras negras ou guarnecendo o prato com uma orelha de bode. Isso tornava interessante uma visita aos estabelecimentos, só para ver o que era oferecido. Encontrei salsichas negras grossas, batatas e nabos murchos, cenouras negras, bandejas de repolho ralado, bacias com orelhas de bode amareladas, pedaços de carneiro rançoso e pés de galinha. A coisa mais apetitosa que vi foi um latão com pedaços de sabão marrom.

Invenções Chinesas

Os chineses são o único povo do mundo que ainda fabrica escarradeiras, penicos, máquinas de costura a pedal, aquecedores de cama a carvão, martelos-alicates, penas para canetas (para se molhar na tinta e escrever), cangas de madeira para bois, arados de ferro, bicicletas de uma roda e máquinas a vapor.

Também fabricam relógios de pêndulo – do tipo que faz tique-taque e toca de hora em hora. Isso interessa? Creio que sim, pois os chineses inventaram o primeiro relógio mecânico, o que ocorreu no final da dinastia Tang. Como tantas outras invenções chinesas, ficou esquecida; os chineses perderam a ideia e o relógio foi reintroduzido na China a partir da Europa. Os chineses foram o primeiro povo a forjar o ferro. Logo em seguida, inventaram o arado de ferro. Metalúrgicos chineses foram os primeiros a produzir aço ("grande ferro"). Os chineses inventaram as bestas no século IV a.C., e ainda usavam essas armas em 1895. Foram os primeiros a perceber que os flocos de neve têm seis lados. Inventaram o guarda-chuva, o sismógrafo, a tinta fosforescente, a roca de fiar, o paquímetro, a porcelana, a lanterna mágica e a bomba de cheiro (uma receita recomendava 7 quilos de fezes humanas, arsênico, acônito e besouros cantárida). Inventaram a bomba hidráulica de corrente no primeiro século d.C., e ainda a usam. Fizeram a primeira pipa, 2 mil anos antes que uma delas fosse empinada na Europa. Inventaram os tipos móveis e conceberam o primeiro livro impresso, o texto budista "Sutra do Diamante", em 868 d.C. Dispunham de impressoras no século XI, e há claros indícios de que Gutenberg aprendeu a técnica com os portugueses, que, por sua vez, a tinham aprendido com os chineses. Construíram a primeira ponte suspensa e, em 610, a primeira ponte com um arco segmentado (esta ainda em uso). Inventaram o baralho, os molinetes e o uísque.

No ano de 1192, um chinês pulou de paraquedas de um minarete, em Guangzhou. Mas os chineses vinham fazendo experiências com paraquedas desde o segundo século a.C. O imperador Gao Yang (que reinou de 550 a 559) testou "pipas para homens" – uma forma primitiva de asa-delta –, jogando prisioneiros de uma torre alta, amarrados a geringonças de bambu; um deles voou por mais de 3 quilômetros antes de despencar no chão. Os chineses foram os primeiros marinheiros no mundo a usar lemes; os ocidentais usavam remos para dirigir os barcos, até se apropriarem da ideia dos chineses, por volta de 1100. Qualquer criança de escola sabe que os chineses inventaram o papel-moeda, os fogos de artifício e a laca. Foi também o primeiro povo do mundo a usar papel de parede (missionários franceses levaram a ideia para a Europa no século XV). Eles adoravam papel. Uma escavação em Turfan desenterrou um chapéu, um cinto e um sapato de papel – datados do século V. Aliás, também inventaram o papel higiênico. Fabricavam cortinas de papel e armaduras de papel – cujas dobras as tornavam impenetráveis a flechas. O papel só foi manufaturado na Europa no século XII, cerca de 1.500 anos depois de sua invenção na China. Os chineses fizeram os primeiros carrinhos de mão; alguns dos melhores projetos desses carrinhos ainda estão em uso no Ocidente. Há muitas outras coisas. Quando a obra do professor Needham *Science and Civilization in China* (Ciência e civilização na China) estiver completa, terá 25 volumes.

Foram os chineses que projetaram a primeira máquina a vapor, por volta do ano 600 d.C. E a Fábrica de Locomotivas Datong é a única indústria do mundo que ainda produz locomotivas a vapor.* A China fabrica grandes trens a vapor, e não apenas isso: nenhum setor da fábrica é automatizado. Tudo é feito à mão, em ferro, desde as imensas caldeiras até os pequenos apitos de latão. A China sempre importara suas locomotivas a vapor – primeiro da Grã-Bretanha, depois da Alemanha, do Japão e da Rússia. No final dos anos 1950, com auxílio soviético, os chineses construíram a fábrica de Datong, que entregou sua primeira locomotiva em 1959. Atualmente, há 9 mil trabalhadores, que produzem três ou quatro locomotivas por mês – veículos do século XIX, essencialmente, com poucos refinamentos. E tal como as escarradeiras, as máquinas de costura, as tábuas de lavar roupa, as can-

---

*A última locomotiva a vapor foi produzida em 1988.

gas e os arados, essas locomotivas são feitas para durar. Constituem a maior parte das locomotivas em uso nas ferrovias chinesas atualmente e, embora haja um projeto para desativá-las, a Fábrica de Locomotivas Datong continuará em operação. Entusiastas de locomotivas a vapor em todo o mundo estão usando as locomotivas chinesas. Em alguns países – como a Tailândia e o Paquistão –, a maioria dos trens é puxada pelas máquinas da Datong. Em seu projeto, no entanto, não há nada de chinês. São as mesmas locomotivas arfantes que eu via manobrar no ano de 1948 em Medford, Massachusetts, parado à beira dos trilhos e desejando estar a bordo.

Casa de Banho Pública

Descobri que Pequim era cheia de casas de banho públicas — cerca de trinta delas, subsidiadas pelo governo. É um dos programas mais baratos na China: por sessenta *fen* (15 centavos de dólar), um indivíduo entra em uma casa de banho, recebe um pedaço de sabonete, uma toalha e uma cama; pode permanecer o dia todo no local, tomando banhos na piscina de água quente e repousando.

A que conheci chamava-se Xing Hua Yuan. Ficava aberta das oito e meia da manhã até as oito da noite. Muitas das pessoas que a usavam eram viajantes que acabavam de chegar a Pequim, depois de uma longa viagem, e desejavam ficar apresentáveis para se encontrar com seus amigos e parentes — sem ter de depender deles para tomar um banho.

As camas ficavam em pequenos cubículos. Homens enrolados em toalhas repousavam ou perambulavam pelo local, conversando. Era como um banho romano — social, com os chineses abrasados e rosados pelo calor chapinhando na água e gritando uns com os outros de forma amigável. Era possível obter um quarto exclusivo pelo dobro do preço usual.

Eu estava pensando em como a casa de banho parecia romana e vitoriana (ao lado, havia uma casa de banho para mulheres), em como era útil para viajantes e residentes que não dispunham de instalações para banhos, em como se parecia com um clube e em como era agradável, quando um homossexual chinês me trouxe de volta à realidade.

— Muita gente vai lá para tomar banho — disse ele. — Mas também é um bom lugar para quem quer se encontrar com um rapaz e fazer umas coisas com ele.

— Que tipo de coisas?

Ele não se perturbou. Disse:

— Um dia eu estava em Xing Hua Yuan e vi dois homens em um quarto particular. Um deles tinha o pau do outro na boca. Esse tipo de coisa.

Xangai

Xangai é uma cidade pardacenta às margens de um rio que parece o Brooklyn. Os chineses gostam dela por suas multidões – pois se sentem bem nelas – e pela animação de suas ruas. É famosa por sua elegância e por seus vigaristas. A maior parte dos estilistas chineses bem-sucedidos trabalha em Xangai. Se você pronunciar as palavras *Yifu Sheng Luolang*, os habitantes de Xangai saberão que está falando o nome de Yves Saint-Laurent. Quando cheguei lá, uma editora da revista francesa *Elle* estava percorrendo as ruas da cidade em busca de material para um artigo sobre a China intitulado "A Revolução da Moda". Segundo o homem que a acompanhava – com quem me encontrei mais tarde –, a francesa ficou muito impressionada com o bom gosto das roupas usadas pelas mulheres de Xangai. Ela parou algumas na rua, tirou fotos delas e lhes perguntou de onde vinham suas roupas. Quase todas disseram que as compravam no Mercado Livre, nas ruas transversais, ou que elas mesmas as confeccionavam, com base em fotos que viam nas revistas ocidentais. Mesmo nos tempos da Revolução Cultural, as operárias se apresentavam nas fábricas com suéteres coloridos e blusas de babados sob os largos macacões; antes de iniciar o trabalho, encontravam-se nos banheiros femininos e comparavam as roupas escondidas.

Por ser uma cidade cosmopolita e ter visto mais estrangeiros – tanto invasores quanto visitantes amistosos – do que qualquer outra cidade chinesa, Xangai é um lugar poliglota. É também o mais politicamente dogmático ("Lute contra a adoração pelos livros", "O trabalho político é a alma de todo o trabalho econômico": Mao) e o mais burguês. Quando há mudanças na China, ocorrem primeiro em Xangai; quando há conflitos na China, são mais turbulentos e violentos em Xangai. Essa sensação de vitalidade é muito forte e até alguém avesso a cidades, como eu, é capaz de apreciá-la. A cidade não é tosca como Cantão, mas pode ser irritante, barulhenta e – nos meses quentes – sufocante e malcheirosa.

Pareceu-me barulhenta acima de tudo, com o estrépito das grandes cidades, que se prolonga pela noite e que constitui a trilha sonora de Nova York (buzinas, sirenes, caminhões de lixo, gritos, estertores). Pequim estava crescendo e, brevemente, seria uma cidade de prédios altos. Mas Xangai fora erguida na lama, e estava se estendendo para os lados, ocupando os pântanos de Zhejiang. Durante todo o dia, bate-estacas martelavam vigas de aço naquele solo macio, para reforçá-lo. Um deles estava bem diante da minha janela – produzindo um barulho cruel e opressivo, que determinava o ritmo da minha vida. *Zhong-guo! Zhong-guo!* Aquilo afetava o modo como eu respirava, andava e comia. Eu movia os pés e levantava a colher ao ritmo de *Zhong-guo! Zhong-guo!* – que orquestrava também meu modo de falar e me fazia escrever aos arrancos. Até quando escovava os dentes, eu o fazia na cadência do bate-estacas, a pancada e seu eco: *Zhong-guo!* A batida começava às sete da manhã e ia até as oito da noite. Eu não tinha como escapar, pois toda a vizinhança estava cercada de bate-estacas.

Para me manter afastado do trânsito e das multidões, andava pelas ruas transversais. Então percebi que seria desonesto reclamar muito do barulho, dos bate-estacas e da energia frenética, pois em minha primeira visita à cidade eu a achara lúgubre, moribunda e desmoralizada. Mas por que eles não sabiam a hora de parar? Até as ruelas estavam lotadas, com quiosques improvisados, casas funcionando como lojas, mercados instalados em sarjetas, pessoas consertando sapatos e bicicletas, ou fazendo trabalhos de carpintaria nas calçadas.

Em direção ao Bund – o calçamento à beira do rio – avistei um pináculo atrás de um muro e descobri uma entrada. Era a Igreja de São José. O homem que pensei ser o zelador, por estar vestido com um casaco maltrapilho e chinelos, era o clérigo, um padre católico. Ele era, ao mesmo tempo, devoto e piedoso. Falava brandamente, mas mantinha-se alerta – o comportamento de um cristão chinês que havia passado por uma infinidade de atribulações. A igreja fora vandalizada durante a Revolução Cultural, pichada com slogans e transformada em um depósito de máquinas; seu pátio virara um estacionamento.

– *Sacramentum* – disse o padre, apontando para a vela tremeluzente e sorrindo de satisfação: a hóstia consagrada estava no receptáculo.

Perguntei-lhe o porquê daquilo. Haveria missa hoje?

— Não – disse ele. Levou-me para os fundos da igreja, onde estava um caixão com uma cruz de papel branco colada por cima, e me informou que haveria um funeral no dia seguinte.

— Quer dizer que você anda ocupado, muitas pessoas vindo à igreja.

— Ah, sim. Existem cinco igrejas em Xangai. Estão sempre cheias aos domingos.

Ele me convidou para assistir à missa. Por polidez, eu disse que poderia ir, mas sabia que não o faria. Eu não tinha o que fazer ali: era um herege. Uma coisa que me deixava aborrecido eram os ocidentais que, embora nunca frequentassem a igreja em seus países, transformavam-se em papa-missas na China. Talvez como uma afirmação de diferença, ou uma reprovação aos chineses – como se liberdade religiosa fosse a medida da tolerância chinesa. Bem, é claro que era um teste, mas era exasperante vê-lo administrado por um ateu americano. Portanto, não fui a igrejas na China. Mas às vezes, quando via um passarinho pousado na grama, caía de joelhos, maravilhado com seus movimentos.

Os Guardas Vermelhos e o Violinista

Certo dia, encontrei em Xangai um homem elegante e de aspecto jovial chamado Wang. Acabamos descobrindo que tínhamos nascido no mesmo ano – o Ano da Cobra (Wang usava o eufemismo chinês para cobra, "pequeno dragão"). Ele era tão cordial e sabia tantas histórias que eu o vi outras vezes, geralmente para almoçarmos no Hotel Jin Jiang. Ele tinha uma alma sensível, mas também possuía um senso de humor afiado. Dizia que nunca fora tão feliz como quando andara pelas ruas de São Francisco, em sua única viagem aos Estados Unidos – deu a entender que estava louco para emigrar para lá, mas nunca insistiu no assunto nem me pediu ajuda. Mesmo em Xangai, chamava atenção por suas roupas – um casaco francês amarelo-canário, calças largas azul-claras, relógio de ouro, uma corrente em volta do pescoço e óculos caros. "Gosto de cores vivas", dizia ele.

– Você poderia usar essas roupas na época da Revolução Cultural?

Ele riu e disse:

– Aquilo foi uma trapalhada!

– Você foi criticado?

– Eu fui preso. Foi aí que comecei a fumar. Descobri que quando a gente fuma tem tempo para pensar. Eles me puseram num quarto, os Guardas Vermelhos. Diziam: "Você chamou a esposa de Mao, Jiang Qing, de maluca!" Ela era maluca! Mas eu só acendia um cigarro e ficava dando umas baforadas, para poder pensar em alguma coisa para dizer.

– O que você dizia?

– As coisas erradas! Eles me fizeram escrever ensaios. Autocrítica!

– Como eram esses ensaios?

– Eles me davam assuntos. "Por que eu gosto de Charles Dickens", "Por que eu gosto de Shakespeare".

– Eu achei que você iria dizer por que não gostava deles.

– Eles não acreditariam nisso – disse ele. – Me chamavam de reacionário. Então eu tinha de dizer por que gostava deles. Era terrível.

Seis páginas todas as noites, depois do trabalho na unidade. Então eles diziam: "Isso está uma merda; escreva mais seis páginas."

— Qual era o seu trabalho?

— Eu tocava violino na Orquestra Vermelha. Sempre as mesmas melodias. "O Oriente é vermelho", "Vida longa para os pensamentos de Mao", "Navegar no mar depende do Timoneiro", esse negócio todo. Eles me fizeram tocar na chuva. Eu disse: "Não posso, o violino vai se desmantelar." Eles não sabiam que o violino é colado. Eu toquei na chuva. O violino se desmantelou. Eles me deram outro e me mandaram tocar embaixo das árvores, durante a Campanha das Quatro Pestes, para impedir que os pardais pousassem nos galhos.

As outras três pestes eram mosquitos, moscas e ratos.

— Isso é um absurdo — comentei.

— Nós pintamos a Huai Hai Lu; isso é ainda mais absurdo — disse Wang.

— Como se pode pintar uma rua? — perguntei. A rua que ele mencionara era uma das principais avenidas de Xangai.

— Nós pintamos a rua de vermelho, em sinal de respeito ao presidente Mao — explicou Wang. — Isso não é idiota?

— Quanto da rua vocês pintaram?

— Cinco quilômetros e meio — disse Wang e riu, lembrando-se de outra coisa. — Mas havia coisas ainda mais idiotas. Antes do trabalho, sempre fazíamos o *qing an* (saudação) para o retrato de Mao no portão. Segurávamos o *Livro Vermelho*, dizíamos "Viva o presidente Mao" e o saudávamos. A mesma coisa depois do trabalho. As pessoas faziam coisas em honra de Mao, como um emblema de Mao tricotado, um bordado com uma estrela vermelha, e colocavam aquilo no Quarto de Respeito da unidade, que era pintado de vermelho. Era para Mao. Para provar que eram muito leais, as pessoas usavam um emblema de Mao pregado na pele com alfinete.

— Isso deve ter impressionado os Guardas Vermelhos — disse eu.

— Não eram só os Guardas Vermelhos. Todo mundo põe a culpa neles, mas todo mundo estava nisso. É por isso que as pessoas se sentem tão constrangidas atualmente; elas perceberam que foram idiotas a respeito do presidente Mao, como todo mundo. Eu conheço um banqueiro que teve de trabalhar como catador de moscas. Tinha de matar as moscas e colocar os corpos em uma caixa de fósforos. Todas as noites alguém vinha, contava as moscas e dizia: "Cento e dezessete; não está bom. Você vai ter de matar 125 amanhã." E mais no dia seguinte, percebe? O governo dizia que haveria uma guerra. "O inimigo está vindo; fique preparado."

– Que inimigo?

– Os imperialistas: a Rússia, a Índia, os Estados Unidos. Não interessava qual. Eles iam nos matar – disse Wang, revirando os olhos. – Portanto, tínhamos de fabricar tijolos para o esforço de guerra. Noventa tijolos por mês para cada pessoa. Mas meus pais estavam velhos, então eu tinha de fazer a parte deles. Eu voltava para casa, depois do trabalho na unidade, escrevia o meu ensaio "Por que eu gosto da música ocidental", e fazia tijolos – tinha de entregar 270 por mês. E estavam sempre me perguntando pelo meu buraco.

– Seu buraco?

– O *Shen wa dong:* o decreto "Cave buracos fundos". Era para a guerra também. Todo mundo tinha de ter um buraco, para o caso de guerra. De vez em quando, os Guardas Vermelhos batiam na nossa porta e diziam: "Onde está o seu buraco?"

Ele disse que havia abrigos contra bombas em toda a cidade de Xangai, construídos por ordens de Mao ("para a guerra que se aproxima"). Obviamente, nunca foram utilizados. Pedi a ele para me mostrar algum. Achamos uma galeria subterrânea – que parecia uma estação de metrô abandonada – na rua Nanjing 1.157. Tinha sido transformado em uma sorveteria. A coisa mais fascinante para mim era que, agora, o buraco era um lugar onde os jovens se encontravam para namorar. A ironia não estava apenas no fato de que aqueles garotos estavam se abraçando e se beijando em um lugar que fora construído por Guardas Vermelhos frenéticos e paranoicos nos anos 1960, mas também no fato de que se chamava Café Dong Chang, um estabelecimento administrado pelo governo.

Certo dia, estava conversando com Wang sobre minha viagem à União Soviética, quando mencionei como a escassez de bens de consumo fazia com que as pessoas ficassem importunando os estrangeiros para ganhar calças jeans, camisetas, tênis e assim por diante.

– Isso nunca acontece na China – disse eu.

– Não – concordou Wang. – Mas me lembrei de uma coisa. Uns três anos atrás, tinha um bailarino russo num hotel de Xangai. Eu tinha ido ver o balé. Fabuloso! Aquele bailarino era muito bem-apessoado. Eu o cumprimentei e ele sorriu para mim. Então apontou para os meus tênis e apontou para si mesmo. Ele queria os tênis, eu entendi isso. Eram tênis caros, da Nike, e tinham me custado cinquenta *yuan*. Mas eu não ligo muito para dinheiro. Medimos os pés, lado a lado. Exatamente o mesmo tamanho. Não falo uma palavra de russo, mas estava vendo que ele realmente queria aqueles tênis.

– Você vendeu os tênis para ele?

– Eu dei os tênis para ele – disse Wang, franzindo a testa com a banalidade do fato. – Senti pena de alguém que só queria um par de tênis. Parecia triste, para mim, que ele não conseguisse aquilo em seu próprio país. Tirei os tênis e voltei para o escritório descalço! Ele ficou realmente feliz! Eu pensei: "Ele vai voltar para casa e vai sempre se lembrar disso. Ele vai dizer: 'Uma vez, eu estive na China, encontrei um chinês e pedi os tênis dele. E ele me deu!'"

Alguns momentos mais tarde, ele disse:

– Você pode conseguir o que quiser na China. Comida, roupas, sapatos, bicicletas, motocicletas, TVs, rádios, antiguidades. Se quiser garotas, você consegue garotas. – Então, arregalando os olhos: – Ou garotos, se quiser garotos.

– Ou desfiles de moda.

– Há desfiles de moda todas as semanas na televisão – disse Wang. – Xangai é famosa por eles.

Perguntei a ele o que os velhos achavam dessas mudanças – prostitutas e alta-costura em um país onde, havia apenas poucos anos, a decadência estrangeira era condenada e todos usavam calças azuis largas.

– Os velhos adoram a China de hoje – respondeu Wang. – Estão entusiasmados com o país. Poucas pessoas reclamam. Eles se sentiam muito reprimidos antes.

Animais Amestrados

Nas minhas caminhadas em Xangai, eu sempre passava diante do Teatro Acrobático Chinês, um prédio encimado por um domo, próximo do centro da cidade. Fiquei curioso e fui assistir a uma apresentação. Depois de vê-la – não apenas os acrobatas, palhaços e contorcionistas, mas também o homem que equilibrava um aparelho de jantar para 12 pessoas em uma vareta que segurava na boca –, senti vontade de conhecer aquilo melhor.

O sr. Liu Maoyou era o encarregado dos acrobatas na Secretaria de Cultura de Xangai. Ele começara como assistente na Biblioteca de Xangai. Mas, mesmo nos melhores dias, as coisas eram muito paradas na biblioteca da cidade, pois é quase impossível – por razões políticas – alguém conseguir ali um livro emprestado. O bibliotecário é pouco mais que um zelador das prateleiras. Ele aproveitou uma oportunidade para se transferir para a Secretaria de Cultura, e acompanhou os acrobatas chineses na primeira excursão que fizeram aos Estados Unidos, em 1980.

– Nós chamamos de teatro, porque existem elementos artísticos e dramáticos – disse o sr. Liu. – Existem três setores: acrobacia, mágica e um circo.

Perguntei-lhe como aquilo começara.

– Antes da Libertação, existiam famílias de acrobatas. Eles viajavam e se apresentavam nas ruas ou em qualquer espaço aberto. Nós pensamos em juntar e treinar essas pessoas de forma adequada. É claro, os chineses praticam acrobacias há milhares de anos. Os acrobatas atingiram o apogeu na dinastia Tang, quando tiveram permissão para se apresentar livremente.

O sr. Liu disse isso com tanto entusiasmo que lhe perguntei o que sentia em relação à dinastia Tang.

– Foi o melhor período na China – respondeu ele. – A época de mais liberdade. Todas as artes floresceram durante a era Tang.

Ele voltou à época atual:

ANIMAIS AMESTRADOS

— Antes da Libertação, eles executavam os movimentos sem uma forma artística. Mas é preciso usar tanto a cabeça quanto o corpo. Foi por isso que inauguramos o centro de treinamento. Não queremos que esses acrobatas sejam ignorantes. Antes do treinamento matinal, eles estudam matemática, história, o idioma e literatura.

Ele disse que, em 1986, trinta alunos foram escolhidos entre 3 mil candidatos. Eram todos jovens – entre 10 e 14 anos de idade, mas o sr. Liu disse que a secretaria não estava procurando destreza, e sim potencial.

— Também temos um circo – disse ele. – E uma escola para treinamento de animais.

Isso me interessava muito, pois eu tinha ojeriza por apresentações de animais treinados, ou qualquer coisa ligada a isso. Nunca vi um domador de leões que não merecesse ser devorado; e quando vejo uma cachorrinha usando um saiote e um boné com babados, pulando através de um aro, sou tomado por um forte desejo de que seu torturador (vestindo aquela roupa reluzente) contraia raiva.

— Fale sobre o treinamento de animais, sr. Liu.

— Antes da Libertação, o único treinamento que fazíamos era com macacos. Agora temos gatos...

— Gatos domésticos?

— Sim. Eles fazem truques.

Muitos chineses que encontrei acreditam que animais como gatos e cães não sentem dor. Estão no mundo para serem usados, postos para trabalhar, mortos e comidos. Mas quando se considera a vida monótona e difícil dos camponeses chineses, talvez não seja tão surpreendente o fato de eles torturarem animais.

— E também porcos e galinhas – acrescentou o sr. Liu.

— Galinhas amestradas?

— Não galinhas, galos.

— O que os galos fazem?

— Eles se equilibram em uma só perna. E outras coisas engraçadas.

Só Deus sabe como eles conseguiam que galos de cérebro minúsculo fizessem coisas engraçadas, mas eu tinha a sensação de que os bichos eram ligados a um fio elétrico e levavam choques até entenderem as coisas.

— E os porcos? — perguntei.

— Os porcos não se apresentam muitas vezes, mas podem andar sobre duas patas.

Quando ele disse isso, percebi o que estava me incomodando: tudo o que ele dizia me lembrava *A Revolução dos Bichos*; e o fato de que o livro era uma fábula sobre o totalitarismo apenas tornava piores as imagens do sr. Liu. Ele descrevera vividamente o momento em que a opressão está prestes a conquistar a fazenda. Uma visão inesperada desperta terror e confusão: "Era um porco andando sobre as patas traseiras." E Orwell prossegue:

> *Sim, era o Garganta. Um tanto desajeitado, como se ainda não estivesse habituado a manter seu considerável peso naquela posição, mas perfeitamente equilibrado. [...] Pouco depois, uma longa fila de porcos saiu da casa da fazenda, todos andando sobre as patas traseiras. [...]*

Eu estava pensando nisso enquanto o sr. Liu dizia:

— ... leões, tigres e o único panda amestrado da China.

Ele explicou que os animais e os acrobatas costumavam excursionar — até nos Estados Unidos. Muitos deles trabalhavam nos Estados Unidos. Em 1985, foi feito um acordo em que acrobatas chineses se juntariam ao circo Ringling Brothers durante um ano ou dois. No primeiro ano, foram 15. Em 1986, havia vinte acrobatas chineses trabalhando nos Estados Unidos.

Perguntei ao sr. Liu como era o acordo financeiro.

— Não sei exatamente — disse ele. — Mas o Ringling Brothers nos paga e nós pagamos aos acrobatas.

— Quanto o Ringling Brothers paga a você?

— De duzentos a seiscentos dólares por semana, dependendo do número. Por pessoa.

— E quanto vocês pagam aos acrobatas?

— Cerca de cem *yuan*.

Trinta dólares.

E falam de porcos amestrados! Perguntei a mim mesmo quanto tempo as pessoas aguentariam ser tratadas como mercadoria exportável. Algumas, não muito tempo. Na mesma semana em que tive a conversa com o sr. Liu, um homem que fazia o papel de um leão acrobata desapareceu em Nova York. Meses mais tarde, ainda não havia sido encontrado.

A extremidade do mundo

No meio da tarde, o trem atravessava uma planície verdejante, entre duas cadeias de montanhas baixas, a Qilian Shan e a Helan Shan. Em alguns lugares, eu podia avistar trechos desmoronados da Grande Muralha. As terras planas eram intensamente cultivadas. Havia uma profusão de choupos altos e delgados. Os chineses, avessos a plantar árvores copadas, preferiam árvores longilíneas, que também serviam de cercas. A ideia de floresta era estranha para a China. Só existia na província de Heilongjiang, na Manchúria, no nordeste do país. E eu soubera que até o pouco que restava estava sendo cortado e transformado em palitos de dente, raquetes de pingue-pongue e hashis.

Em muitos outros países, a paisagem é vinculada a um bosque, a um prado ou mesmo a um deserto. Assim, associamos imediatamente um bordo ao Canadá, um choupo à Inglaterra, uma bétula à União Soviética, desertos e selvas à África. Mas nada disso vem à mente na China, onde o traço paisagístico mais óbvio e comum é uma pessoa – ou melhor, muitas pessoas. Todas as vezes que eu olhava para uma paisagem, havia uma pessoa nela olhando de volta para mim.

Até naquela região erma, havia pessoas e povoações. Os vilarejos eram cercados e muitas casas tinham muros ao redor: lama espalhada sobre tijolos. O mesmo tipo de construção frequente no Afeganistão e no Irã – na extremidade oposta da Rota da Seda –, e provavelmente um traço cultural reminiscente de saqueadores e hordas mongóis, o pesadelo da Ásia Central.

O dia se ficou muito quente. Chegou à casa dos trinta graus. Avistei 18 carneiros apinhados na pequena mancha de sombra projetada por um mirado pilriteiro. Crianças se refrescavam chutando água em uma vala. Fazendeiros com chapéus cônicos plantavam mudas, enterrando uma de cada vez, um processo que tinha mais afinidade com tecelagem do que com agricultura – como se eles estivessem bordando um padrão nos sulcos. E embora houvesse picos escuros e cadeias de montanha em ambos os lados do trem, havia uma descida à frente – como se estivéssemos nos aproximando do oceano – com o aspecto plano e seixoso de um litoral. Era a parte mais quente do dia, mas, mesmo assim, as terras estavam cheias de gente. Horas mais tarde, em um imenso deserto pedregoso, vi um homem de paletó azul desbotado andando aos solavancos em uma bicicleta.

Então surgiram dunas de areia perto dos trilhos – grandes elevações macias e montículos brilhantes; mas os picos nevados ao longe permaneciam à vista. Eu jamais pensara que existiria uma coisa tão estranha neste planeta.

Quando chegamos a Jiayuguan, por volta de oito horas, eu estava jantando no vagão-restaurante vazio. O que vi pela janela ficou gravado em minha mente: no crepúsculo de verão do deserto de Gobi, uma cidade chinesa brilhava nas areias e, elevando-se acima dela, estava o último portão da Grande Muralha, a Torre de Jia Yu – uma estrutura semelhante a uma fortaleza, com tetos de pagode. O trem diminuiu a marcha próximo ao fim da Muralha, um amontoado de tijolos de barro desmoronados e torres arruinadas, que o vento reduzira e aplainara. À luz minguante do dia, viam-se aqueles restos fantasmagóricos da Grande Muralha, e o que parecia ser a última cidade da China. A Muralha se afastava na direção oeste, mas era tão pequena e desmantelada que parecia pouco mais que uma ideia, uma sugestão – os vestígios de um grande projeto. Grande parte da minha excitação vinha de olhar o portal vermelho com teto amarelo – e pensar que aquele trem iria cruzá-lo rumo ao desconhecido. O sol caía obliquamente sobre o deserto, as colinas cinzentas e os arbustos azulados. Contemplando a paisagem naquele lusco-fusco, através da névoa de poeira que se formara durante o dia, eu tinha a impressão de que cairia pelas bordas do mundo tão logo escurecesse.

Cidades Perdidas

"O DESERTO QUE SE ESTENDE ENTRE ANSI E HAMI É UMA VASTIDÃO sibilante. A primeira coisa que impressiona o viajante é a melancolia de sua superfície uniforme, enegrecida e coberta de seixos." Quem escreveu isso foi Mildred Cable. Lendo o livro dela, lembrei-me de que estaria perdendo uma das glórias dessa região se não visitasse as cavernas de Dunhuang – com imagens de Buda, afrescos e grutas santificadas. A cidade sagrada nas areias. Mas pretendia fazer melhor, visitando a cidade perdida de Gaocheng (Karakhoja) assim que o trem chegasse a Turfan.

Fui deitar depois de um estranho crepúsculo tardio, em meio a uma paisagem desolada. Acordei com o balanço do trem, em uma planície de areia e pedras. Mais além, havia grandes dunas de areia, que pareciam ter sido sopradas para lá, pois não havia nada semelhante nas imediações. Eram como animais gigantescos que se arrastavam pelo deserto, sufocando o que encontrassem.

Logo surgiu uma mancha verde: um oásis. Outrora, apenas uma trilha acidentada – remanescente da Rota da Seda – ligava os oásis. Mas "outrora" significava apenas trinta anos atrás. Hoje há uma estrada. Aqueles oásis não eram metáforas para algumas árvores e uma lagoa estagnada. Eram grandes cidades, bem abastecidas com água extraída do subsolo, em cujas terras se cultivavam uvas e melões. Mais tarde, o trem parou em Hami. O melão de Hami é famoso em toda a China por sua doçura e fragrância; e Hami não era um lugar insignificante, embora agora fosse o que restou das comunidades fruticultoras dos anos 1950 e 1960. Passara por épocas faustosas, e até o século XX ainda tinha um *khan*. Fora invadida por mongóis, uigures, tibetanos e zungares. Fora repetidamente reocupada pelos chineses desde o ano 73 d.C., durante a última dinastia Han, e fora uma cidade chinesa de 1698 em diante. Nada restava desse passado. O que não fora destruído pela Revolução Muçulmana de 1863-73 fora posto abaixo pela Revolução Cultural. Os chineses tinham facilidade para, literalmente, desfigurar uma cidade –

eliminando todos os traços característicos, roubando sua singularidade. Agora, Hami era mais conhecida por seu ferro fundido.

Os picos além de Hami tinham manchas de neve em suas extremidades que lembravam selas, achatadas e retangulares. Mas o calor no deserto e dentro do trem era muito forte – quase 38 graus dentro do trem e mais quente no lado de fora. O sol castigava a areia e as pedras. Viam-se algumas valas e, dentro das mais antigas e profundas, que ofereciam abrigo, havia às vezes alguma árvore *wutong* seca; aqui e ali, cresciam espinheiros, as únicas plantas identificáveis além dos esverdeados cachos de liquens. Íamos em direção a um poeirento aglomerado de colinas, encimado por uma cadeia de montanhas azulada; depois dela, havia mais montanhas, com os picos cobertos de gelo brilhante – grandes camadas que poderiam ser geleiras.

Foi a primeira visão que tive de Bogda Shan, as montanhas de Deus. Eram muito altas e recortadas – e a neve era seu único traço marcante. Abaixo daquelas montanhas só havia deserto, "a vastidão sibilante" que, naquela tarde, estava tão refulgente que chegava a ofuscar. Chuva era coisa desconhecida na região, e a maioria daquelas montanhas fazia parte de um maciço enorme e sem viço – um aglomerado de rochas nuas. Era o centro da Ásia.

Naquele mundo de neve e areia estranhamente iluminado, as montanhas de pedra ficavam avermelhadas e se aproximavam do trem. A distância, estendia-se uma grande depressão verde; a 150 metros abaixo do nível do mar, era o lugar mais baixo da China – e um dos mais quentes. Outro oásis: a cidade de Turfan. Ao seu redor não havia nada além de centenas de quilômetros de cascalho enegrecido, e a própria Turfan estava a 30 quilômetros da estação. Desci do trem ali.

Turfan ("um dos lugares mais quentes da face da terra") tornou-se um oásis extremamente popular há cerca de quatrocentos anos. Antes disso, tinha sido uma cidade do deserto invadida por sucessivas ondas de nômades: chineses, tibetanos, uigures e mongóis. A Rota da Seda a consagrara como um grande oásis e bazar. Mas depois disso – do século XVI em diante – começou a decair. Quando finalmente foi deixada em paz pelos caudilhos e pelos manchus, novos saqueadores surgiram, sob a forma de arqueólogos. E os poucos afrescos e estátuas que restavam, após mais de 2 mil anos de contínua civilização, foram arrancados e levados para lugares como Tóquio, Berlim e Cambridge, Massachusetts.

Um lugar assim me parecia imperdível. A estação ficava na borda da depressão. Tudo o que eu conseguia ver eram os postes telefônicos, o deserto pedregoso e a imensa cordilheira chamada de "As Montanhas Flamejantes". A cidade de Turfan não se revelou até que eu estivesse quase dentro dela. Parecia menos uma cidade chinesa do que uma cidade do Oriente Médio – saída diretamente da Bíblia, com jumentos, videiras, mesquitas e pessoas que se pareciam com libaneses, rostos morenos e olhos cinzentos.

O deserto era inacreditavelmente horroroso – rochoso e negro, sem nada que fosse verde. Eu tinha a impressão de que, se andasse sobre aquelas pedras, acabaria ferindo os pés. Em alguns trechos, parecia um mar de cinzas de carvão, com algumas pedras calcinadas. Em outros, era poeirento, com montículos arredondados aqui e ali. Os montículos, descobri, eram parte do sistema de irrigação chamado *karez*, uma rede de canais subterrâneos e poços, usada com sucesso desde os tempos da dinastia Han ocidental, 2 mil anos atrás. Naquele deserto que cercava Turfan, havia também algumas partes que lembravam o fundo do mar, como se o oceano tivesse ido embora. Todo mundo chamava o deserto de *gobi*: o lugar sem água. Chuvas são desconhecidas em Turfan.

Naquele vale raso do deserto, em que toda a água provinha do subsolo, não havia arranha-céus chineses. Quase todas as casas eram pequenas e quadradas. Havia videiras suspensas sobre a maioria das ruas – por causa da sombra e também por sua beleza. O vale é o maior produtor de uvas da China – existe até mesmo um estabelecimento vinícola em Turfan –, e trinta variedades de melão eram cultivadas na área. Tudo isso intensifica o alívio de quem acaba de deixar um dos desertos mais desolados do mundo. Turfan é o oposto de tudo o que a cerca, com suas sombras, água e frutas frescas.

Comprei as passas locais, feitas de uvas brancas – as melhores da China – e damascos. Sentei-me em meu quarto, comendo as frutas secas, bebendo chá verde Poço do Dragão e escrevendo minhas anotações, até que o motorista tivesse terminado de almoçar. Depois, saímos para percorrer as ruas poeirentas.

Turfan frequentemente era um forno. Mas nas manhãs encobertas era agradável, com nuvens baixas e temperaturas em torno de trinta graus centígrados. Gostei da cidade. Era o lugar menos chinês que eu vira até o momento – e um dos menores e mais bonitos. Viam-se poucos veículos motorizados. A cidade era tranquila e completamente horizontal.

Era uma cidade uigur, com poucos chineses. No lugar, havia também uzbeques, cazaques, tadjiques e tungues, de pernas arqueadas e usando botas de cano alto, no estilo mongol. Tinham o rosto curtido. Alguns pareciam eslavos; outros, ciganos. A maioria parecia ter se perdido no caminho, parando por alguns momentos naquele oásis antes de continuar a jornada. Metade das mulheres no bazar de Turfan tinha os traços de leitoras da sorte; as outras lembravam camponesas mediterrâneas – completamente diferentes dos outros chineses. Aquelas mulheres de cabelos castanhos, olhos cinzentos e traços ciganos – algumas bem robustas – eram bastante atraentes, de um modo diferente do oriental. Ninguém ficaria surpreso se fosse informado de que eram italianas ou armênias. Rostos semelhantes são vistos em Palermo e Watertown, Massachusetts.

Seus olhares também se demoravam em mim. Algumas das mulheres se aproximavam, enfiavam a mão sob o véu, retiravam rolos de notas do espaço entre os seios e diziam: "Shansh marnie?" E colocavam o dinheiro chinês em minha mão – ainda com o calor de seus seios –, oferecendo-me quatro por um. Tinham ouro nos dentes. Algumas se pareciam com raposas e sibilavam quando eu dizia não.

O mercado de Turfan era maravilhoso, tudo o que se pode esperar de um bazar na Ásia Central. Vendiam-se alforjes enfeitados, coldres de couro, canivetes artesanais, cestos e cintos. O mercado de carnes vendia exclusivamente carne de cordeiro e carneiro – não havia porcos naquele lugar islâmico; *shish-kebabs* eram vendidos em barracas. Frutas frescas – pelas quais Turfan é bem conhecida – constituíam a maior parte dos produtos oferecidos: melancias, melões de Hami e tangerinas. Havia cerca de vinte variedades de frutas secas. Comprei passas, damascos, amêndoas e nozes: ocorreu-me que frutas secas e nozes eram os alimentos das caravanas.

Acrobatas e comedores de fogo se apresentavam no mercado de Turfan. Um homem fazia truques com cartas sobre um carrinho de mão emborcado. O mercado tinha um ar medieval: a poeira, as tendas, as mercadorias, os artistas e o povo que se reunia ali – os homens de barrete, as mulheres de véu e as crianças de cabelo desgrenhado e pés sujos, que gritavam sem parar.

Nada coloca o esforço humano em perspectiva melhor do que uma cidade em ruínas. "Isso já foi uma grande capital", dizem as pessoas, apontando para muros caídos, ruas rachadas e poeira. Você permanece em silêncio naquele lugar sem vida e pensa em Ozymandias, rei dos reis,* coberto por uma duna de areia e esquecido. É emocionante para um americano examinar um lugar assim, pois ainda não temos nada semelhante – apenas cidades-fantasma e cidades muito pequenas e insignificantes. Mas nada que se equipare aos monumentais restos de cidades outrora imponentes, ainda famosas em todo o mundo. O otimismo americano provavelmente advém do fato de que nós não temos cidades devastadas. Existe algo de fatigante e desmoralizador em uma cidade em ruínas – mas ela também pode nos incutir um saudável desprezo por bens imobiliários.

Gaocheng era perfeita em sua ruína e decrepitude. Fora uma cidade famosa por mais de mil anos; agora, era uma pilha de terra e barro em desagregação. Até o momento, havia sido poupada do insulto final – turistas –, mas algum dia, quando o Galo de Ferro se transformasse em um trem moderno, eles encontrariam esse lugar a leste de Turfan, 40 quilômetros deserto adentro. Tivera meia dúzia de nomes diferentes: Karakhoja, Khocho, Dakianus (do imperador romano Décio), Apsus (Éfeso), Idikut-Shahri (Cidade do rei Idikut) e Erbu (Segunda parada). Gaocheng era o nome aceito atualmente, mas isso não tinha importância, pois não restava muita coisa da cidade. Ainda restava o bastante, porém, para qualquer pessoa perceber que fora um lugar enorme, uma cidade monumental, o que explicava por que parecia tão triste. Possuía o vazio melancólico de todas as grandes ruínas.

---

* "Ozymandias" – soneto de Percy Bysshe Shelley (1792-1822), publicado em 1818. Fala dos restos da estátua de um grande imperador. (N. do T.)

Suas muralhas e fortificações haviam quase desaparecido, mas as que ainda restavam indicavam sua antiga condição de notável cidadela. Fora a antiga capital da região, depois uma cidade Tang e em seguida uma cidade Uigur – até que os mongóis a capturaram. Os uigures não queriam ver a cidade destruída, então se renderam sem luta e permitiram que os mongóis assumissem o controle, como tinham feito no restante da China. Foi no período da administração mongol, o Império Yuan dos séculos XIII e XIV, que os primeiros ocidentais começaram a viajar pela China – entre eles, Marco Polo.

Na época, Gaocheng era muçulmana. Antes, fora budista. Fora também um centro de hereges – primeiro os maniqueus, depois os nestorianos. Era impossível que alguém examinasse essas heresias sem concluir que faziam certo sentido. Os maniqueus, seguidores de Manes, um profeta persa, acreditavam que o bem e o mal estão presentes em todos os seres humanos, e que a vida é um conflito entre esses opostos interdependentes – a luz e a escuridão, o espírito e a carne. Os nestorianos eram cristãos que foram declarados hereges por sua crença de que havia duas pessoas separadas no Cristo encarnado, negando que Cristo fosse ao mesmo tempo Deus e homem. Chegaram a argumentar que Maria seria a mãe de Deus ou a mãe de Jesus, mas não poderia ser as duas coisas. Por causa disso, os nestorianos foram perseguidos e exilados após o Conselho de Éfeso (em 431, na atual Turquia). No século VII, foram parar na extremidade da Rota da Seda, no coração da China, onde a primeira igreja nestoriana foi fundada em 638, em Ch'ang-an (Xian).

O que mais me fascinava era o fato de que não sobrara nada – nenhuma igreja, nenhum herege, nenhum livro, nenhuma imagem, nenhuma cidade. Só havia o sol castigando os tijolos de barro e as paredes quebradas; toda a religião, o comércio, a belicosidade, as artes, o governo e a civilização tinham sido reduzidos a pó. Mas aquelas ruínas imensas e inertes possuíam alguma coisa de magnificente. Eu continuava a ver aquele deserto como um lugar onde existira um oceano, uma orla gigantesca de pedras lisas e cascalho marinho. E aquela cidade de Gaocheng combinava com isso, pois lembrava um castelo de areia quase totalmente dissolvido pela maré.

As únicas coisas vivas no local eram as cabras. Os afrescos e as estátuas haviam sido roubados e vendidos – ou levados para museus. Os fazendeiros tinham desmantelado muitos dos prédios para usar os tijolos; e quando as pessoas locais encontravam potes, jarros ou ânforas (de boa qualidade, pois eram de influência grega ou romana), elas os usavam em suas cozinhas, pois assim não teriam de comprar utensílios novos.

Fui até um vilarejo uigur nas vizinhanças e perguntei aos moradores se eles sabiam alguma coisa a respeito de Gaocheng. "É uma cidade antiga", disseram. As pessoas com quem falei eram homens morenos de nariz adunco, cuja aldeia sombreada não constava de nenhum mapa. Havia uma mesquita e um pequeno mercado. Jumentos andavam pelas ruas, mas eles não falavam chinês nem outra língua que não fosse o uigur. O lugar se chamava Comunidade das Montanhas Flamejantes, o que era apenas um eufemismo. Estava na hora da sesta. As mulheres me olhavam através das dobras de seus xales negros, e avistei uma que se parecia muito com minha avó italiana.

O sr. Liu, meu guia, não falava uigur, embora tivesse vivido próximo à região durante vinte anos. Eu tinha a impressão de que aqueles uigures do deserto não levavam muito a sério os chineses Han. Quando estávamos indo embora, houve uma batida na lateral do carro. O motorista pisou no freio e correu atrás de alguns meninos que estavam rindo. Fez um grande alarido, mas ninguém apareceu para ajudá-lo – ninguém nem mesmo ouviu nada. E então, um último insulto. Ele parou para perguntar o caminho para a antiga necrópole de Astana. Quando colocou a cabeça para fora da janela, dois garotinhos enfiaram juncos plumosos em suas orelhas e lhe fizeram cócegas. E fugiram quando ele saltou do carro, furioso.

– São garotos muito maus – disse o sr. Liu, olhando-me irritado quando viu que eu estava rindo.

Os corpos nas tumbas de Astana tinham seiscentos anos, mas estavam perfeitamente preservados, sorrindo, jazendo lado a lado em uma laje decorada.

– Você quer tirar uma foto das pessoas mortas? – perguntou-me a zeladora do local.

– Eu não trouxe máquina fotográfica.

Ela não prestou atenção na minha resposta. Disse:
– Dez *yuan*. Uma foto.
O sr. Liu comentou:
– Eu detesto olhar para gente morta – e subiu as escadas de pedra, saindo da câmara mortuária.
Quando ele desapareceu, a zeladora disse:
– *Shansh marnie?*

Medo de Voar

Os trens chineses são ruins. Em 12 meses de viagem – em quase quarenta trens – nunca vi algum cujo toalete não estivesse imundo. Os alto-falantes estrondeavam e importunavam 18 horas por dia, uma ressaca da época dos slogans maoistas. Os condutores eram tirânicos, e o frenesi alimentar nos vagões-restaurantes, na maioria das vezes, não se justificava. Mas havia compensações ocasionais: condutores gentis, comida boa, cama confortável – eram o bilhete premiado. Quando não havia nada disso, sempre havia uma grande garrafa térmica com água quente para preparar o chá.

Mas quaisquer objeções que eu pudesse levantar a respeito dos trens não eram nada, se comparadas às viagens de avião na China. Tive uma pequena amostra disso quando viajei de Urumchi para Lanzhou – não faria sentido repetir o caminho no Galo de Ferro. Disseram-me para chegar ao aeroporto com três horas de antecedência – ou seja, às sete da manhã. E o avião partiu com cinco horas de atraso, às três da tarde. Era um velho jato russo. Sua cobertura metálica estava enrugada e rachada como o papel-alumínio de um maço de cigarros usado. Os assentos eram tão apertados que meus joelhos doíam, e a circulação sanguínea até meus pés foi interrompida. Todos os lugares estavam ocupados, e todas as pessoas, carregadas de bagagem de mão – grandes embrulhos que caíam do bagageiro, ameaçando quebrar a cabeça dos passageiros. Antes mesmo que o avião decolasse, as pessoas já estavam vomitando, com as cabeças abaixadas e as mãos cruzadas, na postura solene e devota em que os chineses habitualmente vomitam. Depois de duas horas, deram-nos um envelope que continha três caramelos, um chiclete e três doces pegajosos; um pedaço de celofane quase ocultava uma tira de carne enegrecida que lembrava estopa e tinha gosto de corda deteriorada. Recebemos também (pois os chineses são otimistas) um palito. Duas horas mais tarde, uma garota vestida com um velho uniforme de carteiro desfilou com uma bandeja. Achando que poderia ser alguma coisa melhor para comer, peguei um dos pequenos embrulhos – era um chaveiro. O avião rangia como uma escuna ao mar e estava muito quente. De repente ficou tão frio que eu podia ver minha respiração. Mais duas horas se passaram. Eu disse a mim mesmo: "Estou maluco." O alto-falante informou, em meio à estática, que já estávamos para aterrissar. Neste momento todos se levantaram, com exceção dos vomitadores, e começaram a retirar seus volumes dos bagageiros. E permaneceram de pé, cambaleando, empurrando-se e reclamando vagamente – ignorando os pedidos para que se sentassem e afivelassem os cintos de segurança –, enquanto o avião batia violentamente no solo, empinando na pista, e seguia mancando até o terminal de Lanzhou. Nunca mais.

Paisagem feita a mão

AINDA ESTÁVAMOS EM GANSU, SEGUINDO PARA SUDOESTE, NA DIREÇÃO da província de Shaanxi (não confundir com Shanxi, um pouco a nordeste). Havíamos acabado de deixar a cidade de Tianshui. A paisagem era diferente de tudo o que eu vira em Xinjiang, ou mesmo no restante de Gansu. Era uma paisagem cuidadosamente construída por montanhas de barro esculpidas em terraços, que sustentavam luxuriantes plantações de arroz. As úmidas terras planas estavam bem abaixo, no fundo dos vales. Tudo o mais fora construído pelas pessoas, toda uma área rural feita a mão — muros de pedra escorando os terraços nas colinas, trilhas e degraus por toda parte, eclusas, fossos e sulcos revolvidos. Feixes de trigo, mais abundante na área que o arroz, estavam empilhados, aguardando para serem recolhidos e transportados para a debulha — provavelmente por aquele búfalo negro que chafurdava no charco, mergulhado até o nariz.

Toda a paisagem fora moldada e adaptada para usos práticos. Não era bonita, mas era simétrica. Não era possível dizer: "Olhe para aquela colina", pois tudo estava em terraços — valas e campos sustentados por paredes de barro, casas e estradas sustentadas por paredes de barro. O que os chineses faziam em miniatura com pedras pequenas, entalhando sobre elas desenhos intrincados, haviam feito também com aquelas montanhas cor de mel. Sobre qualquer afloramento rochoso, eles plantavam um arrozal; os degraus e os terraços nas encostas das colinas íngremes lhes davam o aspecto de pirâmides maias. Não havia muito disso no oeste da China. Era algo enorme, um complicado reino de lama como que construído por insetos. O mais impressionante, e ao mesmo tempo espantoso, era que todas as coisas visíveis naquela paisagem tivessem sido construídas pelo homem. O mesmo, claro, poderia ser dito de qualquer cidade do mundo, mas aquilo não era uma cidade. Era para ser um grupo de colinas sobre o rio Wei; e pareciam ter sido feitas a mão.

Os Guerreiros de Terracota

Os guerreiros de terracota (que não podem ser fotografados) não me desapontaram. Eram estranhos demais para isso. São estátuas de homens e cavalos em tamanho natural, em posição empertigada, cobertos de armaduras e marchando em uma área do tamanho de um campo de futebol – centenas deles, cada um com um rosto e corte de cabelo próprios. Dizem que cada figura de barro tinha uma contrapartida humana no verdadeiro exército do imperador, que estava espalhado por todo o império Qin. Outra teoria é que a individualização dos modelos era uma alusão à unidade da China, mediante a exibição de "todos os traços físicos dos habitantes do leste da Ásia". Seja qual for a razão, cada cabeça é única, é há um nome estampado na nuca de cada guerreiro – talvez o nome do soldado, talvez o do escultor.

É o realismo das imagens – e seu enorme número – que torna o lugar maravilhoso, e até mesmo perturbador. Enquanto você olha, as figuras parecem se mover para a frente. É muito difícil conseguir representar a forma humana debaixo de armaduras, mas, mesmo sob aquelas perneiras acolchoadas, botas e pesadas mangas, as estátuas parecem flexíveis. Os arqueiros e besteiros ajoelhados parecem alertas e muito reais.

Aquele exército enterrado foi um capricho do tirano que determinou sua criação, para que os soldados protegessem sua tumba. Mas o primeiro imperador, Qin Shi Huangdi, era propenso a gestos grandiosos. Até sua época, a China era fragmentada em estados que guerreavam entre si. Partes da Grande Muralha já haviam sido construídas. Ele sucedeu ao pai em 246 a.C., como príncipe Cheng. Tinha 13 anos. Antes de completar 40, tinha subjugado toda a China. Chamava a si mesmo de imperador. Introduziu no país uma série de inovações. Incumbiu um de seus generais – assim como muitos prisioneiros e camponeses – de terminar a Grande Muralha. Aboliu a servidão (o que significava que, pela primeira vez, os chineses poderiam usar sobrenomes) e mandou queimar todos os livros que não louvassem diretamente suas realizações

– era seu modo de assegurar que a história começasse com ele. Seus projetos grandiosos o afastaram dos súditos e esvaziaram os cofres do tesouro. Três tentativas foram feitas para matá-lo. Ele acabou morrendo em uma viagem ao leste da China. Para disfarçar sua morte, seus ministros cobriram seu corpo – que já estava fedendo – com peixes podres, e o levaram para ser enterrado no local onde eu me encontrava. O segundo imperador fora assassinado, assim como seu sucessor, no que os chineses chamam de "primeira insurreição camponesa na história da China".

O que chama a atenção, no entanto, não é o número de realizações daquele primeiro governante, e sim o fato de ter feito tudo em tão pouco tempo. Em um período ainda menor, as conquistas de sua dinastia foram ofuscadas pelo caos. Dois mil anos depois, os governantes chineses tinham metas notavelmente similares – conquista, unidade e uniformidade.

A qualidade mais rara dos guerreiros de terracota é que, ao contrário de tudo o mais na rota turística da China, eles estão exatamente como foram feitos. Foram vandalizados por camponeses rebeldes em 206 a.C., quando as pessoas invadiram a tumba para roubar as armas – bestas, lanças e flechas (eram todas reais) – que os guerreiros seguravam. Depois disso, as figuras permaneceram enterradas até 1974, quando um homem que cavava um poço atingiu com a pá a cabeça de um guerreiro e o desenterrou, dando início às escavações. Os guerreiros são a única obra-prima da China que não foi repintada, falsificada e muito vandalizada. Se tivessem sido encontrados antes da Revolução Cultural, em vez de depois, teriam sido sem dúvida pulverizados pelos Guardas Vermelhos, juntamente com todas as outras obras-primas que foram trituradas, queimadas ou derretidas.

Banquete com espécies ameaçadas

— Na China, nós temos um ditado — disse Jiang Le Song. — *Chule feiji zhi wai, yangyang duo chi.* — Parecendo satisfeito consigo mesmo, acrescentou: — E rima!

— Chamamos isso de meia rima — observei. — O que significa? Alguma coisa sobre comer aviões?

— "Nós comemos de tudo, exceto aviões e trens." Na China.

— Entendo. Vocês comem tudo que tenha quatro pernas, exceto mesas e cadeiras.

— Você é um homem engraçado — disse o sr. Jiang. — Sim. Nós comemos árvores, grama, folhas, animais, algas, flores. E, em Guilin, até mais coisas. Pássaros, cobras, tartarugas, grous, rãs e outras coisas.

— Que outras coisas?

— Eu nem sei dizer os nomes.

— Cães? Gatos? — Olhei para ele fixamente. Eu ouvira um turista reclamar do apetite chinês por gatinhos. — Vocês comem filhotes de gatos?

— Não cães e gatos. Todo mundo come essas coisas.

— Guaxinins? — Eu tinha lido em um guia que os guaxinins também eram populares em Guilin.

— O que é isso?

Guaxinim não estava no dicionário inglês-chinês de bolso que ele tinha.

Ele se tornou muito reservado, olhando em volta e me puxando para perto dele.

— Graxa talvez não. Nunca ouvi falar de ninguém que comesse graxa. Mas muitas outras coisas. Nós comemos... — ele respirou fundo — coisas proibidas.

Aquilo soava muito emocionante. *Nós comemos coisas proibidas.*

— Que tipo de coisa proibida?

— Eu só conheço os nomes chineses, desculpe.

— De que estamos falando? — perguntei. — De cobras?

— Cobras secas. Sopa de cobras. Essas não são proibidas. Eu quero dizer o animal que come formigas com o nariz.

— Pangolim. Eu não quero comer isso. Muitas pessoas estão comendo pangolins – disse eu. – É uma espécie ameaçada.

— Você gostaria de comer coisas proibidas?

— Eu gostaria de comer coisas interessantes – respondi, sem me comprometer. – Que tal pardais? Pombos? Cobras? Que tal tartarugas?

— Esses são fáceis. Eu posso arranjar.

O sr. Jiang era jovem. E novo no ofício. Um pouco gaiato demais. Tinha aquele jeito brincalhão e pouco sincero de alguém acostumado a lidar com estrangeiros idosos, que adoram ser obedecidos de forma galhofeira. Senti que sua subserviência era uma manobra deliberada para dobrar minha vontade.

Naquela noite o sr. Jiang saiu de trás de uma palmeira que crescia em um vaso, no meu hotel, e me apresentou a um homenzinho de traços simiescos.

— Nosso motorista – disse o sr. Jiang.

— Qi – disse o homem, sorrindo. Mas não era um sorriso. Ele só estava dizendo o nome.

— Eu arranjei tudo o que você pediu – informou o sr. Jiang. – O motorista vai nos levar até Taohua, ao Restaurante Flor da Paz.

O motorista colocou um par de luvas e abriu a porta para mim. O sr. Jiang sentou no assento dianteiro, ao lado do motorista. Qi arrumou o espelho, colocou a cabeça para fora da janela para sinalizar – embora estivéssemos em um estacionamento e não houvesse outros carros à vista – e entramos em uma rua vazia. Depois de uns 50 metros, ele parou o carro.

— Alguma coisa errada? – perguntei.

O sr. Jiang imitou o riso de um homem gordo:

— Ho! Ho! Ho! – E com uma voz entediada acrescentou: – Nós chegamos.

— Não precisávamos ter vindo de carro, não?

— Você é um convidado de honra! Não deve caminhar!

Eu aprendera que esse tipo de conversa fiada era um sinal na China. Quando falavam comigo dessa maneira jocosamente formal, eu sabia que estavam querendo me enganar.

Antes de entrarmos no restaurante, o sr. Jiang me chamou de lado e disse:

— Vamos ter sopa de cobra. Vamos ter pombo.

— Ótimo.

Ele abanou a cabeça.

— Isso não é incomum. São coisas normais.

— O que mais vamos ter?

— Eu lhe digo lá dentro.

Mas lá dentro houve uma discussão a respeito da mesa, muita conversa que não entendi. Finalmente, o sr. Jiang disse:

— Esta é a sua mesa. Uma mesa especial. Agora vou deixar você. O motorista e eu vamos comer na sala humilde ao lado. Por favor, sente-se! Não se incomode conosco. Divirta-se!

Isto também era um sinal inconfundível.

— Por que você não fica comigo? — sugeri.

— Ah, não! — disse o sr. Jiang. — Vamos ficar confortáveis em nossa mesinha na sala humilde reservada para os trabalhadores chineses.

Isso já era um exagero, pensei. Mas estava me sentindo culpado por conta daquela refeição, e comer sozinho fazia com que me sentisse egoísta.

— Há bastante espaço na minha mesa — disse eu. — Por favor, sente-se aqui.

— Está bem — concordou o sr. Jiang, aparentando indiferença. E fez sinal para que o motorista seguisse seu exemplo.

Era bastante comum que o motorista fosse incluído. Na verdade, um dos prazeres da vida chinesa é que, em uma longa viagem, o motorista faça parte do grupo. Se houver um banquete, ele é convidado; se houver um passeio, ele vai junto; e participa de todas as refeições no caminho. Trata-se de um hábito civilizado que eu achava que deveria ser encorajado, e ao qual não fazia objeções, embora o motorista só tivesse me transportado por 50 metros.

— Refeição especial — disse o sr. Jiang. — Nós temos grou. E talvez um tipo de codorna que nós chamamos de *anchum*. Temos muitas coisas. Até coisas proibidas.

Aquela frase perdera o encanto para mim. Era uma noite quente, aquele jovem não me parecia confiável e eu não estava particularmente faminto.

— Tome um pouco de vinho – disse o sr. Jiang, servindo três taças. – É vinho de osmanto. Guilin significa "Cidade dos Osmantos".

Bebemos o vinho. Tinha um gosto xaroposo e medicinal.

A comida foi trazida em ondas sucessivas – muitos pratos, mas as porções eram pequenas. Talvez sentindo que a refeição seria rápida, o motorista começou a acumular comida em seu prato.

— Isto é tartaruga – disse o sr. Jiang. – Do rio Li.

— E isto é proibido – acrescentou ele, baixando a voz. – Peixe *wawa*... peixe bebê. Muito raro. Muito saboroso. Muito difícil de capturar. Contra a lei.

O peixe estava excelente. Foi servido em pequenos pedaços num cheiroso ensopado. Os pauzinhos do motorista se mantiveram ocupados, mergulhando no ensopado para retirar os pedaços maiores.

O sr. Jiang aproximou o rosto e murmurou uma palavra em chinês.

— Isso é *muntjac*. Das montanhas. Com cebolas. Proibido.

— O que é *muntjac*? – perguntei.

— É uma espécie de coelho que come frutas.

Como todo mundo sabe, o *muntjac* é um pequeno veado, considerado uma peste. Pode-se vê-los nos campos de golfe nos arredores de Londres. Marco Polo os encontrou no Reino de Ergunul e escreveu: "A carne desse animal é muito boa para comer." Ele levou a cabeça e os pés de um *muntjac* quando voltou para Veneza.

Provei o pombo, a sopa de cobra, o *muntjac*, o grou, o peixe e a tartaruga. Havia algo de deprimente naquela comida, em parte porque era saborosa, em parte porque a China tinha tão poucos animais selvagens. Todas aquelas criaturas estavam ameaçadas de extinção no país. E eu sempre detestara o apetite chinês por animais raros – patas de ursos, beiços de peixes e narizes de caribus. Eu lera um artigo sobre os chineses que me deixara muito desgostoso: eles estavam matando seus tigres, cada vez mais raros, para usar a carne – supersticiosamente – como remédio para impotência e reumatismo. Agora estava desgostoso comigo mesmo. Aquele tipo de refeição era o divertimento de pessoas ricas e perdulárias.

— O que você acha disso? — perguntei ao sr. Jiang.

— Gostei da tartaruga com bambu — respondeu ele. — O *muntjac* estava um pouco salgado.

— Você já tinha comido isso antes?

— Ah, sim.

— O que o motorista está achando? — perguntei. Eu estava tentando descrever para mim mesmo o gosto da cobra, do grou e do pombo. E ri ao pensar que sempre que alguém tentava descrever o gosto de alguma coisa exótica dizia "galinha".

O silencioso motorista, que não parava de se empanturrar, atacou a tartaruga, colocou um bocado em sua tigela e comeu. Fez a mesma coisa com o *wawa*.

— Ele gostou do peixe — disse o sr. Jiang.

O motorista não levantou os olhos. Comia como um predador na selva — fazia uma pausa, alerta, os olhos piscando, depois se lançava sobre a comida e a engolia com um rápido movimento de seus pauzinhos, que funcionavam como garras.

Mais tarde, ligeiramente nauseado com a comida proibida, senti-me como um hindu que acabou de comer um hambúrguer. Disse que ia caminhar até em casa. O sr. Jiang tentou me arrastar para o carro, mas eu resisti. Então, disfarçando o constrangimento com sonoras gargalhadas, estendeu-me a conta: duzentos *yuan*.

Aquilo significava quatro meses de salário para aqueles jovens. Era uma enorme quantia. Era o custo de uma passagem de avião de Guilin a Pequim, tarifa para estrangeiros. Era o preço de duas unidades das melhores bicicletas da China, a Pombo Voador Deluxe. Era mais que uma diária no Grande Muralha Sheraton. Era o valor de um bom rádio. Equivalia a dois anos de aluguel de uma quitinete em Xangai. Compraria uma antiga sopeira de prata no bazar de Turfan.

Paguei ao sr. Jiang. Esperei alguma espécie de reação de sua parte. Não houve nenhuma. Era uma formalidade. Os chineses tinham o hábito de não reagir a nenhum tipo de hospitalidade. Mas eu insisti.

— O motorista ficou impressionado com a comida?

— Nem um pouco — respondeu o sr. Jiang. — Ele já comeu isso muitas vezes. Hahaha!

Aquilo ecoou em meus ouvidos — fora uma das poucas risadas genuínas que eu ouvira na China.

Significava: *sempre podemos enganar um estrangeiro.*

Eu era o demônio peludo e narigudo dos cafundós do além, um desses estrangeiros (*wei-guo ren*) que os chineses consideram os caipiras do mundo. Vivíamos em paisezinhos vagabundos amontoados na periferia do Império do Meio. Os lugares que habitávamos eram insignificantes, mas esquisitos. Houve época em que os chineses acreditavam que nós nos amarrávamos uns aos outros para não sermos levados por águias. Algumas de nossas estranhas sociedades eram compostas inteiramente por mulheres, que engravidavam ao olharem para as próprias sombras. Tínhamos narizes como os de tamanduás. Éramos mais peludos que macacos. Cheirávamos como cadáveres. Havia uma raça com buracos no peito, onde se enfiavam varas quando as pessoas precisavam ser transportadas. Essas ideias já não eram usuais, mas tinham dado origem a provérbios depreciativos, que às vezes tinham um fundo de verdade. Então o riso era autêntico.

Shaoshan: "Onde o Sol Nasce"

— Até hoje, os visitantes não vinham aqui para olhar a paisagem – disse o sr. Li. Era uma grande verdade. Vinham como peregrinos. Primeiro, andavam 120 quilômetros na direção oeste. Depois, quando a ferrovia foi construída no final dos anos 1960, tomavam o trem mais estranho da China. Vinham porque acreditavam no slogan da Revolução Cultural: O SOL NASCE EM SHAOSHAN (TAIYANG CONG SHAOSHAN SHENGQI), uma metáfora do nascimento de Mao Tsé-tung, que era natural da cidade. Em determinada época, os pais chineses davam o nome de Shaoshan aos filhos, em homenagem a Mao. Eu encontrei pelo menos um Li Shaoshan.

Nos anos 1960, havia diversos trens, de hora em hora. Agora, havia um trem por dia. Saía às seis da manhã de Changsha e chegava a Shaoshan três horas depois. Retornava à noite, apenas um velho trem a vapor em uma linha esquecida, que sobrevivera ao seu propósito.

A estrada sempre fora popular, mesmo quando o trem já estava funcionando regularmente. Era a melhor maneira de os Guardas Vermelhos e revolucionários provarem seu ardor. Além disso, longas caminhadas faziam parte do projeto político de Mao – o esquema "Forjem Boas Solas de Ferro". A ideia, durante a Revolução Cultural, era que todos os cidadãos chineses deveriam ter pés robustos, para o caso de terem de evacuar as cidades, quando o Inimigo Sem Nome tentasse invadir a China. Mao inoculou nos chineses a paranoia da guerra – ordenando que fabricassem tijolos, cavassem trincheiras, bunkers e abrigos contra bombas. Ordenou igualmente que caminhassem 40 quilômetros nos dias de folga, para terem "pés de ferro" ("Tudo o que eu tinha eram bolhas", disse Wang, meu informante). Assim sendo, eles marchavam quatro dias pela estrada de Changsha a Shaoshan, dormindo em cabanas de camponeses e cantando "O Oriente é Vermelho" e "O Sol Nasce em Shaoshan". Entoavam também slogans musicados extraídos do *Livro Vermelho dos Pensamentos de Mao*, tais como "Povos do Mundo, Uni-vos e Derrotai os Agressores

Americanos e Todos os Seus Lacaios!", com seu emocionante último verso: "Monstros de todos os tipos serão destruídos." A minha canção favorita do *Livro Vermelho*, que com sua cadência, segundo me garantiram, animava as marchas na estrada de Shaoshan, dizia o seguinte:

> *Uma revolução não é um jantar de gala,*
> *Não é um ensaio literário, não é uma pintura,*
> *não é um bordado;*
>
> *Não pode ser tão refinada, tranquila e gentil,*
> *Tão equilibrada, bondosa, solícita, moderada e*
> *magnânima;**
>
> *Uma revolução é uma insurreição,*
> *Um ato de violência pelo qual uma classe*
> *derruba a outra.*

Eles também cantavam isso nos trens. Agitavam bandeiras. Usavam bótons de Mao, escudos e braçadeiras vermelhas de Mao. Não era algo banal. Comparava-se, em amplitude e fervor, à peregrinação a Meca que fazem os muçulmanos. Certo dia, em 1966, uma procissão de 120 mil chineses invadiu o vilarejo de Shaoshan para berrar canções e executar o *qing an* com o *Pequeno Livro Vermelho* nas mãos.

Vinte anos mais tarde, cheguei à estação em um trem vazio. A estação estava vazia. A inusitadamente longa plataforma estava vazia, assim como o pátio de manobras. Não havia ninguém à vista. A estação fora pintada recentemente com um tom límpido de azul. Estava limpa e arrumada, mas isso apenas realçava a ausência de pessoas. Não havia carros no estacionamento, nem ninguém em frente aos guichês. Havia um grande retrato de Mao no alto da estação. Um cartaz, em chinês,

---

* "Estas eram as virtudes de Confúcio, conforme descritas por um de seus discípulos", informa o comentário nas "Obras Selecionadas de Mao". Portanto, Mao estava também criticando Confúcio por não ter tido espírito revolucionário.

SHAOSHAN: "ONDE O SOL NASCE"

estampava seu epitáfio: MAO TSÉ-TUNG FOI UM GRANDE MARXISTA, UM GRANDE REVOLUCIONÁRIO PROLETÁRIO, UM GRANDE TÁTICO E TEÓRICO.

Era uma homenagem modesta: não havia nada dizendo que fora um grande líder. O desejo de Mao, em seu leito de morte (obviamente ignorado) era ser lembrado como um professor.

Andei pela cidade, refletindo sobre o fato de que nada parece mais vazio do que um estacionamento vazio. Vi muitos estacionamentos por ali, projetados para ônibus; eram enormes, mas não havia nenhum veículo estacionado neles. Fui até o hotel, construído para dignitários, e me sentei no salão de refeições quase vazio, sob um retrato de Mao.

A época de Shaoshan havia passado; era uma cidade esquecida pelo tempo – fantasmagórica e ecoante. Isso me fascinava. Na verdade, era um lugar bonito, um retiro campestre com um riacho correndo em meio a árvores graciosas, campos verdes, alimentando laguinhos onde boiavam flores de lótus. Em qualquer outro lugar, uma atmosfera tão vazia poderia ser deprimente, mas aquele esquecimento era saudável – o que pode ser mais saudável do que deixar de adorar um político? –, e as poucas pessoas que estavam lá faziam piqueniques, não uma peregrinação.

A casa de Mao era na extremidade mais afastada do vilarejo, em uma clareira. Era grande, fresca e arejada. Seu estuque amarelo e a arquitetura hunanesa lhe davam o aspecto de uma hacienda – com um átrio e uma agradável vista de suas redondezas idílicas. Ali Mao nascera, em dezembro de 1893. As dependências tinham sido cuidadosamente identificadas: QUARTO DOS PAIS, QUARTO DO IRMÃO, COZINHA, CHIQUEIRO e assim por diante. Era a casa de uma família próspera – o pai de Mao era "um camponês relativamente rico", astuto no que se referia a dinheiro e hipotecas; uma espécie de agiota. Havia muito espaço ali – um grande celeiro e uma cozinha espaçosa. O forno da sra. Mao fora preservado (NÃO TOQUE). Uma placa nas proximidades informava: EM 1921, MAO TSÉ-TUNG EDUCOU SUA FAMÍLIA A RESPEITO DA REVOLUÇÃO AO LADO DESTE FORNO. E na sala: EM 1927, ATIVIDADES REVOLUCIONÁRIAS FORAM DISCUTIDAS AQUI.

Não era como visitar a cabana de troncos de Lincoln. Não era Blenheim. Não era a casa de Paul Revere. Para começar, estava muito vazia. Os poucos chineses nas proximidades pareciam indiferentes à própria casa. Sentavam-se sob as árvores, ouvindo um rádio a todo volume. Havia garotas em vestidos bonitos. Suas próprias roupas eram uma declaração política. Mas quase não se percebia aquele punhado de pessoas. Aquele vazio devia significar alguma coisa. Quando recebia muitos visitantes, Shaoshan representava devoção e obediência política; agora que estava vazia, representava indiferença. Em certo sentido, o descaso era mais marcante que a destruição, pois as coisas existiam como uma farsa do que tinham sido.

A casa tinha o cheiro de mofo de um velho santuário. Sobrevivera à sua utilidade e parecia um tanto absurda, como o templo um dia idolatrado de uma seita de fanáticos que fugira, rasgando as roupas, e jamais retornando. Os tempos haviam mudado. No final da Revolução Cultural, o escritor que trabalha sob o pseudônimo de Simon Leys visitou a China. Em seu livro *Sombras Chinesas*, um relato sombrio e desaprovador da viagem, ele escreveu que Shaoshan "é visitada por cerca de 3 milhões de pessoas todos os anos". Ou seja, 8 mil por dia. Agora não havia ninguém.

Shaoshan era um embaraço para os chineses porque o esquema fora montado para mostrar Mao como mais do que humano. Havia uma detestável religiosidade no modo como sua velha escola fora arrumada, com o objetivo de mostrar o pequeno Mao como um estudante santificado. Mas o prédio estava vazio e não havia ninguém andando por suas aleias, portanto já não importava. Eu tinha a impressão de que os chineses mantinham distância em grandes proporções.

Um quiosque vendia cartões-postais – com uma só vista: LOCAL DE NASCIMENTO DE MAO (a casa na clareira). Vendia também emblemas. Foi o único lugar da China em que vi a imagem de Mao à venda; mesmo assim, era um pequeno distintivo. Toalhas de banho e panos de prato com o nome de Shaoshan também estavam à venda.

Havia uma loja no Museu de Mao.

– Eu queria comprar um distintivo de Mao – disse eu.

– Não temos nenhum – replicou a funcionária.

– Então uma foto de Mao.
– Não temos nenhuma.
– Então o *Pequeno Livro Vermelho*, ou qualquer livro de Mao.
– Nenhum.
– Onde estão?
– Vendidos.
– Todos?
– Todos.
– Você vai encomendar mais alguns para vender?
– Não sei – respondeu a funcionária.

O que era vendido na loja do Museu de Mao? Chaveiros com fotos coloridas de atrizes de filmes produzidos em Hong Kong, sabonetes, pentes, lâminas e creme de barbear, balas, pés de moleque, botões, linha, cigarros e cuecas.

O museu tentava apresentar Mao como sobre-humano, e, nas 18 salas de hagiografia, Mao era apresentado como uma espécie de Cristo, pregando desde jovem (dando aulas de revolução ao pé do forno de sua mãe) e conseguindo recrutas. Havia estátuas, bandeiras, distintivos e objetos pessoais – seu chapéu de palha, seus chinelos, seu cinzeiro. Sala por sala, sua vida era mostrada em fotos e com legendas: a época da escola, o trabalho, as viagens, a morte do irmão, a Longa Marcha, a guerra, o primeiro casamento...

De repente, depois daquela exposição vagarosa e detalhada, ocorreu uma coisa estranha na última sala: o tempo foi condensado. Os anos de 1949 a 1976, toda a sua carreira, o seu governo e a sua morte eram apresentados com velocidade espantosa. Não havia menção a seus dois outros casamentos, nada sobre Jiang Qing. Pessoas insignificantes, como Jian Qing e Lin Biao, haviam sido retiradas das fotos mediante retoques. A década de 1960 era mostrada em uma só foto, a nuvem em formato de cogumelo da primeira bomba atômica da China, explodida em 1964. O resto da década não existia. Assim como não existia a Grande Revolução Cultural Proletária. O Museu de Mao foi fundado em 1967, no auge dessa revolução!

Ao omitir tanta coisa e mostrar tão rapidamente a passagem do tempo, o museu oferecia ao visitante uma história estranha e abreviada dos últimos anos de Mao. Nas salas anteriores, ele parecia uma criança mimada, um garoto chato, de testa franzida e solene. Na última, ele tinha adquirido um sorriso inusitado, que produzia um efeito perturbador em seu rosto de abóbora. Depois de 1956, parece ter ficado gagá. Começou a usar calças largas e um chapéu de cule. Seu rosto parece ter afundado e ostenta um sorriso de louco ou senil. Ele não se parece com o Mao anterior. Em uma das fotos, joga pingue-pongue desajeitadamente. Em 1972 e nos anos seguintes, em encontros com Nixon, com o príncipe Sihanouk e com líderes da Europa Oriental, é uma figura mastodôntica, parece estar totalmente enlouquecido, mal reconhecendo os visitantes que sorriem para ele. Há grandes indícios que confirmam o que os chineses dizem dele o tempo todo: que após 1956 já não era o mesmo.

Mao decidiu ser um enigma e foi bem-sucedido. "O líder anal de um povo oral" disse o sinólogo Richard Soloman. Mao pode ser descrito, mas não resumido. Ele era paciente, otimista, sem escrúpulos, patologicamente anti-intelectual, romântico, militarista, patriota, chauvinista, rebelde de um modo juvenil e deliberadamente contraditório.

Shaoshan dizia tudo a respeito de Mao: sua ascensão e queda; sua posição nos dias de hoje. Adorei quando o trem vazio chegou à estação vazia. Existe uma imagem melhor para obscuridade? Quanto à casa e ao vilarejo, eram como muitos templos na China, onde ninguém mais rezava – apenas uma pilha de pedras simétricas que representavam desperdício, confusão e ruína. A China era cheia de lugares assim, dedicados à memória de uma ou outra pessoa, que depois se tornam apenas um pretexto para instalar mesas de piquenique e vender suvenires.

A Grande Muralha

Por ser uma cidade plana, seca e setentrional, nas proximidades da Mongólia, Pequim tem um céu lindo, ainda mais azul no ar congelante do inverno. O velho eufemismo da China para si mesma era *Tianxia*, "Tudo sob o céu" – e, em um dos bons dias, que céu! Límpido como um oceano de ar, mas inteiriço e imaculado, sem nenhuma nesga de nuvem; uma interminável amplitude que se tornava mais gélida ao longo do dia até esmaecer no final das tardes de inverno.

Achando que a área deveria estar vazia, fui ver a Grande Muralha de novo. O dr. Johnson disse a Boswell que estava ansioso para ir até a China e conhecer a Grande Muralha. Boswell não estava muito animado. Como poderia justificar uma ida à China quando tinha filhos para cuidar?

"Senhor", disse o dr. Johnson, "ao fazer isso [indo até a China] o senhor fará uma coisa importante para o sucesso de seus filhos. O esplendor de seu espírito e de sua curiosidade se refletirá neles. Serão sempre considerados os filhos de um homem que foi ver a Muralha da China. Estou falando sério, senhor".

A Muralha é intimidante, menos uma fortaleza do que uma declaração visual de majestade: eu sou o Filho dos Céus e esta é a prova de que posso contornar a terra. O que, de certa forma, lembra a façanha de um maluco chamado Christo, que certo dia embrulhou para presente a Golden Gate Bridge. A Muralha sobe e desce montanhas. Com qual objetivo? Certamente não para repelir invasores, que não iriam escalar aqueles despenhadeiros. Não seria mais um exemplo do apreço chinês por moldar a terra para tomar posse dela?

Fosse como fosse, a Muralha não estava vazia. Estava lotada de turistas, que enxameavam sobre ela como pulgas em uma cobra morta.

Isso me deu uma ideia. "Cobra" chegava perto, mas aquilo na verdade se parecia com um dragão. O dragão é a criatura favorita dos chineses ("logo depois do homem na hierarquia das coisas vivas"). Até recentemente – de oitenta a cem anos atrás –, os chineses acreditavam na existência de dragões. Muitas pessoas relatavam que os tinham visto vivos – e esqueletos fossilizados de dragões, é claro, já haviam sido desenterrados. O dragão era um bom presságio e, acima de tudo, um guardião. O folclore do dragão malvado e do matador de dragões era desconhecido na China. O dragão é um dos símbolos mais amigáveis e duradouros do país. E eu encontrei uma fascinante similaridade entre o dragão chinês e a Grande Muralha da China – o modo como esta se arqueava e coleava pelas montanhas; o modo como suas ameias se pareciam com as barbatanas nas costas de um dragão, e seus tijolos com escamas; o modo como parecia serpentiforme e protetora, ondulando interminavelmente de uma extremidade a outra do mundo.

O sr. Tian

— Está frio lá fora? — perguntei.

— Muito – disse o sr. Tian. Seus óculos estavam opacos com a condensação do ar nas lentes.

Eram cinco e meia da manhã em Harbin, e a temperatura atingira menos 35 graus centígrados. Nevava ligeiramente – pequenos flocos que pareciam minúsculas pérolas caindo no escuro. Quando a tempestade parou, começou a ventar, um vento assassino que batia em cheio no meu rosto. Era como se eu estivesse sendo cortado por uma navalha. Estávamos a caminho da estação ferroviária.

— E você ainda insiste em vir comigo? – perguntei.

— Langxiang é proibida – respondeu o sr. Tian. – Então tenho de ir.

— É o jeito chinês – disse eu.

— Isso mesmo – concordou ele.

Na escuridão, grupos de pessoas se espremiam na rua vazia, esperando pelos ônibus. Esperar em um ponto de ônibus no inverno de Harbin parecia uma péssima maneira de passar o tempo. Aliás, os ônibus não eram aquecidos. No ressentido relato de sua permanência na China, o jornalista Tiziano Terzani, escrevendo sobre a província de Heilongjiang ("O Império dos Ratos"), cita as palavras de um viajante francês: "Embora o lugar onde Deus colocou o paraíso ainda seja desconhecido, podemos ter certeza de que não escolheu este lugar."

O vento amainou, mas o frio permaneceu. O frio entorpecia minha testa, queimava meus lábios e deixava meus dedos retorcidos. Eu me sentia como Sam McGee. Quando entrei na sala de espera da estação, parecia que uma pedra de gelo fora encostada em meu rosto, tão grande era a friagem. Não havia calefação. Perguntei ao sr. Tian o que ele achava disso.

— O calor é ruim – disse ele. – O calor faz as pessoas ficarem sonolentas e vagarosas.

— Eu gosto – repliquei.

— Uma vez eu fui a Cantão. Estava tão quente que me senti mal — disse o sr. Tian.

O sr. Tian tinha 27 anos, e havia se formado pela Universidade de Harbin. Era franco e autoconfiante. Não se perturbava. Era paciente. Movia-se com graça. Eu gostava dele por essas qualidades. O fato de ser incompetente não me incomodava muito. Parecia uma companhia agradável e não achei que fosse me importunar. Langxiang estava a um dia de viagem de trem — na direção norte, através da neve.

Ele não trazia nenhuma mala. Sem bagagem, era totalmente portátil. Talvez tivesse uma escova de dentes no bolso, onde guardava o boné de lã e suas luvas deformadas. O sr. Tian era um exemplo exagerado da austeridade chinesa. Dormia de ceroulas e não tirava o casaco para fazer as refeições. Raramente se lavava. Sendo chinês, não precisava se barbear. Parecia não possuir nada. Era como um beduíno do deserto. Isso também me fascinava.

O trem entrou na estação, soltando vapor e arfando, exatamente quando o sol se levantava. Vinha de Dalian, a quase mil quilômetros, e parara por toda parte. Portanto, estava espetacularmente cheio de lixo — cascas de amendoim, bagaços de maçã, ossos de galinha, cascas de laranja e papel engordurado. Estava tão frio do lado de dentro que o cuspe congelava no chão, formando medalhões de gelo irregulares. A cobertura entre os vagões era um túnel de neve e o gelo acumulado nas janelas tinha 2 centímetros de espessura. As portas não tinham trancas e, assim, batiam e rangiam enquanto uma aragem congelante percorria os vagões. Era a característica de Heilongjiang: eu entrava em algum lugar para fugir do frio e sentia mais frio ainda no lado de dentro. Encontrei um pequeno espaço e me sentei, encolhido como todo mundo, de chapéu e luvas. Estava lendo *Um Herói de Nosso Tempo*, de Lermontov, e escrevi numa das folhas em branco do início do livro:

Nas províncias, todos os trens são como um trem de transporte de tropas. Este parece estar retornando do front, transportando doentes e feridos.

O SR. TIAN

Mesmo com três pares de meias e botas com forro térmico, meus pés estavam frios. E nem com um pesado suéter, uma blusa mongol de pele de carneiro e um casaco de couro, eu me sentia particularmente bem agasalhado. Parecia um idiota, de chapéu e luvas forradas de lã. E estava aborrecido porque ainda sentia frio, ou, pelo menos, uma sensação desagradável. Como senti saudades dos trens do sul, durante o verão, e da sufocante viagem no Galo de Ferro, confortavelmente estirado em meu pijama azul. O sr. Tian disse:

— Você vem de qual cidade dos Estados Unidos?
— Perto de Boston.
— Lexington é perto de Boston — observou ele.
— Como você sabe disso?
— Estudei História americana no segundo grau. Todos os chineses estudam.
— Então você conhece a história de nossa guerra de libertação, sr. Tian?
— Sim. Houve um outro Paul que era muito importante.
— Paul Revere.
— Exatamente — disse o sr. Tian. — Ele alertou os camponeses de que os britânicos estavam vindo.
— Não só os camponeses. Ele alertou todo mundo: os camponeses, os proprietários de terras, os ratos capitalistas, os intelectuais nojentos, as minorias e os escravos.
— Acho que você está brincando, principalmente nessa parte dos escravos.
— Não. Alguns escravos lutaram ao lado dos britânicos. Os britânicos tinham prometido a liberdade a eles se vencessem. Depois que os britânicos se renderam, esses negros foram enviados para o Canadá.
— Eu não li sobre isso — comentou o sr. Tian, enquanto a porta se abria.
— Estou com frio — disse eu.
— Estou com muito calor — replicou o sr. Tian.

O frio me fez dormir. Fui acordado mais tarde pelo sr. Tian, que me perguntou se eu queria tomar o café da manhã. Achei que um pouco de comida poderia me aquecer, então disse que sim.

Havia acúmulo de gelo nas janelas e no chão do vagão-restaurante. A água de uma garrafa em minha mesa congelara e fizera o vidro rachar. Meus dedos estavam gelados demais para segurar os hashis. Encolhi-me, com as mãos enfiadas nas mangas do casaco.

– Que comida servem aqui? – perguntei.
– Não sei.
– Você vai querer macarrão? – perguntei.
– Qualquer coisa, menos macarrão – disse o sr. Tian.

O garçom nos trouxe macarrão frio, cebolas picadas, carne em conserva picada que parecia um brinquedo quebrado, e um cogumelo negro frio, mas muito saboroso – que era uma especialidade da província. O sr. Tian comeu o macarrão. Era o costume chinês. Mesmo não gostando do prato você o comia, caso não houvesse outra coisa no menu.

Depois de várias horas atravessando planícies nevadas, o trem entrou em uma região montanhosa. As povoações eram pequenas – três ou quatro fileiras curtas de casebres, alguns de tijolos, outros de lama e troncos. Eram o tipo de habitação com teto inclinado que as crianças desenham no primeiro grau, uma porta estreita, uma única janela e uma chaminé rústica expelindo uma espiral de fumaça.

O vaso sanitário do trem também parecia ter sido desenhado por uma criança. Era um buraco no chão, com cerca de 30 centímetros de diâmetro. Bem, eu já vira privadas daquele tipo, mas aquela estava andando a cerca de 80 quilômetros por hora através da neve do norte da China. Não havia cuba nem canos. Se você olhasse para baixo veria o gelo passar. Uma rajada de ar frio entrava pelo buraco. Qualquer um que fosse louco o bastante para usar aquela coisa ficaria com uma parte do corpo congelada, uma parte que não costuma ficar congelada. Ainda assim, os passageiros se atropelavam para entrar naquele congelador. Quando saíam, seus olhos estavam apertados e os dentes, cerrados, como se tivessem acabado de sentar em uma chapa quente.

O trem continuava a andar, parando frequentemente. As portas se abriam e fechavam com o mesmo suspiro pneumático de um refrigerador, deixando entrar um jato de ar frio nos vagões. Eu detestava ter de levantar, pois quando me sentava de novo o assento me enregelava.

Fiquei surpreso ao ver crianças diante de suas casas, olhando o trem passar. Não usavam chapéus nem luvas, apenas leves casacos. Muitas delas tinham bochechas vermelhas e brilhantes. Tinham cabelos sujos e espetados e calçavam chinelos de pano. Pareciam muito fortes e gritavam para o trem quando este passava por seus vilarejos cobertos de gelo.

As montanhas a distância eram os picos mais ao sul das montanhas Khingan, e a área diante delas era ocupada por florestas. Os povoados, em sua maioria, eram simplesmente campos de madeireiros ampliados. Um dos centros da atividade madeireira era Langxiang. Eu escolhera a localidade, entre outros motivos, porque de lá saía uma ferrovia de bitola estreita que entrava profundamente na floresta para trazer troncos que seriam transformados em madeira.

Não chegava a ser uma cidade. Era um vilarejo espaçoso com casas de um andar, um imenso depósito de madeira no centro e uma rua principal, onde pessoas com cachecóis enrolados nos rostos permaneciam durante todo o dia, vendendo carne e vegetais. Certo dia, vi um homem diante de um pano estendido, que exibia seis ratos congelados e uma pilha de caudas de rato. As coisas estariam tão ruins em Langxiang para eles comerem ratos e caudas de rato?

— Você come isso? — perguntei.

— Não, não — veio a resposta, abafada pelo cachecol congelado. — Eu vendo remédios.

— Esses ratos são remédios?

— Não, não! — A pele do homem estava quase negra por conta do frio e do ar seco.

Ele começou a falar novamente, mas eu não entendia nada do que ele estava dizendo no dialeto local. Enquanto falava, cristais de gelo se derretiam em seu cachecol.

O sr. Tian disse:

— Ele não vende ratos. Ele vende veneno de rato. Ele mostra os ratos mortos para provar que seu veneno é bom.

Nós havíamos chegado a Langxiang no meio da tarde, quando começava a escurecer. Estávamos em uma latitude setentrional no inverno: a noite caía cedo. Descemos do trem frio na plataforma gelada e fomos para a hospedaria, que também estava fria – com o frio pegajoso dos lugares fechados, que eu considerava ainda mais difícil de suportar do que o congelante ambiente externo. Com as cortinas fechadas e as luzes apagadas, era como estar em uma tumba subterrânea.

– Está muito frio aqui – disse eu ao gerente, o sr. Cong.

– Vai ficar mais quente.

– Quando?

– Em três ou quatro meses.

– Eu quis dizer dentro do hotel.

– Sim. Dentro do hotel. Em toda Langxiang.

Comecei a saltitar para recuperar a circulação. O sr. Tian apenas aguardava pacientemente.

– Que tal um quarto? – disse eu.

Ele falou alguma coisa com o sr. Cong.

– Você quer um quarto limpo ou um quarto normal? – perguntou o sr. Tian.

– Acho que vou querer um quarto limpo, para variar.

Ele não notou meu sarcasmo. Disse:

– Ah, um quarto limpo – e abanou a cabeça, como se isso fosse uma tarefa difícil. – Então você vai ter de esperar.

O vento varria o saguão. Quando a cortina da porta principal foi fechada, enfunou-se como uma vela de navio.

– Podemos jantar – disse o sr. Cong.

– Ainda não são nem cinco da tarde – retruquei.

– Cinco da tarde. Hora do jantar. Haha! – o "haha" significava: *regras são regras. Eu não faço as regras, então não crie caso.*

A sala de refeições na Hospedaria Langxiang era o aposento mais frio onde eu estivera até então, em toda a província de Heilongjiang. Arranquei meu chapéu e me sentei sobre as mãos, tremendo. Tinha colocado meu termômetro sobre a mesa: 2 graus centígrados.

O sr. Cong disse que estava habituado ao frio. Não usava nem mesmo um chapéu! Ele vinha da extremidade norte, aonde fora como colono, nos anos 1950, para trabalhar em uma comuna que produzia milho e outros cereais. Embora não fosse muito velho, em termos chineses, era quase uma relíquia. Como trabalhador de comuna em uma das partes mais remotas da China, ele achava desconcertantes as recentes reformas. Além disso, tinha quatro filhos, um número agora considerado vergonhoso. "Somos punidos por ter mais que dois", explicou ele, parecendo perplexo. "Podemos perder o emprego, ou ser transferidos, como castigo."

Pelo tremendo tédio que se refletia no rosto do sr. Tian – mas seu tédio era uma forma de serenidade –, eu podia dizer que o sr. Cong e o sr. Tian não tinham absolutamente nada em comum. Na China, a diferença de gerações tinha um significado específico que deve ser levado em conta.

Perguntei ao sr. Cong o que acontecera com sua comuna.

– Foi cancelada – disse ele. – Dissolvida.

– Os camponeses foram embora?

– Não. Cada um recebeu seu próprio pedaço de terra para cultivar.

– Você acha que foi melhor?

– É claro – respondeu ele, mas era impossível perceber se estava falando sério. – A produção aumentou muito. Os campos são maiores.

Aquilo pareceu resolver o assunto. Qualquer política que aumentasse a produção era uma coisa boa. Pensei: "Deus ajude a China, se houver uma recessão."

A cidade estava imersa em escuridão. O hotel era muito frio. Meu quarto era frio. O que fazer? Embora fossem apenas seis e meia, fui para a cama. Deitei-me vestido sob os lençóis e escutei meu rádio de ondas curtas sob as cobertas. Foi assim que passei todas as noites em Langxiang.

No dia seguinte, subi até a área de corte de madeira pela ferrovia de bitola estreita, mas fiquei desapontado com a floresta. Eu esperava uma região totalmente selvagem, mas aquela estava cheia de lenhadores cortando e recolhendo árvores.

– Qualquer dia, nós vamos até a floresta primitiva – disse o sr. Tian.

– Vamos hoje.

– Não. É longe. Vamos outro dia.

Fomos até o abrigo da locomotiva, onde encontramos a sra. Jin, uma guia local. O abrigo estava escuro, cheio de fumaça e vapor; mas também estava quente, pois as caldeiras estavam sendo aquecidas e o fogo ardia na fornalha. Enquanto eu caminhava com a sra. Jin, ela se atirou sobre mim e me empurrou contra a parede, rindo histericamente, numa espécie de estardalhaço – uma das risadas chinesas mais aterradoras que eu já ouvira. Então percebi que ela tinha impedido que eu caísse em um buraco profundo, no qual sem dúvida teria quebrado a espinha.

Fiquei tão aturdido com isso que tive de ir para o lado de fora respirar fundo. A neve tinha endurecido em toda a cidade. Nenhuma rua ou calçada estava livre de gelo. Mas os moradores andavam de bicicleta sobre o gelo e tinham um modo de caminhar, arrastando os pés, que os impedia de escorregar.

– Esta cidade é proibida – alardeou o sr. Tian. – Você tem muita sorte de estar aqui.

Durante todo o tempo, em Langxiang, meus pés e minhas mãos ficaram congelados e ardentes. Meus olhos doíam. Meus músculos estavam entorpecidos. Minha cabeça latejava. O sr. Tian me perguntou se eu queria ver as pistas de esqui. Respondi que sim. Saímos da cidade e dirigimos mais de 6 quilômetros, enquanto o sol se escondia atrás das montanhas distantes e um frio ainda maior chegava com a escuridão.

Chegamos a umas montanhas preto e brancas, onde havia dez pistas – pistas congeladas abertas nas encostas. As pessoas carregavam pequenas caixas até o alto da montanha – eram como cofrinhos; depois os colocavam em uma pista e desciam aos solavancos, batendo em um lado e outro, enquanto gritavam. Eu saltitava no frio e disse que não estava interessado.

O sr. Tian subiu a montanha transportando um caixão lascado e desceu exibindo os dentes. Fez aquilo de novo. Talvez estivesse começando a gostar.

– Você não gosta de esquiar? – perguntou ele.

– Isso não é esquiar, sr. Tian.

Em uma voz chocada, ele disse:

– *Não é?*

De qualquer forma, continuou a fazer aquilo.

Andei por uma trilha e encontrei uma cabana, como a de um vigia. Havia um forno a lenha em seu interior, o que era uma vívida demonstração de calor em Langxiang. O fogo estava tão fraco que havia um centímetro de gelo nas paredes do abrigo. As paredes (madeira e tijolos) estavam totalmente brancas.

Eu mantinha um registro das temperaturas. Menos 34 graus centígrados na rua principal da cidade, temperatura congelante no saguão do hotel, pouco abaixo de congelante na sala de refeições. A comida esfriava tão logo era servida, e a gordura congelava. Foram servidos carne gordurosa, batatas oleosas, mingau de arroz, grandes pedaços de pimenta verde ao natural. Isso era comida chinesa? Um dia, comi repolho recheado com carne e arroz, coberto de molho. Tinha comido pratos como aquele na Rússia e na Polônia, onde se chamavam *golomkis*.

Era muito cansativo sentir frio o tempo todo. Comecei a gostar de ir para a cama cedo. Ouvia a BBC e a VOA* embaixo do cobertor. Depois de algumas horas, tirava um dos suéteres e uma camada de meias. De manhã, estava tão quente na cama que eu esquecia onde estava. Então via a camada de gelo na janela, tão grossa que eu não conseguia enxergar o lado de fora. E me lembrava.

Ninguém falava do frio. Por que deveriam? Eles o adoravam – literalmente: dançavam e deslizavam no gelo. Certa noite, vi crianças se empurrando sobre a superfície congelada do rio que atravessava a cidade. (Outras pessoas abriam buracos na camada de gelo, para retirar água.) Aquelas crianças se divertindo na escuridão, sob um frio intenso, lembravam-me pinguins brincando nos blocos de gelo em meio à longa noite da Antártida.

Quando viajo, sonho muito. Talvez essa seja uma das principais razões que me levam a viajar. Tem alguma coisa a ver com quartos estranhos, ruídos e cheiros esquisitos, vibrações, comida, ansiedades da viagem – principalmente o medo da morte – e temperaturas.

Em Langxiang foram as baixas temperaturas que me provocaram sonhos longos e cansativos. O frio me impedia de dormir profundamente. Assim, permanecia pouco abaixo do nível de consciência. Em

---

* Sigla em inglês de Voice of America, a rede governamental de rádio e televisão. (N. da E.)

um dos meus sonhos, em Langxiang, eu estava sitiado em uma casa em São Francisco. Eu saía pela porta da frente atirando com uma metralhadora e usando fones de ouvido. Escapei em um bonde que passava – o presidente Reagan estava nele, segurando o balaústre. Eu lhe perguntei se ele estava encontrando muitas dificuldades na presidência. Ele respondeu: "É terrível." Ainda estávamos conversando quando acordei, sentindo muito frio.

Voltei a dormir. O sr. Tian bateu à minha porta e me acordou.

– Vamos até a floresta primitiva – disse ele.

Dirigimos cerca de 50 quilômetros; a sra. Jin se juntou a nós. O nome do motorista era Ying. A estrada estava congelada e ondulada, e era muito estreita. Não havia outros veículos, com exceção de um eventual caminhão do exército. Ao chegarmos a um lugar chamado "Riacho Claro" (Qing Yuan), onde havia uma cabana, começamos a caminhar pela floresta. Havia neve por toda parte, mas não estava muito profunda – uns 30 centímetros. As árvores eram enormes e muito juntas – troncos grandes e grossos aglomerados. Seguimos por uma trilha estreita.

Fiz perguntas à sra. Jin a respeito dela mesma. Era uma pessoa agradável, muito franca e despretensiosa. Tinha 32 anos e uma filha pequena. Seu marido era funcionário de um departamento do governo. Sua família de três pessoas vivia com seis outros membros da família em um pequeno apartamento em Langxiang – nove pessoas em três quartos. A sogra dela cozinhava para todos. Parecia cruel que, em uma província com tantos espaços vazios, as pessoas tivessem de morar apinhadas em aposentos pequenos. Mas era bastante comum. E era uma família sob o mesmo teto. Muitas vezes, eu tinha a impressão de que fora a velha e imemorial família confuciana o que mantivera a China em ordem. Mao atacara a família – a Revolução Cultural era um ataque intencional ao sistema familiar, em que as crianças eram encorajadas a denunciar os próprios pais burgueses. Mas fracassara. A família permanecera e, com as reformas de Deng, negócios e fazendas familiares estavam começando a surgir.

Tropeçando pela floresta, perguntei-lhes se era possível comprar o pequeno livro vermelho dos pensamentos selecionados de Mao.

— Eu joguei o meu fora – disse o sr. Tian. – Aquilo tudo foi um grande equívoco.

— Eu não concordo com ele – disse a sra. Jin.

— Você lê os pensamentos de Mao? – perguntei.

— Às vezes – disse ela. – Mao fez grandes coisas pela China. Todos o criticam, mas esquecem as coisas inteligentes que ele disse.

— Qual é o seu pensamento favorito? Aquele que você associa com a sabedoria dele?

— "Sirva o povo" – respondeu a sra. Jin. – Não posso citar o pensamento todo, porque é muito longo. É muito inteligente.

— Que tal: *Uma revolução não é um jantar de gala*. Você sabe cantar este?

— Ah, sim – disse ela, e cantou enquanto atravessávamos a floresta. Não era uma melodia atraente, mas era cheia de iambos, perfeita para uma marcha sincopada: *Geming bushi gingke chifan...*

Enquanto isso, eu observava os pássaros. Aquele era um dos poucos lugares na China onde as árvores estavam cheias de passarinhos. Eram coisinhas esvoaçantes, que pousavam nos galhos mais altos. Meu problema era que só conseguia usar os binóculos com as mãos nuas, para ajustar o foco. A temperatura estava menos de 30 graus, o que significava que, após alguns minutos, meus dedos estavam congelados demais para fazer os ajustes. Mas mesmo naquele frio cortante, ouvíamos canções de pássaros – e toda a floresta ecoava com as batidas de pica-paus.

— Sr. Tian, você pode cantar alguma coisa? – perguntei.

— Não sei cantar os pensamentos de Mao.

— Cante outra coisa.

Subitamente, ele arrancou o boné de lá e guinchou:

Oh, Carol!
I am but a fooooool!
Don't ever leave me,
Treat me mean and crool...*

---

* Oh, Carol! / Eu sou um bocó! / Você me trata mal, / Mas não me deixe só...

Ele cantou com extraordinária paixão e energia esse velho rock de Neil Sedaka. Quando terminou, disse:

– Era isso o que nós costumávamos cantar na Universidade de Harbin quando eu era estudante!

Flor de Cerejeira

Uma jovem chinesa sorriu para mim quando desci na plataforma da estação de Dalian. Era uma jovem moderna, eu podia perceber. Fizera cachos nos cabelos. Usava óculos escuros. Seu casaco verde tinha colarinho de pele – coelho. Ela disse que fora enviada para me receber. Chamava-se srta. Tan.

– Mas me chame de Flor.
– Está bem, Flor.
– Ou Flor de Cerejeira.

Não era fácil incluir essas três palavras em uma frase comum, como por exemplo: "Qual é o preço da passagem até Yantai, Flor de Cerejeira?" Mas acabei conseguindo, e ela tinha sempre uma resposta pronta, geralmente algo como: "Vai lhe custar um braço e uma perna." Ela gostava de usar linguagem pitoresca.

Enquanto estávamos nos degraus da estação de Dalian, ela perguntou:

– Então, o que você está achando de Dalian?
– Só estou aqui há sete minutos – respondi.
– O tempo voa quando você está se divertindo! – disse Flor de Cerejeira.
– Mas, já que você perguntou – continuei –, estou muito impressionado com o que estou vendo em Dalian. As pessoas são felizes e diligentes, a economia é próspera, a qualidade de vida é soberba. Posso lhe dizer que o moral está alto. Tenho certeza de que é por causa do ar fresco e da prosperidade. O movimento no porto é intenso e tenho certeza de que os mercados estão cheios de mercadoria. O que vi até agora me faz querer ver mais.
– Isso é bom – disse Flor de Cerejeira.
– E outra coisa – disse eu. – Dalian parece o sul de Boston, Massachusetts.

E se parecia, realmente. Era um porto decadente, feito de tijolos, com largas ruas de pedra, por onde corriam trilhos de bonde, além de toda a parafernália de um porto – armazéns, docas secas e guindastes. Eu tinha a impressão de que, se continuasse a caminhar, acabaria chegando ao Shamrock Bar e Grill. O clima também era o de Boston – frio e parcialmente ensolarado, sob nuvens móveis –, assim como a arquitetura. Dalian era cheia de grandes igrejas de tijolos, que um dia, provavelmente, foram chamadas de São Patrício, São José e São Raimundo – e agora eram jardins de infância e creches. Uma delas era a Biblioteca Municipal de Dalian. Mas as reformas haviam chegado a Dalian e, com elas, algumas empresas, como a Padaria Pão Quente e o Salão de Beleza Hong Xing (Estrela Vermelha).

– Os homens também vão ao Hong Xing para fazer permanente – informou Flor de Cerejeira. – Eles vão correndo.

As ruas se pareciam com as de Boston. Não vinha ao caso que a principal avenida de Dalian se chamasse rua Stalin (Sidalin Lu). Era parecida com a Atlantic Avenue.

Na virada do século, os russos planejavam transformar Dalny (como chamavam a cidade; significa "distante") em um grande porto para os navios do tsar. Seria valioso para lutar contra os japoneses, pois não se congelaria no inverno, ao contrário de Vladivostok. Depois da Guerra Russo-Japonesa, quando os japoneses soltaram pipas em Dairen (como a chamavam) – cada uma delas dizendo OS RUSSOS SE RENDERAM! –, essa cidade portuária foi entregue aos japoneses, que simplesmente puseram em prática o plano russo de transformar o que era um vilarejo pesqueiro em um grande porto. A cidade prosperou até a Segunda Guerra Mundial. Quando os japoneses foram derrotados, a cidade foi entregue aos russos, conforme os termos do tratado de Ialta. Os russos permaneceram no local até bem depois da Libertação Chinesa, quando os chineses a renomearam Dalian ("Grande Elo"). Gostei do lugar, por seu ar salgado e pelas gaivotas.

– O que você deseja fazer em Dalian? – perguntou Flor de Cerejeira.

Eu disse a ela que viera à cidade para me aquecer, depois do congelamento em Dongbei, a nordeste. E precisava comprar uma passagem para o navio que fazia o trajeto entre Dalian, através do golfo de Bohai, e Yantai. Ela conseguiria isso para mim?

— Cruze os dedos — disse ela.

Depois disso, desapareceu. Encontrei um velho hotel — um prédio senhorial japonês de antes da guerra –, mas não havia vagas. Fui aceito em um novo e medonho hotel chinês, com um tanque de peixes cheio de água estagnada no saguão. Passei o dia procurando por alguma loja de antiguidades, mas a única que encontrei foi decepcionante. Um homem tentou me vender um troféu concedido ao vencedor de uma competição juvenil de arremesso de dardos, realizada em 1933 em uma escola japonesa.

— Prata autêntica — sussurrou ele. — Dinastia Qing.

No dia seguinte me encontrei com Flor de Cerejeira. Ela não tinha novidades a respeito de minha passagem.

— Mantenha a esperança!

Concordamos em nos encontrar mais tarde. Quando o fizemos, ela estava sorrindo.

— Teve sorte? — perguntei.

— Não!

Ela estava sorrindo. Percebi que ela tinha um rosto gorducho, com algumas espinhas. Estava usando um cachecol verde para combinar com o gorro de lã que ela mesma tricotara no dormitório (tinha cinco colegas de quarto) no Pavilhão das Trabalhadoras.

— Fracassei completamente!

Então por que estaria sorrindo? Meu Deus, eu detestava aquele seu gorro idiota.

— Mas — disse ela, sacudindo os dedos –, espere!

Tinha um jeito brusco de falar, que tornava cada frase uma exclamação. Remexeu em sua bolsa de plástico.

— Aqui está a passagem! Foi um sucesso total!

Sacudiu a cabeça para mim, fazendo com que seus cachos vibrassem como molas.

— Você estava caçoando de mim, Flor de Cerejeira? — disse eu.

— Sim!

Tive vontade de bater nela.

— É uma gozação chinesa?

— Ah, sim — disse ela, com uma risadinha.

Não seriam todas as gozações uma forma de sadismo?

Fui até o Mercado Livre – aberto desde 1979. Todos os tipos de peixes, crustáceos e algas estavam à mostra. Um quilo de grandes camarões custava cerca de oito dólares, mas era o item mais caro. Também eram vendidos lulas, haliotes, ostras, vieiras, ouriços-do-mar, grandes pilhas de mexilhões e linguados. Os pescadores não pareciam chineses; tinham a cabeça chata dos mongóis e poderiam ser manchus, dos quais existem de 4 a 6 milhões naquela península e no norte. O mercado me deu fome e, naquela noite, jantei linguado frito com molho de alho: delicioso.

Flor de Cerejeira disse que navios de turismo paravam em Dalian durante o verão. Os turistas permaneciam por meio dia.

– O que se pode ver em Dalian em meio dia?

Ela disse que todos entravam em um ônibus e visitavam a fábrica de conchas entalhadas, a fábrica de utensílios de vidro e a escola-modelo de educação infantil (as crianças cantavam as canções de *A Noviça Rebelde*); depois voltavam para o navio e iam para Yantai ou Qingdao.

– Eu gostaria de ver a Praça Stalin – disse eu. Fomos até lá. No centro, havia uma estátua em homenagem ao exército russo, que ocupara a cidade após a guerra. – Não há nenhuma praça chamada Stalin na União Soviética, Flor de Cerejeira. Você sabia disso?

Ela disse que não, e pareceu surpresa. Perguntou por quê.

– Porque as pessoas acham que ele cometeu alguns erros – respondi, evitando mencionar os *pogroms*, a polícia secreta, os expurgos ou a capacidade do bigodudo truculento de planejar fome em grande escala, para punir regiões dissidentes.

– Há alguma praça Mao Tsé-tung em Dalian, Flor de Cerejeira?

– Não – respondeu ela. – Porque ele cometeu alguns erros. Mas não vamos chorar sobre o leite derramado!*

Eu lhe disse que lera em algum lugar que o gênio do mal Lin Biao tinha vivido em Dalian. Ela disse que não, não era assim. Ela vivera

---

* Ela estava enganada. O próprio Mao fora o autor de uma resolução proibindo dar seu nome e o de outros líderes vivos a províncias, cidades, vilarejos ou praças. (*Obras escolhidas de Mao Tsé-tung*, vol. 4.) (N. do A.)

em Dalian desde que nascera e ninguém jamais tinha mencionado essa ligação de Lin.

Mas o motorista era mais velho. Ele disse que sim, Lin Biao tinha vivido ali em Dalian. Lin Biao, um grande tático militar, caíra em desgraça por haver dado grande apoio a Mao – fora Lin quem concebera o *Livro Vermelho* e escolhera todas as citações; no final (segundo se dizia), conspirara para assassinar Mao, quando este estava fraco e enlouquecido; tentando fugir do país ("procurando a proteção de seus senhores em Moscou [...] desertando em prol dos revisionistas soviéticos, traindo o partido e o país"), seu avião caíra perto da velha Undur Khan, na República Popular da Mongólia. Sabotagem nunca era mencionada. A morte precoce daquele heliófobo era considerada uma merecida justiça natural.

Foi a heliofobia de Lin que me fez ter vontade de ver sua casa. Aquele homenzinho mirrado tinha horror à luz solar. Achei que a casa dele não teria janelas, ou talvez tivesse persianas especiais; ou talvez ele vivesse em um abrigo antibombas no subsolo.

Flor de Cerejeira disse em chinês ao motorista:

– Eu não sabia que Lin Biao viveu em Dalian. – E para mim, em inglês: – Está muito escuro para achar a casa dele. Vamos para a praia em vez disso.

Dirigimo-nos para a parte sul de Dalian, para uma praia chamada Vila Fu. Como a estrada serpenteava por despenhadeiros, o motorista ia bem devagar. Flor de Cerejeira disse:

– Este carro anda devagar quase parando.

– Você conhece um monte de expressões, Flor.

– Sim. Eu sou fora de série. – Pôs a mão em frente à boca e riu.

– Rindo assim, você deve estar mais feliz que pinto no lixo – disse eu. – Adoro essa! Fico às mil maravilhas quando alguém me diz isso.

Esses jogos coloquiais podiam ser cansativos, mas eram uma oportunidade tão boa para que ela brincasse que acabei gostando daquilo. E também gostava dela, por não se levar muito a sério. Ela sabia que estava sendo ligeiramente exasperante.

Enquanto isso, descíamos para a Vila Fu – grandes penhascos rochosos e uma praia vazia com areias amarelas, onde as ondas quebravam com força, empurradas pelos ventos de janeiro. Cinco ilhas ao largo flutuavam como bolhas negras no golfo. Um casal estava namorando na praia – os chineses fazem isso de pé, abrigados do vento, geralmente atrás de uma rocha ou prédio, trocando beijos e abraços apertados. Aqueles dois correram quando me viram. Um pescador bêbado cambaleava pela praia na direção de seu grande barco a remo, que parecia saído direto de um pergaminho: tinha o formato de um sapato de madeira e fundo estreito. Parecia malfeito, mas provavelmente navegava muito bem.

Perguntei a Flor de Cerejeira se ela costumava levar turistas para lá. Ela me disse que não tinha tempo.

– Algumas das pessoas têm caras engraçadas – comentou ela.

– Qual foi a cara mais engraçada que você já viu, Flor?

Ela disse com uma voz estridente:

– A sua! – E riu, colocando as mãos sobre os olhos.

– Você está caçoando de mim de novo, Flor de Cerejeira!

Ela ficou séria e disse:

– Mas, sério, os tibetanos têm as caras mais engraçadas. Tão engraçadas que me assustam.

– E as caras dos americanos?

– Os americanos são maravilhosos.

Tomamos chá em um grande restaurante vazio. Ficava no alto de um penhasco da Vila Fu e tinha uma vista panorâmica. Éramos os únicos clientes.

– Você quer ver a Caverna do Dragão?

Eu disse que sim e fui levado ao andar de cima, onde havia um restaurante decorado para parecer uma caverna. Tinha paredes de fibra de vidro e grandes pedras marrons de plástico. As luzes atravessavam estalactites de plástico. Cada mesa estava fixada em uma depressão preto-esverdeada, cercada por musgo e rochas artificiais. A ideia talvez não fosse má, mas aquele era um vívido exemplo de como os chineses não sabiam a hora de parar. Era uma coisa disforme, sem arte, de um mau gosto grotesco – uma deformidade complicada, preguead e fedorenta, como um enorme brinquedo de plástico que começou a derreter e a cheirar mal. O cliente sentava naquelas rochas enrugadas, batia com a cabeça nas estalactites e comia peixe com gengibre fresco. Flor de Cerejeira perguntou:

— Você acha que esse lugar é romântico?

— Algumas pessoas podem achar que é romântico – disse eu. E apontei para a janela. — Isso é o que eu acho romântico.

O sol cor de tangerina já se pusera no golfo de Bohai, colorindo as pequenas ilhas, os penhascos e a longa faixa de praia vazia. Flor de Cerejeira disse:

— Deixe sua imaginação voar!

Saímos da Caverna do Dragão (e pensei: "Isso deve ter uma duplicata na Califórnia").

— Eu soube que existem excursões para tratamentos de saúde – disse eu. — As pessoas vêm a esta província para experimentar a medicina chinesa.

— Sim. É como um spa.

— Onde você aprendeu isso, Flor de Cerejeira?

— Meus professores no instituto eram americanos. Eles me ensinaram muitas coisas!

Ela tinha adorado os anos que passara no Instituto de Línguas Estrangeiras de Dalian. Estava com 22 anos, mas pretendia continuar a estudar e trabalhar. Não pretendia se casar e, ao explicar o motivo, perdeu o jeito brincalhão e ficou angustiada.

A decisão de não se casar era o resultado de uma viagem a Pequim. Ela levara um grupo de médicos visitantes para conhecer um hospital chinês – como funcionava, como os pacientes eram tratados, o progresso dos procedimentos cirúrgicos e assim por diante. Os médicos demonstraram interesse em conhecer uma maternidade. Flor de Cerejeira presenciou o que acontecia no local e, segundo disse, quase entrou em choque ao ver o bebê saindo com sua cabeça amassada e o rosto ensanguentado, em meio a um jato de água. A mãe tinha berrado, assim como o bebê.

Sob todos os aspectos, fora um nascimento normal.

— Foi nojento – disse ela, tocando desgostosamente as bochechas rechonchudas. — Eu senti medo. Detestei aquilo. Nunca vou fazer isso. Nunca. Nunca vou me casar.

— Mas você não precisa ter filhos só porque se casou – disse eu.

Ela estava sacudindo a cabeça. O pensamento era absurdo – ela não conseguia aceitar o fato. A função do casamento naqueles dias era produzir um filho. Mesmo com o Partido enfatizando que os melhores casamentos eram aqueles relacionados ao trabalho, marido e mulher fazendo parte da mesma atividade, uma pequena equipe, Flor de Cerejeira não conseguia superar o horror do que vira na sala de parto do Hospital da Capital de Pequim. Ela disse que pretendia permanecer no dormitório do Pavilhão das Trabalhadoras, tricotando.

Era tarde da noite quando atravessamos Dalian para chegar ao porto, onde eu pretendia pegar o navio para Yantai. Passamos pelos velhos subúrbios burgueses, construídos por japoneses e russos. Nas ladeiras desses bairros, sob árvores desnudas, erguiam-se casarões decrépitos e bangalôs de estuque. Combinavam com ruas suburbanas, as cercas de madeira e as paredes de tijolos. Eu não vira nada igual na China. Mas então vi os varais de roupa nos jardins dianteiros e os rostos chineses nas janelas.

Eu sempre passava por ruas como aquelas, com casarões sombrios, cumeeiras, beirais salientes e janelas encaixilhadas – mas sempre em pesadelos. Eram o tipo de casas que, à primeira vista, pareciam familiares. Então via os rostos malignos nas janelas, e percebia que já não estava seguro. Quantas vezes, em pesadelos, eu fora perseguido em ruas como aquelas.

– Estou triste porque você vai embora – disse Flor de Cerejeira quando chegamos ao barco.

Foi a única pessoa na China que me disse isso. A seu modo antiquado, com seus clichês, era uma pessoa muito agradável. Eu lhe desejei tudo de bom e apertamos as mãos. Queria agradecer por ela ter cuidado de mim. Comecei a dizer isso, mas ela me cortou.

– Vá de vento em popa, Paul – disse, e riu mais uma vez, deliciada com a própria audácia.

Dirigindo até o Tibete

Golmud mal chegava a ser uma cidade. Era uma dúzia de construções baixas, algumas antenas de rádio, uma caixa-d'água. Um dos poucos carros na cidade era o ridículo Galant do sr. Fu. Havia alguns ônibus, mas eram os veículos mais sovados que eu já vira na China – o que não era de se admirar, pois subiam e desciam o planalto tibetano.

– Neve – disse o sr. Fu. Foi sua primeira palavra.

Eu não esperava aquela neve, e estava claro, por sua entonação lúgubre, que ele também não. A camada de neve estava fina na cidade, mas nos arredores era profunda e impressionante, resplandecendo ao pé da cadeia de montanhas. Ele disse:

– Não podemos ir até Lassa amanhã. Talvez depois de amanhã, ou depois de depois de amanhã, ou...

Eu lhe perguntei por quê.

– A neve. Está por toda parte e muito profunda – respondeu o sr. Fu. Ele estava dirigindo depressa pelas ruas sulcadas de Golmud. Depressa demais, mas eu o vira dirigir em Xining e sabia que isso era normal. Na melhor das hipóteses, ele era um motorista frenético. – A neve está bloqueando a estrada.

– Você tem certeza?

– Tenho.

– Você viu?

Ele riu como se dissesse: *Hahaha, seu idiota!*

– Olhe!

– Alguém lhe disse que a estrada está bloqueada pela neve?

Ele não respondeu, o que significava não. Continuamos nessa disputa. A neve era má notícia – estava brilhando, como se fosse durar para sempre. Mas haveria algum relatório sobre as condições da estrada?

– Existe alguma estação de ônibus em Golmud?

Ele assentiu com a cabeça. Detestava minhas perguntas. Queria estar no comando, mas como poderia se eu estava fazendo todas aquelas perguntas? E ele tinha poucas respostas.

— As pessoas estão dizendo que a estrada está ruim. Olhe a neve!

— Vamos perguntar na estação de ônibus. Os motoristas de ônibus devem saber.

— Primeiro vamos até o hotel — disse ele, tentando assumir o comando.

O hotel era mais um lugar semelhante a uma prisão, com corredores frios, ruídos e horários irregulares. Meu quarto tinha três cactos, um calendário e duas poltronas. Mas não havia cortinas nas janelas, nem água quente. "Mais tarde", diziam. O saguão estava molhado e sujo com a lama que era trazida para dentro. Um tanque ornamental, atrás do hotel, estava cheio de gelo esverdeado; e a neve tinha 30 centímetros de profundidade no caminho até o restaurante. Perguntei a respeito da comida. "Mais tarde", disseram. Alguns dos quartos tinham de seis a oito beliches. Dentro deles, todos usavam um casaco pesado e um chapéu de pele, para se protegerem do frio. Por que os cactos não haviam morrido? O hotel cobrava nove dólares por um quarto duplo e dois dólares pela comida.

— Agora vamos até a estação dos ônibus — disse eu. O sr. Fu permaneceu em silêncio. — Vamos perguntar a alguém sobre a neve.

Eu havia sido informado de que ônibus estavam fazendo o trajeto entre Golmud e Lassa, principalmente agora, que não havia voos — o serviço aéreo até o Tibete fora suspenso. Com certeza alguns desses motoristas poderiam nos dar uma ideia da situação.

Dirigimos até a estação de ônibus. No caminho, pude perceber que Golmud era a última cidade da fronteira chinesa — basicamente um acampamento militar, com algumas lojas, um mercado e ruas largas. Havia muito poucos prédios, mas como não eram altos, não alteravam muito a paisagem. Era um lugar de pioneiros — de voluntários que tinham chegado na década de 1950, como acontecera em Xining. Tinham sido encorajados por Mao a desenvolver as partes pobres e vazias da China. E, claro, o Tibete tinha de ser invadido e dominado, e isso era impossível sem fontes de abastecimento confiáveis — povoações, estradas, linhas de telégrafo, quartéis. Primeiro chegaram os agrimensores e engenheiros; depois o pessoal da ferrovia e os soldados; e por último, os professores e comerciantes.

— O que você acha de Golmud, sr. Fu?

— Pequena demais — respondeu ele e riu, querendo dizer que o lugar era insignificante.

Na estação de ônibus disseram que a neve não estava ruim na estrada. Um ônibus tibetano chegara naquela mesma manhã — estava atrasado, evidentemente, mas fomos informados de que todos os ônibus chegavam com atraso, mesmo quando não havia neve.

Eu disse:

— Vamos partir amanhã cedo e dirigir até o meio-dia. Se a neve estiver ruim, damos meia-volta e tentamos de novo outro dia. Se tudo estiver o.k., iremos em frente.

Ele não tinha como discordar, pois a ideia tinha o mérito de lhe oferecer uma saída honrosa.

Naquela noite, tivemos um jantar comemorativo — cogumelos, macarrão, bifes de iaque e pãezinhos feitos no vapor, chamados *mantou*, sem os quais o sr. Fu não poderia viver, segundo declarou (ele levou um estoque para a viagem ao Tibete). Havia uma jovem em nossa mesa, partilhando de nossa refeição. Não disse nada até que o sr. Fu a apresentou.

— Esta é a srta. Sun.

— Ela vem conosco?

— Sim. Ela fala inglês.

O sr. Fu, que não falava nada de inglês, estava convencido de que a srta. Sun era fluente em inglês. Mas em nenhum momento, durante os quatro ou cinco dias seguintes, consegui arrancar qualquer palavra em inglês da srta. Sun. Às vezes, ela dizia uma palavra em chinês e me perguntava o termo equivalente em inglês.

— Como se diz *luxing* em inglês?

— *Travel*, viajar.

Então seus lábios tremiam e ela emitia um som abafado: "fajá".

E esquecia rapidamente até esse grasnido incorreto.

No jantar, perguntei:

— A que horas vamos sair amanhã?

— Depois do café — respondeu o sr. Fu.

Aquela enlouquecedora insistência chinesa nos horários das refeições.

— É melhor sairmos cedo, porque a neve vai reduzir nossa velocidade.

— Podemos sair às nove.

— O sol nasce às seis e meia ou sete. Vamos sair nessa hora.

— Café da manhã – disse o sr. Fu, e sorriu.

Ambos sabíamos que o café da manhã era às oito. O sr. Fu queria ter uma hora inteira. Tive vontade de citar um pensamento selecionado de Mao sobre ser flexível, enfrentar todos os obstáculos e superá-los pela força de vontade. Mas não consegui me lembrar de nenhum. De qualquer forma, um pensamento de Mao não teria nenhum efeito sobre o jovem, magrelo e frenético sr. Fu, que ouvia Beethoven, dirigia de luvas e tinha uma namorada aproveitadora. Ele era um dos novos chineses. Usava até óculos escuros.

— Podemos comprar comida e comer no caminho – disse eu, em uma última e desesperada súplica para sairmos cedo.

— Eu tenho de comer o *mantou* enquanto está quente – disse o sr. Fu.

Isso me deixou aborrecido. Fiquei ainda mais aborrecido na manhã seguinte, quando às nove e meia eu ainda estava esperando pelo sr. Fu, que aguardava o recibo de pagamento de seu quarto. Finalmente, perto das dez horas, partimos. Sentei-me no banco de trás, desejando estar em um trem e me sentindo amargurado pela perspectiva de passar toda a viagem olhando para a parte de trás da cabeça da srta. Sun.

Lassa ficava a 1.600 quilômetros.

Olhando na direção do Tibete, vislumbrei uma locomotiva a vapor, negra e nebulosa, atravessando um deslumbrante campo de neve, sob os picos do Tanggula Shan. Foi uma das visões mais adoráveis que tive na China – o trem fazendo ruídos de descarga no deserto nevado, com as montanhas cristalinas por trás e o céu límpido acima.

O sr. Fu, eu podia perceber, estava aterrorizado com a neve. Ele não conhecia de perto seus efeitos. Apenas ouvira histórias amedrontadoras. Por isso quisera permanecer em Golmud por mais uma semana, até que a neve derretesse. Ele acreditava que não havia como atravessá-la. Mas a neve não estava ruim.

Nos primeiros desfiladeiros, tão estreitos que permaneciam quase sempre na sombra, havia gelo. O sr. Fu rodou bem devagar. Era mau motorista – isso se tornara óbvio desde os primeiros cinco minutos que passei no carro dele –, mas a neve e o gelo o tornavam cuidadoso. Os trechos congelados pareciam perigosos, mas seguindo lentamente (e tentando ignorar os precipícios ao lado da estrada), conseguíamos avançar. Durante quilômetros, encontramos gelo escorregadio, que o sr. Fu conseguiu superar. Duas horas se passaram assim. Era um agradável dia ensolarado; onde o sol batia, a neve derretera. Mas estávamos subindo contra o vento e nem aquele sol conseguia encobrir o fato de que estava ficando cada vez mais frio à medida que ganhávamos altitude.

Passamos pela primeira cadeia de montanhas e, atrás dela – embora estivesse frio –, havia menos neve do que no lado de Golmud. O sr. Fu começou a aumentar a velocidade. Quando via um trecho seco na estrada, ele acelerava, diminuindo a marcha somente quando aparecia mais neve ou gelo. Por duas vezes, bateu em pilhas de gelo que surgiram de repente, ocasiões em que fui arremessado para fora do assento e bati com a cabeça no teto do carro.

– Desculpe! – disse o sr. Fu, ainda acelerando.

Eu bebericava chá na minha garrafa térmica e passava cassetes para a srta. Sun, que as colocava no toca-fitas. Depois de uns 150 quilômetros, terminamos de ouvir Brahms. Enquanto escutava Mendelssohn, cogitei se deveria passar-lhe as sinfonias de Beethoven. Ouvindo a música, bebi chá verde, olhei a estrada ensolarada e os picos nevados e me felicitei por ter concebido aquela excelente forma de chegar a Lassa.

Outra pilha de gelo.

– Desculpe!

O sr. Fu era um motorista terrível. Ele fazia ranger a alavanca quando mudava as marchas, injetava muita gasolina, manobrava bruscamente e andava muito rápido. Além disso, tinha o pior hábito que, sem dúvida, um motorista pode ter – mas que é comum na China: quando descia uma ladeira, desligava o motor e colocava a marcha em ponto morto, acreditando que assim estava poupando gasolina.

Eu não sou um sujeito acanhado, mas não disse nada. Quem está dirigindo o carro está no controle; se você é o passageiro, deve manter a boca fechada. Eu ficava louco para dizer alguma coisa, mas pensava: "Vai ser uma longa viagem – não há sentido em estragá-la logo no início com uma discussão." E queria descobrir até que ponto o sr. Fu era um mau motorista.

Logo descobri.

Ele estava fazendo curvas com tanta velocidade que segurei a maçaneta da porta para não ser atirado para fora do assento. Eu não conseguia beber o chá sem derramá-lo. Ele estava a 90 – eu não conseguia ver se o mostrador dizia quilômetros ou milhas por hora, mas isso não interessava. Se lhe dissesse para diminuir a velocidade, ele iria se sentir humilhado, com seu amor-próprio ferido. E não era verdade que ele estava nos conduzindo através da neve? Em torno do meio-dia, tínhamos uma estrada seca pela frente. Naquele ritmo, chegaríamos à cidade de Amdo, nosso primeiro destino, antes do cair da noite.

– Toque esta, srta. Sun.

A srta. Sun pegou o cassete com a Nona Sinfonia de Beethoven. Enfiou-o no toca-fitas e os primeiros acordes foram tocados. O sol brilhava pelas janelas. O céu estava límpido e azul, e o chão abaixo das colinas cinzentas era pedregoso. Havia picos nevados à esquerda e à direita, despontando por trás das colinas. Estávamos nos aproximando de uma curva. Eu estava um tanto ansioso, mas me sentia muito feliz, rodando pela estrada mais alta do mundo, a caminho de Lassa. Era um dia lindo.

Lembro-me de tudo isso claramente, porque dois segundos depois batemos.

Havia uma galeria de escoamento na curva, e uma lombada na estrada que era bastante visível. Mas o sr. Fu estava andando a 90 e, quando bateu na lombada, o carro decolou – e me senti sem peso. Quando caímos, fomos de encontro a um marco de pedra, que estava à direita. O sr. Fu se agarrava ao volante. O carro deslizou pela estrada e mudou de direção, indo para a esquerda. Durante todo esse tempo, escutei o vento que zunia pelo veículo, produzindo um ruído como o de um jato. Esse ruído aumentou, assim como o sacolejo do carro, que decolou mais uma vez e mergulhou em um forte redemoinho composto de terra e cascalho. Tínhamos saído da estrada e estávamos escorregando de lado para dentro do deserto. O sr. Fu estava lutando com o volante, enquanto o carro se agitava. Minha memória mais nítida foi a do vento terrível que batia no carro retorcido, com as janelas escurecidas pela poeira esvoaçante. Houve um momento de suspense. Daqui a um segundo, pensei, vamos nos despedaçar e morrer.

Eu estava agarrado à maçaneta da porta. Minha cabeça estava comprimida contra o assento dianteiro. Eu tinha medo de que se largasse a maçaneta, seria atirado para fora pela porta oposta. Pensei ter ouvido a srta. Sun gritar, mas o barulho do carro e o vento eram muito mais altos.

Isso durou talvez sete segundos. Um tempo longo e doloroso em um carro derrapando; o terror tem tudo a ver com a passagem do tempo. Eu nunca me sentira tão indefeso ou tão perto da morte.

Portanto, fiquei surpreso quando o carro afinal parou. Estava tombado de lado. A areia pedregosa evitara que emborcasse completamente. Tive de empurrar a porta com o ombro para abri-la. A poeira ainda estava se assentando. O pneu traseiro do meu lado fora rasgado, e eu conseguia ouvir o silvo do ar escapando.

Afastei-me cambaleando, para ficar o mais longe possível do Galant. Vi o sr. Fu e a srta. Sun ofegando e tossindo. A srta. Sun estava contraída. O sr. Fu parecia aturdido e triste, pois estava vendo os danos infligidos ao carro. Todas as partes cromadas haviam sido arrancadas, a grade, destruída, o volante, retorcido, e as portas, amassadas; e estávamos a 50 metros da estrada, enterrados no cascalho do deserto. Parecia incrível que o sol ainda estivesse brilhando.

O sr. Fu riu. Era uma descarga de terror cego, que significava: *Meu Deus, e agora?*

Ninguém falou. Estávamos mudamente histéricos por termos sobrevivido. O sr. Fu caminhou lentamente até onde eu estava e tocou meu rosto. Havia sangue em seu dedo. Eu saíra do carro sem saber se estava ferido – achava que poderia estar. Examinei a mim mesmo. Meus óculos haviam sido esmagados e enterrados na minha bochecha, mas o ferimento não era grave – pelo menos, não muito fundo. Tinha um galo na testa. Meu pescoço doía, assim como meu pulso. Mas eu estava bem.

Fiquei furioso porque aquilo acontecera em uma estrada seca, em um dia ensolarado e logo no início da viagem. Agora estávamos detidos ali, por culpa da incompetência do sr. Fu. Ele estava dirigindo muito depressa. Mas também era culpa minha, por não ter dito nada.

O sr. Fu tirou uma pá da mala e começou a cavar em torno do carro. De que serviria aquilo? Não poderíamos ir a lugar nenhum em três rodas. Parecia não haver esperança. Pensei em pegar minha sacola e pedir carona, mas para qual direção? O sr. Fu se colocara naquela encrenca; ele que saísse dela. Não conseguia imaginar como o carro poderia ser arrastado até a estrada. Olhei em volta e pensei: "Este é um dos lugares mais vazios do mundo."

Revezamo-nos cavando a terra por algum tempo, mas desenterrar o carro me parecia um esforço inútil. E quanto mais víamos do carro, mais danificado ele parecia.

Alguns caminhões marrons estavam se arrastando penosamente pela estrada. Havíamos passado por eles horas antes.

— Vamos parar os caminhões – disse eu.

— Não – disse o sr. Fu.

Orgulho chinês. Ele negou com a cabeça e fez sinal para que eu fosse. Sabia que os ocupantes dos caminhões eram tibetanos. Seria uma vergonha, para ele, que aqueles selvagens testemunhassem seu modo idiota de dirigir. Não tinha desculpas.

— Volte – disse o sr. Fu. – Me ajude a cavar.

Mas eu não me virei. Estava acenando para os caminhões que se aproximavam, e fiquei exultante ao vê-los diminuírem a marcha. Era um comboio de três caminhões. Depois que estacionaram, os tibetanos vieram caminhando lentamente pelo deserto, rindo com o prazer de ver o carro capotado e o sr. Fu de joelhos, cavando. Eram sete tibetanos. Pareciam ensebados em suas velhas roupas, mas seu riso, seus chapéus amarrotados e seus sapatos rasgados me reconfortaram: aquela aparência comum lhes dava o aspecto de salvadores.

Achei minha *Lista de Frases Tibetanas Úteis*. Disse:

— *Tashi deleg!* (Olá – Boa sorte!)

Eles devolveram o cumprimento e riram mais um pouco. Apontei para o carro:

— *Yappo mindoo.* (Isso não está bom.)

Eles acenaram e responderam. Verdade, estavam dizendo. Aquilo não estava nada bom.

– *Nga Amayriga nay ray* – disse eu. (Eu sou americano.)

Eles replicaram:

– *Amayriga, Amayriga!*

Olhei minha lista novamente e pus o dedo sobre uma frase:

– *Nga Lhasa la drogi yin*. (Estou indo para Lassa.)

Mas um deles pegara a pá do sr. Fu e outro estava cavando com as mãos. Outro deles estava abrindo a mala do carro – tirando caixas e desprendendo o estepe. Vários deles estavam tocando o ferimento em meu rosto e estalando a língua.

– Querem um retrato do Dalai Lama? – perguntei.

Eles assentiram.

– Sim, sim!

Os outros ouviram. Disseram:

– Dalai Lama, Dalai Lama!

Pararam o que estavam fazendo e me cercaram, enquanto eu sacava o embrulho de retratos que trouxera para uma emergência como aquela. Eram homens durões, mas pegaram os retratos com grande delicadeza e reverência, cada um tocando o papel com a cabeça e me fazendo uma mesura. Ficaram se maravilhando com os retratos, enquanto o sr. Fu e a srta. Sun permaneciam ao lado, amuados.

– Todo mundo ganhou um retrato – disse eu. – Agora vocês têm um lindo retrato do Dalai Lama. Vocês estão muito felizes, certo? – eles riram, ao me ouvir tagarelar em inglês. – E vocês vão nos ajudar. Agora, vamos endireitar esse eixo, recolocar o volante e arrastar essa droga de carro de volta para a estrada.

Levou menos de meia hora para eles consertarem o volante e desenterrarem o carro. Depois o empurramos, tropeçando, enquanto o sr. Fu tentava dar partida no motor. Finalmente, cobertos de poeira, recolocamos o carro na estrada, com as rodas começando a girar. Pensei: "Eu adoro essas pessoas."

Mais tarde, eles me mostraram pequenas fotos do Dalai Lama e do Panchen Lama nos protetores solares das cabines de seus caminhões.

– Dalai Lama, Dalai Lama – entoaram.

O sr. Fu agradeceu-lhes em chinês. Teve de engolir seu orgulho para fazer isso. Eles não lhe deram atenção. Riram dele e acenaram para que fosse embora.

Era o início da tarde. Aquilo fora um choque, mas eu estava animado porque tínhamos sobrevivido. Parecia um milagre ainda estarmos vivos. Mas o sr. Fu não disse nada. Quando partimos novamente, ele parecia ao mesmo tempo entorpecido e frenético. Seus óculos haviam se quebrado na batida, e pude ver que estava de olhos arregalados; e também muito sujo. A srta. Sun estava fungando, choramingando baixinho.

O carro se encontrava em um estado lastimável. Parecia o modo como me sentia. Fiquei surpreso ao vê-lo dar a partida; fiquei espantado ao ver suas quatro rodas girarem. Isso é para dizer que me pareceu lógico, poucos minutos depois de recomeçarmos a rodar, que ouvimos um grande rangido, proveniente do eixo traseiro. Era o tipo de som que me fazia pensar que o carro estava prestes a se desintegrar.

Paramos. Erguemos o carro com o macaco e tiramos uma das rodas traseiras, para podermos examinar melhor. Os freios estavam retorcidos, com peças de metal se projetando para fora e entrando no aro. Em baixa velocidade aquilo fazia um estrépito sincopado que se tornava um guincho em alta velocidade. Não havia jeito de consertar aquilo. Colocamos a roda no lugar e, enquanto o sr. Fu apertava os parafusos, dei uma olhada em volta. Nunca em minha vida eu vira tanta luz – o céu era como um mar radioso. Em cada extremidade daquele deserto ermo, com suas plantas coriáceas, havia estranhas colinas cinzentas e picos nevados. Estávamos no planalto. Era um mundo que eu jamais tinha visto – uma vastidão intensamente luminosa, com pedras polidas pelo vento. Pensei: "Se eu tiver de ficar encalhado em algum lugar, que seja aqui." O pensamento de ficar abandonado ali, nos limites do planalto tibetano, me enchia de alegria.

– Acho que está esquentando – disse o sr. Fu, depois de dirigir cerca de 100 metros pela estrada.

Ele estava respirando ruidosamente pelo nariz. Pisou no freio, foi até a roda traseira e cuspiu no aro. Não era frustração. Era seu modo de determinar quão quente estava a roda.

– Está muito quente – gritou ele. Havia poeira em seu rosto. Seu cabelo estava eriçado. Sua cor também tinha mudado. Ele parecia cinzento.

Depois disso, começamos a parar de tempos em tempos. O barulho da roda era assustador. Mas isso não era o pior. Como o sr. Fu estava andando rápido, pedi que ele desacelerasse. ("Nunca mais ninguém vai me fazer ficar sentado em silêncio num carro em disparada", pensei. "Vou reclamar sempre.") Mas o modo vagaroso e supercuidadoso de dirigir do sr. Fu me enervava quase tanto quanto sua direção imprudente.

Isso não demorou muito. Chegamos a um desfiladeiro que ligava o Tanggula Shan com o Kunlun Shan. Os chineses acreditavam que, em um vale nas proximidades, havia um filete de água que crescia e se transformava na grande torrente marrom que terminava em Xangai, o rio Grande – que apenas os estrangeiros conheciam como o Yang-tsé. O rio é um dos poucos acidentes geográficos que desperta o misticismo dos chineses. Mas os chineses não são os únicos. Grandes rios têm encantado muitos povos.

Aquele desfiladeiro tinha cerca de 5 mil metros. O sr. Fu parou o carro. Eu desci e olhei para um marco de pedra que informava a altitude das montanhas. O ar era rarefeito. Eu estava um pouco sem fôlego, mas a paisagem era deslumbrante – os suaves contornos do altiplano, coberto por mantos de neve espalhados pelos campos, uma versão gigantesca do modo como os indianos estendiam as roupas para secar. Eu estava tão embevecido pela magnificência do lugar que não me importava com o desconforto da altitude.

– Olhe essas montanhas, sr. Fu.

– Eu não me sinto bem – disse, sem olhar para mim. – É a altitude.

Ele esfregou os olhos. A srta. Sun ainda estava choramingando. Será que iria gritar?

Entrei no carro e o sr. Fu dirigiu 50 metros. Seu modo de dirigir piorou. Ele acionara a marcha errada, a caixa de marchas estava rilhando e a roda traseira ainda emitia um ruído medonho.

Sem aviso, ele parou no meio da estrada e ofegou:

– Não consigo mais dirigir!

Ele não estava brincando. Parecia doente. Não parava de esfregar os olhos.

— Não consigo enxergar! Não consigo respirar!

A srta. Sun começou a chorar.

Pensei: "Que merda."

— O que você quer fazer? – perguntei.

Ele abanou a cabeça. Estava mal demais para analisar a pergunta.

Eu não queria ferir seu orgulho, principalmente ali, naquela altitude, então disse com todo o cuidado:

— Eu sei dirigir.

— Você sabe? – Ele piscou. Era muito magro. Parecia um hamster desnutrido.

— Sim, sim – disse eu.

Ele ficou feliz em passar para o assento traseiro. A srta. Sun mal se deu conta de que agora era eu quem estava sentado ao seu lado. Segurei o volante e partimos. Nas últimas horas, aquele ridículo carrinho japonês fora transformado em um calhambeque. Estava amassado; fazia barulho; soltava fumaça; e sua característica de calhambeque mais reveladora: adernava para um dos lados – se era por causa de uma mola ou de um eixo quebrado, eu não sabia. O veículo tinha recebido um golpe mortal e estava mancando. Eu tinha que segurar o volante com força para que o carro enfermo não mergulhasse na vala do lado direito da estrada.

O sr. Fu estava adormecido.

A srta. Sun também dormia. Pus a Sinfonia nº 6 de Beethoven para tocar e prossegui na direção de Lassa. Eu estava gostando daquilo. Gostava de ouvir música. Achava bom que os outros passageiros estivessem dormindo. Adorava a paisagem do Tibete. Poderia ter morrido na estrada, mas estava vivo. Era maravilhoso estar vivo, dirigindo.

Não havia pessoas à vista. Mas vi iaques pastando em algumas encostas – talvez pertencentes aos tibetanos nômades, que moravam em tendas e, segundo se dizia, percorriam aquela parte da província. Os iaques eram negros e marrons, alguns com manchas brancas. Estavam enfeitados com fitas amarradas no longo pelo e tinham caudas graciosas, volumosas como as de cavalos. Em alguns lugares, manadas de gazelas tibetanas pastavam perto da estrada.

DIRIGINDO ATÉ O TIBETE

O sr. Fu continuava a dormir, mas a srta. Sun acordou. Antes que eu pudesse trocar o cassete, ela colocou um dos seus. Era a trilha sonora de um filme indiano, em hindi, mas a canção-título era em inglês.

I am a disco dancer!
*I am a disco dancer!**

Esse cantochão imbecil era repetido interminavelmente, acompanhado por uma guitarra elétrica.

– Isso é música indiana – disse eu. – Você gosta?
– Adoro – disse a srta. Sun.
– Você entende as palavras?
– Não – disse ela. – Mas gosto do som.

Cerca de quatro horas da tarde, estávamos quase sem gasolina. O sr. Fu disse que tinha gasolina de reserva na mala, em latões. Mas nesse momento nos aproximamos de um pequeno povoado.

– Pare aqui – disse o sr. Fu.

Ele me conduziu até um barraco, que na verdade era um posto de gasolina... bocais antiquados em longas mangueiras. Como todos os postos de gasolina do Tibete, era controlado pelo Exército Popular de Libertação.

– Também temos de consertar o pneu.
– Eles não consertam pneus – disse o sr. Fu.

Em Xining, eu pedira ao sr. Fu que trouxesse dois pneus sobressalentes. Ele trouxera um, o que estávamos usando. Portanto, estávamos viajando sem estepe.

– Onde vamos consertar o pneu?

Ele apontou vagamente na direção de Lassa, o que significava que não tinha a menor ideia.

Andei até o soldado que estava enchendo o tanque.

– Onde nós estamos?
– Aqui é Wudaoliang.

Nomes parecem tão grandes em um mapa. Mas aquele lugar não merecia figurar em um mapa. Como um posto de gasolina, alguns alo-

---

* Em português, *Sou dançarino de discoteca! Sou dançarino de discoteca!* (N. da E.)

355

jamentos e uma cerca de arame farpado poderiam merecer um nome? E o nome era má notícia, pois Wudaoliang não estava nem mesmo na metade do caminho até o nosso destino, que era Amdo.

Como para imprimir dramaticidade ao momento, o tempo mudou de repente. Um vento varreu o local, agitando o mapa que eu apoiava contra o teto do carro. Nuvens encobriram o sol e o dia ficou escuro e frio. Logo anoiteceria.

— Quando vamos chegar a Amdo, sr. Fu?
— Por volta das seis horas.

Estava errado, é claro. Os cálculos do sr. Fu eram totalmente incorretos. Eu já não estava acreditando que ele houvesse estado naquela estrada antes. E era possível que meu mapa fosse impreciso, pois mostrava estradas que não existiam e povoados que nada mais eram do que poeira.

O sr. Fu não tinha mapa. Tinha um pedaço de papel com nomes de sete cidades, as paradas entre Golmud e Lassa. O pedaço de papel ficara imundo pelas consultas repetidas. Ele o consultou novamente.

— A próxima cidade é Yanshiping.

Partimos. Eu dirigia; o sr. Fu cochilava.

A srta. Sun tocou "I Am a Disco Dancer".

Depois de uma hora, passamos por uma cabana, perto da qual estavam alguns iaques e um cão feroz.

— Yanshiping?
— Não.

Na luz minguante e no ar congelante, o altiplano já não parecia romântico. "Este país faz o deserto de Gobi parecer fértil", escreveu um viajante francês. Era verdade. "Paisagem lunar" é a palavra mais usada para definir um lugar assim — mas aquilo estava além de uma paisagem lunar, era outro universo.

Encontramos outros povoados à frente. Eram todos pequenos e iguais: mais iaques e mais cães ferozes. Cabanas quadradas com paredes caiadas e manchadas, e tetos planos. Bandeirolas vermelhas, azuis e verdes, com mantras gravados, drapejavam em postes fincados no chão. Ao se agitarem no ar, reverberavam os mantras, aumentando sua graça.

— Yanshiping?
— Não.

Já estava quase escuro quando chegamos. Yanshiping era constituída por vinte casas erguidas na lama, em uma curva da estrada. Havia crianças, cães, iaques e bodes. Muitos dos cães estavam entre os maiores e mais ferozes que eu já vira. Eram mastins tibetanos – seu nome tibetano significa apenas "cães de guarda". Andavam pela área, babavam e latiam horrivelmente.

– Não existe nenhum lugar para pernoitar aqui – disse o sr. Fu antes que eu pudesse perguntar. Eu já estava diminuindo a marcha.

– Qual é a próxima cidade?

Ele puxou seu imundo pedaço de papel.

– Amdo. Há um hotel em Amdo.

– A que distância fica Amdo?

Ele ficou em silêncio. Não sabia. Após alguns momentos, disse:

– A poucas horas.

"Hotel" é uma palavra bonita, mas a China me ensinou a desconfiar dela. A expressão chinesa mais usual era "casa de hóspedes". Era o tipo de lugar que eu jamais poderia identificar com certeza – hospital, hospício, casa, escola, prisão. Raramente era um hotel. Mas, fosse o que fosse, eu ansiava por estar lá. Eram sete e meia. Estávamos na estrada havia dez horas.

Prosseguimos no escuro. Estava nevando ainda mais. A altitude era maior. Estava mais frio. A estrada tinha gelo em alguns lugares. Entramos em outro desfiladeiro coberto de neve – do tipo que nunca derrete, em função da altitude –, mais um trecho de 5 quilômetros.

O sr. Fu acordou e viu a neve.

– A estrada! Olhe a estrada! – berrou. *Lu! Lu! Luuuuuuu!*

A altitude o fez dormir. Mas todas as vezes que acordava não parava de reclamar. Pensei que muitos chineses, quando em posição de autoridade, deviam ser chatos e rabugentos. Ele não parava de me dizer para olhar a estrada, pois estava com medo. Eu queria dizer: "Você quase nos matou, cara." Mas não o fiz, para não ferir seu orgulho.

Muitas vezes, eu confundia as luzes de caminhões distantes, na extremidade do desfiladeiro, com as luzes de Amdo. Não existia vegetação naquela altitude, e o ar congelante estava claro. Na escuridão vi alguns pontos de luz.

— É Amdo?
— Olhe a estrada! — A voz do sr. Fu me deixava irritado. *Lu! Luuuuuuu!*

De vez em quando, ele me dava um tapinha no ombro e gritava:
— Toalete!

Era um enorme eufemismo. Geralmente era a srta. Sun que precisava mijar. Eu a observava ir até a beira da estrada e se agachar em uma vala. E lá, exposta ao vento — estava escuro demais para que mesmo os iaques a vissem –, ela se aliviava.

Três horas se passaram assim. Perguntei-me se não seria melhor encostar o carro e dormir lá mesmo. Meia-noite no planalto tibetano, em meio à escuridão, ao gelo e ao vento, não era uma boa hora para se dirigir. Mas o problema era a estreiteza da estrada, que não permitia que encostássemos o carro. De cada lado, havia uma vala. Se parássemos, poderíamos ser abalroados por um dos grandes caminhões do exército que viajavam à noite.

Por volta da meia-noite, avistei uma placa dizendo Amdo. Na escuridão, parecia um lugar desolado e perigoso. Eu não sabia, então, que seu aspecto seria muito pior à luz do dia.

— Vamos ficar no quartel — disse o sr. Fu.

Para salvar as aparências, o sr. Fu trocou de lugar comigo e dirigiu os últimos 6 metros até a guarita da sentinela. Então, saltou do carro e começou a discutir com a sentinela.

Voltou para o carro tremendo.
— Estão lotados — disse ele.
— E agora?
— A casa de hóspedes.

A srta. Sun chorava baixinho.

Dirigimos por um campo pedregoso. Não havia estrada. Chegamos a uma casa feita de tábuas. Mas antes que descêssemos do carro, um mastim surgiu à luz dos faróis. Tinha uma grande cabeça quadrada e uma língua volumosa; babava e latia. Era tão grande quanto um pônei, algo parecido com o cão dos Baskerville, mas muito mais sinistro.

— Você vai descer?
— Não — disse o sr. Fu, rouco de medo.

Além do cachorro saltitante e enlouquecido, viam-se iaques, dormindo de pé.

Surgiram mais cães. Eu podia aguentar a dieta de carne de iaque; podia entender por que os tibetanos não se lavavam; achava suportáveis o frio e a altitude; podia enfrentar as estradas. Mas não podia aguentar aqueles cães ferozes. Não estava zangado nem impaciente. Estava morrendo de medo.

– Lá está a casa de hóspedes – disse o sr. Fu, sorrindo para algumas luzes fracas à frente.

Era uma construção de dois andares, suja, com barras nas janelas. Achei que fosse uma prisão, mas não havia problema quanto a isso. Verificamos a inexistência de cães e, enquanto a srta. Sun vomitava ao lado do carro, entramos no prédio. Vimos um tibetano sentado no chão, sobre uma colcha esfarrapada, roendo a carne crua de um osso de iaque. Estava negro de sujeira e descalço, apesar do frio. Era a imagem perfeita de um canibal, arrancando pedaços de carne vermelha de um osso de canela.

– Precisamos de um quarto – disse o sr. Fu em chinês.

O tibetano riu e disse que não havia nenhum quarto. Mastigava com a boca aberta, exibindo os dentes. De repente, com agressiva hospitalidade, colocou o osso diante do meu rosto e me convidou a dar uma mordida.

Puxei minha *Lista de Frases Tibetanas Úteis*.

– Olá. Eu não estou com fome – disse em tibetano. – Meu nome é Paul. Qual o seu nome? Eu sou dos Estados Unidos. De onde você é?

– *Bod* – respondeu o canibal, informando-me o nome tibetano para o Tibete. Ele riu de minhas luvas. Eu sentia frio; a temperatura no aposento estava abaixo de zero. Ele fez sinal para que me sentasse com ele sobre a colcha. Com o mesmo movimento, mandou o sr. Fu se afastar.

Existe uma crença tibetana segundo a qual todos os tibetanos são descendentes de uma ogra sexualmente insaciável, que teve seis filhos depois de copular com um macaco submisso. É apenas uma bela história, é claro, mas, olhando para aquele homem, era fácil adivinhar como a lenda se originara.

Ele atirou longe a carteira de identidade do sr. Fu, mas examinou meu passaporte com grande interesse. Pousou o osso suculento e folheou as páginas, deixando marcas de sangue nelas. Riu do meu retrato no passaporte. Comparou-o com meu rosto congelado e acinzentado, examinando o ferimento sob meu olho. Riu de novo.

– Concordo. Não é uma semelhança muito grande.

Ele ficou muito atento, ao me ouvir falar inglês, como se fosse um cão escutando passos do lado de fora.

– Você tem quartos? – perguntei. Estendi-lhe um retrato do Dalai Lama.

Ele murmurou uma resposta. Sua cabeça raspada e seu grande maxilar lhe davam uma aparência simiesca. Passei a falar chinês, pois não entendia o que ele estava dizendo. Ele pegou o retrato delicadamente.

– Uma pessoa: seis *yuan* – informou, segurando o retrato.

– Ah, obrigado, obrigado – agradeceu o sr. Fu, humilhando-se.

– Chá, chá – disse o canibal, oferecendo-me uma chaleira de metal.

Bebi um pouco de chá, salgado e amanteigado. Enquanto o fazia, um caminhão parou do lado de fora. Doze tibetanos, mulheres e crianças, entraram no aposento, jogaram lençóis no chão e se deitaram sobre eles.

Paguei o que devia, tirei o saco de dormir do carro e encontrei um quarto vazio no segundo andar. A luz na escada me mostrou que tipo de lugar era aquele. Alguém vomitara no patamar. O vômito congelara. Havia coisa pior mais adiante, contra a parede. Estava tudo congelado, portanto não havia cheiro ruim. O quarto, com piso de cimento, estava muito sujo; era mais repugnante do que qualquer prisão que eu já conhecera. Mas o verdadeiro toque carcerário era que todas as luzes permaneciam ligadas – não muitas –, todas sem spots, penduradas apenas nos soquetes. Não existiam interruptores. Ouviam-se gritos e murmúrios nos outros quartos. Não havia água nem banheiros. Nenhum vaso sanitário, a não ser a escada.

Não muito longe, ouvi a srta. Sun repreendendo o sr. Fu, com a voz exasperada e lamurienta de uma pessoa doente. Fechei a porta. Não havia fechadura. Encostei uma das camas de ferro contra a porta. Havia três delas no quarto, sem colchões, e algumas colchas fedorentas.

Percebi que estava tremendo. Sentia frio e fome. Comi meio vidro de doce de laranja Ma Ling e uma banana; preparei um chá com a jarra de água quente que trouxera para cima. Estava tonto e um tanto sem fôlego por causa da altitude, e nauseado por conta do vômito congelado nos corredores. Assim que acabei de comer, todas as luzes foram desligadas: meia-noite.

Coloquei as luvas, o chapéu, o suéter extra, o casacão, meu terceiro par de meias, os sapatos forrados, e me deitei. Já sentira frio em minha vida, mas nunca usara um chapéu com protetores de ouvido para dormir. Tinha uma colcha sobre mim e uma colcha embaixo de mim. Mesmo assim, não conseguia me aquecer. Não conseguia entender o motivo. Meu coração palpitava. Os dedos dos meus pés estavam dormentes. Tentei imaginar como deveria ser Chris Bonington escalando o Menlungtse, próximo ao Everest. Depois de algum tempo avistei o luar por trás da grossa camada de gelo que recobria a janela.

No meio da noite, levantei-me para urinar. Usei uma bacia esmaltada que devia funcionar como penico. De manhã, a urina havia congelado, assim como o resto do meu doce de laranja. E meus ovos de codorna. Tudo o que eu tinha que poderia ser congelado, congelou.

Eu mal dormira, mas me alegrei com a luz do sol. Encontrei uns amendoins e os comi. Comi minha banana congelada. Visitei o canibal (que parecia ainda mais sujo à luz do dia) e bebi um pouco do meu chá com ele. Ele não quis chá chinês. Fez uma careta como que dizendo: *Coisa ruim! Como você pode beber isso?*

O fraco calor do sol da manhã apenas tornou o lugar pior, pois despertou os fedores da escada e dos corredores. Havia montículos escuros de fezes humanas em todo o prédio. Era o banheiro daquele país celestial.

O sr. Fu havia se levantado e estava irrequieto. Disse que a srta. Sun não estava bem. Ele se sentia doente também.

— Então vamos embora – disse eu.

— Café da manhã primeiro.

— Meu Deus!

Outra partida tardia. Mas, daquela vez, fiz os cálculos em meu mapa, avaliei as distâncias entre as cidades, estabeleci uma velocidade média e me senti bem melhor, até me lembrar do pneu.

— Você mandou consertar o pneu, sr. Fu?

Ele me dissera que faria isso naquela manhã, antes do café. Embora Amdo fosse uma lixeira, havia garagens ali – era o único lugar de tamanho razoável num raio de quilômetros.

– Não. É melhor consertar o pneu em Nagqu.

Isso ficava a quase 200 quilômetros.

O sr. Fu assumiu o volante. Alguns quilômetros adiante, parou o carro e apertou o rosto.

– Não consigo fazer isso! – guinchou ele. Em chinês, aquilo soava como uma lamentável rendição.

Era outro ataque de insegurança. Achei ótimo. Acalmei o sr. Fu, enquanto ele se arrastava para o banco de trás. Coloquei Brahms no toca-fitas e dirigi para o sul, sob o céu ensolarado.

Eu também me sentia inseguro. Tinha um galo na testa, uma dor no pescoço e um profundo corte no rosto. Meu pulso direito doía, provavelmente estava distendido, por ter segurado a maçaneta com muita força quando capotamos. E a altitude me afetava igualmente – sentia-me tonto e nauseado. Minha curta caminhada em Amdo me provocara palpitações cardíacas. Mas isso não era nada comparado com a agonia do sr. Fu. A cor desaparecera de seu rosto, sua boca estava escancarada e, depois de alguns momentos, ele simplesmente desmaiou. A srta. Sun dormiu. Agarrados no banco traseiro, eles pareciam amantes envenenados em um pacto de morte.

Não havia outras povoações até Nagqu – nada, exceto o planalto varrido pelo vento. Estava tão frio que até os *drongs*, os iaques selvagens, estavam de olhos semicerrados. Os jumentos selvagens se limitavam a levantar a cabeça e olhar para o Mitsubishi Galant seriamente danificado. Depois de algumas horas, a estrada terminou. Não se via mais nada além de pedras, seixos e mais jumentos selvagens. Os seixos batiam no chassi e martelavam os pneus. Não tínhamos pneu sobressalente. Estávamos ridiculamente despreparados para o Tibete, mas eu não me importava muito. Sentia que, tendo sobrevivido ao desastre, havíamos passado pelo pior. Há alguma coisa no simples fato de sobreviver que produz uma grande vitalidade. E eu sabia que estaria muito mais seguro enquanto dirigisse. O sr. Fu era um motorista novo e nervoso, portanto não tinha muito o que fazer no Tibete.

Em algumas encostas, havia cabanas com bandeirolas coloridas. Eu me alegrava com elas, com a alvura dos barracos brancos, com a fumaça que saía das chaminés e com as roupas das pessoas – chapéus de pele de raposa, fivelas de prata, casacos de pele de ovelha, grandes botas quentes. A quilômetros de qualquer lugar, vi uma mãe e uma filha, usando saias esvoaçantes e de cores vivas e gorros, subindo pela trilha de um penhasco; vi um pastor bem-apessoado, sentado entre seus iaques, com um maravilhoso chapéu vermelho com enormes orelheiras.

O sr. Fu ficou muito aborrecido porque não havia nenhum lugar para comer em Nagqu. Ele estava tenso e irritado com a altitude, e relutou em parar. Mas eu insisti com ele para que encontrasse alguém para consertar o pneu. Isso foi feito em um galpão, com uma fogueira e cinzéis. Enquanto essa vulcanização primitiva era efetuada, dei uma volta pela cidade. *In Exile from the Land of Snows* (Exilado da Terra das Neves), de John Avedon, publicado em 1984, acima de tudo um relato antichinês dos distúrbios no Tibete, apaixonadamente a favor do Dalai Lama, afirma que o centro da indústria nuclear chinesa, antes situado no deserto de Lop Nor, foi transferido para Nagqu, juntamente com os laboratórios de pesquisas, as instalações de difusão gasosa e as linhas de montagem de mísseis. Em algum lugar das vizinhanças – embora invisível – havia um grande depósito de mísseis nucleares de médio alcance. Mas tudo o que vi foram iaques.

O sr. Fu dirigiu o carro para fora de Nagqu – talvez para salvar as aparências, pois parou o carro a um quilômetro de distância da cidade e apertou os olhos.

– Eu não consigo fazer isso!

E pulou para o banco de trás.

Eu me sentia mais feliz do que jamais me sentira desde o início da viagem no Galo de Ferro. Estava dirigindo, estava no controle. Demorava o quanto queria, o Tibete era vazio. O tempo era impressionante: neve nas montanhas, vento forte e nuvens negras acumuladas nas montanhas à frente.

Naquele dia, no sopé da majestosa cordilheira Nyenchen Tanglha, nômades conduziam seus rebanhos de iaques, e a estrada se dirigia diretamente a uma planície amarela. As boas condições da estrada contribuíam para a minha sensação de bem-estar – era maravilhoso estar em um lugar tão remoto e me sentir tão seguro. O sr. Fu e a srta. Sun estavam adormecidos no assento traseiro. Não havia outros carros. Dirigi em velocidade moderada em direção a Lassa, observando os pássaros – gaviões, maçaricos e corvos. Avistei mais gazelas e, uma vez, uma raposa amarelo-clara atravessou a estrada.

Uma nevasca desabou de repente. Dobrando uma curva, passei de um vale seco e ensolarado a um vale escuro e lamacento, onde grandes flocos de neve açoitavam o carro obliquamente. O sr. Fu, que tinha horror a neve, felizmente não acordou. A tempestade amainou e se afastou para um vale distante. O sol reapareceu. Os tibetanos chamam seu país de "Terra das Neves", mas na verdade não neva muito no Tibete. E nunca chove. As tempestades cessam rapidamente. Os tibetanos não ligam para nada disso. Vi crianças brincando sob a tempestade repentina.

No início, eu queria chegar a Lassa rapidamente. Mas agora não me incomodava com um atraso. Eu passaria com prazer mais algumas noites na estrada, contanto que não fossem em lugares como o chiqueiro de Amdo.

Damxung parecia promissora. Ficava localizada em uma curva na estrada; havia um quartel do exército nas proximidades e meia dúzia de restaurantes de uma só sala. Paramos e pedimos quatro pratos, que incluíam cogumelo e carne de iaque. O sr. Fu se restabeleceu o bastante para acusar a garçonete de cobrar a mais dele – ou melhor, de mim, já que paguei a conta.

Havia seis soldados na cozinha, aquecendo-se, mas se dispersaram quando tentei falar com eles. Viajantes que estavam na China às vezes me diziam que eram intimidados por soldados e oficiais. Isso nunca aconteceu comigo. Quando me aproximava deles, eles sempre se afastavam.

Encontrei o sr. Fu cuspindo na roda para ver se estava superaquecida. Estava de joelhos, cuspindo, lambuzando a mão, examinando.

– Acho que devemos ficar aqui – disse eu.

Estávamos sendo observados por um menino pequeno, que exibia um pequeno retrato do Dalai Lama enfiado na frente de seu chapéu de pele. Quando olhei para ele, ele fugiu, retornando sem o retrato.

– Não podemos ficar aqui. A srta. Sun está doente. Lassa está só a 170 quilômetros.

– Você se sente bem o bastante para dirigir?

– Estou ótimo!

Mas ele parecia péssimo. Seu rosto estava cinzento. Não comera muito. Tinha me dito que estava com uma dor no coração. Dizia também que seus olhos doíam.

– A roda não está quente demais – disse ele. – Isso é bom.

Ele engasgou e desistiu de dirigir em um lugar chamado Baicang, dizendo que não poderia continuar. Assumi o volante. Em um belo lugar às margens de um rio chamado Yangbajain, entramos em um estreito vale rochoso. Era o tipo de vale que eu estivera esperando desde que saíra de Golmud. Não havia percebido que aquela parte do Tibete era de campos abertos, com estradas retas e planas e distantes picos nevados. Mas aquele vale era estreito e frio; por ser muito fundo, metade dele permanecia na sombra. Era cruzado por um rio borbulhante, onde passarinhos saltitavam de uma pedra para outra. Meu livro de pássaros me informou que eram tordos; o mais comum deles era o de asa branca e cauda vermelha.

Quando saímos do vale, estávamos em uma altitude maior, em meio a íngremes encostas e picos mais azulados, mais nevados. Rodamos ao longo do rio, sob um sol crepuscular. Mais ao sul, aquele pequeno rio se tornava o poderoso Brahmaputra. O vale se tornara amplo, ensolarado e muito seco. Para além de belas colinas rochosas, viam-se montanhas cobertas de neve fofa.

À frente, havia uma pequena cidade. Pensei que era mais uma guarnição militar, mas era Lassa, com certeza. A distância, havia um prédio vermelho e branco com as laterais inclinadas – era o Potala, muito gracioso, em parte uma montanha, em parte uma caixa de música com uma elaborada tampa dourada.

Eu nunca me sentira tão feliz ao entrar em uma cidade. Decidi pagar e dispensar o sr. Fu. Dei-lhe minha garrafa térmica e o restante de minhas provisões. Ele pareceu embaraçado. Permaneceu perto de mim por algum tempo. Então estendeu o braço e pousou os dedos em meu rosto, no lugar do ferimento, que estava coberto de sangue seco. Tinha uma aparência horrível, mas não doía.

– Sinto muito – disse o sr. Fu. E riu. Era uma desculpa abjeta. Seu riso dizia: *Me perdoe!*

Lassa

Fica imediatamente óbvio que Lassa não é uma cidade. É um vilarejo de aspecto acolhedor e uma planície elevada, cercada por montanhas ainda mais elevadas. Há muito pouco tráfego. Não existem calçadas. Todo mundo anda nas ruas. Ninguém corre. Aquelas ruas ficam a mais de 3.600 metros. Pode-se ouvir crianças gritando, cães latindo e sinos tocando; parece um lugar tranquilo. É bastante sujo e ensolarado. Há apenas alguns anos, os chineses derrubaram o santuário budista em forma de domo, que era a entrada da cidade. Era seu modo de violar Lassa, que sempre fora proibida a estrangeiros. Mesmo assim, não havia multidões. Os chineses haviam danificado Lassa seriamente, na esperança de colocar tudo abaixo para construir uma cidade de fábricas feias e excelentes. Mas não conseguiram destruí-la. Grande parte da cidade e alguns de seus mais belos relicários eram feitos de tijolos de barro — que se quebravam com facilidade, mas eram baratos e podiam ser substituídos prontamente, como as estátuas de Buda, renovadas a intervalos de poucos anos, ou como as esculturas de manteiga de iaque, que duravam até derreterem ou se tornarem rançosas, quando novas esculturas eram modeladas. O budismo preparara os tibetanos para ciclos de destruição e renascimento. Trata-se de uma religião que, brilhantemente, ensina a continuidade. Era fácil perceber a violência das intenções chinesas em Lassa, mas haviam fracassado, pois os tibetanos eram indestrutíveis.

Lassa é um lugar sagrado, portanto está cheia de peregrinos. Eles lhe imprimem cor e, como eles mesmos são forasteiros na cidade, não fazem objeções a visitantes estrangeiros — na verdade, lhes dão as boas-vindas e tentam lhes vender contas e bijuterias. As cidades chinesas são notórias por sua barulheira e multidões. Lassa tem uma população pequena. Como é plana, está lotada de ciclistas. Para mim, a cidade foi uma surpresa total. Eu esperava uma cidade escura, escarpada, repleta de ladeiras e fortalezas, devastada pelos chineses e coberta de slogans. Encontrei uma pequena cidade colorida, danificada pela guerra, cheia de monges alegres e peregrinos amáveis, e dominada pelo Potala, uma construção atraente e engenhosa.

Metade da população de Lassa é chinesa, mas quem não é soldado tende a permanecer dentro de casa. Até mesmo os soldados do Exército de Libertação Nacional se mantêm discretos. Sabem que o Tibete é, essencialmente, um gigantesco quartel – as estradas, os aeroportos e todo o sistema de comunicações foram uma iniciativa militar –, e sabem que os tibetanos se ressentem disso. Os chineses se sentem inseguros no Tibete; portanto, assumem uma espécie de atitude oficiosa. São comissários e imperialistas, mas sabem que estão em um país estrangeiro. Não falam a língua e não conseguiram ensinar chinês aos tibetanos. Durante trinta anos mantiveram a ficção de que a língua oficial do Tibete era o chinês. Mas em 1987 cederam e restabeleceram o tibetano.

Os chineses sugerem que têm o direito moral de governar a vida dos tibetanos, mas desde o final dos anos 1970, quando começaram a desistir de encontrar soluções políticas para os problemas chineses, sentem-se menos à vontade para permanecer no Tibete. Na verdade, não têm nenhum direito de estar lá. Os próprios tibetanos provavelmente teriam encontrado um modo de taxar as famílias ricas, expulsar os exploradores, elevar os *ragyaba* – a classe dos catadores de lixo e coveiros – e libertar os escravos (a escravidão persistiu até a década de 1950). Mas a ideologia dominadora dos chineses os levou a invadir o país e a interferir tão completamente em sua vida que acabaram se indispondo com a maior parte da população. E não pararam por aí. Anexaram o Tibete e o tornaram parte da China. Embora muitos chineses falem em liberalizar sua política, é claro que não têm nenhuma intenção de permitir que o Tibete volte a ser um Estado soberano.

"Parece um país estrangeiro", confidenciaram-me alguns amigos chineses. Estavam perplexos com os hábitos antiquados, as roupas, os rituais incompreensíveis dos budistas tibetanos, o misticismo sexual dos ritos tântricos, as estátuas que se abraçam e copulam – ilustrando o princípio materno-paterno do *yabyum* –, e os grandes demônios dentuços, de olhos arregalados que os tibetanos veem como protetores. Mesmo com os chineses vigiando tudo rigorosamente, instituindo decretos, construindo escolas e iniciando obras públicas, Lassa é um lugar de aspecto medieval, como a Europa durante a Idade Média, com monges sorridentes, camponeses sujos e festivais ao ar livre, com mágicos e acrobatas. Lassa é sagrada, mas é também uma cidade-mercado, com carrinhos de mão cheios de vegetais e pedaços sujos de charque de iaque, que se conservam por um ano (grãos se conservam por cinquenta anos no clima seco do Tibete). A característica mais medieval entre todas é que o Tibete quase não possui encanamentos.

Os peregrinos se acocoram e se prostram em Lassa, arrastando os pés no sentido horário em torno de cada santuário. Deitam-se nos patamares das escadas, diante do Jokhang e ao redor do Potala. Fazem isso na estrada, às margens do rio, nas encostas das colinas. Sendo budistas tibetanos, são bem-humorados; e como vêm de todos os lugares do Tibete, Lassa é seu ponto de encontro – eles enriquecem a vida da cidade e enchem seus mercados. Vêm à cidade por devoção ao Dalai Lama, a encarnação de Bodhisattva Avalokitesvara. Rezam, atiram-se ao chão, espalham pequenas notas de um *miao* e grãos de cevada nos santuários, e derramam manteiga de iaque nas lâmpadas. Os mais devotos sopram cornetas feitas de ossos humanos – uma espécie de oboé feito de fêmur – ou transportam água em tigelas feitas de crânio humano. Veneram os diversos tronos e divãs do Dalai Lama no Potala, sua estreita cama art déco, sua banheira, seu vaso sanitário, seu toca-fitas (presente de Nehru) e seu rádio. O Dalai Lama é adorado como o Deus Vivo, mas os peregrinos também reverenciam as imagens de Zong Kapa – fundador da Seita Amarela –, do Senhor Buda e de outros Dalai Lamas, notadamente o Quinto, cujas grandes construções dignificam Lassa. Os peregrinos transformaram Lassa em uma cidade de visitantes, que não são exatamente forasteiros; assim, até um estrangeiro se sente bem lá. No caos e na poeira, seus sinos retinintes a tornam hospitaleira.

Lassa foi o único lugar na China em que entrei impacientemente, gostei de permanecer e relutei para sair. Gostei de suas dimensões reduzidas, da ausência de tráfego, das ruas planas – e todas as ruas tinham vista para as formidáveis montanhas tibetanas. Gostei do ar puro e do sol, dos mercados, do ativo comércio de antiguidades raras. Fascinava-me ver um lugar para o qual os chineses não tinham solução. Eles admitiam que haviam cometido grandes erros no Tibete, e também admitiam que não sabiam o que fazer a seguir. Não tinham contado com a obstinada fé dos tibetanos – e talvez tenham tido dificuldade em acreditar que aquele povo escuro e sorridente, que nunca se lavava, podia ser tão apaixonado. Os funcionários do partido, visitando o lugar, andavam por lá com ar presunçoso e difícil de contentar. Em sua maioria, estavam excursionando à custa dos cofres públicos. O Tibete é o paraíso dos funcionários em férias: um povo vassalo, dois bons hotéis, muitas cerimônias religiosas e uma boa distância de Pequim – o que lhes permite fazer o que querem. Os chineses recompensam uns aos outros com férias pagas e viagens oficiais – que muitas vezes substituem gratificações. E o Tibete é o paraíso das férias pagas, um lugar com paisagens maravilhosas. Mas não ganha nada com isso. Depende totalmente da ajuda financeira dos chineses. Estes, quase sempre, sentem-se fisicamente desconfortáveis em Lassa, por conta da altitude, da comida estranha e do clima. Mas também por causa dos impetuosos tibetanos, que parecem um tanto selvagens e imprevisíveis para os chineses – seres supersticiosos e primitivos, senão de fato subumanos.

Outro aspecto de Lassa – e também do Tibete – é que, como Yunnan, tornou-se refúgio de hippies. Não os vagabundos que encontrei anos atrás no Afeganistão e na Índia, mas gente de classe média, hippies abastados, cujos pais lhes pagaram o voo para a China. Alguns deles vêm de ônibus do Nepal. Pareceram-me inofensivos e bem mais agradáveis que os turistas ricos, para os quais Lassa estava construindo hotéis caros, importando iguarias ridículas e disponibilizando ônibus japoneses novos em folha, para que esses turistas pudessem partir de madrugada para fotografar rituais como o Enterro Celestial (os tibetanos colocam os mortos a céu aberto para serem devorados pelos abutres). Como observa Lynn Pan em *The New Chinese Revolution* (A Nova Revolução Chinesa), sua análise da recente história chinesa, "é difícil escapar à conclusão de que a cultura tibetana, que sobreviveu às piores tentativas do maoismo de suprimi-la pela força, será aniquilada pelo turismo". Mas tenho minhas dúvidas. O Tibete é por demais vasto, inacessível e estranho para ser dominado. Pareceu-me um lugar maravilhoso, como se fosse o último lugar da terra; como uma gelada calota polar, porém mais vazia.

Descendo o Yang-tsé

Rebocadores

Naquele primeiro dia, por volta de meio-dia, eu estava perto de Chang Shou quando vi um junco atracar. A vela foi arriada e cinco homens saltaram para a margem, com cordas em torno das cinturas. Correram para a frente, puxando as cordas como cães em coleiras, e começaram a rebocar o junco contra a correnteza. Eram os rebocadores. São mencionados pelos primeiros desbravadores do Yang-tsé. Eles puxam com força, inclinando-se para a frente; quase imperceptivelmente, o junco de 18 metros começa a se mover corrente acima. Não há nenhuma trilha às margens do rio. Os rebocadores são montanhistas: correm de rochedo a rochedo, subindo até o alto, depois descendo, puxando e escalando até conduzir o junco a um trecho navegável do rio. A única diferença – mas bem grande – entre os rebocadores de antigamente e os de hoje é que os de hoje já não são chicoteados. "Nossos homens, muitas vezes, têm de subir em coisas e pular como macacos", escreveu um viajante que passou pelo Yang-tsé em meados do século XIX, "e suas costas são chicoteadas pelos dois chefes, para incentivá-los a trabalhar nos momentos críticos. Esse novo espetáculo a princípio nos revolta e enfurece, mas quando percebemos que os homens não reclamam das chibatadas, compreendemos que é um costume do país, justificado pelas incríveis dificuldades do caminho". O capitão Little viu um chefe de rebocadores tirar as roupas, pular no rio e depois rolar na areia, até que adquiriu uma aparência subumana, como um macaco arenoso; então, após executar uma dança demoníaca e uivar, chicoteou os rebocadores, que – mortos de medo – prazerosamente puxaram um junco para fora de um banco de areia.

Os rebocadores cantam ou recitam versos. Há versões deturpadas do que dizem. Alguns viajantes afirmam que eles grunhem e gemem; outros são mais específicos e informam que os rebocadores gritam: *Chor! Chor!* – uma gíria para *shang-chia* ou "bote seu ombro para trabalhar".

Perguntei a um barqueiro o que os rebocadores estavam entoando. Ele disse que estavam gritando *Hai tzo! Hai Tzo!* sem parar, o que significa "Número! Número!" em sichuanês, algo dito tanto pelos rebocadores quanto pelos remadores.

— Quando nós instituirmos as Quatro Modernizações — acrescentou ele, que fazia parte do minúsculo número de membros do Partido Comunista Chinês –, não vai mais haver juncos nem rebocadores.

Certo dia, eu estava de pé na amurada de um navio, com um homem que nos encorajava a chamá-lo de Big Bob Brantman. Avistamos alguns rebocadores, seis deles, puxando um junco. Os homens pulavam de pedra em pedra, subiam, puxavam as cordas amarradas ao junco e lutavam para vencer o caminho rochoso. Estavam descalços.

Brantman estremeceu. Foi uma reação de perspicácia, de compreensão, que dizia: sim, agora percebo como são as coisas. Então ele falou, ainda um pouco trêmulo.

— Como as diferenças culturais são profundas!

Olhei para ele, que indicou com a cabeça os rebocadores, correndo entre as rochas na margem.

— Eles não ligam para televisão — disse ele.

— É verdade — concordei.

— Ahn? — Ele se sentiu encorajado. Estava sorrindo agora. Disse: — Quero dizer, eles não querem saber se os Rams vão jogar amanhã.

Big Bob era torcedor dos Los Angeles Rams, um time de futebol americano.

— Estou certo ou não?

— Você está certo, Bob — disse eu. — Eles não ligam para televisão ou para os Rams.

Os juncos e os rebocadores ainda vão permanecer no rio por algum tempo. Olhe durante cinco minutos para qualquer ponto do Yang-tsé e você verá um junco, velejando contra a correnteza, com sua vela esgarçada. Há muitas lanchas e barcos modernos no rio, mas devo dizer que o Yang-tsé é um rio de juncos e sampanas, movidos a suor humano. E não há nada mais gracioso que um junco com vento favorável (o vento sopra contra a corrente, do leste para o oeste – um feliz acidente meteorológico que moldou a história chinesa), navegando tão bem que a nau desajeitada parece uma ave aquática nadando e buscando alimento na corrente lamacenta.

Os Desfiladeiros do Yang-tsé

Nos dias que se seguiram, passamos pelos desfiladeiros. Muitas pessoas visitam o Yang-tsé apenas pelos desfiladeiros: empolgam-se com aquelas maravilhas e deixam de lado o restante do rio. Os desfiladeiros são deslumbrantes, e é quase impossível exagerar seu esplendor. Mas o rio é longo e complexo, muito mais grandioso que seus desfiladeiros — assim como o Tâmisa é muito mais do que o que existe entre Westminster e Greenwich.

Os grandes desfiladeiros ficam abaixo de Bai De ("Cidade do Rei Branco") e os pequenos, pouco acima de Yichang. Bai De tinha um aspecto tão nefasto quanto as demais cidades; mas assim que saímos de lá, as montanhas se elevaram — enormes penhascos de calcário de cada lado do rio. Não há margens: os penhascos íngremes mergulham diretamente nas águas. Foram formados no alvorecer da Terra, quando o grande mar interior no oeste da China começou a escoar para leste, erodindo as montanhas. O calcário é uma substância interessante. Surge em blocos, com fendas e saliências; assim, o fluxo de água ziguezagueou, controlado pela formação rochosa, determinando curvas fechadas no rio. Olhando adiante, nos desfiladeiros, não vemos saída, somente um paredão.

Depois de ver os grandes desfiladeiros do Alto Yang-tsé, é fácil acreditar em deuses, demônios e gigantes.

Há grafites nos desfiladeiros. Alguns são políticos ("Humanidade, una-se para esmagar o capitalismo") e outros, poéticos ("Bambus, flores e chuva purificam o viajante"). Outros, ainda, informam o nome do desfiladeiro, ou sua história, ou indicam alguma característica notável. "Escada de Meng-liang", diz um deles, no lugar apropriado. "Desfiladeiro Caixa de Vento" é o nome de um penhasco; as caixas de vento têm letreiros pintados — são os buracos em zigue-zague, que o capitão Williamson mencionou em suas anotações, e têm uma história curiosa. No século II d.C., o exército de Shu estava acampado no alto do desfiladeiro. O general de Hupeh, Meng-liang, estava decidido a vencer aquele exército, mas se deparou com aquela parede vertical, com 200 metros de altura. Meng-liang fez seus homens entalharem buracos na pedra, para que servissem de escada. Desse modo, seus homens escalaram o paredão, surpreenderam os inimigos em seu acampamento e os venceram, dando fim à dominação de Shu. (Em 1887, Archibald Little escreveu: "Já faz muito tempo que os chineses, hoje afeminados, eram capazes de tais façanhas...")

O vento sopra ferozmente pelas gargantas, entre os arranha-céus, assim como faz em Nova York; isso é bom, pois os juncos podem navegar corrente acima – há pouco espaço ali para rebocadores. Passei por lá em um dia em que o céu estava encoberto, com o vento rasgando as nuvens. O rio estava marrom-amarelado, ou talvez de um negro viscoso, uma cor de enguia. Não é apenas a altura dos desfiladeiros, mas também a estreiteza do rio – menos de 100 metros em alguns lugares – o que torna rápida a vazão das águas: 60 metros por segundo nos trechos mais estreitos. Essas características conferem aos desfiladeiros seu aspecto estranho e os preenchem com uma atmosfera de sombrio esplendor – os penhascos majestosos, os paredões de 300 metros de altura, os pináculos em forma de adagas, o rio escuro e borbulhante abaixo e os esquálidos barqueiros, em seus barcos de ripas e trapos.

Archibald Little escreveu: "Alegro-me por ter tido a boa sorte de visitar os desfiladeiros do Yang-tsé antes que a torrente de turistas europeus, trazendo em seu rastro as inevitáveis inovações ocidentais, destruísse todo o seu antigo charme." As cidades, com certeza, são negras e horríveis. Mas os desfiladeiros permanecem imutáveis. Diferem completamente de tudo o que já vi. Em outras paisagens, tenho tido uma sensação de deterioração; o Grande Cânion parece estar se desgastando, sendo levado, pedra por pedra, pelo rio Colorado. Mas os desfiladeiros parecem poderosos e duradouros, e fazem qualquer pessoa ou artefato parecer insignificante. Ainda estarão no mundo muito tempo após a humanidade se autodestruir com bombas.

Dizem que cada pedra e cada penhasco têm um nome. "A Mulher Sentada e o Leão Saltando", "A Fada Princesa" e – menos lírico – "O Desfiladeiro do Fígado de Boi e do Pulmão de Cavalo" (os órgãos são formações rochosas na parede de um penhasco). As denominações no Yang-tsé são precisas. Somente os lugares simples e selvagens, como os montes vulcânicos do sudoeste de Uganda, estão cheios de topografia anônima. Dar nomes é uma das características da ocupação e da civilização chinesa. Perguntei ao piloto de nosso barco se era verdade que todas as pedras do Yang-tsé tinham um nome. Ele disse que sim.

— Qual é o nome daquela? — perguntei rapidamente, apontando pela janela.

— Aquela é a Pérola Número Três. Ali adiante está a Pérola Número Dois. Chegaremos à Pérola Número Um em poucos minutos.

Ele não hesitou. E o interessante é que aquelas pedras me pareciam muito insignificantes.

Um dos passageiros disse:

— Esses desfiladeiros preenchem as expectativas. Poucas coisas são assim. O Taj Mahal é. As pirâmides não. Mas esses desfiladeiros!

Passamos por Wushan. Um cortejo fúnebre percorria as ruas vazias, batendo tambores e gongos; à frente da procissão havia três pessoas de túnicas brancas — o branco é a cor do luto na China; outras pessoas carregavam grinaldas de papel, redondas como alvos de arqueiros. Depois, entramos no desfiladeiro mais extenso, 40 quilômetros de penhascos e picos; abaixo deles, juncos batidos pelo vento enfrentavam a correnteza.

Em certa época, aquela parte do Yang-tsé era cheia de corredeiras. A lista de marcos do capitão Williamson relaciona todas elas. Ainda estavam no rio, destruindo navios, em 1937. Mas as piores haviam sido dinamitadas. A mais conhecida era a Hsin Lung Tan, uma corredeira rasa, resultante de um terrível desmoronamento em 1896. Era uma área de águas revoltas, com 24 metros de largura. Mas explosões de dinamite a alargaram para 120 metros e a aprofundaram. Trinta anos atrás, apenas pequenos barcos conseguiam passar pelo rio durante os meses de inverno; agora, mesmo navios grandes navegavam por ele durante o ano inteiro.

Nosso navio atracou abaixo do Desfiladeiro do Gato Amarelo, em um lugar chamado Dou Shan Tuo ("Vila da Colina Escarpada"). Na rua, tomamos um ônibus para ir ao topo da colina. Olhando para o outro lado do rio, para os pináculos de pedra chamados "As Três Adagas", e para o sol derramando mel nos profundos penhascos, um dos passageiros exclamou:

– Que lugar para um condomínio!

Alvorada com Monstros Marinhos

A Extremidade do Vale do Rift

Existe uma fenda na terra que se estende do mar da Galileia até a costa de Moçambique. Estou vivendo na extremidade dela, na Niassalândia. Essa fenda é o Grande Vale do Rift,* que parece estar engolindo toda a África Oriental. Na Niassalândia, está substituindo aldeias de pescadores, flores e cupinzeiros por um lago quase sem fundo. Esse vale surge sob a forma de penhascos escarpados e depressões em diversas partes deste imenso continente. Acredita-se que o vale foi formado em uma era de grande atividade vulcânica. O período de vulcanismo ainda não terminou na África. Está presente não só no próprio Vale do Rift, como também nas pessoas, na lava das populações em ebulição – a turbulência dos próprios seres humanos que habitam o Vale do Rift.

Minha sala de aula é no Vale do Rift. Nesta sala de aula, há uma fila de alunos, cabeças raspadas como prisioneiros, músculos que se mostram sob os trapos que vestem. Estão esperando para olhar as células nas pétalas de uma flor, através das minúsculas lentes de um microscópio barato.

Mais tarde, irão perguntar: "O fogo está vivo? E a água?"

As crianças chegam de manhã, surgindo por entre as espirais de névoa flutuante. A temperatura é amena, quase fria. Às seis da manhã, as crianças não veem muita coisa; apenas uma neblina esbranquiçada, em que o mundo é a terra embaixo de seus pés descalços, uma plataforma, e o céu é tudo o mais. O lugar se torna a África ao meio-dia, quando não há nuvens e o calor é como um cobertor que sufoca e resseca todas as coisas.

Durante a tarde, há nuvens, grandes nuvens, como uma guerra declarada na estratosfera. O dia começa a escurecer quando as crianças deixam a escola e começam a caminhar pela estrada de terra.

Existe uma colina perto da escola. O sol se aproxima dela, oculto por trás das nuvens; então aparece e desaba sobre a colina, numa

---

* Rift – "fenda". (N. do T.)

explosão de tons amarelos e róseos, pintando todas as coisas com suas chamas violentas.

À noite, quando há lua, a escola e o Vale do Rift se tornam um mar de relva e árvores luminescentes, prateadas, murmurantes. Quando não há lua, saímos de uma casa iluminada para uma infinidade de espaço, carregado de trevas.

Ontem, para escapar de um pesado aguaceiro, entrei em um pequeno abrigo, onde fiquei aguardando que o temporal amainasse. A chuva era pesada demais para o meu esburacado guarda-chuva. Esperei no abrigo. Trovões e relâmpagos explodiam ao meu redor; a água atravessava as paredes do abrigo, feitas de folhas de palmeira.

Na estrada, avistei uma pequena criança africana. Não tinha como dizer se era um menino ou uma menina, pois estava usando uma longa camisa amarela, encharcada, que pendia até o chão. Como não estava carregando nada, presumi que fosse um menino. Ele pulava para dentro e para fora das poças, indo de um lado a outro da trilha da floresta, a camisa amarela abaulada pela ventania, enquanto ele se retorcia debaixo dela. Quando chegou mais perto, pude ver a expressão de absoluto terror em seu rosto. A única defesa que tinha contra os trovões e o barulho da chuva eram os dedos, enfiados firmemente em suas orelhas, enquanto corria.

Ele veio até o meu abrigo, mas, ao me ver, ficou em um canto, onde permaneceu tremendo sob a camisa encharcada. Olhamos um para o outro. Gotas de chuva ornavam seu rosto. Debrucei-me sobre o meu guarda-chuva e balbuciei uma saudação em banto. Ele encostou-se a uma folha de palmeira. Depois de alguns minutos, reinseriu os dedos nas orelhas, cuidadosamente, um de cada vez. Então, saiu correndo para o meio da chuva e dos trovões. E sua camisa dançante amarela desapareceu.

Estou de pé na extremidade relvosa do Vale do Rift. Posso senti-lo sob meus pés; acredito que, brevemente, um poderoso deslocamento de terra poderá desalojar tudo. O Vale do Rift. E a quem essa fenda diz respeito? Um rompimento com as estrelas? Um rompimento entre a terra e o homem, ou entre o homem e o homem? Existe alguma coisa em ebulição por baixo deste solo africano?

A EXTREMIDADE DO VALE DO RIFT

Gostamos de acreditar que a fenda é somente uma imperfeição na crosta terrestre. Não queremos ser prisioneiros da fenda, como se não fizéssemos parte dela, como se tivéssemos sido rabiscados na paisagem com um pedaço de giz.

Toque de Recolher

Não foi de se estranhar que os primeiros dias do toque de recolher fossem bem-recebidos pela maioria das pessoas. Era uma mudança bem-vinda para nós, assim como o barulhento aguaceiro que cai subitamente em janeiro, crepitando nas ruas e fechando a estação seca. As festas, embora agora realizadas durante a tarde, tinham um novo tema de conversa. Havia muitos boatos, e repetir esses boatos era como um jogo de tênis, serviço e devolução, cada golpe ligeiramente mais violento que o anterior. Era fascinante observar a paisagem da cidade, do outro lado da cerca de nossa área residencial. Durante aqueles primeiros dias, fazíamos isso, de pé em nossa colina, vestindo camisas floridas; podíamos avistar o palácio em chamas, os soldados se reunindo e dispersando as pessoas. Podíamos ouvir as rajadas de tiros e alguns gritos bem perto de nossa cerca. Éramos professores, todos jovens, e estávamos na África. Havia alguns bastante cultos entre nós. Um deles me disse que durante o Império Romano, sob o reinado de Cláudio, gente rica e professores eram levados em liteiras pelos *lecticarii*, geralmente escravos, até uma distância segura dos campos de batalha, onde acampavam juntamente com seus servos; eram romanos curiosos, homens de posição elevada que, se assim desejassem, poderiam estar presentes e, entre um e outro banquete, testemunhar a carnificina.

Mas o toque de recolher continuou, e o que era distração, durante os primeiros dias, tornou-se hábito. As pessoas continuaram a chegar ao trabalho de manhã, como de costume, mas o trabalho à tarde quase cessou. Havia muitas coisas a serem feitas antes do toque de recolher, ao cair da noite: era preciso tomar o ônibus e encontrar provisões; algumas pessoas tinham que buscar as crianças. Percorríamos os bares, para ficarmos bêbados em companhia de outras pessoas, brincávamos em fliperamas e conversávamos sobre o toque de recolher. Mas depois de duas semanas, isso havia se tornado um assunto tedioso.

Pessoas que nunca saíam à noite antes da vigência do toque de recolher – indianos com famílias grandes que iam às matinês dos cinemas locais, africanos que faziam trabalhos manuais, alguns colonos – não sentiram os efeitos da medida. E havia aqueles mais calmos que se recusavam a ser afetados pelo toque de recolher; estes ficavam impacientes com nossas ressacas diárias, nossa ineficiência, nossos comentários nervosos. E nossas aulas não estavam sendo muito frequentadas. Certo dia, perguntei casualmente onde estava nosso aluno congolês – um sujeito vistoso, que usava um cachecol de seda e dirigia uma grande motocicleta. Disseram-me que ele fora arrancado da moto por um soldado e espancado até morrer com o cabo de um rifle.

Saíamos cedo do trabalho. Durante as tardes era como se todos estivessem de folga, mas sem poder ir até Nairóbi ou Mombaça, como se todos tivessem decidido gastar o tempo nos bares locais. No final do mês, ninguém recebeu o salário, porque o ministério estava sem pessoal. Alguns de nós ficamos sem dinheiro. Os donos de bares disseram que estavam ganhando cada vez menos: as pessoas não podiam beber em bares depois que escurecia. Só poderiam ter o mesmo faturamento de antes, explicaram, se as pessoas começassem a beber no meio da manhã e continuassem ao longo do dia. A turma dos bebedores era relativamente pequena, e não havia bebedores casuais. A maioria dos habitantes da cidade permanecia em casa. Tinham medo de sair depois das cinco da tarde. Eu tentava ficar bêbado até as cinco e meia. Lembro-me de ir para casa bêbado, com os raios de sol batendo horizontalmente em meus olhos.

A redução do tempo era uma coisa estranha. Durante as primeiras semanas do toque de recolher, não corríamos riscos: chegávamos em casa exatamente quando os soldados estavam tomando as ruas. Depois começamos a demorar mais tempo, esperando cerca de uma hora antes de ir para casa. Talvez porque estivéssemos mais bêbados e precisássemos de mais tempo, mas também porque estávamos mais preocupados: cada vez mais pessoas eram encontradas mortas nas ruas todas as manhãs, quando o toque de recolher era suspenso. Para muitos de nós o toque de recolher começava à tarde, quando corríamos para o bar; e eram os bebedores, embriagados até um estado de torpor, que se arriscavam mais.

Diversas prostitutas apareciam nos bares. Antes do toque de recolher, eram de dez a 15 em cada bar, jovens na maioria, dos arredores de Kampala. Mas o toque de recolher foi imposto depois que duas tribos entraram em luta; quase todas as prostitutas pertenciam a essas tribos e se esconderam. Outras tomaram seus lugares. Agora eram prostitutas da Costa, mestiças, ruandesas e somalis. Eu me lembro das somalis. Diziam que havia uma etíope no Grou Coroado, mas nunca a vi; deve ter sido bem popular. O número de prostitutas diminuiu. As mulheres eram agora mais velhas e calejadas. Sentavam-se nos bares sozinhas, arriadas em cadeiras quebradas, esperando, como esperavam desde que começara o toque de recolher. Quaisquer outros talentos que uma prostituta possa ter, um deles é insuperável: o de matar o tempo sem deixar de prestar atenção nos possíveis clientes. Elas seguravam seus copos com as duas mãos e seguiam com os olhos os bebedores cambaleantes. A maioria de nós não estava interessada em complicar ainda mais os problemas do toque de recolher levando uma daquelas garotas para casa. Mas tenho certeza de que, com aqueles homens atordoados, elas nunca precisavam esperar até a noite.

Certa noite, uma garota pôs a mão sobre a minha. Sua palma era bastante calosa. Ela acariciou meu pulso e, como não a rejeitei, pousou a mão sobre minha perna e me perguntou se eu queria ir até os fundos. Eu disse que não me importava; ela então me levou para os fundos do bar, onde havia um pequeno barraco com chão de terra. Ela foi até um canto e levantou a saia. Aqui, disse ela, venha aqui. Eu lhe perguntei se teríamos de ficar em pé. Ela disse que sim. Eu comecei a abraçá-la; ela inclinou a cabeça para trás, até que tocasse a parede de madeira. Ainda segurava a bainha da saia. Então eu disse que não, não conseguiria fazer aquilo encostado na parede. Percebi que a porta ainda estava aberta. Ela discutiu por alguns momentos e disse em suaíli:

— Conversa, conversa, nós já poderíamos ter terminado.

Recuei, mas lhe dei os dez xelins de qualquer forma. Ela cuspiu na moeda e me olhou ferozmente.

Ratos em Rangum

Na Ásia, uma cidade não deve ser julgada pelo número de ratos que andam pelas ruas, e sim pelo estado e pela espertreza dos ratos. Em Cingapura, os ratos são barrigudos, com o pelo tão lustroso quanto animais de estimação; permanecem agachados pacientemente perto dos quiosques que servem macarrão, certos de que a comida virá. São rápidos, de olhos brilhantes e difíceis de capturar.

Em Rangum, sentei-me em um café ao ar livre, entretendo-me com um copo de cerveja. Ouvi um farfalhar na sebe perto de mim; quatro ratos enfraquecidos e sarnentos, que pareciam saídos das páginas de *A Peste*, cambalearam para fora e olharam em volta. Eu bati com o pé. Eles voltaram para a sebe; agora, todos no café estavam olhando para mim. Isso aconteceu duas vezes. Bebi rapidamente e fui embora. Olhando para trás, vi os ratos emergirem de novo e farejarem as pernas da cadeira onde eu me sentara.

Certa manhã em Rangum, às cinco e meia, eu cochilava em um vagão quente e escuro de um trem lotado, esperando que saísse da estação. Uma pessoa entrou no toalete. Ouvi um barulho de água caindo fora do trem e a porta bateu. Outra pessoa entrou. Isso durou vinte minutos, até o alvorecer. Então percebi, do lado de fora, poças de excrementos e pedaços de jornal amassados – *O Diário dos Trabalhadores*. Um rato foi até o papel molhado e o mordiscou, arrancando um fragmento. Dois outros ratos, cobertos de sarna, surgiram aos pulos e lamberam a sujeira. Outro barulho de descarga e os ratos se retiraram; depois retornaram, mordiscando o material. Ouvi uma voz. Era um homem vendendo livros birmaneses com capas coloridas. Gritava e andava energicamente, sem parar para vender nenhum exemplar, apenas caminhava ao lado do trem, gritando. Os ratos se retiraram novamente. O vendedor, olhando para baixo, alargou o passo e se foi, com as solas dos sapatos sujas. Os ratos retornaram.

Charutos vêm a calhar em tais situações. Ao meu redor, no vagão, birmaneses sorridentes fumavam charutos grossos e verdes, sem parecer notar o fedor emitido pela poça amarelada no lado de fora, que não parava de aumentar. No pagode Shwe Dagon, vi uma mulher muito velha, rezando de mãos juntas. Estava ajoelhada ao lado de um leproso, cuja doença murchara seus pés, esfolara seu corpo e lhe dera um rosto de morcego. Ele tinha um cheiro horrível, mas a vovó rezava com um charuto de tamanho churchilliano na boca. Na colina de Mandalay, latrinas sem portas se erguiam ao lado dos degraus; ao lado das latrinas, havia quiosques de frutas. O fedor de mijo era intenso, mas o vendedor de frutas, que permanecia o dia inteiro naquele fedor, estava protegido pela fumaça de seu charuto.

Escrevendo nos Trópicos

O MELHOR EMPREGO PARA UM ESCRITOR, O QUE OCUPA MENOS HORAS, está nos trópicos. Mas é difícil escrever livros nos trópicos. Não somente por causa do calor, mas também pela falta de privacidade, as janelas abertas, o barulho. As cidades tropicais são ensurdecedoras. Em Lagos, Acra e Kampala, duas pessoas caminhando na rua de alguma cidade têm de gritar uma com a outra para serem ouvidas acima do barulho do trânsito, dos berros dos moradores e dos rádios. V.S. Naipaul é o único escritor que conheço que mencionou o desgaste dos nervos pelo barulho dos trópicos (o capítulo sobre Trinidad em *The Middle Passage* – "A passagem do meio"). Gritar é uma expressão de amizade em Cingapura; o grito chinês é como um latido, brusco o bastante para nos fazer pular. E se você for malfadado o bastante para morar perto de um cemitério chinês – somente estrangeiros moram perto de cemitérios na China, os chineses consideram de mau agouro viver perto de tais lugares –, você ouvirá fogos de artifício, pois os chineses costumam prantear seus mortos espalhando bombinhas sobre as sepulturas.

Sente-se em Cingapura e tente escrever. Cada som é uma interrupção; sua mente obscurece cada vez que passa uma motocicleta, um avião ou um funeral. Se você mora perto de uma avenida principal, como eu, ouvirá três funerais por dia (os funerais chineses são em caminhões com orquestras de gongos e bandas de metais, tocando músicas conhecidas, como *It's a Long Way to Tipperary*). O dia em que o jardineiro bengali apara a grama é um dia perdido. Vendedores ambulantes circulam e param; você aprende a reconhecer seus berros individuais: o vendedor de queijo de soja, com seu rádio transistor; o vendedor de bolinhos de peixe em sua bicicleta; o vendedor de sorvetes com sua campainha (a interrupção do meio da tarde); o padeiro em sua caminhonete Austin, descansando a mão na buzina; a velha chinesa agachada em seu *sam foo*, gritando: "Ovos!"; o vendedor de jornais tamil, alcoólatra, murmurando: "Zornal, zornal." Antes que as forças britânicas deixassem o país, havia uma caminhonete que vendia peixe com fritas; não buzinava, mas o vendedor gritava. O cingapurense não sai de casa. Espera as entregas no frescor de sua sala. Os gritos e gongos – no início distantes, depois mais próximos – o acalmam. São quatro e meia da tarde e lá vem o vendedor de cocos, tocando a campainha de sua bicicleta. Leva um macaco no quadro da bicicleta, um símio do tamanho de uma criança de 4 anos. O vendedor de cocos é louco; os compradores o atrasam e riem dele. Uma multidão se forma para caçoar dele, que corre atrás de alguns garotos e depois vai embora. Depois que escurece, o caminhão-mercearia para diante de sua casa; o vendedor carrega uma cesta de peixes, carne de porco e toda a linha de enlatados da Ma-Ling ("Tripas em Gordura de Pato", "Pés de Galinha", "Lechias em Calda"). Durante uma hora, você ouvirá os gritos das barganhas. Você ainda não escreveu nada. O calor e a luz; você queria essas coisas quando veio de tão longe, mas tudo é mais quente, embora menos luminoso, do que você imaginava – Cingapura é nublada; tem apenas cerca de seis horas de sol por dia. Os gritos e os ruídos persistentes são um aborrecimento que o deixam com ainda mais calor. Você olha para a caneta, que escorrega de seus dedos suados, e pergunta a si mesmo por que se deu ao trabalho de vir.

Nativos e Expatriados

O senso de ordem inglês é mais o resultado de um reflexo do que uma resolução sistemática, e dá a impressão de um tremendo equilíbrio e solidez. Foi difundido no exterior, tranquilizando os que são admitidos em seu âmbito. As atitudes inglesas viajaram sem mudar muito, o que explica, em grande parte, o isolamento dos ingleses. Os ingleses no estrangeiro são acusados de viver uma existência muito limitada, mas a verdade é que se envolvem profundamente com uma região: nesse sentido, todos os ingleses são aldeões. Isso aparece em frases especiais que utilizam quando, no exterior, estão entre "nativos" ou "locais".

"Nós vivemos aqui há não sei quantos anos, mas eles nunca nos convidaram para visitar suas casas", diz o inglês. E acrescenta: "Mas nós já os convidamos para um chá."

"Eles são muito reservados e terrivelmente desconfiados", diz sua esposa.

"Eles *parecem* muito acolhedores, mas não estão interessados em nós. Não têm curiosidade."

"Eles só querem saber da vida deles."

"Um pessoal estranho. Não posso dizer que entendo eles."

Você poderia achar que estão falando de quicuios ou de malaios, mas não estão. São londrinos que se mudaram para Dorset há oito anos e estão falando das pessoas comuns do vilarejo. Eu conhecia os moradores locais: eu era neutro – ficaria apenas cinco meses, só estava de passagem. Os moradores locais tinham opiniões firmadas a respeito de forasteiros que se fixavam naquela parte de Dorset.

– Eles vêm para cá e os preços sobem – disse um velho.

Ele poderia ser um queniano, falando dos colonos. Havia outras objeções: os forasteiros não se preocupavam em entender o modo de vida do vilarejo, só queriam saber deles mesmos, agiam como se fossem superiores e eram, na maioria, aposentados que não serviam para muita coisa.

Expatriados e nativos: o padrão colonial repetido na Inglaterra. Havia um projeto para a abertura de um poço de petróleo em uma bela colina próxima a um vilarejo pitoresco. Os expatriados iniciaram uma campanha contra a iniciativa; os nativos disseram muito pouco. Certa noite, levantei o assunto em um pub com alguns nativos da área, perguntando qual a posição deles a respeito do poço.

— Aquele pilantra... — disse um deles, mencionando o nome de um homem bem-conhecido, que vivia lá havia alguns anos e estava liderando a campanha. — Eu gostaria de falar com ele.

— E o que você diria a ele? — perguntei.

— Diria a ele para fazer as malas e voltar para o lugar de onde veio.

Portanto, é possível entender as variações linguísticas na Inglaterra, o dialeto que se acentua entre os nativos quando um expatriado entra em um pub. Ninguém parece reconhecê-lo; apenas o dono do pub conversa com ele; a conversa ao pé do fogo é sobre uma cerca quebrada ou um acidente na estrada. Depois que sai, o expatriado vira tema de discussão no recinto: onde vive? O que faz? Os nativos conhecem a resposta. Mais tarde, quando ele paga uma rodada de bebidas, eles o alertam sobre o tempo ("Vamos pagar caro por estes dias quentes!"). É uma forma de gratidão aldeã, um esforço para uma conversa informal. Mas, na Inglaterra, uma aldeia é um estado de espírito. "Você é novo aqui na vila?", perguntou um jornaleiro a um amigo meu. Isso aconteceu em Notting Hill.*

---

* Notting Hill é um bairro de Londres. (N. do T.)

Sua Alteza

Há um sultão na Malásia, de idade avançada, cujo apelido é "Búfalo". Ele divide seu tempo entre duas atividades: assistir a partidas de polo e desenhar seus próprios uniformes. Seus uniformes são imponentes e lembram a roupagem de um maçom do 32º grau. Mas ele estava usando uma camisa esporte de seda no dia em que o encontrei no campo de polo. A entrevista começou mal, pois sua primeira pergunta, ao saber que eu era escritor, foi:

— Então você deve conhecer Berverley Nichols!* — Quando ri, ele disse: — Somerset Maugham veio à minha coroação. E na semana que vem o Lorde Alguma Coisa está vindo... quem é mesmo?

— Lewisham, Alteza — disse uma inglesa que estava à sua esquerda.

— Lewisham está vindo... sim, Lewisham. Você *o* conhece? Não? — O sultão ajeitou os óculos escuros. — Acabei de receber uma carta dele.

A conversa se desviou facilmente para as caçadas.

— Um americano muito rico me contou que matou ursos-pardos na Rússia, elefantes na África e tigres na Índia. Ele disse que a carne de urso é a melhor, mas a segunda melhor é a carne de cavalo. Ele disse isso. Disse!

Discutimos os méritos da carne de cavalo. O sultão observou:

— Meu pai dizia que a carne de cavalo era boa para comer. Sim, realmente. Mas *esquenta* muito. — O sultão colocou as mãos sobre a camisa, encontrou a pança e a apertou. — Você não pode comer muita carne de cavalo. Esquenta muito.

— Sua Alteza já comeu carne de cavalo?

— Não, nunca. Mas os *criados* comem o tempo todo.

O jogo começou vigorosamente. O time adversário galopou até o gol do time do sultão, abanando os tacos.

— Foi gol? — perguntou o sultão.

---

*Beverley Nichols — escritor inglês (1898-1983). (N. do T.)

— Não, Alteza – disse a mulher. – Mas foi quase.
— Foi quase, sim! Eu vi – disse o sultão.
— Foi por pouco, Alteza.
— Foi por pouco, sim!

Depois daquele *chukker*,* perguntei ao sultão o que o nome malaio do time adversário significava em inglês. O sultão abanou a cabeça.

— Não tenho a menor ideia. Vou ter de perguntar a Zayid. É malaio, veja você. Eu não falo muito bem essa língua.

---

* *Chukker* – cada um dos períodos de sete minutos em que se divide uma partida de polo. (N. do T.)

O Hotel na Terra de Ninguém

— A alfândega é ali — disse o afegão, fazendo um gesto. Mas o escritório da alfândega estava fechado durante a noite. Não poderíamos retroceder até a fronteira iraniana, em Tayebad; e não poderíamos continuar até Herat. Portanto, permanecemos em uma faixa de terra que não era o Afeganistão nem o Irã. Era o tipo de oásis arruinado que se vê em filmes sobre a Legião Estrangeira: alguns prédios de estuque, árvores ressecadas, uma estrada poeirenta. Estava escurecendo. Perguntei:

— O que vamos fazer agora?

— Tem o Hotel Terra de Ninguém — disse um hippie alto, de pijama e braceletes. Seu nome era López. — Já fiquei lá uma vez. Com uma garota. O gerente arranjou um barato para nós.

Na verdade, o hotel não tinha nome, nem merecia um. Era o único hotel do lugar. O gerente nos viu e gritou:

— Restaurante!

Conduziu-nos até um recinto iluminado a velas, com uma longa mesa. Sobre a mesa havia um pequeno prato de sal e um garfo com os dentes retorcidos. O nome do gerente era Abdul, e ele estava visivelmente histérico, sofrendo os efeitos do jejum do Ramadã. Começou a discutir com López, que o chamou de "vagabundo".

Não havia eletricidade no hotel; só havia água suficiente para uma xícara de chá por pessoa. Não havia banheiros, nem nenhum lugar onde pudéssemos nos lavar — nem mesmo água. Não havia comida e parecia estar ocorrendo uma escassez de velas. Bobby e López reclamaram, mas ficaram assustadoramente felizes quando Abdul lhes disse que seus leitos custariam 35 centavos de dólar cada.

Eu tinha comprado um ovo em Tayebad, mas quebrara no bolso do meu casaco, penetrara no tecido e endurecera, formando uma mancha rígida. Eu tinha bebido metade do meu gim no Trem Noturno até Meshed, e terminei a garrafa em um jogo de baralho com Lopez, Bobby e um membro de alguma tribo, que também encalhara no hotel.

Enquanto estávamos jogando cartas (alguns de forma desnecessariamente desleal), Abdul entrou na sala e disse:

— Bom, limpo. Mas sem luz. Sem água para se lavar. Sem água para chá.

— Então arranje algo que dê onda – disse López. – Um narguilé.

— Haxixe – disse Bobby.

Abdul se tornou cordial. Tinha comido: a histeria havia passado. Ele trouxe um pouco de haxixe, como uma fatia de torta de chocolate, e o entregou a López, que queimou um pedaço e cheirou a fumaça.

— Isso é uma merda – disse ele. – Terceira categoria. Preparou um cigarro. – Na Europa, tudo bem, isso é um bagulho bom. Mas a gente não veio até o Afeganistão para fumar um bagulho de terceira qualidade como esse.

— A primeira vez que eu vim aqui, em 68 – disse Bobby –, o funcionário dos passaportes disse: "Você quer bom haxixe?" Essa foi a maior. Imaginem, o funcionário que verificava os passaportes! Eu disse: "Não, não, me dá muita dor de cabeça." "Você não quer haxixe?", ele perguntou. Eu disse que não. Ele olhou para mim e sacudiu a cabeça: "Então por que você veio ao Afeganistão?"

— Longe demais – comentou López.

— Então deixei ele me dar o barato.

— É um país maneiro – disse López. – Todo mundo aqui é doidão. – Ele olhou para mim. – Tá sacando?

— Até certo ponto – disse eu.

— Quer chapar? – Bobby sugou o cigarro de haxixe e o passou para mim. Dei uma tragada e senti uma leve vibração nos nervos atrás de meus olhos.

— Ele está chapado, olhe. Eu vi ele no trem de Meshed – disse López. – Ele estava careta, mas acho que está chapado agora.

López riu da mancha de ovo no meu bolso. O casaco estava sujo, minha camisa estava suja, minhas mãos estavam sujas; havia uma camada de poeira em meu rosto.

— Ele está solto – disse Bobby.

— Está se liquidificando – disse López. – Este lugar é maneiro.

— Eu podia morar aqui – disse Bobby.

— Eu também, mas os caras não deixam — disse López. — Aquele vagabundo dos passaportes só me deu oito dias. Ele não gostou do meu passaporte. Reconheço que está uma merda. Derramei azeite nele, na Grécia. Sei o que vou fazer: vou encharcar o passaporte de azeite, pra valer, e arranjar outro.

— Éééé — disse Bobby. Ele fumou o resto do baseado e fez outro.

No terceiro baseado, a conversa mudou rapidamente para uma discussão sobre tempo, realidade e o refúgio espiritual proporcionado pelos *ashrams*. Tanto López quanto Bobby haviam passado longos períodos em *ashrams*. Certa vez, por seis meses.

— Meditando? — perguntei.

— Bem, sim, meditando e também ficando por ali.

— A gente estava esperando uma garota voltar dos Estados Unidos.

López tinha 31 anos. Depois de completar o ensino médio numa escola do Brooklyn, conseguiu um emprego de vendedor em uma firma de plásticos.

— Eu não era bem um vendedor, quer dizer, era o braço direito do chefe. Atendia ao telefone e dizia: "O Danny está fora da cidade." Atendia a outro e dizia: "O Danny vai se encontrar com você às três e meia." Esse tipo de trabalho, entende?

Ele estava ganhando um bom salário; tinha seu próprio apartamento e estava noivo, prestes a se casar. Então, um dia, teve uma revelação.

— Eu estava a caminho do trabalho. Desci do ônibus e estava em frente ao escritório. Tive aqueles clarões, uma autêntica viagem de ansiedade: fazendo um trabalho que detestava, noivo de uma garota de plástico, o barulho do trânsito. Meu Deus. Então fui para Hollywood. Foi legal. Depois fui para o México. Fiquei no México cinco anos. Foi lá que ganhei o nome de López. Meu nome não é López, é Morris. O México era legal, mas enjoei de lá. Fui para a Flórida, Portugal, Marrocos. Um dia, no Marrocos, encontrei um cara. Ele disse: "Katmandu é onde as coisas estão acontecendo." Então peguei minhas coisas, minha garota, e começamos a viagem. Não havia trens naquela época. Levei 12 dias para chegar a Erzurum. Fiquei doente. O lugar era lamacento, frio e a neve... neve na Turquia! Eu quase morri em Erzurum, e outra vez em Teerã. Mas conhecia um cara. E acabei conseguindo.

Pedi que tentasse imaginar o que estaria fazendo quando tivesse 60 anos.

– Então, estou com 60 anos, e daí? Eu me vejo, é claro, estou sentado bem aqui, *bem aqui*, provavelmente enrolando um baseado. – O que parecia uma profecia temerária, pois estávamos no Hotel Terra de Ninguém, numa sala iluminada a velas, sem comida nem água.

Em algum lugar na frente do hotel, um telefone tocou.

– Se for para mim – gritou López, já começando a rir –, se for para mim, eu não estou!

O Acampamento *Pathan*

O CENTRO DE CABUL NÃO É O BAZAR, MAS O RIO. É NEGRO E PARECE NÃO ter fundo, mas só tem 30 centímetros de profundidade. Algumas pessoas defecam nele, ou nele lavam as roupas; outras bebem sua água. Pessoas podem ser vistas se ensaboando nele, ao lado de onde estão sendo lavados dois ônibus. Lixo, esgoto e sujeira entram no rio; água para beber sai dele. Os afegãos não se incomodam de morrer dessa maneira; não é problema. Perto da estação rodoviária, na margem sul, afegãos barbados se agacham ao lado de uma carroça, três deles têm os rostos grudados em binóculos. É um show de voyeurismo. Por cerca de um *penny*, assistem a filmes de dançarinas indianas, em 8mm.

Mais acima do rio Cabul, nas pedregosas cercanias da cidade, encontrei um acampamento *pathan*. Era grande, talvez trinta tendas brancas, esfarrapadas, muitos bodes e jumentos, e alguns camelos. Comida era preparada sobre fogueiras e crianças corriam por entre as tendas. Eu queria bater uma foto do lugar. Tinha acabado de erguer minha câmera, quando uma pedra caiu a poucos passos de mim. Fora atirada por uma velha, que fez um gesto ameaçador e pegou outra pedra. Mas não a jogou. Virou-se e olhou para trás.

No centro do acampamento fora iniciado um grande tumulto. Um camelo caíra no chão; estava deitado na terra, batendo com as pernas e tentando erguer a cabeça. As crianças pararam de brincar, as mulheres abandonaram as panelas no fogo e os homens começaram a sair das tendas. Todos correram na direção do camelo. A velha correu também, mas quando viu que eu a seguia, parou e jogou a pedra em mim.

Ouviram-se gritos. Um homem alto, vestindo uma túnica e brandindo uma faca, correu até a multidão. A multidão abriu caminho para ele e, para lhe dar espaço, permaneceu a certa distância do camelo, permitindo que eu visse o homem erguer a faca sobre o animal que se debatia e golpear com força, fazendo três cortes no seu pescoço. Foi como se tivesse furado um balão. A cabeça do camelo tombou imediatamente, suas pernas pararam de se agitar e o sangue esguichou, formando um grande triângulo no solo e se alastrando até quase 2 metros do corpo, penetrando na areia.

    Cheguei mais perto. A velha gritou e meia dúzia de pessoas correram na direção dela. Carregavam facas e cestos. A velha apontou para mim, mas eu saí correndo na direção da estrada. Quando achei que estava a salvo, olhei para trás. Ninguém havia corrido atrás de mim. As pessoas com facas rodeavam o camelo – todo o acampamento estava lá – e já tinham começado a cortar e esfolar o pobre bicho.

Dingle

A COISA MAIS PRÓXIMA DE ESCREVER UM ROMANCE É VIAJAR EM UM PAÍS estrangeiro. Viajar é um ato de criação – não apenas perambular e refletir. É alimentar a imaginação, tentar entender cada nova maravilha, memorizar e ir em frente. As descobertas feitas pelo viajante à luz do dia – os estranhos problemas que ele resolve – lembram as que empolgam e motivam o romancista em sua solidão. É fatal saber muita coisa logo de início: o tédio se apodera rapidamente do viajante que conhece sua rota, assim como do romancista que conhece a fundo seu enredo. E as melhores paisagens são aquelas aparentemente impenetráveis ou despojadas, que escondem surpresas se forem examinadas com paciência – um desconforto que valerá a pena mais tarde. Apenas um tolo reclama porque choveu durante suas férias.

Um país estranho – mas até que ponto? Um país em que o sol atravessa a camada de nuvens às dez da noite e torna o crepúsculo tão rico e promissor quanto a alvorada. Uma ilha que, examinada de perto, parece ser constituída apenas de excrementos de coelhos. Ciganos sombrios acampados numa alegre desordem. Pessoas que o cumprimentam com um "ótimo dia" em meio a uma chuva torrencial. Sebes de brincos-de-princesa por quilômetros, com 2 metros de altura, e flores carmesins penduradas como lanternas chinesas. Antigos castelos, em perfeito estado, que não são habitados; choupanas que são habitadas. E perigos: colinas e penhascos tão escarpados que só podem ser escalados. Altares de pedra que foram visitados pela última vez por druidas; tempestades que desabam e cessam em questão de minutos; e uma língua que soa como russo murmurado, tão incompreensível que o viajante atento se sente, nas palavras de um escritor nativo, "como um cão ouvindo música".

Parece uma coisa distante e estranha, mas é a parte da Europa mais próxima dos Estados Unidos, em quilômetros – uma área em formato de salsicha na costa sudoeste da Irlanda, com cerca de 50 quilômetros, conhecida como a península de Dingle. No outro lado do Atlântico estão Boston e Nova York, para onde escaparam muitos de seus habitantes. A terra não é particularmente fértil. A pesca é difícil e perigosa, e a comida, cara. Se o governo irlandês não oferecesse subsídios aos nativos, eles com certeza migrariam para o interior, como fizeram os habitantes da ilha Great Blasket, que apenas largaram tudo e foram para Dingle, deixando suas cabanas e campos para os coelhos e os corvos.

É fácil para o viajante eventual embelezar o lugar com hipérboles, considerar o clima ruim e a terra exaurida de Dingle belezas naturais, e seu povo teimoso e otimista típicos irlandeses, que devem ser exaltados. Isso não passa de condescendência piedosa – que representa o desprezo dos citadinos pelos camponeses. A costa irlandesa, tão fascinante para um homem com uma câmera, é mortal para os pescadores. Durante cinco dos oito dias em que estive no lugar, os barcos de pesca permaneceram ancorados no porto de Dingle, porque o tempo inclemente não permitia a navegação. As gaivotas mortas, espalhadas como antiquados chapéus de senhoras abaixo do cabo Clogher, eram um testemunho da fúria dos ventos; e eu nunca vi tantos crânios de carneiros expostos nas encostas, tantos ossos quebrados sob as moitas.

O plantio é feito do modo mais primitivo, com cavalos e jumentos, carroças e arados rombudos. Os métodos são tradicionais por necessidade – a modernidade é cara, a gasolina custa mais do que a cerveja Guinness. O estereótipo do irlandês é o de uma pessoa que passa as noites no pub local, bebendo e cantando; nos vilarejos daquela península, apenas as noites de domingo são festivas; no restante do tempo, toma-se chá e janta-se cedo.

– Eu não culpo ninguém por ir embora daqui – disse um agricultor em Dunquin. – Não há nada aqui para os jovens. Não há trabalho, e as coisas só pioram.

Depois das conversas sobre as façanhas de Finn MacCool,* fadas e duendes, a conversa muda para o preço das mercadorias, o custo dos cereais e o valor da libra irlandesa, que tem caído em relação à libra inglesa. Essa atmosfera de isolamento é intensificada e circunscrita pela língua – há muita gente que só fala gaélico. Tanto distanciamento provoca indiferença política. Fala-se pouco sobre as guerrilhas na Irlanda do Norte, e

---

* Finn MacCool é um guerreiro mítico do folclore celta. (N. do T.)

as poucas pessoas de quem tentei extrair alguma opinião sobre o assunto disseram apenas que o Ulster deveria se tornar parte do Eire.

Mas ninguém menciona religião. O único indício de fé que presenciei foi a despedida de uma senhora, num bar em Ballyferriter, que gritou "Deus te abençoe!" quando esvaziei minha caneca de Guinness.

No dia mais chuvoso, descemos até a angra de Coumeenoole, onde – por conta de seu inusitado formato de catedral em ruínas – nunca chovia. Mandei as crianças procurarem lenha e acendi uma fogueira na entrada de uma caverna seca. É o caipira quem vê as férias em termos de dançarinas e jantares à luz de velas no terraço; o citadino se sente triunfante ao encontrar o pico de montanha certo, ao acender um fogo sob a chuva ou ao reconhecer as flores silvestres de Dingle: dedaleiras, magriças, cilas.

E é típico do citadino procurar terras não percorridas, os 8 quilômetros de praias desertas em Stradbally Strand, a magnificência plana de Inch Strand, ou a fronteira mais remota da Irlanda, a ilha ao largo de Dunquin, chamada de Great Blasket.

A cada dia, essa ilha e suas irmãs parecem diferentes. Nós as contemplamos do penhasco de Slea Head. Naquele dia, tinham o aspecto de monstros marinhos – criaturas de dorso alto, nadando para o mar aberto. Como todas as ilhas costeiras vistas do continente, seu aspecto mudava conforme a luz: ora pareciam lagartos, ora um bíceps; mudavam do cinza para o verde, mostravam saliências que poderiam ter sido choupanas. De madrugada, pareciam pequenas, mas cresciam durante o dia até se transformarem em montanhas enormes e de aparência feroz emergindo das águas. No crepúsculo diminuíam, tornavam-se bichos rosados que finalmente sumiam no nevoeiro.

Nudistas na Córsega

A Córsega fica na França, mas não é francesa. Trata-se de uma cadeia montanhosa atracada como um grande navio, com uma carga de rochedos, a 160 quilômetros do litoral da Riviera. Com seus três climas diferentes, combina os Alpes elevados, a aspereza do norte da África e as melhores paisagens da Itália. O que mais impressiona, porém, são os picos, que nunca estão fora do alcance visual. Esse levante de rochas revela uma cultura violenta e heroica. Essa paisagem, que forneceu algumas das imagens do *Inferno*, de Dante, conheceu alguns heróis. O teatrólogo Sêneca foi exilado na ilha, Napoleão nasceu ali, assim como – se acreditarmos no folclore local – Cristóvão Colombo (existe uma placa em Calvi); parte da *Odisseia* se desenrola no local – Ulisses perdeu a maior parte de sua tripulação, devorada pelos lestrigões, em Bonifácio. E duzentos anos atrás, o lascivo escocês (e biógrafo do dr. Johnson) James Boswell visitou a ilha e relatou: "Subi em uma rocha na Córsega e mergulhei no meio da vida."

A paisagem é estranha o bastante para ser bela e grande demais para ser bonita. A oeste, estão os penhascos vermelhos, que caem verticalmente no mar; ao sul, há um fiorde legítimo; a leste, uma costa comprida e plana, antes uma região de malária, cortada pela única estrada reta da ilha; ao norte, um cabo populoso; e no centro, os góticos campanários de montanhas, cercadas por florestas onde se caçam javalis selvagens. Existem praias arenosas, praias pedregosas e praias rochosas; praias onde se quebram ondas enormes e praias que não são mais que faixas de lama; praias com hotéis e praias que nunca viram a pegada de um turista. Há hotéis de cinco estrelas e hotéis impróprios para alojar seres humanos. Todas as estradas são perigosas; muitas são, simplesmente, o último quilômetro antes de um túmulo prematuro.

– Não existem maus motoristas na Córsega – disse-me um corso. – Todos eles morrem cedo. Mas ele estava enganado: vi muitos motoristas ruins e ainda tenho as palmas das mãos úmidas para provar isso.

Em uma daquelas horríveis estradas costeiras – valas que arranhavam o para-choque, poças profundas, pedras no meio da pista, tão ameaçadoras e significativas quanto esculturas marxistas – avistei uma garota pedindo carona. Com cerca de 18 anos, era muito morena e atraente. Usava um vestido folgado, estava descalça e carregava um cesto. Poderia estar servindo de modelo para o vestido, aguardando a chegada de algum fotógrafo da *Vogue*. Meu carro pareceu parar por vontade própria. Ouvi minha voz dizendo para a menina entrar, o que ela fez, agradecendo-me em francês; depois, ao me avaliar melhor, em um inglês hesitante. Eu estaria indo para Chiappa? Não, mas concordei em levá-la até uma parte do caminho.

– E o que você vai fazer em Chiappa?
– Eu sou uma *naturiste* – disse ela sorrindo.
– Nudista?

Ela assentiu com a cabeça e respondeu às minhas outras perguntas. Era nudista havia uns cinco anos. Sua mãe andava nua havia 11 anos. E o papai? Não, ele não era nudista; tinha saído de casa – vestido – cerca de seis anos atrás. Ela gostava do campo de nudismo (há novecentos nudistas em Chiappa); era um passatempo agradável e saudável, embora os nudistas vestissem algumas roupas, é claro, quando o tempo esfriava. Mais cedo do que eu esperava, ela me disse que havíamos chegado e se dirigiu ao campo para tirar as roupas.

Em Palombaggia, a praia turística alguns quilômetros adiante, escondi-me atrás de um pinheiro e vesti meu calção de banho. Nem precisava ter tido esse trabalho – a praia estava quase deserta. Algumas pedras tinham caído no mar, formando quebra-mares naturais. Resolvi subir uma duna e caminhar por um promontório para ter um panorama de toda a baía. Até onde a vista podia alcançar, havia grupos de banhistas, famílias, casais, crianças, pessoas armando quebra-ventos, caminhantes, colecionadores de pedras, gente construindo castelos de areia – todos nus. Mamãe nua, papai nu, crianças nuas, avós nus. Excluindo-se a habitual parafernália de praia, era uma cena feliz de uma pré-história idealizada, europeus nus se divertindo, *cro-magnons* brincando. Não era um campo de nudistas. Aqueles eram alemães, nus em pelo. Se não fosse pela ausência de roupas de banho, a praia se pareceria com qualquer uma de Cape Cod,* até mesmo nas latas de Coca-Cola e embalagens de balas jogadas na areia. Permaneci ali até que nuvens de chuva se acumularam e o sol foi encoberto, o que levou os alemães a se abrigarem atrás de seus quebra-ventos. Uma mulher vestiu um short de jérsei – apenas isso – e andou pela praia olhando para as nuvens e, de soslaio, para mim. Acho que foi por causa do meu calção de banho extravagante.

---

* Cape Cod – cabo em Massachusetts, estado americano onde nasceu o autor. (N. do T.)

O Metrô de Nova York

Os nova-iorquinos dizem coisas terríveis sobre o metrô – que o odeiam, ou que morrem de medo de andar nele, ou que ele merece falir. Para os turistas, parece apenas mais um dos aspectos perigosos de Nova York, embora muitos o ignorem. "Não vou lá embaixo há anos" é uma observação bastante comum de qualquer morador da cidade. Até pessoas que o utilizam parecem concordar que os passageiros do metrô são uns sofredores. E desesperados também, o que nos leva a pensar em um coro entoando: "Trevas trevas trevas. Todos ingressam nas trevas..."

Mas o metrô não é, na verdade, um meio de transporte subterrâneo: mais da metade de suas linhas são vias elevadas. Mas que pessoa o chama pelo seu verdadeiro nome: "Transporte Rápido"? Pode-se esperar durante um longo tempo por alguns trens, e prosseguindo no poema citado acima – "East Coker", de T.S. Eliot – frequentemente

... um trem subterrâneo, em um túnel, para tempo demais entre
as estações
E as conversas se elevam e lentamente se desfazem em silêncio
E atrás de cada rosto vemos um vazio mental se aprofundar
Deixando apenas o terror crescente de não ter nada para
pensar...*

O metrô é também assustador. Pinturas e assinaturas recobrem seu velho rosto. Pessoas que não usam o metrô, que nunca viajaram nele e que nele não veem serventia, dizem que esses desenhos vagabundos são arte popular, um protesto contra o acinzentado da metrópole, e que os grafiteiros têm um maravilhoso sentido de cor – o que é pura bobagem. Os grafites são ruins, violentos e destrutivos; as pessoas que os elogiam são mal-intenciona-

---

* *O dark dark dark. They all go into the dark... / ... an underground train, in the tube, stops too long between stations / And the conversation rises and slowly fades into silence / And you see behind every face the mental emptiness deepen / Leaving only the growing terror of nothing to think about...*

das ou mentalmente preguiçosas. Os grafites são tão numerosos e horrendos que é difícil acreditar que seus perpetradores não sejam pagos por alguma fundação. O metrô tem sido vandalizado de um extremo a outro. Cheira tão mal que dá vontade de colocar um pregador no nariz; é tão barulhento que o ruído realmente incomoda. É perigoso? Pergunte a qualquer um e ouvirá que há cerca de dois assassinatos por dia no metrô (embora isso não seja verdade). Realmente um inferno, dizem as pessoas.

É preciso andar no metrô por algum tempo para se descobrir como ele é, quem o utiliza e quem acaba sendo morto dentro dele.

Há muitas surpresas. Três milhões e meio de pessoas andam de metrô todos os dias; em 1981, 13 pessoas foram assassinadas dentro dele. Esse número não inclui os suicídios (um por semana), pessoas que caem da plataforma (uma por dia), ou casos em que as pessoas ficam imprensadas entre a composição e a plataforma. O metrô é, com certeza, muito feio e extremamente barulhento – mas apenas *parece* uma armadilha mortal. As pessoas viajam nele sobressaltadas. Não é como o sistema BART,* de São Francisco, em que as pessoas tagarelam o tempo todo, dizendo coisas como: "Estou indo para o casamento do meu pai", ou "Estou procurando os filhos da minha mãe", ou "Vou sair com a noiva do meu namorado". Em Nova York, o metrô é coisa séria – o trem barulhento, os passageiros em silêncio, o grito ocasional.

Estávamos na estação da Flushing Avenue, na linha GG, conversando sobre regras para se andar no metrô. Regras são necessárias: o metrô é como um complexo – e adoentado – sistema circulatório. Algumas pessoas o comparam a um esgoto, outras encolhem os ombros e resmungam algo sobre estarem nas tripas da terra. O metrô é cheio de gente suspeita. Eu disse:

– Não viajar nos vagões das extremidades é uma boa ideia.

Meu amigo, um policial, sugeriu:

– Nunca exibir joias...

Nesse momento, um homem passou perto de nós. Tinha moedas chinesas – das antigas, com um buraco no meio – entrelaçadas de al-

---

* BART – Bay Area Rapid Transit (Transporte Rápido da Área da Baía). (N. do T.)

guma forma em seus cabelos. Havia moedas suficientes para garantir uma noite maravilhosa em Xangai, mas roubá-las envolveria escalpelar o homem. Havia uma mulher na estação, visivelmente louca. Morava no metrô – assim como muitas pessoas vivem nas estações de trem da Índia, cercadas por pilhas de sacolas sujas. A polícia de Nova York chama essas pessoas de "sem-tetos" e raramente os trata com dureza. "Jack Lobisomem" é um sem-teto que vive na estação de Hoyt-Schermerhorn, também na linha GG. Os guardas da estação lhe dão comida e roupas; se alguém lhe pergunta como vai, ele responde: "Recebi uns telefonemas." Quando os olhamos como personagens pitorescos, eles não parecem tão perigosos ou patéticos.

A velha senhora louca na Flushing Avenue estava dizendo:

– Faço parte da classe médica.

Ela não tinha dentes e seus pés estavam envoltos em sacos plásticos. Olhei para ela, para me assegurar de que ela mantinha distância. No dia anterior, uma senhora louca como ela chegou perto de mim e gritou.

– Vou cortar você!

Isso aconteceu na Pelham Parkway, na linha IRT-2, no Bronx. Eu tinha estacionado o carro na estação seguinte, Bronx Park East, perto do zoológico – mas ninguém pode ser censurado por dizer que, na cidade de Nova York, o zoológico é em qualquer lugar.

Ainda na Flushing Avenue – enquanto conversávamos sobre regras –, um muçulmano desdobrou seu tapete de orações na plataforma e, exatamente assim, se ajoelhou sobre ele. Logo estava de quatro fazendo súplicas a Alá e ao profeta Maomé. Isso não é algo extraordinário. No metrô, vemos pessoas rezando, lendo a Bíblia ou vendendo artigos religiosos o tempo todo.

– Aleluia, irmãos e irmãs – disse o homem na linha BMT-RR, estação Prospect Avenue, no Brooklyn. – Eu amo Jesus! Eu era um bêbado!

Muçulmanos mendigam e empurram xícaras de plástico contra os passageiros, tentando lhes vender cópias de uma coisa chamada *Clássicos Religiosos Árabes*. É dezembro, estamos no Brooklyn e os homens estão vestidos de forma adequada para Jidá, Medina ou o Grande Deserto de Nafud: turbante, túnica e sandálias.

— E não sentar perto da porta – disse o segundo-oficial de polícia. Ainda estávamos falando sobre regras. – Muitos desses ladrões costumam atacar nas portas.

O primeiro-oficial disse:

— É uma boa ideia ficar perto do condutor. Ele tem um telefone. Assim como o pessoal dos guichês. À noite, fique perto dos guichês até o trem chegar.

— Apesar de que os guichês... – disse o segundo-oficial. – Há poucos anos, uns garotos encheram um extintor de incêndio com gasolina e lançaram o líquido em um guichê na estação de Broad Channel. Havia duas senhoras lá dentro, mas antes que elas pudessem sair, os garotos botaram fogo na gasolina. O guichê explodiu como uma bomba, e as senhoras morreram. Foi um negócio de vingança. Um dos garotos tinha sido autuado porque não pagara a passagem.

Logo abaixo de nós, na estação de Flushing Avenue, havia um fluxo de água correndo entre os trilhos, gorgolejando ao longo de toda a extensão da longa plataforma. Aquilo dava à estação o aspecto de um esgoto – umidade e um cheiro forte. A água fluía em direção à estação de Myrtle e Willoughby. E havia um rato. Era apenas o meu terceiro rato em uma semana como usuário do metrô, mas aquele tinha duas vezes o tamanho dos ratos que eu vira em outros lugares. Pensei: "Ratos tão grandes quanto gatos."

— Fique no meio da multidão. Evite escadas sem movimento. As escadarias da 41st e da 43rd nunca têm muito movimento. Mas a da 42nd é sempre movimentada; é esta que deve ser usada.

Tantas regras! Já não se trata de tomar o metrô: é como andar em uma floresta, ou melhor, em uma floresta perigosa: não faça isso, não faça aquilo...

— Isso me lembra uma coisa – disse o primeiro-oficial. – O incêndio daquele guichê na Broad Channel. Em maio passado, seis caras tentaram matar alguém na Forest Parkway, na linha J. Era uma gangue inteira contra um cara sozinho. Então, eles tentaram pôr fogo na estação com coquetéis molotov. Nós impedimos isso.

O homem que disse isso tinha quase 2 metros de altura e 130 quilos. Carregava um revólver 38 em um coldre de ombro e usava um colete à prova de balas. Tinha um rádio, uma lata de gás lacrimogêneo e um cassetete. Usava trajes civis.

O engraçado foi que, certo dia, um garoto – 1,70 metro, 60 quilos – tentou assaltá-lo. Deu um tapa na cara do policial quando este estava sentado em um vagão do metrô. Disse: "Me passe o dinheiro!" Depois ameaçou o policial de forma vulgar. E deu um soco no homem quando este levantou, ainda dizendo: "Me passe todo o dinheiro!" O policial, então, mostrou seu distintivo, sacou seu revólver e disse: "Sou oficial de polícia, e você está preso." "Eu só estava brincando", disse o garoto, mas já era tarde.

Eu ri ao pensar em alguém tentando assaltar aquele gigante bem armado.

– Regra número um para o metrô – disse ele. – Quer saber qual é? – Olhou a plataforma da Flushing Avenue de um lado a outro, a velha, o muçulmano, o fluxo de água suja e os letreiros vandalizados. – Regra número um é: não ande de metrô se não tiver necessidade.

Remando ao Redor do Cape

O BARCO DESLIZOU PELA RIBANCEIRA E, SEM FAZER RUÍDO, ENTROU NO riacho, que estava cinzento naquela manhã de verão. O ar estava denso com o nevoeiro. A maré tinha mudado, mas apenas havia alguns instantes; portanto, ainda não havia movimento na água – nenhuma correnteza, nenhuma ondulação. A grama do pântano, devido à falta de sol, era de um verde mais profundo. Era como se – tão cedo e tão escuro – o dia ainda não tivesse começado a respirar.

Endireitei o barco e dei minha primeira remada: o marulhar das pás dos remos e o suspiro das forquetas eram os únicos sons. Parti, movendo-me como um inseto aquático através do pântano e do riacho sinuoso em direção ao mar. Eu estava remando em um bom ritmo, em movimentos regulares, e minha mente começou a trabalhar. Pensei: "Eu não vou voltar esta noite." Dessa forma, o dia pareceu ficar longo o bastante e repleto de possibilidades. Eu não tinha planos, a não ser pular de enseada em enseada em volta do Cape; era fácil partir agora, aproveitando o refluxo da maré.

O riacho era o Scorton, em East Sandwich, e a colina – uma das poucas na baixa e pedregosa extremidade do Cape – fora um forte indígena. Dos wampanoags. Os fazendeiros locais aravam aquela colina até recentemente, quando as casas foram erguidas; as lâminas de seus arados sempre esbarravam em pederneiras, lâminas de machados e contas. Passei por uma garagem de barcos bastante grande. Quando as fundações daquela garagem foram assentadas, havia menos de vinte anos, os operários desencavaram um grande wampanoag. Fora enterrado sentado. Sua pele se transformara em couro e seus ossos se projetavam. Os operários o jogaram fora e construíram a garagem de barcos.

Mais três curvas no riacho e eu já podia ver a correnteza se movendo com mais força ao meu redor. A 400 metros de mim, no pântano, vi uma grande garça-azul. Tinha cerca de um metro e meio de altura e se movia lentamente, como se absorta em uma oração – um padre de ombros estreitos e hábito cinza. O barco deslizava suavemente a cada remada.

Mais adiante, na praia, havia um indivíduo com um cachorro, um desses vigorosos madrugadores que se gabam: "Eu só preciso de quatro horas de sono!" Provavelmente alguém impossível de se conviver. Pouca coisa mais em volta – apenas as andorinhas guinchando em torno dos ovos, uns poucos barcos imóveis em suas amarras, um amontoado de casas de praia, bastante depauperadas, letreiros de PROIBIDA A ENTRADA, e os fantasmas de índios mortos. A correnteza estava tão rápida agora que eu não poderia retornar, se quisesse. E me empurrou até o mar. A luz na neblina se tornou ofuscante, como no magnífico quadro de Turner *Sunrise with Seamonsters* (Alvorada com monstros marinhos).

Depois de uma hora, eu estava na praia pública de Sandy Neck – a quase 6 quilômetros de onde partira. Aquele lado da baía, na parte superior do Cape, possui uma orla baixa e coberta de dunas; sua água, em alguns lugares, é notoriamente rasa. Meia dúzia de enseadas se estendem por mais de 100 quilômetros, e muitas têm perigosos bancos de areia. Não é uma costa de fácil navegação e, em muitas áreas, a profundidade da água mal permite a prática de windsurfe. Os bancos de areia aparecem nos lugares mais inesperados. A maioria dos barcos a vela não pode se aproximar dos ancoradouros, a menos que a maré esteja alta. Os barcos pequenos ficam perto do litoral e navegam conforme as marés; os de grande calado permanecem quilômetros ao largo. Eu estava a uma distância intermediária, e sozinho. Em dois meses remando, nunca vi outro barco a remo a mais de 50 metros da praia. Na verdade, raramente vi alguém remando.

Sandy Neck, uma península de 13 quilômetros, com dunas em estilo árabe, estava vazia; as únicas formas de vida em movimento eram as gaivotas e, a distância, pairavam as altaformas. Uma brisa refrescante começou a soprar e se transformou em vento fraco. Encalhei em um banco de areia; pulei fora do barco e o empurrei para águas mais profundas. Estava tentando contornar Beach Point para almoçar em Barnstable Harbor – meu compartimento de proa continha provisões. Mas os baixios me frustraram. Eu deveria ter percebido, pois havia gaivotas na água por ali. E não estavam nadando – estavam de pé. Aprendi a reconhecer a água rasa pela postura das gaivotas.

Quando cheguei à altura de Barnstable Harbor, fui arrastado por uma forte correnteza. Tive de lutar por meia hora, antes de alcançar a margem. Eu ainda estava em Beach Point. Este era o estreito canal que levava à enseada, onde as águas se moviam rapidamente – um rio profundo correndo em um mar raso.

Amarrei o barco em uma pedra. Enquanto descansava, um patrulheiro surgiu em seu Chevy Bronco. Disse:

– O vento está aumentando. Acho que vamos ter uma tempestade. – Ele apontou na direção de Barnstable Harbor. – Está vendo as nuvens se acumulando ali? A previsão do tempo foi de aguaceiros, mas está me parecendo mais do que isso. Pode ser uma tempestade. Você está indo para onde?

– Costa acima.

Ele assentiu com a cabeça, olhou para a torrente do canal e disse:

– Primeiro, você vai ter de atravessar esse negócio.

– Por que está tão revolto?

A explicação dele foi simples e esclareceu, em grande parte, por que as águas ficaram tão agitadas nas semanas seguintes. Ele disse que, quando o vento soprava na direção oposta a uma maré, ondas irregulares se formavam. E podiam se tornar violentas muito rapidamente.

Então apontou para o lado oposto à entrada da angra, em direção a Bass Hole. Disse-me para tomar cuidado, pois a maré baixa havia exposto um quilômetro e meio de bancos de areia.

– Na maré baixa, as pessoas vão andando até lá – disse ele.

Portanto, do outro lado daquele canal terrível, o mar estava recuando – águas revoltas por aqui, nenhuma água por lá.

Depois que o patrulheiro foi embora, preparei um sanduíche de queijo, bebi um pouco de café da garrafa térmica e decidi enfrentar o canal. Meu barco era arredondado, construído com pranchas sobrepostas, o que o estabilizava em ondas altas; mas aquelas pequenas ondas encrespadas eram algo diferente. Em vez de remar em zigue-zague, para vencer a correnteza, virei o bote contra ela e remei. O barco sacudiu violentamente – a correnteza cortando a proa, marolas martelando a popa. Poucos minutos depois, eu estava do outro lado do canal. Então encalhei. Depois do canal, a água tinha apenas alguns centímetros de profundidade – e a maré ainda estava baixando.

O vento soprava, o céu estava escuro e eu me distanciara da orla; e agora a água não estava profunda o bastante para o barco navegar. Desci e – observado pelas gaivotas – arrastei o barco pelas águas rasas que cobriam o banco de areia. O barco deslizava e às vezes flutuava, mas só boiou realmente depois que o arrastei durante cerca de uma hora. Para quem estivesse na praia, eu devia parecer uma figura estranha – sozinho, distante da orla e caminhando na água.

A tarde estava na metade quando consegui arrastar o barco até águas mais profundas. Entrei nele e comecei a remar. O vento soprava do oeste, de proa, ajudando-me a seguir na direção desejada. Passei pela Chapin Beach e pelas escarpas e contornei as pedras negras em Nobscusset Harbor, registrando meus progressos em meu mapa agitado pelo vento, tomando como ponto de referência uma torre d'água em Dennis que parecia uma chaminé.

Por volta de cinco horas, entrei em Sesuit Harbor, ainda remando com força. Tinha remado por cerca de 26 quilômetros. Minhas mãos estavam cheias de bolhas, mas eu tinha começado bem. E fizera uma descoberta: o mar era imprevisível e o litoral parecia estrangeiro. Eu estava habituado a encontrar coisas familiares em lugares exóticos; mas coisas exóticas em casa era uma novidade para mim. Fora um dia perturbador. Em alguns momentos, senti medo. Presenciara coisas estranhas em um lugar que conhecia desde que nasci. Era ao mesmo tempo um choque e uma satisfação.

Em Sesuit Harbor, a sra. Coffin me aconselhou a não partir no dia seguinte. Qualquer pessoa com sobrenome de personagem de *Moby Dick* merece ser ouvida em qualquer assunto a respeito do mar. O vento soprava do nordeste, agitando a bandeirola da sra. Coffin e cobrindo o mar de cristas brancas. Eu disse:

– Só vou até Rock Harbor.

Era a cerca de 15 quilômetros. Ela disse:

– Você vai botar os bofes para fora.

Decidi ir, pensando: "Prefiro lutar em um mar revolto e me molhar a ficar sentado no porto, esperando o tempo melhorar."

Mas assim que saí da arrebentação fui golpeado com força pelas ondas e empurrado pelo vento. Desaparafusei o assento móvel e recoloquei o banco do barco; tentei de novo. Mas não conseguia manobrá-lo. Troquei de remos, amarrando os remos longos e usando os de 2 metros. Fiz alguns progressos, mas o vento estava me empurrando em direção à orla. Estava em West Brewster, próximo a Quivett Neck. O mapa mostrava pináculos de igreja. Remei por mais algumas horas e percebi que quase não avançara. Mas não havia sentido em voltar. Eu não precisava de uma enseada. Sabia que poderia atracar o barco em qualquer lugar – colocá-lo sobre uma rampa, entre duas pedras ou em uma praia pública. Tinha tempo à vontade e me sentia bem. Aquilo era como subir uma ladeira, mas e daí?

Lutei durante toda a manhã. Eu detestava o bater das ondas e o modo como a água invadia o barco quando o vento me colocava de lado entre duas ondas. Havia alguns centímetros de água no fundo do barco e meu mapa estava encharcado. Por volta do meio-dia, um barco a motor se aproximou e seu ocupante me perguntou se eu estava com problemas. Respondi que não e lhe disse para onde ia. O homem comentou:

– Rock Harbor está bem longe! – e apontou para o leste. Parte da água que entrara no barco tinha secado, formando uma teia de sal cristalizado sobre o mogno. Continuei meu caminho. No meio da tarde, cruzei com um barco a vela.

– Onde está Rock Harbor? – perguntei.

– Procure as árvores!

Depois de procurar no lugar errado, consegui encontrá-las. As árvores não estavam na margem, e sim dentro da água, cerca de 12 delas plantadas em fileiras – pinheiros altos, mortos e desgalhados; pareciam postes. Elas marcavam a entrada da enseada e a área de Brewster Flats, que a maré baixa deixava totalmente seca. Rock Harbor era apenas um riacho em um deserto de areia. Na maré baixa, era possível dirigir um carro pela enseada.

Eu tinha combinado de encontrar meu pai ali. Meu irmão Joseph estava com ele. Tinha acabado de chegar de Samoa, um arquipélago no Pacífico. Eu lhe mostrei o barco. Ele tocou nos remos e observou:

– Estão manchados.

Então, olhou de testa franzida para a madeira incrustada de sal. Seu olhar fez o barco parecer pequeno e insignificante. Eu disse:

— Remei desde Sesuit com o vento contra mim. Demorei toda a droga do dia!

— Não fique nervoso – disse ele.

— O que é que você sabe a respeito de barcos? – repliquei.

Ele ficou em silêncio. Entramos no carro – dois garotos e seu pai. Eu não via Joe havia muitos anos. Talvez ele estivesse aborrecido por eu não ter perguntado nada a respeito de Samoa. Mas ele perguntara alguma coisa a respeito da minha viagem a remo? Não parecia muita coisa, porque fora uma viagem em casa. Mas eu sabia que correra riscos durante o dia.

— Que diabo – disse eu. – Como você pode viver em Samoa por oito anos e não saber nada sobre barcos?

— Sá-moa – disse ele, corrigindo minha pronúncia.

Meu irmão Alex estava esperando com minha mãe. E sorriu quando entrei em casa.

— Lá vem ele – disse.

Meu rosto estava queimado. As bolhas em minhas mãos haviam estourado, deixando-as em carne viva; minhas costas doíam, assim como os nervos de meus antebraços; havia sal marinho em meus olhos.

— Ismael... – disse Alex. Ele estava sentado em uma cadeira, olhando-me e fumando. – "E somente eu escapei para contar a história."*

Minha mãe disse:

— A comida já está quase pronta. Você deve estar morrendo de fome! Meu Deus, olhe como você ficou!

Alex estava atrás dela. Fez uma careta para mim e, então, riu silenciosamente do absurdo – um homem de 42 anos sendo consolado pela mãe.

— O marinheiro voltou para casa – disse Alex, imitando minha voz. – Passe o espaguete, mãe!

Joe começou a relaxar. Agora tinha um aliado para caçoar de mim. Nós não éramos escritores, maridos e pais. Éramos três garotões gracejando na frente dos pais. O lar, muitas vezes, ressuscita o passado.

— O que foi que ele contou a você, Joe? – perguntou Alex.

---

* Alusão ao romance *Moby Dick*, de Herman Melville.

Fui lavar o rosto.
— Ele disse que eu não sei nada sobre barcos.
Antes de me sentar para comer, eu disse:
— As coisas são bem difíceis lá no mar.
Alex pareceu deliciado. Imitou o som de um vento forte, assobiando e pigarreando. Semicerrou os olhos e disse em um murmúrio rouco:
— Ah, as coisas são difíceis no mar e eu nem consigo... — ele se levantou, esbarrando com a perna na mesa — ... eu nem consigo ver o gurupés. Ah, o vento está mudando, sr. Christian!* Deem vinte chibatadas nele, isso vai acabar com a pose dele! E ergam a vela mestra, estamos a quilômetros de parte alguma. Nenhum de vocês, marujos, sabe nada sobre barcos. Mas eu sei, porque viajei da ilha Pitcairn até Rock Harbor, seguindo apenas meus cálculos, nas águas mais revoltas já conhecidas pelo homem. Somente eu contra os elementos, com as ondas ameaçando virar minha frágil embarcação...
— Seu jantar está esfriando — disse o pai.
— Quanto tempo você demorou? — perguntou a mãe.
— O dia inteiro — respondi.
— Sim senhor, capitão — disse Alex. — Ah, as coisas são bem difíceis lá no mar, com o vento e as ondas fortes.
— Você vai escrever sobre o quê? — perguntou meu pai.
— Ele vai escrever sobre o rugido do oceano e sobre como ele contornou o Horn. Vocês estão olhando para Francis Chichester!** A espuma batendo na casa do leme, a vela mestra rangendo, o vento e as ondas fortes. Ouçam bem! Trovões e relâmpagos sobre o *Gypsy Moth*!
Declamar tornava Alex imaginativo e estimulava sua memória. Ele tinha o dom de um ator para súbitas exclamações e murmúrios, e para se entregar totalmente à locução. Era como se, de repente, fosse tocado por uma lúcida insanidade, o caos exaltado da criação. Ele estava triunfante.

---

*Fletcher Christian. Imediato que chefiou um motim no navio HMS Bounty, em 1789, contra o capitão William Bligh. Os refugiados foram para a ilha Pitcairn. O incidente foi celebrizado na literatura e no cinema. (N. do T.)
**Francis Chichester (1901-1972) — aventureiro inglês. Primeiro homem a dar a volta ao mundo em um veleiro, cujo nome era *Gypsy Moth*. (N. do T.)

— Mas olhem para ele agora: Peter Freuchen* dos sete mares em um velho barco de madeira. Agora está em casa pedindo para sua mãe lhe passar o espaguete! "Obrigado, mamãe, adoraria repetir, mamãe." Depois de um dia em alto-mar, ele está com sua mãe e seu pai, se servindo de almôndegas.

Joseph estava rindo e seu corpo parecia inchar enquanto tentava esconder o riso.

— Ele não vai escrever sobre isso. Não, nada sobre espaguete. Vai ser apenas o capitão Bligh, sozinho, agarrado aos remos durante as longas e turbulentas noites no mar. E os ventos e as ondas assassinas...

— Pare com isso — disse o pai, ainda comendo.

Então, todos voltaram para mim seus rostos solidários, em torno da mesa cheia de comida. Alex parecia levemente encabulado e os outros, apreensivos, temendo que eu pudesse estar ofendido, que Alex tivesse ido longe demais.

— Você vai escrever sobre o quê? — perguntou a mãe. Abanei a cabeça e tentei não sorrir, pois estava pensando: "Sobre isto."

---

* Peter Freuchen (1886-1957) – explorador dinamarquês. (N. do T.)

Conheça mais sobre nossos livros e autores no site
www.objetiva.com.br
Disque-Objetiva: (21) 2233-1388

Este livro foi impresso na
LIS GRÁFICA E EDITORA LTDA.
Rua Felício Antônio Alves, 370 – Bonsucesso
CEP 07175-450 – Guarulhos – SP
Fone: (11) 3382-0777 – Fax: (11) 3382-0778
lisgrafica@lisgrafica.com.br – www.lisgrafica.com.br